Erich Kästner · Werke
Band III

Erich Kästner · Werke
HERAUSGEGEBEN VON
FRANZ JOSEF GÖRTZ

Erich Kästner

Möblierte Herren

Romane I

HERAUSGEGEBEN VON
BEATE PINKERNEIL

Carl Hanser Verlag

ISBN 3-446-19564-5 (Leinen)
ISBN 3-446-19563-7 (Broschur)

Alle Rechte an dieser Gesamtausgabe vorbehalten
© Carl Hanser Verlag München Wien 1998
Ausstattung: Bernd Pfarr
Gestaltung und Herstellung:
Hanne Koblischka und Meike Harms
Texterfassung: Randall L. Jones,
Brigham Young University, Provo/Utah
Satz: Filmsatz Schröter GmbH, München
Druck und Bindung: Pustet, Regensburg
Printed in Germany

Inhaltsübersicht

7 Fabian

200 Fabian und die Sittenrichter

202 Fabian und die Kunstrichter

205 Der Herr ohne Blinddarm

211 Die Doppelgänger

227 Der Zauberlehrling

325 Briefe an mich selber

333 Kurze Geschichten und Kurzgeschichten

369 Anhang

371 Nachwort

385 Kommentar

443 Inhaltsverzeichnis

FABIAN

Die Geschichte eines Moralisten

Erstes Kapitel

Ein Kellner als Orakel
Der andere geht trotzdem hin
Ein Institut für geistige Annäherung

Fabian saß in einem Café namens Spalteholz und las die Schlagzeilen der Abendblätter: Englisches Luftschiff explodiert über Beauvais, Strychnin lagert neben Linsen, Neunjähriges Mädchen aus dem Fenster gesprungen, Abermals erfolglose Ministerpräsidentenwahl, Der Mord im Lainzer Tiergarten, Skandal im Städtischen Beschaffungsamt, Die künstliche Stimme in der Westentasche, Ruhrkohlenabsatz läßt nach, Die Geschenke für Reichsbahndirektor Neumann, Elefanten auf dem Bürgersteig, Nervosität an den Kaffeemärkten, Skandal um Clara Bow, Bevorstehender Streik von 140 000 Metallarbeitern, Verbrecherdrama in Chikago, Verhandlungen in Moskau über das Holzdumping, Starhembergjäger rebellieren. Das tägliche Pensum. Nichts Besonderes.

Er nahm einen Schluck Kaffee und fuhr zusammen. Das Zeug schmeckte nach Zucker. Seitdem er, zehn Jahre war das her, in der Mensa am Oranienburger Tor dreimal wöchentlich Nudeln mit Sacharin hinuntergewürgt hatte, verabscheute er Süßes. Er zündete sich eilig eine Zigarette an und rief den Kellner.

»Womit kann ich dienen?« fragte der.
»Antworten Sie mir auf eine Frage.«
»Bitteschön.«
»Soll ich hingehen oder nicht?«
»Wohin meinen der Herr?«
»Sie sollen nicht fragen. Sie sollen antworten. Soll ich hingehen oder nicht?«

Der Kellner kratzte sich unsichtbar hinter den Ohren. Dann trat er von einem Plattfuß auf den anderen und meinte verlegen: »Das beste wird sein, Sie gehen nicht hin. Sicher ist sicher, mein Herr.« Fabian nickte. »Gut. Ich werde hingehen. Zahlen.«

»Aber ich habe Ihnen doch abgeraten!«
»Deshalb geh ich ja hin! Bitte zahlen.«
»Wenn ich zugeraten hätte, wären Sie nicht gegangen?«
»Dann auch. Bitte zahlen!«
»Das versteh ich nicht«, erklärte der Kellner ärgerlich.
»Warum haben Sie mich dann überhaupt gefragt?«
»Wenn ich das wüßte«, antwortete Fabian.
»Eine Tasse Kaffee, ein Butterbrot, fünfzig, dreißig, achtzig, neunzig Pfennig«, deklamierte der andere.

Fabian legte eine Mark auf den Tisch und ging. Er hatte keine Ahnung, wo er sich befand. Wenn man am Wittenbergplatz auf den Autobus 1 klettert, an der Potsdamer Brücke in eine Straßenbahn umsteigt, ohne deren Nummer zu lesen, und zwanzig Minuten später den Wagen verläßt, weil plötzlich eine Frau drinsitzt, die Friedrich dem Großen ähnelt, kann man wirklich nicht wissen, wo man ist.

Er folgte drei hastig marschierenden Arbeitern und geriet, über Holzbohlen stolpernd, an Bauzäunen und grauen Stundenhotels entlang, zum Bahnhof Jannowitzbrücke. Im Zug holte er die Adresse heraus, die ihm Bertuch, der Bürochef, aufgeschrieben hatte: Schlüterstraße 23, Frau Sommer. Er fuhr bis zum Zoo. Auf der Joachimstaler Straße fragte ihn ein dünnbeiniges, wippendes Fräulein, wie er drüber dächte. Er beschied das Anerbieten abschlägig, drohte mit dem Finger und entkam.

Die Stadt glich einem Rummelplatz. Die Häuserfronten waren mit buntem Licht beschmiert, und die Sterne am Himmel konnten sich schämen. Ein Flugzeug knatterte über die Dächer. Plötzlich regnete es Aluminiumtaler. Die Passanten blickten hoch, lachten und bückten sich. Fabian dachte flüchtig an jenes Märchen, in dem ein kleines Mädchen sein Hemd hochhebt, um das Kleingeld aufzufangen, das vom Himmel fällt. Dann holte er von der steifen Krempe eines fremden Hutes einen Taler herunter. »Besucht die Exotikbar, Nollendorfplatz 3, Schöne Frauen, Nacktplastiken, Pension Condor im gleichen Hause«, stand darauf. Fabian hatte mit einem Male die Vorstellung, er fliege dort oben im Aeroplan und sehe auf sich hinunter, auf den jungen Mann in der Joachimstaler Straße, im Gewimmel der Menge, im Lichtkreis der Laternen und Schaufenster, im Straßengewirr der fiebrig entzündeten Nacht.

Wie klein der Mann war. Und mit dem war er identisch! Er überquerte den Kurfürstendamm. An einem der Giebel rollte eine Leuchtfigur, ein Türkenjunge war es, mit den elektrischen Augäpfeln. Da stieß jemand heftig gegen Fabians Stiefelabsatz. Er drehte sich mißbilligend um. Es war die Straßenbahn gewesen. Der Schaffner fluchte.

»Passense auf!« schrie der Polizist.

Fabian zog den Hut und sagte: »Werde mir Mühe geben.«

In der Schlüterstraße öffnete ein grünlivrierter Liliputaner, erklomm eine zierliche Leiter, half dem Besucher aus dem Mantel und verschwand. Kaum war der kleine Grüne weg, rauschte eine üppige Dame, bestimmt Frau Sommer, durch den Vorhang und sagte: »Darf ich Sie in mein Büro bitten?« Fabian folgte.

»Mir wurde Ihr Klub von einem gewissen Herrn Bertuch empfohlen.«

Sie blätterte in einem Heft und nickte. »Bertuch, Friedrich Georg, Bürochef, 40 Jahre, mittelgroß, brünett, Karlstraße 9, musikliebend, bevorzugt schlanke Blondinen, nicht über fünfundzwanzig Jahre alt.«

»Das ist er!«

»Herr Bertuch verkehrt seit Oktober bei mir und war in dieser Zeit fünfmal anwesend.«

»Das spricht für das Institut.«

»Die Anmeldegebühr beträgt zwanzig Mark. Jeder Besuch kostet zehn Mark extra.«

»Hier sind dreißig Mark.« Fabian legte das Geld auf den Schreibtisch. Die üppige Dame steckte die Scheine in eine Schublade, nahm einen Federhalter und sagte: »Die Personalien?«

»Fabian, Jakob, 32 Jahre alt, Beruf wechselnd, zur Zeit Reklamefachmann, Schaperstraße 17, herzkrank, Haarfarbe braun. Was müssen Sie noch wissen?«

»Haben Sie hinsichtlich der Damen bestimmte Wünsche?«
»Ich möchte mich nicht festlegen. Mein Geschmack neigt zu Blond, meine Erfahrung spricht dagegen. Meine Vorliebe gehört großen Frauen. Aber das Bedürfnis ist nicht gegenseitig. Lassen Sie die Rubrik frei.«

Irgendwo wurde Grammophon gespielt. Die üppige Dame erhob sich und erklärte ernst: «Ich darf Sie, bevor wir hineingehen, mit den wichtigsten Statuten bekanntmachen. Annäherungen der Mitglieder untereinander werden nicht übelgenommen, sondern erwartet. Die Damen genießen dieselben Rechte wie die Herren. Von der Existenz, der Adresse und den Gepflogenheiten des Instituts ist nur vertrauenswürdigen Herrschaften Mitteilung zu machen. Den idealen Absichten des Unternehmens ungeachtet sind die Konsumkosten sofort zu begleichen. Innerhalb der Klubräume hat keins der Paare Anspruch darauf, respektiert zu werden. Paare, die ungestört zu bleiben wünschen, werden gebeten, den Klub zu verlassen. Das Etablissement dient der Anbahnung von Beziehungen, nicht den Beziehungen selber. Mitglieder, die einander vorübergehend zu gegenseitigem Befund Gelegenheit gaben, werden ersucht, das wieder zu vergessen, da nur auf diese Weise Komplikationen vermeidbar sind. Haben Sie mich verstanden, Herr Fabian?«

»Vollkommen.«

»Dann bitte ich Sie, mir zu folgen.«

Dreißig bis vierzig Personen mochten anwesend sein. Im ersten Raum wurde Bridge gespielt. Nebenan wurde getanzt. Frau Sommer wies dem neuen Mitglied einen freien Tisch an, sagte, daß man sich notfalls jederzeit an sie wenden könne, und verabschiedete sich. Fabian nahm Platz, bestellte beim Kellner Kognaksoda und sah sich um. War er auf einer Geburtstagsgesellschaft?

»Die Menschen sehen harmloser aus, als sie sind«, bemerkte ein kleines schwarzhaariges Fräulein und setzte sich neben ihn. Fabian bot ihr zu rauchen an.

»Sie wirken sympathisch«, sagte sie. »Sie sind im Dezember geboren.«

»Im Februar.«

»Aha! Sternbild der Fische und paar Tropfen Wassermann. Ziemlich kalte Natur. Sie kommen nur aus Neugierde?«

»Die Atomtheoretiker behaupten, noch die kleinsten Substanzpartikel bestünden aus umeinander kreisenden elektrischen Energiemengen. Halten Sie diese Ansicht für eine Hypothese oder für eine Anschauung, die dem wahren Sachverhalt entspricht?«

»Empfindlich sind Sie auch noch?« rief die Person. »Aber es macht nichts. Sind Sie hier, um sich eine Frau zu suchen?«

Er hob die Schultern. »Ist das ein förmlicher Antrag?«

»Unsinn! Ich war zweimal verheiratet, das genügt vorläufig. Die Ehe ist nicht die richtige Ausdrucksform für mich. Dafür interessieren mich die Männer zu sehr. Ich stelle mir jeden, den ich sehe und der mir gefällt, als Ehemann vor.«

»In seinen prägnantesten Eigenschaften, will ich hoffen.«

Sie lachte, als hätte sie den Schlucken, und legte die Hand auf sein Knie. »Richtig gehofft! Man behauptet, ich litte an stellungssuchender Phantasie. Sollten Sie im Verlauf des Abends das Bedürfnis haben, mich nach Hause zu bringen, meine Wohnung und ich sind klein, aber stabil.«

Er entfernte die fremde und unruhige Hand von seinem Knie und meinte: »Möglich ist alles. Und jetzt will ich mir das Lokal ansehen.« Er kam nicht dazu. Wie er sich erhob und umwandte, stand eine große, programmäßig gewachsene Dame vor ihm und sagte: »Man wird gleich tanzen.« Sie war größer als er und blond dazu. Die kleine schwarzhaarige Schwadroneuse befolgte die Statuten und verschwand. Der Kellner setzte das Grammophon in Gang. An den Tischen entstand Bewegung. Man tanzte.

Fabian betrachtete die Blondine sorgfältig. Sie hatte ein blasses infantiles Gesicht und sah zurückhaltender aus, als sie, ihrem Tanze nach, zu sein schien. Er schwieg und spürte, daß in wenigen Minuten jener Grad von Schweigsamkeit erreicht wäre, der den Anfang eines Gesprächs, eines belanglosen dazu, unmöglich macht. Glücklicherweise trat er ihr auf den Fuß. Sie wurde gesprächig. Sie zeigte ihm die zwei Damen, die einander neulich wegen eines Mannes geohrfeigt und die Kleider aufgerissen hatten. Sie berichtete, daß Frau Sommer ein Verhältnis mit dem grünen Liliputaner habe, und erklärte, daß sie sich diese Liaison nicht auszumalen wage. Schließlich fragte sie, ob er noch bleiben wolle; sie breche auf. Er ging mit.

Am Kurfürstendamm winkte sie einem Taxi, nannte eine Adresse, stieg ein und nötigte ihn, neben ihr Platz zu nehmen. »Aber ich habe nur noch zwei Mark«, erklärte er.

»Das macht fast gar nichts«, gab sie zur Antwort, und dem Chauffeur rief sie zu: »Licht aus!« Es wurde dunkel. Der Wagen ruckte an und fuhr. Schon in der ersten Kurve fiel sie über ihn her und biß ihn in die Unterlippe. Er schlug mit der Schläfe gegen das Verdeckscharnier, hielt sich den Kopf und sagte: »Aua! Das fängt gut an.«

»Sei nicht so empfindlich«, befahl sie und überschüttete ihn mit Aufmerksamkeiten.

Ihm kam der Überfall zu plötzlich. Und der Schädel tat ihm weh. Fabian war nicht bei der Sache. »Ich wollte eigentlich, bevor Sie mich erwürgen, noch einen Brief schreiben«, röchelte er.

Sie boxte ihn vors Schlüsselbein, lachte, ohne eine Miene zu verziehen, die Tonleiter hinauf und herunter und strangulierte weiter. Seine Bemühung, sich der Frau zu erwehren, wurde zusehends falsch ausgelegt. Jede Wegbiegung führte zu neuen Verwicklungen. Er beschwor das Schicksal, dem Auto weitere Kurven zu ersparen. Das Schicksal hatte Ausgang.

Als der Wagen endlich hielt, überpuderte die Blonde ihr Gesicht, bezahlte die Fahrt und äußerte, vor der Haustür: »Erstens ist dein Gesicht voll roter Flecken, und zweitens trinkst du bei mir eine Tasse Tee.«

Er rieb sich die Lippenpomade von den Backen und sagte: »Ihr Antrag ehrt mich, doch ich muß morgen zeitig im Büro sein.«

»Mach mich nicht wütend. Du bleibst bei mir. Das Mädchen wird dich wecken.«

»Aber ich werde nicht aufstehen. Nein, ich muß zu Hause schlafen. Ich erwarte früh sieben Uhr ein dringendes Telegramm. Das bringt die Wirtin ins Zimmer und rüttelt mich, bis ich aufwache.«

»Wieso weißt du schon jetzt, daß du ein Telegramm erhalten wirst?«

»Ich weiß sogar, was drinsteht.«

»Nämlich?«

»Es wird heißen: ›Scher dich aus dem Bett. Dein treuer Freund Fabian.‹ Fabian, das bin ich.« Er blinzelte in das Laub der Bäume und freute sich über den gelben Glanz der Laternen. Die Straße lag ganz still. Eine Katze lief geräuschlos ins Dunkel. Wenn er jetzt die grauen Häuser entlangspazieren könnte!

»Die Geschichte mit dem Telegramm ist doch nicht wahr?«

»Nein, aber das ist der pure Zufall«, sagte er.

»Wozu kommst du in den Klub, wenn dir an den Konsequenzen nichts liegt?« fragte sie ärgerlich und schloß die Tür auf.

»Ich erfuhr die Adresse und bin sehr neugierig.«

»Also hopp!« sagte sie. »Der Neugier sind keine Schranken gesetzt.« Die Tür schloß sich hinter ihnen.

Zweites Kapitel

Es gibt sehr aufdringliche Damen
Ein Rechtsanwalt hat nichts dagegen
Betteln verdirbt den Charakter

Im Fahrstuhl war ein Wandspiegel. Fabian zog das Taschentuch und rieb die roten Flecken aus dem Gesicht. Die Krawatte saß schief. Die Schläfe brannte. Und die blasse Blondine sah auf ihn herunter. »Wissen Sie, was eine Megäre ist?« fragte er. Sie legte den Arm um ihn. »Ich weiß es, aber ich bin hübscher.«

Am Türschild stand: Moll. Das Dienstmädchen öffnete. »Bringen Sie uns Tee.«

»Der Tee steht in Ihrem Zimmer.«

»Gut. Gehen Sie schlafen!« Das Mädchen verschwand im Korridor. Fabian folgte der Frau. Sie führte ihn geradewegs ins Schlafzimmer, schenkte Tee ein, stellte Kognak und Zigaretten zurecht und sagte mit einer umfassenden Geste: »Bediene dich!«

»Mein Gott, ein Tempo haben Sie am Leibe!«

»Wo?« fragte sie. Er überhörte das. »Sie heißen Moll?«

»Irene Moll sogar, damit Leute mit Gymnasialbildung etwas zu lachen haben. Setz dich. Ich komme gleich wieder.«

Er hielt sie zurück und gab ihr einen Kuß.

»Na, es wird ja langsam«, meinte sie und entfernte sich. Er trank einen Schluck Tee und ein Glas Kognak. Dann musterte er das Zimmer. Das Bett war niedrig und breit. Die Lampe gab indirektes Licht. Die Wände waren mit Spiegelglas bespannt. Er trank noch einen Kognak und trat ans Fenster. Vergittert war es nicht.

Was hatte die Frau mit ihm vor? Fabian war zweiunddreißig Jahre alt und hatte sich nachts fleißig umgetan, auch dieser Abend begann ihn zu reizen. Er trank den dritten Kognak und rieb sich die Hände. Er betrieb die gemischten Gefühle seit langem aus Liebhaberei. Wer sie untersuchen wollte, mußte sie haben. Nur während man sie besaß, konnte man sie beobachten. Man war ein Chirurg, der die eigene Seele aufschnitt.

»So, nun wird der kleine Junge geschlachtet«, sagte die Blondine. Sie trug jetzt einen Schlafanzug aus schwarzen Spitzen. Er trat einen Schritt zurück. Sie aber rief »Hurra!« und sprang ihm derart an den Hals, daß er die Balance verlor, kippte und samt der Dame auf den Fußboden zu sitzen kam.

»Ist sie nicht schrecklich?« fragte da eine fremde Stimme.

Fabian blickte verwundert hoch. Im Türrahmen stand, mit einem Pyjama bekleidet, ein dürrer, großnasiger Mensch und gähnte.

»Was wollen Sie denn hier?« fragte Fabian.

»Entschuldigen Sie, mein Herr, aber ich konnte nicht wissen, daß Sie mit meiner Frau bereits durchs Zimmer kriechen.«

»Mit Ihrer Frau?«

Der Eindringling nickte, gähnte verzweifelt und sagte vorwurfsvoll: »Irene, wie konntest du den Herrn in eine so schiefe Lage bringen! Wenn du schon wünschst, daß ich mir deine Neuerwerbungen anschaue, kannst du sie mir wenigstens gesellschaftsfähig präsentieren. Auf dem Teppich! Das wird dem Herrn sicher nicht recht sein! Und ich schlief so schön, als du mich wecktest ... Ich heiße Moll, mein Herr, bin Rechtsanwalt und außerdem«, er gähnte herzzerreißend, »und außerdem der Gatte dieser weiblichen Person, die sich auf Ihnen breitmacht.«

Fabian schob die Blondine von sich herunter, stand auf und ordnete seinen Scheitel. »Hält sich Ihre Gattin einen männlichen Harem? Mein Name ist Fabian.«

Moll kam auf ihn zu und reichte ihm die Hand. »Es freut mich, einen so sympathischen jungen Mann kennenzulernen. Die Umstände sind ebenso gewöhnlich wie ungewöhnlich. Das ist Ansichtssache. Aber falls Sie der Gedanke beruhigt: ich bin daran gewöhnt. Nehmen Sie Platz.«

Fabian setzte sich. Irene Moll rutschte auf die Armlehne, streichelte ihn und sagte zu ihrem Mann: »Wenn er dir nicht gefällt, brech ich den Kontrakt.«

»Aber er gefällt mir ja«, antwortete der Rechtsanwalt.

»Sie reden über mich, als wäre ich ein Stück Streuselkuchen oder ein Rodelschlitten«, meinte Fabian.

»Ein Rodelschlitten bist du, mein Kleiner!« rief die Frau und preßte seinen Kopf gegen ihre volle, schwarz vergitterte Brust.

»Himmeldonnerwetter!« schrie er. »Lassen Sie mich gefälligst in Ruhe!«

»Du darfst deinen Besuch nicht ärgern, liebe Irene«, erklärte Moll. »Ich werde mit ihm in mein Arbeitszimmer gehen und ihm dort alles Wissenswerte mitteilen. Du vergißt, daß er die Situation als merkwürdig empfinden muß. Ich schicke ihn dir dann wieder herüber. Gute Nacht.« Der Rechtsanwalt gab seiner Frau die Hand.

Sie stieg in ihr niedriges Bett, stand betrübt und einsam zwischen den Kissen und sagte: »Gute Nacht, Moll, schlaf gut. Aber red ihn nicht tot. Ich brauch ihn noch.«

»Ja, ja«, antwortete Moll und zog den Gast mit sich fort.

Sie nahmen im Arbeitszimmer Platz. Der Rechtsanwalt zündete sich eine Zigarre an, fröstelte, legte eine Kamelhaardecke über die Knie und blätterte in einem Aktenbündel.

»Mich geht zwar die Sache nichts an«, begann Fabian, »aber was Sie sich von der Frau bieten lassen, steigt auf Bäume. Werden Sie oft von ihr aus dem Bett geholt, um die Liebhaber zu taxieren?«

»Sehr oft, mein Herr. Ursprünglich erwirkte ich mir diese Begutachtung als verbrieftes Recht. Nach dem ersten Jahr unserer Ehe setzten wir einen Kontrakt auf, dessen Paragraph 4 lautet: ›Die Vertragspartnerin verpflichtet sich, jeden Menschen, mit dem sie in intime Beziehungen zu treten wünscht, zuvor ihrem Gatten, Herrn Doktor Felix Moll, vorzuführen. Spricht sich dieser gegen den Betreffenden aus, so ist Frau Irene Moll angewiesen, unverzüglich auf die Ausführung ihres Vorhabens zu verzichten. Jedes Vergehen gegen den Paragraphen wird mit einer hälftigen Kürzung der finanziellen Monatszuwendung geahndet.‹ Der Kontrakt ist sehr interessant. Soll ich ihn in extenso vorlesen?« Moll holte den Schreibtischschlüssel aus der Tasche.

»Bemühen Sie sich nicht!« Fabian wehrte ab. »Wissen möchte ich nur, wieso Sie auf den Gedanken verfielen, einen solchen Kontrakt überhaupt aufzusetzen.«

»Meine Frau träumte so schlecht.«

»Wie?«

»Sie träumte. Sie träumte entsetzliche Dinge. Es war offensichtlich, daß ihre sexuellen Bedürfnisse proportional der Ehedauer zunahmen und Wunschträume erzeugten, von deren Inhalt Sie, mein Herr, sich glücklicherweise noch keine Vorstellung machen können. Ich zog mich zurück, und sie bevölkerte ihr Schlafzimmer mit Chinesen, Ringkämpfern und Tänzerinnen. Was blieb mir übrig? Wir schlossen einen Vertrag.«

»Meinen Sie nicht, daß eine andere Behandlung erfolgreicher und geschmackvoller gewesen wäre?« fragte Fabian ungeduldig.

»Zum Beispiel, mein Herr?« Der Rechtsanwalt setzte sich aufrecht.

»Zum Beispiel: pro Abend fünfundzwanzig hintendrüber?«

»Ich hab's versucht. Es tat mir zu weh.«

»Das kann ich gut verstehen.«

»Nein!« rief der Rechtsanwalt, »das können Sie nicht verstehen! Irene ist sehr kräftig, mein Herr.«

Moll senkte den Kopf. Fabian zog eine weiße Nelke aus der Schreibtischvase, steckte die Blume ins Knopfloch, erhob sich, lief im Zimmer umher und rückte die Bilder gerade. Vermutlich hatte es dem alten langen Kerl auch noch Vergnügen gemacht, von seiner Frau übers Knie gelegt zu werden.

»Ich will gehen«, sagte er. »Geben Sie mir den Hausschlüssel!«

»Ist das Ihr Ernst?« fragte Moll ängstlich. »Aber Irene erwartet Sie doch. Bleiben Sie, um des Himmels willen! Sie wird außer sich geraten, wenn sie sieht, daß Sie gegangen sind! Sie wird denken, ich hätte Sie weggeschickt. Bleiben Sie, bitte! Sie hat sich so darauf gefreut. Gönnen Sie ihr doch das kleine Vergnügen!«

Der Mann war aufgesprungen und packte den Besucher am Jackett. »Bleiben Sie doch! Sie werden es nicht bereuen. Sie werden wiederkommen. Sie werden unser Freund bleiben. Und ich werde Irene in guten Händen wissen. Tun Sie's mir zu Gefallen.«

»Vielleicht wollen Sie mir auch noch ein sicheres Monatseinkommen garantieren?«

»Darüber ließe sich reden, mein Herr. Ich bin nicht unvermögend.«

»Geben Sie mir den Hausschlüssel, aber etwas plötzlich! Ich eigne mich nicht für den Posten.«

Doktor Moll seufzte, kramte auf dem Schreibtisch, gab Fabian einen Schlüsselbund und sagte: »Jammerschade, Sie waren mir von Anfang an sympathisch. Behalten Sie die Schlüssel ein paar Tage. Vielleicht überlegen Sie sich's. Ich würde mich jedenfalls sehr freuen, Sie wiederzusehen.«

Fabian knurrte: »Gute Nacht«, ging leise durch die Diele, nahm Hut und Mantel, öffnete die Tür, zog sie vorsichtig hinter sich zu und galoppierte die Treppe hinunter. Auf der Straße holte er tief Atem und schüttelte den Kopf. Da spazierten die Menschen hier unten vorüber und hatten keine Ahnung, wie verrückt es hinter den Mauern zuging! Die märchenhafte Gabe, durch Mauern und verhängte Fenster zu blicken, war eine Kleinigkeit gegen die Leistung, das, was man dann sähe, zu ertragen.

»Ich bin sehr neugierig«, hatte er der blonden Person erzählt, und nun lief er auf und davon, statt seine Neugier mit dem Ehepaar Moll zu füttern. Dreißig Mark war er losgeworden. Zwei Mark hatte er noch in der Tasche. Aus dem Abendessen wurde nichts. Er pfiff sich eins, ging kreuz und quer durch düstere unbekannte Alleen und geriet, aus Versehen, vor den Bahnhof Heerstraße. Er fuhr bis zum Zoo, dort sprang er in die Untergrundbahn, stieg am Wittenbergplatz um und kam in der Spichernstraße aus der Unterwelt wieder hinauf unter den freien Himmel.

Er ging in sein Stammcafé. Nein, Doktor Labude sei nicht mehr da. Er habe bis elf Uhr gewartet. Fabian setzte sich, bestellte Kaffee und rauchte.

Der Wirt, ein gewisser Herr Kowalski, erkundigte sich nach

dem werten Befinden. Heute abend sei übrigens etwas sehr Komisches passiert. Kowalski lachte, daß die falschen Zähne blitzten. Der Kellner Nietenführ habe es zuerst beobachtet. »Dort drüben am runden Tisch saß ein junges Paar. Die beiden unterhielten sich prächtig. Die Frau streichelte die Hand des Mannes in einem fort. Sie lachte, zündete ihm eine Zigarette an und war von einer Liebenswürdigkeit, die nicht häufig ist.«

»Das ist doch nicht komisch.«

»Warten Sie ab, bester Herr Fabian. Warten Sie nur ab! Die Frau – hübsch war sie, das muß man ihr lassen – poussierte gleichzeitig mit einem Herrn vom Nebentisch! Und das in einer Weise! Nietenführ holte mich unauffällig heran. Der Anblick war toll. Der Kerl steckte ihr schließlich einen Zettel zu. Sie las, nickte, schrieb ihrerseits einen Wisch und warf ihn auf den Nebentisch. Währenddem sprach sie aber auch auf ihren Freund ein, erzählte ihm Geschichten, über die er sich freute – ich habe schon sehr tüchtige Frauen gesehen, aber diese Simultanspielerin übertraf alle.«

»Warum ließ er sich denn das gefallen?«

»Einen Moment, bester Herr Fabian. Die Pointe kommt sofort! Also, wir wunderten uns natürlich auch, warum er sich das bieten ließ. Er saß zufrieden neben ihr, lächelte einfältig, legte den Arm um ihre Schulter, und währenddem nickte sie dem Mann vom Nebentisch zu. Der nickte zurück, machte Zeichen, und uns blieb die Spucke weg. Nietenführ ging dann hinüber, weil sie zahlen wollten.« Herr Kowalski streckte den massigen Kopf hoch und lachte himmelwärts.

»Nun, woran lag's?«

»Der Mann, mit dem sie zusammensaß, war blind!« Der Wirt machte eine Verbeugung und lief, laut lachend, davon. Fabian blickte erstaunt hinterher. Der Fortschritt der Menschheit war unverkennbar.

An der Tür ging es lebhaft zu. Nietenführ und der Hilfskellner waren damit beschäftigt, einen schäbig gekleideten Mann hinauszudrängen. »Scheren Sie sich auf der Stelle fort. Den ganzen Tag diese Bettelei, das ist ekelhaft«, sagte Nietenführ zischend. Und der Hilfskellner zerrte den Menschen, der blaß war und kein Wort sprach, hin und her.

Fabian sprang auf, lief zu der Gruppe und rief den Kellnern zu: »Lassen Sie sofort den Herrn los!« Die zwei gehorchten widerstrebend.

»Da sind Sie ja«, meinte Fabian und gab dem Bettler die Hand. »Es tut mir außerordentlich leid, daß man Sie gekränkt hat. Entschuldigen Sie und kommen Sie an meinen Tisch.« Er führte den Mann, der nicht wußte, wie ihm geschah, in seine Ecke, hieß ihn Platz nehmen und fragte: »Was möchten Sie essen? Wollen Sie ein Glas Bier trinken?«

»Sie sind sehr freundlich«, sagte der Bettler. »Aber ich werde Ihnen Ungelegenheiten machen.«

»Hier ist die Speisekarte. Suchen Sie sich, bitte, etwas aus.«

»Das geht nicht! Man wird mich vom Tisch wegholen und hinausschmeißen.«

»Das wird man nicht tun! Nehmen Sie sich zusammen! Bloß, weil Ihr Jackett geflickt ist und weil Ihnen der Magen knurrt, wagen Sie nicht, richtig auf dem Stuhl zu sitzen? Sie sind ja selber mitschuldig, daß man Sie nirgends durch die Tür läßt.«

»Wenn man zwei Jahre arbeitslos ist, denkt man anders darüber«, sagte der Mann. »Ich schlafe am Engelufer in der Herberge. Zehn Mark zahlt mir die Fürsorge. Mein Magen ist krank vom vielen Kaviar.«

»Was sind Sie von Beruf?«

»Bankangestellter, wenn ich mich recht entsinne. Im Gefängnis war ich auch schon. Gott, man sieht sich eben um. Das einzige, was ich noch nicht erlebt habe, ist der Selbstmord. Aber das läßt sich nachholen.« Der Mann saß auf der Stuhlkante und hielt die Hände zitternd vor den Westenausschnitt, um das dreckige Hemd zu verbergen.

Fabian wußte nicht, was er sagen sollte. Er probierte, im Kopf, viele Sätze. Keiner war am Platz. Er stand auf und sagte: »Einen Augenblick, der Kellner wünscht, von einer Abordnung geholt zu werden.« Er lief nach dem Büfett, stellte den Oberkellner zur Rede, faßte ihn am Arm und schleppte ihn durchs Lokal.

Der Bettler war fort.

»Ich zahle morgen!« rief Fabian, stürzte aus dem Café und sah sich um. Der Mann war verschwunden.

»Wen suchen Sie denn?« fragte jemand. Es war Münzer, Redakteur Münzer. Er knöpfte den Mantel zu, brannte sich eine Zigarre an und sagte: »So ein Blödsinn. Ich hätte die Partie glatt gewonnen. Schmalnauer hat wie ein Rhinozeros gespielt. Aber ich muß zum Nachtdienst. Das deutsche Volk will morgen früh wissen, wieviel Dachstuhlbrände stattfanden, während es schlief.«

»Sie sind doch politischer Redakteur«, entgegnete Fabian.

«Dachstuhlbrände gibt's auf jedem Gebiet«, sagte Münzer. »Gerade nachts. Das muß an der Konstruktion liegen. Wissen Sie was, kommen Sie mit! Sehen Sie sich mal unsern Zirkus an.«

Münzer stieg in einen kleinen Privatwagen. Fabian setzte sich neben den Redakteur. »Seit wann haben Sie übrigens ein Auto?« fragte er.

»Ich hab es unserm Handelsredakteur abgekauft. Dem wurde das Ding zu teuer«, erklärte Münzer. »Er ärgert sich immer so schön, wenn er mich in sein ehemaliges Prachtstück klettern sieht. Das ist der Spaß schon wert. Wissen Sie, daß Sie auf eigenes Risiko mitfahren? Sollten Sie sich das Genick brechen, tun Sie's auf Ihre Rechnung.«

Dann fuhren sie los.

Drittes Kapitel

Vierzehn Tote in Kalkutta
Es ist richtig, das Falsche zu tun
Die Schnecken kriechen im Kreis

Der Korridor war leer. In der Handelsredaktion brannte Licht, es saß niemand im Zimmer, die Tür stand offen. »Schade, daß Malmy schon im Haus ist«, sagte Münzer verstimmt. »Nun hat er sein Auto wieder nicht gesehen. Moment. Mal horchen, was sich in der Weltgeschichte tut.« Er riß eine Tür auf, Schreibmaschinen klapperten, aus den an einer Zimmerwand aufgereihten Telefonkabinen drangen, wie aus der Ferne, die Stimmen der Stenotypistinnen.

»Was Wichtiges?« schrie Münzer in den Lärm hinein. »Die Rede des Reichskanzlers«, antwortete eine Frau. »Richtig«, sagte der Redakteur. »Der Kerl schmeißt mir mit seiner Quasselei die ganze erste Seite über den Haufen. Liegt der Text vollständig vor?«

»Zelle Zwei nimmt das zweite Drittel auf!«

»Sofort in die Maschine damit, dann zu mir!« kommandierte Münzer, schlug die Tür zu und führte Fabian in die Räume der politischen Redaktion. Während sie ablegten, zeigte er auf den Schreibtisch. »Schauen Sie sich die Bescherung an! Erdbeben aus Papier!« Er wühlte in dem Haufen neu eingegangener Meldungen, schnitt mit einer Schere, wie ein Zuschneider, einiges ab und legte es beiseite. Den Rest warf er in den Papierkorb. »Marsch, ins Körbchen«, sagte er dabei. Dann klingelte er, bestellte bei einem livrierten Boten eine Flasche Mosel mit zwei Gläsern und gab Geld. Der Bote stieß in der Tür mit einem aufgeregten jungen Mann zusammen, der hereinwollte.

»Der Chef hat eben angerufen«, erzählte der junge Mann atemlos. »Ich mußte im Leitartikel fünf Zeilen streichen. Sie wären durch neue Nachrichten überholt. Ich komme gerade aus der Setzerei und habe die fünf Zeilen herausnehmen lassen.«

»Sie sind ein Tausendsassa,« erklärte Münzer. »Ich mache

bekannt: Doktor Irrgang, hat noch eine große Zukunft vor sich, Irrgang ist der Künstlername. Herr Fabian.« Die beiden gaben einander die Hand.

»Aber«, sagte Herr Irrgang betreten, »nun sind doch in der Spalte fünf Zeilen frei.«

»Was tut man in einem so außergewöhnlichen Fall?« fragte Münzer.

»Man füllt die Spalte«, erklärte der Volontär.

Münzer nickte. »Steht nichts im Satz?« Er wühlte in den Bürstenabzügen. »Ausverkauft«, erklärte er. »Saure Gurkenzeit.« Dann prüfte er die Meldungen, die er eben beiseite gelegt hatte, und schüttelte den Kopf.

»Vielleicht kommt noch etwas Brauchbares herein«, schlug der junge Mann vor.

»Sie hätten Säulenheiliger werden sollen«, sagte Münzer. »Oder Untersuchungsgefangener oder sonst ein Mensch mit viel Zeit. Wenn man eine Notiz braucht und keine hat, erfindet man sie. Passen Sie mal auf!« Er setzte sich hin, schrieb rasch, ohne nachzudenken, ein paar Zeilen und gab das Blatt dem jungen Mann.

»So, nun fort, Sie Spaltenfüller. Wenn's nicht reicht, ein Viertel Durchschuß.«

Herr Irrgang las, was Münzer geschrieben hatte, sagte ganz leise: »Allmächtiger Vater« und setzte sich, als sei ihm plötzlich schlecht geworden, auf die Chaiselongue, mitten in einen knisternden Berg ausländischer Zeitungen.

Fabian bückte sich über das Blatt Papier, das in Irrgangs Hand zitterte, und las: »In Kalkutta fanden Straßenkämpfe zwischen Mohammedanern und Hindus statt. Es gab, obwohl die Polizei der Situation sehr bald Herr wurde, vierzehn Tote und zweiundzwanzig Verletzte. Die Ruhe ist vollkommen wiederhergestellt.« Ein alter Mann schlurfte in Pantoffeln ins Zimmer und legte mehrere Schreibmaschinenblätter vor Münzer hin. »Kanzlerrede, Fortsetzung«, murmelte er. »Den Schluß geben sie in zehn Minuten durch.« Dann schleppte er sich wieder davon. Münzer klebte die sechs Blätter, aus denen die Rede vorläufig bestand, aneinander, bis sie wie ein mittelalterliches

Spruchband aussahen, dann begann er zu redigieren. »Mach hurtig, Jenny«, sagte er mit einem Seitenblick auf Irrgang.

»Aber in Kalkutta haben doch gar keine Unruhen stattgefunden«, entgegnete Irrgang widerstrebend. Dann senkte er den Kopf und meinte fassungslos: »Vierzehn Tote.«

»Die Unruhen haben nicht stattgefunden?« fragte Münzer entrüstet. »Wollen Sie mir das erst mal beweisen? In Kalkutta finden immer Unruhen statt. Sollen wir vielleicht mitteilen, im Stillen Ozean sei die Seeschlange wieder aufgetaucht? Merken Sie sich folgendes: Meldungen, deren Unwahrheit nicht oder erst nach Wochen festgestellt werden kann, sind wahr. Und nun entfernen Sie sich blitzartig, sonst lasse ich Sie matern und der Stadtausgabe beilegen.« Der junge Mann ging.

»Und so was will Journalist werden«, stöhnte Münzer und strich aufseufzend und mit einem Bleistift in der Rede des Reichskanzlers herum. »Privatgelehrter für Tagesneuigkeiten, das wäre was für den Jüngling. Gibt's aber leider nicht.«

»Sie bringen ohne weiteres vierzehn Inder um und zweiundzwanzig andere ins Städtische Krankenhaus von Kalkutta?« fragte Fabian.

Münzer bearbeitete den Reichskanzler. »Was soll man machen?« sagte er. »Im übrigen, wozu das Mitleid mit den Leuten? Sie leben ja noch, alle sechsunddreißig, und sind kerngesund. Glauben Sie mir, mein Lieber, was wir hinzudichten, ist nicht so schlimm wie das, was wir weglassen.« Und dabei strich er wieder eine halbe Seite aus dem Text der Kanzlerrede heraus. »Man beeinflußt die öffentliche Meinung mit Meldungen wirksamer als durch Artikel, aber am wirksamsten dadurch, daß man weder das eine noch das andere bringt. Die bequemste öffentliche Meinung ist noch immer die öffentliche Meinungslosigkeit.«

»Dann stellen Sie doch das Erscheinen des Blattes ein«, meinte Fabian.

»Und wovon sollen wir leben?« fragte Münzer. »Außerdem, was sollten wir statt dessen tun?«

Dann kam der livrierte Bote und brachte den Wein und die Gläser. Münzer schenkte ein und hob sein Glas. »Die vierzehn toten Inder sollen leben!« rief er und trank. Dann fiel er wieder über den Kanzler her. »Einen Stuß redet unser hehres Staatsoberhaupt wieder einmal zusammen!« erklärte er. »Das ist geradezu ein Schulaufsatz über das Thema: Das Wasser, in dem Deutschlands Zukunft liegt, ohne unterzugehen. In Untersekunda kriegte er dafür die Drei.« Er drehte sich zu Fabian herum und fragte: »Und wie überschreibt man den Scherzartikel?«

»Ich möchte lieber wissen, was Sie drunterschreiben«, sagte Fabian ärgerlich.

Der andere trank wieder, bewegte langsam den Wein im Mund, schluckte hinter und antwortete: »Keine Silbe. Nicht ein Wort. Wir haben Anweisung, der Regierung nicht in den Rücken zu fallen. Wenn wir dagegen schreiben, schaden wir uns, wenn wir schweigen, nützen wir der Regierung.«

»Ich mache Ihnen einen Vorschlag«, sagte Fabian. »Schreiben Sie dafür!«

»O nein«, rief Münzer. »Wir sind anständige Leute. Tag Malmy.«

Im Türrahmen stand ein schlanker eleganter Herr und nickte ins Zimmer.

»Sie dürfen ihm nichts übelnehmen«, sagte der Handelsredakteur zu Fabian. »Er ist seit zwanzig Jahren Journalist und glaubt bereits, was er lügt. Über seinem Gewissen liegen zehn weiche Betten, und obenauf schläft Herr Münzer den Schlaf des Ungerechten.«

Der alte Bote brachte wieder Schreibmaschinenblätter. Münzer griff nach dem Leimtopf, vervollständigte das Spruchband des Reichskanzlers und redigierte weiter.

»Sie mißbilligen die Indolenz Ihres Kollegen?« fragte Fabian Herrn Malmy. »Was tun Sie außerdem?«

Der Handelsredakteur lächelte, freilich nur mit dem Mund. »Ich lüge auch«, erwiderte er. »Aber ich weiß es. Ich weiß, daß das System falsch ist. Bei uns in der Wirtschaft sieht das ein Blinder. Aber ich diene dem falschen System mit Hingabe. Denn im Rahmen des falschen Systems, dem ich mein bescheidenes Talent zur Verfügung stelle, sind die falschen Maßnahmen naturgemäß richtig und die richtigen sind begreiflicherweise falsch. Ich bin ein Anhänger der eisernen Konsequenz, und ich bin außerdem ...«

»Ein Zyniker«, warf Münzer ein, ohne aufzublicken.

Malmy hob die Schultern. »Ich wollte sagen, ein Feigling. Das trifft noch genauer. Mein Charakter ist meinem Verstand in keiner Weise gewachsen. Ich bedaure das aufrichtig, aber ich tue nichts mehr dagegen.«

Doktor Irrgang, der junge Mann, trat ein und besprach mit Münzer an Hand der Postauflage, welche Meldungen sie aus dem Blatt werfen und welche sie statt dessen in die Stadtausgabe übernehmen wollten. Es waren in der Tat zwei Dachstuhlbrände passiert. In Genf waren außerdem einige nebulose Worte gefallen, die der deutschen Minderheit in Polen galten. Den ostelbischen Großgrundbesitzern waren vom Landwirtschaftsminister Zollerhöhungen in Aussicht gestellt worden. Die Untersuchung gegen die Direktoren des Städtischen Beschaffungsamtes hatte eine einschneidende Wendung erfahren.

»Und wie überschreiben wir die Rede des Reichskanzlers?« fragte Münzer. »Los, Herrschaften. Zehn Pfennige für eine gute Schlagzeile. Die Sache muß in Satz. Wenn die Matern zu spät kommen, kriegen wir wieder Krach mit dem Maschinenmeister.«

Der junge Mann dachte so angestrengt nach, daß seine Stirn schwitzte. »Der Kanzler fordert Vertrauen«, schlug er vor.

»Mäßig«, urteilte Münzer. »Nehmen Sie sich ein Wasserglas, und trinken Sie erst einen Schluck Wein!« Der junge Mann befolgte den Rat, als sei er ein Befehl.

»Deutschland oder Die Trägheit des Herzens«, sagte Malmy.

»Reden Sie keinen Unsinn!« rief der politische Redakteur. Dann schrieb er eine Zeile groß mit dem Blaustift über das Manuskript und erklärte: »Der Groschen gehört mir.«

»Was haben Sie denn geschrieben?« fragte Fabian.

Münzer drückte auf den Klingelknopf und erklärte pathetisch: »Optimismus ist Pflicht, sagt der Kanzler!« Der Bote holte die Papiere. Der Handelsredakteur griff in die Tasche und legte wortlos ein Zehnpfennigstück auf den Schreibtisch. Sein Kollege blickte verwundert hoch.

»Ich eröffne hiermit eine Aktion, die umgehend notwendig wird«, behauptete Malmy.

»Um welche Aktion handelt es sich?«

»Darum, Ihnen Ihr Schulgeld zurückzuerstatten«, sagte Malmy; und Irrgang, der politische Lehrling, lachte in Grenzen. Dann stürzte er ans Telefon. Es hatte geläutet. »Ein Abonnent möchte etwas wissen«, bekundete er nach einiger Zeit und überdeckte das Sprachrohr mit der Hand. »Sie sitzen am Stammtisch und haben gewettet, ob es die Tür oder die Türe heißt.« Münzer nahm ihm den Hörer weg. »Einen Augenblick«, sagte er. »Wir sagen Ihnen sofort Bescheid, mein Herr.« Dann winkte er Irrgang und flüsterte: »Feuilleton.«

Der junge Mann rannte fort, kehrte zurück und zuckte die Achseln.

»Ich erfahre soeben, daß es die Tür heißen muß. Bitte schön. Guten Abend.« Münzer legte den Hörer auf die Gabel, schüttelte den Kopf und steckte Malmys Groschen ein.

Hinterher saßen sie in einer kleinen Weinstube, die in der Nähe des Zeitungsgebäudes gelegen war. Münzer hatte sich von einem Setzer, der nach Hause ging, das Blatt bringen lassen, um zu prüfen, ob alles in Ordnung sei. Er hatte sich über ein paar Druckfehler geärgert, über die Schlagzeile auf der ersten Seite hatte er sich gefreut. Dann war Strom, der Theaterkritiker, an den Tisch gekommen.

Nun tranken sie fleißig. Irrgang, der junge Mann, war schon fast hinüber. Strom, der Kritiker, verglich einige namhafte Regisseure mit Schaufensterdekorateuren, das Theater der Gegenwart erschien ihm symptomatisch für den Niedergang des Kapitalismus, und als jemand einwarf, es gebe keine Dramatiker, behauptete Strom, es gebe welche.

»Ganz nüchtern sind Sie auch nicht mehr«, bemerkte Münzer schwerzüngig, und Strom lachte ohne Anlaß.

Fabian ließ sich inzwischen, nicht ganz freiwillig, von Malmy über kurzfristige Anleihen aufklären. »Erstens werden Reich und Wirtschaft in wachsendem Maße überfremdet«, behauptete der Redakteur. »Zweitens genügt ein Riß, und die ganze Bude fällt ein. Wenn das Geld mal in großen Posten abgerufen wird, sacken wir alle ab, die Banken, die Städte, die Konzerne, das Reich.«

»Aber im Blatt schreiben Sie nichts davon«, sagte Irrgang.

»Ich helfe, das Verkehrte konsequent zu tun. Alles, was gigantische Formen annimmt, kann imponieren, auch die Dummheit.« Malmy musterte den jungen Mann. »Gehen Sie mal rasch hinaus, bei Ihnen ist ein kleines Unwetter im Anzug.« Irrgang legte den Kopf auf den Tisch. »Werden Sie Sportredakteur«, riet Malmy. »Dieses Ressort stellt an Ihr zartes Gemüt nicht so große Anforderungen.« Der Volontär stand auf, schwankte durchs Gastzimmer der Hintertür zu und verschwand.

Münzer saß auf dem Sofa und weinte plötzlich. »Ich bin ein Schwein«, murmelte er.

»Eine ausgesprochen russische Atmosphäre«, stellte Strom fest.

»Alkohol, Selbstquälerei, Tränen bei erwachsenen Männern.« Er war ergriffen und streichelte dem Politiker die Glatze.

»Ich bin ein Schwein«, murmelte der andere. Er blieb dabei.

Malmy lächelte Fabian zu. »Der Staat unterstützt den unrentablen Großbesitz. Der Staat unterstützt die Schwerindustrie. Sie liefert ihre Produkte zu Verlustpreisen ins Ausland, aber sie verkauft sie innerhalb unserer Grenzen über dem Niveau des Weltmarktes. Die Rohmaterialien sind zu teuer; der Fabrikant drückt die Löhne; der Staat beschleunigt den Schwund der Massenkaufkraft durch Steuern, die er den Besitzenden nicht aufzubürden wagt; das Kapital flieht ohnedies milliardenweise über die Grenzen. Ist das etwa nicht konsequent? Hat der Wahnsinn etwa keine Methode? Da läuft doch jedem Feinschmecker das Wasser im Munde zusammen!«

»Ich bin ein Schwein«, murmelte Münzer und fing mit vorgeschobener Unterlippe die Tränen auf.

»Sie überschätzen sich, Verehrter«, sagte der Handelsredakteur. Münzer zog, während er weiter weinte, ein gekränktes Gesicht. Er war entschieden beleidigt, daß man ihn daran hindern wollte, das zu sein, wofür er sich, wenn auch nur im betrunkenen Zustand, hielt.

Malmy fuhr mit Vergnügen fort, die Situation zu klären. »Die Technik multipliziert die Produktion. Die Technik dezimiert das Arbeitsheer. Die Kaufkraft der Massen hat die galoppierende Schwindsucht. In Amerika verbrennt man Getreide und Kaffee, weil sie sonst zu billig würden. In Frankreich jammern die Weinbauern, daß die Ernte zu gut gerät. Stellen Sie sich das vor! Die Menschen sind verzweifelt, weil der Boden zu viel trägt! Zu viel Getreide, und andere haben nichts zu fressen! Wenn in so eine Welt kein Blitz fährt, dann können sich die historischen Witterungsverhältnisse begraben lassen.« Malmy stand auf, wankte ein wenig und schlug ans Glas. Die Umsitzenden sahen ihn an.

»Meine Herrschaften«, rief er, »ich will eine Rede halten. Wer dagegen ist, stehe auf.«

Münzer erhob sich mühsam.

»Der stehe auf«, rief Malmy, »und verlasse das Lokal.«

Münzer setzte sich nieder, Strom lachte.

Nun begann Malmy seine Rede: »Wenn das, woran unser geschätzter Erdball heute leidet, einer Einzelperson zustößt, sagt man schlicht, sie habe die Paralyse. Und sicher ist Ihnen allen bekannt, daß dieser äußerst unerfreuliche Zustand mitsamt seinen Folgen nur durch eine Kur heilbar ist, bei der es um Leben und Tod geht. Was tut man mit unserem Globus? Man behandelt ihn mit Kamillentee. Alle wissen, daß dieses Getränk nur bekömmlich ist und nichts hilft. Aber es tut nicht weh. Abwarten und Tee trinken, denkt man, und so schreitet die öffentliche Gehirnerweichung fort, daß es eine Freude ist.«

»Lassen Sie doch diese ekelhaften medizinischen Vergleiche!« rief Strom. »Ich bin nicht fest auf dem Magen.«

»Lassen wir die medizinischen Vergleiche«, sagte Malmy. »Wir werden nicht daran zugrunde gehen, daß einige Zeitgenossen besonders niederträchtig sind, und nicht daran, daß einige von diesen und jenen mit einigen von denen identisch sind, die den Globus verwalten. Wir gehen an der seelischen Bequemlichkeit aller Beteiligten zugrunde. Wir wollen, daß es sich ändert, aber wir wollen nicht, daß wir uns ändern. ›Wozu sind die andern da?‹ denkt jeder und wiegt sich im Schaukelstuhl. Inzwischen schiebt man von dorther, wo viel Geld ist, dahin Geld, wo wenig ist Die Schieberei und das Zinszahlen nehmen kein Ende, und die Besserung nimmt keinen Anfang.«

»Ich bin ein Schwein«, murmelte Münzer, hob sein Glas und hielt es vor den Mund, ohne zu trinken. So blieb er sitzen.

»Der Blutkreislauf ist vergiftet«, rief Malmy. »Und wir begnügen uns damit, auf jede Stelle der Erdoberfläche, auf der sich Entzündungen zeigen, ein Pflaster zu kleben. Kann man eine Blutvergiftung so heilen? Man kann es nicht. Der Patient geht eines Tages, über und über mit Pflastern bepflastert, kaputt!«

Der Theaterkritiker wischte sich den Schweiß von der Stirn und sah den Redner bittend an.

»Lassen Sie die medizinischen Vergleiche«, sagte Malmy. »Wir gehen an der Trägheit unserer Herzen zugrunde. Ich bin ein Wirtschaftler und erkläre Ihnen: Die Gegenwartskrise ohne eine vorherige Erneuerung des Geistes ökonomisch lösen zu wollen, ist Quacksalberei!«

»Es ist der Geist, der sich den Körper baut«, behauptete Münzer und warf sein Glas um. Dann schluchzte er laut auf. Er bekam jetzt das heulende Elend in ganz großem Maßstab. Und Malmy mußte, um den Kollegen zu übertönen, noch lauter sprechen. »Sie werden einwenden, es gebe ja zwei große Massenbewegungen. Diese Leute, ob sie nun von rechts oder links anmarschieren, wollen die Blutvergiftung heilen, indem sie dem Patienten mit einem Beil den Kopf abschlagen. Allerdings wird die Blutvergiftung dabei aufhören zu existieren, aber auch der Patient, und das heißt, die Therapie zu weit treiben.«

Herr Strom hatte von den Krankheitsbildern endgültig genug und suchte das Weite. Am Ecktisch stand mühsam ein dicker Mann auf, versuchte dem Redner den Kopf zuzuwenden, aber der Hals war zu massiv, und so sagte er in verkehrter

Richtung: »Mediziner hätten Sie werden sollen.« Dann plumpste er wieder auf seinen Stuhl. Dort packte ihn plötzlich die helle Wut, und er brüllte: »Geld brauchen wir. Geld. Und wieder Geld!«

Münzer nickte und flüsterte: »Montecuccoli war auch ein Schwein.« Dann weinte er wieder weiter.

Der Dicke vom Ecktisch konnte sich nicht beruhigen. »Einfach lächerlich«, knurrte er. »Geistige Erneuerung, Trägheit des Herzens, einfach lächerlich. Geld her, und wir sind gesund. Das wäre ja gelacht wäre das ja!«

Eine Frau, die ihm gegenübersaß und die genau so dick war wie er, fragte: »Aber wo kriegen wir denn das Geld her, Arthur?«

»Hab ich dich gefragt?« schrie er, schon wieder aufgebracht. Dann beruhigte er sich endgültig, hielt den Kellner, der vorbeiging, am Rockschoß fest und sagte: »Noch ein Sülzkotelett, und Essig und Öl.«

Malmy zeigte zu dem Dicken hinüber und meinte: »Habe ich recht? Wegen solcher Idioten soll man den Kopf hinhalten? Ich denke nicht daran. Es wird weitergelogen. Es ist richtig, das Falsche zu tun.«

Münzer hatte sich's bequem gemacht, lag auf dem Sofa und schnarchte schon, obwohl er noch gar nicht schlief. »Und Ihr Auto habe ich doch«, grunzte er und drehte die Pupillen zu Malmy hinüber.

Kurz darauf kamen Strom und Irrgang zurück. Sie kamen Arm in Arm daher und sahen aus, als hätten sie die Gelbsucht. »Ich vertrage keinen Alkohol«, erläuterte Irrgang entschuldigend. Die zwei nahmen Platz. »Ein Kriegsprodukt«, sagte Strom. »Eine bedauernswerte Generation.« Dieser Theaterkritiker konnte die selbstverständlichsten und unstreitigsten Dinge äußern, sobald er es war, der sie behauptete, wirkten sie unglaubwürdig und reizten zum Widerspruch. Hätte er, in seinem Pathos von der Stange, erklärt, zweimal zwei sei vier, Fabian hätte plötzlich an der Richtigkeit der Rechnung gezweifelt. Er wandte sich von dem Mann ab und betrachtete Malmy. Der saß steif auf dem Stuhl und war mit dem Blick sonstwo, dann gab er sich, weil er sich beobachtet fühlte, einen Ruck, sah Fabian an und sagte: »Man sollte sich mehr zusammennehmen. Schnaps zerfrißt den Maulkorb.«

Münzer schnarchte jetzt auf erlaubte Weise, er schlief. Fabian erhob sich und gab den Journalisten die Hand, zuletzt dem Handelsredakteur.

»Aber vielleicht haben Sie recht«, meinte Malmy und lächelte traurig.

»Ich bin nicht mehr ganz nüchtern«, sagte Fabian, als er vor der Tür stand, zur Nacht. Er schätzte jenes frühe Stadium der Trunkenheit, das einen glauben machen will, man spüre die Umdrehungen der Erde. Die Bäume und Häuser stehen noch ruhig an ihrem Platz, die Laternen treten noch nicht als Zwillinge auf, aber die Erde dreht sich, endlich fühlt man es einmal! Doch heute mißfiel ihm auch das. Er ging neben seinem Schwips her und tat, als kennten sie einander nicht. Was war das für eine komische Kugel, ob sie sich nun drehte oder nicht! Er mußte an eine Zeichnung von Daumier denken, die »Der Fortschritt« hieß. Daumier hatte auf dem Blatt Schnecken dargestellt, die hintereinander herkrochen, das war das Tempo der menschlichen Entwicklung. Aber die Schnecken krochen im Kreis!

Und das war das Schlimmste.

Viertes Kapitel

Eine Zigarette, groß wie der Kölner Dom
Frau Hohlfeld ist neugierig
Ein möblierter Herr liest Descartes

Am nächsten Morgen kam Fabian müde ins Büro. Außerdem hatte er einen Kater. Fischer, der Kollege, begann die Arbeit damit, daß er zunächst frühstückte. »Wo nehmen Sie bloß den permanenten Hunger her?« fragte Fabian. »Sie verdienen weniger als ich. Sie sind verheiratet. Sie haben ein Sparkonto. Und dabei essen Sie derartig viel, daß ich davon mit satt werde.«

Fischer kaute hinter. »Das liegt bei uns in der Familie«, erklärte er. »Wir Fischers sind dafür berühmt.«

»Man sollte Ihrer Familie ein Denkmal bauen,« sagte Fabian ergriffen.

Fischer rutschte unruhig auf dem Stuhl umher. »Bevor ich's vergesse, Kunze hat eine Inseratenserie gezeichnet, zu der wir gereimte Zweizeiler liefern sollen. Das liegt Ihnen sicher.«

»Ihr Zutrauen ehrt mich«, sagte Fabian, »aber ich habe noch mit den Schlagzeilen für die fotomontierten Plakate zu tun. Dichten Sie inzwischen ruhig drauflos. Denn was nützt Ihnen und Ihrer werten Familie das Frühstücken, wenn sich's nicht reimt?« Er sah durchs Fenster, zur Zigarettenfabrik hinüber und gähnte. Der Himmel war grau wie der Asphalt auf den Radrennbahnen. Fischer ging auf und ab, gab Falten lebhaften Unwillens zum besten und fing Reimwörter.

Fabian rollte ein Plakat auf, befestigte es mit Reißzwecken an der Wand, stellte sich in die entlegenste Zimmerecke und starrte das Plakat an, das mit einer Fotografie des Kölner Domes und einer vom Plakathersteller daneben errichteten, dem Dom an Größe nichts nachgebenden Zigarette bedeckt war. Er notierte: »Nichts geht über ... So groß ist ... Turmhoch über allen ... Völlig unerreichbar ...« Er tat seine Pflicht, obwohl er nicht einsah, wozu.

Fischer fand keinen Reim und keine Ruhe. Er fing eine Unterhaltung an. »Bertuch erzählt, es stünden wieder Kündigungen bevor.«

»Schon möglich«, sagte Fabian.

»Was fangen Sie an«, fragte der andere, »wenn man Sie hier vor die Tür setzt?«

»Denken Sie, ich habe mein Leben seit der Konfirmation damit verbracht, gute Propaganda für schlechte Zigaretten zu machen? Wenn ich hier fliege, such ich mir einen neuen Beruf. Auf einen mehr oder weniger kommt es mir nicht mehr an.«

»Erzählen Sie mal was von sich«, bat Fischer.

»Während der Inflation hab ich für eine Aktiengesellschaft Börsenpapiere verwaltet. Ich mußte jeden Tag zweimal den Effektivwert der Papiere ausrechnen, damit die Leute wußten, wie groß ihr Kapital war.«

»Und dann?«

»Dann hab ich mir für etwas Valuta einen Grünwarenladen gekauft.«

»Warum gerade einen Grünwarenladen?«

»Weil wir Hunger hatten! Überm Schaufenster stand: Doktor Fabians Feinkosthandlung. Frühmorgens, wenn es noch dunkel war, zogen wir mit einem wackligen Handwagen in die Markthalle.«

Fischer stand auf. »Wie? Doktor sind Sie auch?«

»Ich machte die Prüfung in dem gleichen Jahr, in dem ich beim Messeamt als Adressenschreiber angestellt war.«

»Wie hieß denn Ihre Dissertation?«

»Sie hieß ›Hat Heinrich von Kleist gestottert?‹. Erst wollte ich an Hand von Stiluntersuchungen nachweisen, daß Hans Sachs Plattfüße gehabt hat. Aber die Vorarbeiten dauerten zu lange. Genug. Dichten Sie lieber!« Er schwieg und ging vor dem Plakat auf und ab. Fischer schielte neugierig zu ihm hin. Doch er wagte nicht, das Gespräch zu erneuern. Seufzend drehte er sich im Stuhl herum und musterte seine Reimnotizen. Er beschloß, Brauchen auf Rauchen zu reimen, glättete das Schreibpapier, das vor ihm lag, und kniff, der Inspiration vertrauend, die Augen zu.

Aber da klingelte das Telefon. Er hob ab und sagte: »Ja, ist hier. Einen Augenblick, Doktor Fabian kommt sofort.« Und zu Fabian meinte er: »Ihr Freund Labude.« Fabian nahm den Hörer. »Tag, Labude, was gibt's?«

»Seit wann betiteln dich die Zigarettenfritzen?« fragte der Freund.

»Ich habe aus der Schule geplaudert.«

»Geschieht dir recht. Kannst du heute zu mir kommen?«

»Ich komme.«

»In Wohnung Nummer zwei. Auf Wiedersehen.«

»Auf Wiedersehen, Labude.« Er hängte ab. Fischer hielt ihn am Ärmel fest.

»Dieser Herr Labude ist doch Ihr Freund. Warum nennen Sie ihn eigentlich nicht beim Vornamen?«

»Er hat keinen«, meinte Fabian. »Die Eltern haben seinerzeit vergessen, ihm einen zu geben.«

»Er hat überhaupt keinen Vornamen?«

»Nein, denken Sie an! Er will sich seit Jahren nachträglich einen beschaffen. Aber die Polizei erlaubt es nicht.«

»Sie veralbern mich ja«, rief Fischer gekränkt.

Fabian klopfte ihm anerkennend auf die Schulter und sagte: »Sie merken alles.« Dann widmete er sich von neuem dem Kölner Dom, schrieb ein paar Schlagzeilen auf und brachte sie zu Direktor Breitkopf.

»Sie können sich mal ein kleines hübsches Preisausschreiben ausdenken«, meinte der Direktor. »Ihr Prospekt für Detailhändler hat uns ganz gut gefallen.«

Fabian verbeugte sich leicht.

»Wir brauchen etwas Neues«, fuhr der Direktor fort. »Ein Preisausschreiben oder was Ähnliches. Es darf aber nichts kosten, verstehen Sie? Der Aufsichtsrat hat schon neulich geäußert, er müsse den Reklame-Etat möglicherweise um die Hälfte reduzieren. Was das für Sie bedeuten würde, können Sie sich denken. Ja? Also, junger Freund, an die Arbeit! Bringen Sie mir bald was Neues. Ich wiederhole aber: So billig wie möglich. 'n Morgen.«

Fabian ging.

Als er sein Zimmer – achtzig Mark monatlich, Morgenkaffee inbegriffen, Licht extra – am Spätnachmittag betrat, fand er einen Brief von seiner Mutter auf dem Tisch. Baden konnte er nicht. Das warme Wasser war kalt. Er wusch sich nur, wechselte die Wäsche, zog den grauen Anzug an, nahm den Brief seiner Mutter und setzte sich ans Fenster. Der Straßenlärm trommelte wie ein Regenguß an die Scheiben. In der dritten Etage übte jemand Klavier. Nebenan schrie der alte eingebildete Oberrechnungsrat seine Frau an. Fabian öffnete das Kuvert und las:

»Mein lieber, guter Junge!

Gleich zu Anfang und um Dich zu beruhigen, der Doktor hat gesagt, es ist nichts Schlimmes. Es ist wohl was mit den Drüsen. Und kommt bei älteren Leuten öfter vor. Mach Dir also meinetwegen keine Sorgen. Ich war erst sehr nervös. Aber nun wird es schon wieder werden mit dem alten Lehmann. Gestern war ich ein bißchen im Palais-Garten. Die Schwäne haben Junge. Im Parkcafé verlangen sie siebzig Pfennig für die Tasse Kaffee, so eine Frechheit.

Gott sei Dank, daß die Wäsche vorbei ist. Frau Hase sagte im letzten Augenblick ab. Einen Bluterguß hat sie, glaub ich. Aber es ist mir gut bekommen. Morgen früh bringe ich den Karton zur Post. Hebe ihn gut auf und schnür ihn fester zu als das letzte Mal. Wie leicht kann unterwegs was wegkommen. Die Mieze sitzt mir auf dem Schoß, sie hat eben ein Stück Gurgel gefressen und nun stößt sie mich mit dem Kopf und will mich nicht schreiben lassen. Wenn Du mir wieder, wie vergangene Woche, Geld in den Brief steckst, reiß ich Dir die Ohren ab. Wir reichen schon, und Du brauchst Dein Geld selber.

Macht es Dir denn wirklich Spaß, für Zigaretten Reklame zu machen? Die Drucksachen, die Du schicktest, haben mir gut gefallen. Frau Thomas meinte, es ist doch ein Jammer, daß Du solches Zeug schreibst. Aber ich sagte, das ist nicht seine Schuld. Wer heute nicht verhungern will, und wer will das schon, der kann nicht warten, bis ihm der richtige Beruf durch den Schornstein fällt. Und dann habe ich noch gesagt, es ist ja nur ein Übergang.

Der Vater hat halbwegs zu tun. Es scheint aber was mit der

Wirbelsäule zu sein. Er geht ganz krumm. Tante Martha brachte gestern ein Dutzend Eier aus dem Garten. Die Hühner legen fleißig. Das ist eine gute Schwester. Wenn sie nur nicht so viel Ärger mit dem Mann hätte.

Mein lieber Junge, wenn Du doch bald mal wieder nach Hause kommen könntest. Ostern warst Du da. Wie die Zeit vergeht. Da hat man nun ein Kind und hat eigentlich keins. Die paar Tage im Jahr, wo wir uns sehen. Am liebsten setzte ich mich gleich auf die Eisenbahn und käme hinüber. Früher war das schön. Fast jeden Abend vor dem Schlafengehen sehe ich mir die Bilder und die Ansichtskarten an. Weißt du noch, wenn wir den Rucksack nahmen und loszogen? Einmal kamen wir mit einem ganzen Pfennig zurück. Da muß ich gleich lachen, während ich dran denke.

Na, auf Wiedersehen, mein gutes Kind. Vor Weihnachten wird es ja wohl nicht werden. Gehst Du immer noch so spät schlafen? Grüß Labude. Und er soll auf Dich aufpassen. Was machen die Mädchen? Sieh Dich vor. Der Vater läßt Dich grüßen. Viele Grüße und Küsse von Deiner Mutter.«

Fabian steckte den Brief ein und blickte auf die Straße hinunter. Warum saß er hier in dem fremden gottverlassenen Zimmer, bei der Witwe Hohlfeld, die das Vermieten früher nicht nötig gehabt hatte? Warum saß er nicht zu Hause, bei seiner Mutter? Was hatte er hier in dieser Stadt, in diesem verrückt gewordenen Steinbaukasten, zu suchen? Blumigen Unsinn schreiben, damit die Menschheit noch mehr Zigaretten rauchte als bisher? Den Untergang Europas konnte er auch dort abwarten, wo er geboren worden war. Das hatte er davon, daß er sich einbildete, der Globus drehe sich nur, solange er ihm zuschaue. Dieses lächerliche Bedürfnis, anwesend zu sein! Andere hatten einen Beruf, kamen vorwärts, heirateten, ließen ihre Frauen Kinder kriegen und glaubten, das gehöre zum Thema. Und er mußte, noch dazu freiwillig, hinterm Zaun stehen, zusehen und ratenweise verzweifeln. Europa hatte große Pause. Die Lehrer waren fort. Der Stundenplan war verschwunden. Der alte Kontinent würde das Ziel der Klasse nicht erreichen. Das Ziel keiner Klasse!

Da klopfte die Wirtin Hohlfeld, trat ins Zimmer und sagte: »Pardon, ich dachte, Sie wären noch nicht da.« Sie kam näher. »Haben Sie gestern nacht den Krach gehört, den Herr Tröger veranstaltet hat? Er hatte wieder Frauenzimmer mit oben. Das Sofa sieht aus! Ich werfe ihn hinaus, wenn das noch einmal vorkommt. Was soll die neue Untermieterin denken, die im andern Zimmer wohnt?«

»Wenn sie noch an den Storch glaubt, ist ihr nicht zu helfen.«

»Aber Herr Fabian, meine Wohnung ist doch kein Absteigequartier!«

»Gnädige Frau, es ist weithin bekannt, daß sich, von einem gewissen Alter ab, beim Menschen Bedürfnisse regen, die im Widerspruch zur Moral der Vermieterinnen stehen.«

Die Wirtin wurde ungeduldig. »Aber er hatte mindestens zwei Frauenzimmer bei sich!«

»Herr Tröger ist ein Wüstling, gnädige Frau. Das beste wird sein, Sie teilen ihm mit, er dürfe pro Nacht höchstens eine Dame mitbringen. Und wenn er sich nicht danach richtet, lassen wir ihn von der Sittenpolizei kastrieren.«

»Man geht mit der Zeit«, erklärte Frau Hohlfeld nicht ohne Stolz und rückte noch näher. »Die Sitten haben sich geändert. Man paßt sich an. Ich verstehe manches. Schließlich, ich bin ja auch noch nicht so alt.«

Sie stand knapp hinter ihm. Er sah sie nicht, aber vermutlich wogte ihr unverstandener Busen. Das wurde von Tag zu Tag schlimmer. Fand sich denn wirklich niemand für sie? Nachts stand sie vermutlich, auf bloßen Füßen, vor dem Zimmer des Stadtreisenden Tröger und nahm, durchs Schlüsselloch, seinen Orgien Parade ab. Sie wurde langsam verrückt. Manchmal blickte sie ihn an, als wolle sie ihm die Hosen ausziehen. Früher war diese Sorte Damen fromm geworden. Er stand auf und sagte: »Schade, daß Sie keine Kinder haben.«

»Ich gehe schon.« Frau Hohlfeld verließ entmutigt das Zimmer. Er sah auf die Uhr. Labude war noch in der Bibliothek. Fabian trat zum Tisch. Bücher und Broschüren lagen in Stapeln darauf. Darüber, an der Wand, hing eine Stickerei mit der

Inschrift: »Nur ein Viertelstündchen.« Er hatte, als er einzog, den Spruch vom Sofa entfernt und über den Büchern angebracht. Manchmal las er noch ein paar Seiten in irgendeinem der Bücher. Geschadet hatte es fast nie.

Er griff zu. Es war Descartes. ›Betrachtungen über die Grundlagen der Philosophie‹, so hieß das kleine Heft. Sechs Jahre waren es her, seit er sich damit befaßt hatte. Driesch hatte in der mündlichen Prüfung dergleichen wissen wollen. Sechs Jahre waren mitunter eine lange Zeit. Auf der anderen Straßenseite hatte ein Schild gehangen: ›Chaim Pines, Ein- und Verkauf von Fellen.‹

War das alles, was er von damals wußte? Bevor er vom Examinator aufgerufen wurde, war er, mit dem Zylinder eines anderen Kandidaten auf dem Kopfe, durch die Korridore spaziert und hatte den Pedell erschreckt. Vogt, der Kandidat, war dann durchgefallen und nach Amerika gegangen.

Er setzte sich und schlug das Heft auf. Was hatte Descartes ihm mitzuteilen? »Schon vor Jahren bemerkte ich, wieviel Falsches ich von Jugend auf als wahr hingenommen hatte und wie zweifelhaft alles sei, was ich später darauf gründete. Darum war ich der Meinung, ich müsse einmal im Leben von Grund auf alles umstürzen und ganz von vorn anfangen, wenn ich je irgend etwas Festes und Bleibendes aufstellen wolle. Dieses schien mir aber eine ungeheure Aufgabe zu sein, und so wartete ich jenes reife, für wissenschaftliche Untersuchungen angemessene Alter ab. Darum habe ich so lange gezögert, daß ich jetzt eine Schuld auf mich lüde, wenn ich die Zeit, die mir zu handeln noch übrig ist, mit Zaudern verbringen wollte. Das trifft sich nun sehr günstig. Mein Geist ist von allen Sorgen frei, und ich habe mir eine ruhige Muße verschafft. So ziehe ich mich in die Einsamkeit zurück und will ernst und frei diesen allgemeinen Umsturz aller meiner Meinungen unternehmen.«

Fabian blickte auf die Straße hinunter, sah den Autobussen nach, die, wie Elefanten auf Rollschuhen, die Kaiserallee entlangfuhren, und schloß vorübergehend die Augen. Dann blätterte er und überflog die Einleitung. Fünfundvierzig Jahre war Descartes alt gewesen, als er seine Revolution ankündigte. Am

Dreißigjährigen Krieg hatte er sich ein bißchen beteiligt. Ein kleiner Kerl, mit immensem Schädel. »Von allen Sorgen frei.« Revolution in der Einsamkeit. In Holland. Tulpenbeete vorm Haus. Fabian lachte, legte den Philosophen beiseite und zog den Mantel an. Im Korridor begegnete er Herrn Tröger, dem Reisenden mit dem starken Frauenverbrauch. Sie zogen die Hüte.

Labudes zweite Wohnung lag im Zentrum. Wenige wußten davon. Hierhin zog er sich zurück, wenn ihm der Westen, die noble Verwandtschaft, die Damen der guten Gesellschaft und das Telefon auf die Nerven gingen. Und hier hing er seinen wissenschaftlichen und sozialen Neigungen nach.

»Wo hast du denn in der vorigen Woche gesteckt?« fragte Fabian.

»Davon später.«

»Und wie befindet sich das Fräulein Braut?«

»Danke gut«, sagte Labude und trank den Kognak, der vor ihm stand. »Ich war in Hamburg. Leda läßt grüßen.«

»Was vom Geheimrat gehört? Hat er deine Arbeit gelesen?«

»Nein. Er hat keine Zeit, sondern Promotionen, Prüfungen, Vorlesungen, Seminare und Senatssitzungen. Bis er meine Habilitationsschrift gelesen hat, habe ich einen kniefreien Vollbart.« Labude schenkte sich ein und trank.

»Sei nicht nervös. Die Kerle werden sich wundern, wie du aus Lessings Gesammelten Werken das Gehirn und die Denkvorgänge des Mannes rekonstruiert hast, den sie, bis du kamst, als den Logos mit Freilauf dargestellt und noch nie verstanden haben.«

»Ich fürchte, sie werden sich zu sehr wundern. Die geweihte Logik eines toten Schriftstellers psychologisch auswerten, Denkfehler entdecken und individuell und als sinnvolle Vorgänge behandeln, den Typus des zwischen zwei Zeitaltern schwankenden genialen Menschen an einem längst verkaufsfertigen Klassiker demonstrieren, das sind Dinge, die sie nur ärgern werden. Warten wir ab. Lassen wir den ollen Sachsen in Ruhe. Fünf Jahre habe ich diesen Kerl seziert, auseinandergenommen und zusammengesetzt! Auch eine Beschäftigung für einen erwachsenen Menschen, im achtzehnten Jahrhundert wie im Müllkasten herumzufingern! Hol dir ein Glas!«

Fabian nahm ein Likörglas aus dem Schrank und schenkte sich ein.

Labude blickte vor sich hin. »Heute morgen war ich dabei, wie sie in der Staatsbibliothek einen Professor festnahmen. Einen Sinologen. Er hat seit einem Jahr seltene Drucke und Bilder der Bibliothek gestohlen und verkauft. Er wurde blaß wie eine Wand, als man ihn verhaftete, und setzte sich erst mal auf die Treppe. Man fütterte ihn mit kaltem Wasser. Dann wurde er abtransportiert.«

»Der Mann hat den Beruf verfehlt«, sagte Fabian. »Wozu lernt er erst Chinesisch, wenn er zum Schluß vom Stehlen lebt? Es steht schlimm. Jetzt räubern schon die Philologen.«

»Trink aus und komm!« rief Labude.

Sie gingen an der Markthalle vorbei, durch tausend scheußliche Gerüche hindurch, zur Autobushaltestelle.

»Wir fahren zu Haupt«, sagte Labude.

Fünftes Kapitel

Ein ernstes Gespräch am Tanzparkett
Fräulein Paula ist insgeheim rasiert
Frau Moll wirft mit Gläsern

In Haupts Sälen war, wie an jedem Abend, Strandfest. Punkt zehn Uhr stiegen im Gänsemarsch zwei Dutzend Straßenmädchen von der Empore herunter. Sie trugen bunte Badetrikots, gerollte Wadenstrümpfe und Schuhe mit hohen Absätzen. Wer sich derartig auszog, hatte freien Zutritt zum Lokal und erhielt einen Schnaps gratis. Diese Vergünstigungen waren in Anbetracht des darniederliegenden Gewerbes nicht zu verachten. Die Mädchen tanzten anfangs miteinander, damit die Männer etwas zu sehen hatten.

Das von Musik begleitete Rundpanorama weiblicher Fülle erregte die an der Barriere drängenden Kommis, Buchhalter und Einzelhändler. Der Tanzmeister schrie, man möge sich auf die Damen stürzen, und das geschah. Die dicksten und frechsten Frauenzimmer wurden bevorzugt. Die Weinnischen waren schnell besetzt. Die Barfräuleins hantierten mit dem Lippenstift. Die Orgie konnte beginnen.

Labude und Fabian saßen an der Rampe. Sie liebten dieses Lokal, weil sie nicht hierher gehörten. Das Nummernschild ihres Tischtelefons glühte ohne Unterbrechung. Der Apparat surrte. Man wollte sie sprechen. Labude hob den Hörer aus der Gabel und legte ihn unter den Tisch. Sie hatten wieder Ruhe. Denn der Lärm, der übrigblieb, die Musik, das Gelächter und der Gesang waren nicht persönlich gemeint und konnten ihnen nichts anhaben.

Fabian berichtete von der Nachtredaktion, von der Zigarettenfabrik, von der verfressenen Familie Fischer und vom Kölner Dom. Labude blickte den Freund an und sagte: »Du müßtest endlich vorwärtskommen.«

»Ich kann doch nichts.«

»Du kannst vieles.«

»Das ist dasselbe«, meinte Fabian. »Ich kann vieles und will nichts. Wozu soll ich vorwärtskommen? Wofür und wogegen? Nehmen wir wirklich einmal an, ich sei der Träger einer Funktion. Wo ist das System, in dem ich funktionieren kann? Es ist nicht da, und nichts hat Sinn.«

»Doch, man verdient beispielsweise Geld.«

»Ich bin kein Kapitalist!«

»Eben deshalb.« Labude lachte ein bißchen.

»Wenn ich sage, ich bin kein Kapitalist, dann meine ich: ich habe kein pekuniäres Organ. Wozu soll ich Geld verdienen? Was soll ich mit dem Geld anfangen? Um satt zu werden, muß man nicht vorwärtskommen. Ob ich Adressen schreibe, Plakate bedichte oder mit Rotkohl handle, ist mir und ist überhaupt gleichgültig. Sind das Aufgaben für einen erwachsenen Menschen? Rotkohl en gros oder en detail, wo steckt der Unterschied? Ich bin kein Kapitalist, wiederhole ich dir! Ich will keine Zinsen, ich will keinen Mehrwert.«

Labude schüttelte den Kopf. »Das ist Indolenz. Wer Geld verdient und es nicht liebt, kann es gegen Macht eintauschen.«

»Was fang ich mit der Macht an?« fragte Fabian. »Ich weiß, du suchst sie. Aber was fange ich mit der Macht an, da ich nicht mächtig zu sein wünsche? Machthunger und Geldgier sind Geschwister, aber mit mir sind sie nicht verwandt.«

»Man kann die Macht im Interesse anderer verwenden.«

»Wer tut das? Dieser wendet sie für sich an, jener für seine Familie, der eine für seine Steuerklasse, der andere für diejenigen, die blonde Haare haben, der fünfte für solche, die über zwei Meter groß sind, der sechste, um eine mathematische Formel an der Menschheit auszuprobieren. Ich pfeif auf Geld und Macht!« Fabian hieb mit der Faust auf die Brüstung, aber die war gepolstert und plüschüberzogen. Der Faustschlag blieb stumm.

»Wenn es eine Gärtnerei gäbe, wie ich sie mir erträume! Ich brächte dich, an Händen und Füßen gefesselt, hin und ließe dir ein Lebensziel einpflanzen!« Labude war ernstlich bekümmert und legte die Hand auf den Arm des Freundes.

»Ich sehe zu. Ist das nichts?«

»Wem ist damit geholfen?«

»Wem ist zu helfen?« fragte Fabian. »Du willst Macht haben. Du willst, träumst du, das Kleinbürgertum sammeln und führen. Du willst das Kapital kontrollieren und das Proletariat einbürgern. Und dann willst du helfen, einen Kulturstaat aufzubauen, der dem Paradies verteufelt ähnlich sieht. Und ich sage dir: Noch in deinem Paradies werden sie sich die Fresse vollhauen! Davon abgesehen, daß es nie zustande kommen wird ... Ich weiß ein Ziel, aber es ist leider keines. Ich möchte helfen, die Menschen anständig und vernünftig zu machen. Vorläufig bin ich damit beschäftigt, sie auf ihre diesbezügliche Eignung hin anzuschauen.«

Labude hob sein Glas und rief: »Viel Vergnügen!« Er trank, setzte ab und sagte: »Erst muß man das System vernünftig gestalten, dann werden sich die Menschen anpassen.«

Fabian trank und schwieg.

Labude fuhr erregt fort: »Das siehst du ein, nicht wahr? Natürlich siehst du das ein. Aber du phantasierst lieber von einem unerreichbaren vollkommenen Ziel, anstatt einem unvollkommenen zuzustreben, das sich verwirklichen läßt. Es ist dir bequemer so. Du hast keinen Ehrgeiz, das ist das Schlimme.«

»Ein Glück ist das. Stell dir vor, unsere fünf Millionen Arbeitslosen begnügten sich nicht mit dem Anspruch auf Unterstützung. Stell dir vor, sie wären ehrgeizig!«

Da lehnten sich zwei Trikotengel über die Brüstung. Die eine Frau war dick und blond, und ihre Brust lag auf dem Plüsch, als sei serviert. Die andere Person war mager, und ihr Gesicht sah aus, als hätte sie krumme Beine. »Schenkt uns 'ne Zigarette«, sagte die Blonde. Fabian hielt die Schachtel hin. Labude gab Feuer. Die Frauen rauchten, blickten die jungen Männer abwartend an, und die Magere konstatierte nach einer Pause mit verrosteter Stimme: »Na ja, so ist das.«

»Wer spendiert 'nen Schnaps?« fragte die Dicke.

Sie gingen zu viert der Theke zu. Rebenlaub und gewaltige Weintrauben, alles aus Pappe, umsäumten den Pfad. Sie setzten sich in eine Ecke. Die Wand war mit der Pfalz bei Caub bemalt. Fabian dachte an Blücher, Labude bestellte Likör. Die Frauen flüsterten miteinander. Vermutlich verteilten sie die zwei Kavaliere. Denn unmittelbar danach schleuderte die dicke Blonde den Arm um Fabian, legte eine Hand auf sein Bein und tat wie zu Hause. Die Magere trank ihr Glas auf einen Zug leer, zupfte Labude an der Nase und kicherte blöde. »Oben sind Nischen«, sagte sie, strich die blauen Trikothosen von den Schenkeln zurück und zwinkerte.

»Woher haben Sie so rauhe Hände?« fragte Labude.

Sie drohte mit dem Finger. »Nicht, was du denkst«, rief sie und verschluckte sich vor Schelmerei.

»Paula hat früher in einer Konservenfabrik gearbeitet«, sagte die Blonde, nahm Fabians Hand und fuhr sich mit dieser so lange über die Brüste, bis die Brustwarzen groß und fest wurden. »Gehen wir dann ins Hotel?« fragte sie.

»Ich bin überall rasiert«, erläuterte die Magere und war nicht abgeneigt, den Nachweis zu erbringen. Labude hielt sie mühsam vor dem Äußersten zurück.

»Man schläft nachher besser«, sagte die Blondine zu Fabian und reckte die festen Beine.

Lottchen von der Theke füllte die Gläser. Die Frauen tranken, als hätten sie acht Tage nichts gegessen. Die Musik drang gedämpft herüber. An der Bar saß ein riesenhafter Kerl und gurgelte mit Kirschwasser. Der Scheitel reichte ihm bis ins Rückgrat. Hinter der Pfalz bei Caub brannte eine elektrische Birne und besonnte den Rhein, wenn auch nur von hinten.

»Oben sind Nischen«, sagte die Magere wieder, und man stieg hinauf. Labude bestellte kalten Aufschnitt. Als der Teller mit Fleisch und Wurst vor den Mädchen stand, vergaßen sie alles übrige und kauten darauflos. Unten im Saal wurde die schönste Figur prämiert. Die Frauen drehten sich mit ihren knappen Badeanzügen im Kreis, spreizten die Arme und die Finger und lächelten verführerisch. Die Männer standen wie auf dem Viehmarkt.

»Der erste Preis ist eine große Bonbonniere«, erklärte die kauende Paula, »und wer sie gekriegt hat, muß sie dann beim Geschäftsführer wieder abliefern.«

»Ich esse lieber, außerdem findet man meine Beine immer zu dick«, sagte die Blondine. »Dabei sind dicke Beine das beste, was es gibt. Ich war einmal mit einem russischen Fürsten zusammen, der schreibt mir noch jetzt Ansichtskarten.«

»Quatsch!« knurrte Paula. »Jeder Mann will was anderes. Ich habe einen Herrn gekannt, einen Ingenieur, der liebte Lungenkranke. Und Viktorias Freund hat einen Buckel, und sie sagt, das braucht sie zum Leben. Da mach was dagegen. Ich finde, Hauptsache, man versteht seinen Kram.«

»Gelernt ist gelernt«, behauptete die Dicke und angelte das letzte Stück Schinken von der Platte. Unten im Saal wurde gerade die schönste Figur ausgerufen. Die Kapelle spielte einen Tusch. Der Geschäftsführer überreichte der Siegerin eine große Bonbonniere. Sie dankte ihm beglückt, verneigte sich vor den klatschenden und johlenden Gästen und zog mit ihrem Geschenk davon, wahrscheinlich trug sie's ins Büro zurück.

»Warum arbeiten Sie eigentlich nicht mehr in Ihrer Konservenfabrik?« fragte Labude, und seine Frage klang recht vorwurfsvoll.

Paula schob den leeren Teller zurück, strich sich über den Magen und erzählte: »Erstens war es gar nicht meine Fabrik, und zweitens wurde ich abgebaut. Glücklicherweise wußte ich was über den Direktor. Er hatte ein vierzehnjähriges Mädchen verführt. Verführt ist übertrieben. Aber er glaubte den Zimt. Und dann rief ich ihn alle vierzehn Tage an, ich müsse fünfzig Mark haben, oder ich würde die Sache rumreden. Am nächsten Tag ging ich dann jedesmal zur Kasse und holte das Geld ab.«

»Das ist ja Erpressung!« rief Labude.

»Der Rechtsanwalt, den mir der Direktor auf den Hals schickte, fand das auch. Ich mußte einen Wisch unterschreiben, bekam hundert Mark, und aus war's mit der Lebensrente. Na ja, nun bin ich hier und lebe vom Bauch in den Mund.«

»Es ist furchtbar«, sagte Labude zu Fabian, »es ist schrecklich, wie viele Direktoren das Angestelltenverhältnis mißbrauchen.«

Die Dicke rief: »Ach, Mensch, was redest du da. Wenn ich ein Mann wäre, und ein Fabrikdirektor dazu, ich hätte dauernd Angestelltenverhältnisse.« Dann fuhr sie Fabian in die Haare, versetzte ihm einen Kuß, ergriff seine Hand und legte sie platt auf ihren satten Magen. Labude und Paula tanzten miteinander. Sie hatte tatsächlich krumme Beine.

In der Nachbarnische sang eine Frau laut und mit betrunkener Stimme:

»Die Liebe ist ein Zeitvertreib.
Man nimmt dazu den Unterleib.«

Die Dicke sagte: »Die nebenan ist 'ne Marke. Sie gehört gar nicht hierher, kommt in teuren Pelzmänteln an, aber darunter trägt sie was ganz Durchsichtiges. Es soll eine reiche Frau aus dem Westen sein, sogar verheiratet. Sie holt sich junge Kerle in die Nische, bezahlt für sie und gibt an, daß die Wände rot werden.« Fabian erhob sich und blickte über die halbhohe Zwischenwand hinweg nebenan.

Dort saß in einem grünseidenen Badeanzug eine große gutgewachsene Frau und war, unter Absingung von Liedern, dabei, einen Reichswehrsoldaten, der sich verzweifelt wehrte, auszuziehen. »Kerl!« rief sie, »mach nicht einen so schlappen Eindruck! Los! Zeig den Ausweis!« Aber der brave Infanterist stieß sie zurück. Fabian fiel jene bekannte ägyptische Ministergattin ein, die den armen Josef, den begabten Urenkel Abrahams, so schamlos belästigt hatte. Da stand die Grüne auf, packte ein Sektglas und taumelte zur Brüstung.

Es war nicht Frau Potiphar, sondern Frau Moll. Jene Irene Moll, deren Schlüssel er im Mantel hatte.

Schwankend stand sie an der Balustrade, hob das spitze Glas hoch und warf es in den Saal hinunter. Es zersprang auf dem Parkett. Die Musiker setzten die Instrumente ab. Die Tanzpaare hoben erschrocken die Köpfe. Alle blickten zu der Nische hinauf.

Frau Moll streckte die Hand aus und rief: »Männer nennt sich das! Wenn man sie anpackt, gehen sie aus dem Leim! Meine sehr verehrten Damen, ich schlage vor, die Bande einzusperren. Meine sehr verehrten Damen, wir brauchen Männerbordelle! Wer dafür ist, der hebe die Hand!« Sie schlug sich emphatisch vor die Brust und bekam davon den Schlucken. Im Saal wurde gelacht. Der Geschäftsführer war schon unterwegs. Irene Moll fing an zu weinen. Das Schwarz der getuschten Wimpern verflüssigte sich, und die Tränen liniierten ihr Gesicht. »Laßt uns singen!« schrie sie schluchzend und schluckend. »Wir singen das schöne Lied vom Klavierspiel!« Sie breitete beide Arme aus und brüllte:

>»Auch der Mensch ist nur ein Tier,
>Immer, und erst recht zu zweit.
>Komm und spiel auf mir Klavier!
>Komm und spieleee auf mir
>die Schule der Geläufigkeit.
>Dazu bin ich ja …«

Der Geschäftsführer hielt ihr den Mund zu, sie mißverstand die Bewegung und fiel ihm um den Hals. Dabei sah sie den zu ihr hinblickenden Fabian, riß sich los und schrie: »Dich kenn ich doch!« und wollte zu ihm. Aber der Reichswehrsoldat, der sich inzwischen erholt hatte, und der Geschäftsführer packten sie und drückten sie auf einen Stuhl. Im Saal wurde wieder musiziert und getanzt.

Labude hatte während der Szene bezahlt, gab Paula und der Dicken etwas Geld, faßte Fabian unter und zog ihn fort.

In der Garderobe fragte er: »Sie kennt dich wirklich?«

»Ja«, sagte Fabian, »sie heißt Moll, ihr Mann ist Rechtsanwalt und zahlt jede Summe, wenn man mit ihr schläft. Die Schlüssel dieser komischen Familie habe ich noch in der Tasche. Hier sind sie.«

Labude nahm die Schlüssel weg, rief: »Ich komme gleich wieder!« und lief in Hut und Mantel zurück.

Sechstes Kapitel

Der Zweikampf am Märkischen Museum
Wann findet der nächste Krieg statt?
Ein Arzt versteht sich auf Diagnose

Als sie auf der Straße standen, fragte Labude ärgerlich: »Hast du mit dieser Verrückten etwas gehabt?«

»Nein, ich war nur in ihrem Schlafzimmer, und sie zog sich aus. Plötzlich kam noch ein Mann hinzu, behauptete, mit ihr verehelicht zu sein, ich solle mich aber nicht stören lassen. Dann deklamierte er einen ungewöhnlichen Kontrakt, den die beiden geschlossen haben. Dann ging ich.«

»Warum nahmst du die Schlüssel mit?«

»Weil die Haustür verschlossen war.«

»Ein schauderhaftes Weib«, sagte Labude. »Sie hing besoffen überm Tisch, und ich steckte ihr die Schlüssel schnell in die Handtasche.«

»Sie hat dir nicht gefallen?« fragte Fabian. »Sie ist doch sehr eindrucksvoll gewachsen, und das freche Konfirmandengesicht obendrauf wirkt so wunderbar unpassend.«

»Wenn sie häßlich wäre, hättest du die Schlüssel längst beim Portier abgegeben.« Labude zog den Freund weiter. Sie bogen langsam in eine Nebenstraße ein, kamen an einem Denkmal, auf dem Herr Schulze-Delitzsch stand, und am Märkischen Museum vorbei, der Steinerne Roland lehnte finster in einer Efeuecke, und auf der Spree jammerte ein Dampfer. Oben auf der Brücke blieben sie stehen und blickten auf den dunklen Fluß und auf die fensterlosen Lagerhäuser. Über der Friedrichstadt brannte der Himmel.

»Lieber Stephan«, sagte Fabian leise, »es ist rührend, wie du dich um mich bemühst. Aber ich bin nicht unglücklicher als unsere Zeit. Willst du mich glücklicher machen, als sie es ist? Und wenn du mir einen Direktorenposten, eine Million Dollar oder eine anständige Frau, die ich lieben könnte, verschaffst, oder alle drei Dinge zusammen, es wird dir nicht gelingen.« Ein kleines schwarzes Boot, mit einer roten Laterne am Heck, trieb den Fluß entlang. Fabian legte die Hand auf die Schulter des Freundes. »Als ich vorhin sagte, ich verbrächte die Zeit damit, neugierig zuzusehen, ob die Welt zur Anständigkeit Talent habe, war das nur die halbe Wahrheit. Daß ich mich so herumtreibe, hat noch einen anderen Grund. Ich treibe mich herum, und ich warte wieder, wie damals im Krieg, als wir wußten: Nun werden wir eingezogen. Erinnerst du dich? Wir schrieben Aufsätze und Diktate, wir lernten scheinbar, und es war gleichgültig, ob wir es taten oder unterließen. Wir sollten ja in den Krieg. Saßen wir nicht wie unter einer Glasglocke, aus der man langsam, aber unaufhörlich die Luft herauspumpt? Wir begannen zu zappeln, doch wir zappelten nicht aus Übermut, sondern weil uns die Luft wegblieb. Erinnerst du dich? Wir wollten nichts versäumen, und wir hatten einen gefährlichen Lebenshunger, weil wir glaubten, es sei die Henkersmahlzeit.«

Labude lehnte am Geländer und blickte auf die Spree hinunter. Fabian ging erregt hin und her, als liefe er in seinem Zimmer auf und ab. »Erinnerst du dich?« fragte er. »Und ein halbes Jahr später waren wir marschbereit. Ich bekam acht Tage Urlaub und fuhr nach Graal. Ich fuhr hin, weil ich als Kind einmal dort gewesen war. Ich fuhr hin, es war Herbst, ich lief melancholisch über den schwankenden Boden der Erlenwälder. Die Ostsee war verrückt, und die Kurgäste konnte man zählen. Zehn passable Frauen waren am Lager, und mit sechsen schlief ich. Die nächste Zukunft hatte den Entschluß gefaßt, mich zu Blutwurst zu verarbeiten. Was sollte ich bis dahin tun? Bücher lesen? An meinem Charakter feilen? Geld verdienen? Ich saß in einem großen Wartesaal, und der hieß Europa. Acht Tage später fährt der Zug. Das wußte ich. Aber wohin er fuhr und was aus mir werden sollte, das wußte kein Mensch. Und jetzt sitzen wir wieder im Wartesaal, und wieder heißt er Europa! Und wieder wissen wir nicht, was geschehen wird. Wir leben provisorisch, die Krise nimmt kein Ende!«

»Zum Donnerwetter!« rief Labude, »wenn alle so denken wie du, wird nie stabilisiert! Empfinde ich vielleicht den provisorischen Charakter der Epoche nicht? Ist dieses Mißvergnügen dein Privileg? Aber ich sehe nicht zu, ich versuche, vernünftig zu handeln.«

»Die Vernünftigen werden nicht an die Macht kommen«, sagte Fabian, »und die Gerechten noch weniger.«

»So?« Labude trat dicht vor den Freund und packte ihn mit beiden Händen am Mantelkragen. »Aber sollten sie es nicht trotzdem wagen?«

In diesem Augenblick hörten beide einen Schuß und einen Aufschrei und kurz danach drei Schüsse aus anderer Richtung. Labude rannte ins Dunkel, die Brücke entlang, auf das Museum zu. Wieder klang ein Schuß. »Viel Spaß!« sagte Fabian zu sich selber, während er lief, und suchte, obwohl sein Herz schmerzte, Labude zu erreichen.

Am Fuße des Märkischen Roland kauerte ein Mann, fuchtelte mit dem Revolver und brüllte: »Warte nur, du Schwein!« Und dann schoß er wieder über die Straße weg auf einen unsichtbaren Gegner. Eine Laterne zerbrach. Glas klirrte aufs Pflaster. Labude nahm dem Mann die Waffe aus der Hand, und Fabian fragte: »Warum schießen Sie eigentlich im Sitzen?«

»Weil mich's am Bein erwischt hat«, knurrte der Mann. Es war ein junger stämmiger Mensch, und er trug eine Mütze. »So ein Mistvieh!« brüllte er. »Aber ich weiß, wie du heißt.« Und er drohte der Dunkelheit.

»Quer durch die Wade«, stellte Labude fest, kniete nieder, zog ein Taschentuch aus dem Mantel und probierte einen Notverband.

»Drüben in der Kneipe ging's los«, lamentierte der Verwundete. »Er schmierte ein Hakenkreuz aufs Tischtuch. Ich sagte was. Er sagte was. Ich knallte ihm eine hinter die Ohren. Der Wirt schmiß uns raus. Der Kerl lief mir nach und schimpfte auf die Internationale. Ich drehte mich um, da schoß er schon.«

»Sind Sie nun wenigstens überzeugt?« fragte Fabian und blickte auf den Mann hinunter, der die Zähne zusammenbiß, weil Labude an der Schußwunde hantierte.

»Die Kugel ist nicht mehr darin«, bemerkte Labude. »Kommt denn hier gar kein Auto? Es ist wie auf dem Dorf.«

»Nicht einmal ein Schutzmann ist da«, stellte Fabian bedauernd fest.

»Der hätte mir gerade noch gefehlt!« Der Verletzte versuchte aufzustehen. »Damit sie wieder einen Proleten einsperren, weil er so unverschämt war, sich von einem Nazi die Knochen kaputtschießen zu lassen.«

Labude hielt den Mann zurück, zog ihn wieder zu Boden und befahl dem Freund, ein Taxi zu besorgen. Fabian rannte davon, quer über die Straße, um die Ecke, den nächtlichen Uferweg entlang.

In der nächsten Nebenstraße standen Wagen. Er gab dem Chauffeur den Auftrag, zum Märkischen Museum zu fahren, am Roland gäbe es eine Fuhre. Das Auto verschwand. Fabian folgte zu Fuß. Er atmete tief und langsam. Das Herz schlug wie verrückt. Es hämmerte unterm Jackett. Es schlug im Hals. Es pochte unterm Schädel. Er blieb stehen und trocknete die Stirn. Dieser verdammte Krieg! Dieser verdammte Krieg! Ein krankes Herz dabei erwischt zu haben, war zwar eine Kinderei, aber Fabian genügte das Andenken. In der Provinz zerstreut sollte es einsame Gebäude geben, wo noch immer verstümmelte Soldaten lagen. Männer ohne Gliedmaßen, Männer mit furchtbaren Gesichtern, ohne Nasen, ohne Münder. Krankenschwestern, die vor nichts zurückschreckten, füllten diesen entstellten Kreaturen Nahrung ein, durch dünne Glasröhren, die sie dort in wuchernd vernarbte Löcher spießten, wo früher einmal ein Mund gewesen war. Ein Mund, der hatte lachen und sprechen und schreien können.

Fabian bog um die Ecke. Drüben war das Museum. Das Auto hielt davor. Er schloß die Augen und entsann sich schrecklicher Fotografien, die er gesehen hatte und die mitunter in seinen Träumen auftauchten und ihn erschreckten. Diese armen Ebenbilder Gottes! Noch immer lagen sie in jenen von der Welt isolierten Häusern, mußten sich füttern lassen und mußten weiterleben. Denn es war ja Sünde, sie zu töten. Aber es war recht gewesen, ihnen mit Flammenwerfern das Gesicht zu zerfressen. Die Familien wußten nichts von diesen Männern und Vätern und Brüdern. Man hatte ihnen gesagt, sie wären vermißt. Das war nun fünfzehn Jahre her. Die Frauen hatten wieder geheiratet. Und der Selige, der irgendwo in der Mark Brandenburg durch Glasröhren gefüttert wurde, lebte zu Hause nur noch als hübsche Fotografie überm Sofa, ein Sträußchen im Gewehrlauf, und darunter saß der Nachfolger und ließ sich's schmecken. Wann gab es wieder Krieg? Wann würde es wieder soweit sein?

Plötzlich rief jemand »Hallo«! Fabian öffnete die Augen und suchte den Rufer. Der lag auf der Erde, hatte sich auf den Ellenbogen gestützt und preßte seine Hand aufs Gesäß.

»Was ist denn mit Ihnen los?«

»Ich bin der andere«, sagte der Mann. »Mich hat's auch erwischt.« Da stellte sich Fabian breitbeinig hin und lachte. Von der anderen Seite her, aus dem Gemäuer des Museums, lachte ein Echo mit.

»Entschuldigen Sie«, rief Fabian, »meine Heiterkeit ist nicht gerade höflich.« Der Mann zog ein Knie hoch, schnitt eine Grimasse, betrachtete die Hände, die voll Blut waren, und sagte verbissen: »Wie's beliebt. Der Tag wird kommen, wo Ihnen das Lachen vergeht.«

»Warum stehst du denn da herum?« schrie Labude und kam ärgerlich über die Straße.

»Ach Stephan«, sagte Fabian, »hier sitzt die andere Hälfte des Duells mit einem Steckschuß im Allerwertesten.«

Sie riefen den Chauffeur und transportierten den Nationalsozialisten ins Auto, neben den kommunistischen Spielgefährten. Die Freunde kletterten hinterdrein und gaben dem Chauffeur Anweisung, sie zum nächsten Krankenhaus zu bringen.

Das Auto fuhr los.

»Tut's sehr weh?« fragte Labude.

»Es geht«, antworteten die beiden Verwundeten gleichzeitig und musterten sich finster.

»Volksverräter!« sagte der Nationalsozialist. Er war größer als der Arbeiter, etwas besser gekleidet und sah etwa wie ein Handlungsgehilfe aus.

»Arbeiterverräter!« sagte der Kommunist.

»Du Untermensch!« rief der eine.

»Du Affe!« rief der andere.

Der Kommis griff in die Tasche.

Labude faßte sein Handgelenk. »Geben Sie den Revolver her!« befahl er. Der Mann sträubte sich. Fabian holte die Waffe heraus und steckte sie ein.

»Meine Herren«, sagte er. »Daß es mit Deutschland so nicht weitergehen kann, darüber sind wir uns wohl alle einig. Und daß man jetzt versucht, mit Hilfe der kalten Diktatur unhaltbare Zustände zu verewigen, ist eine Sünde, die bald genug ihre Strafe finden wird. Trotzdem hat es keinen Sinn, wenn Sie einander Reservelöcher in die entlegensten Körperteile schießen. Und wenn Sie besser getroffen hätten und nun ins Leichenschauhaus führen, statt ihn die Klinik, wäre auch nichts Besonderes erreicht. Ihre Partei«, er meinte den Faschisten, »weiß nur, wogegen sie kämpft, und auch das weiß sie nicht genau. Und Ihre Partei«, er wandte sich an den Arbeiter, »Ihre Partei …«

»Wir kämpfen gegen die Ausbeuter des Proletariats«, erklärte dieser, »und Sie sind ein Bourgeois.«

»Freilich«, antwortete Fabian, »ich bin ein Kleinbürger, das ist heute ein großes Schimpfwort.«

Der Handlungsgehilfe hatte Schmerzen, saß, zur Seite geneigt, auf der heilen Sitzhälfte und hatte Mühe, mit seinem Kopf nicht an den des Gegners zu stoßen.

»Das Proletariat ist ein Interessenverband«, sagte Fabian. »Es ist der größte Interessenverband. Daß ihr euer Recht wollt, ist eure Pflicht. Und ich bin euer Freund, denn wir haben denselben Feind, weil ich die Gerechtigkeit liebe. Ich bin euer Freund, obwohl ihr darauf pfeift. Aber, mein Herr, auch wenn *Sie* an die Macht kommen, werden die Ideale der Menschheit im Verborgenen sitzen und weiterweinen. Man ist noch nicht gut und klug, bloß weil man arm ist.«

»Unsere Führer …« begann der Mann.

»Davon wollen wir lieber nicht reden«, unterbrach ihn Labude.

Das Auto hielt. Fabian klingelte am Portal des Krankenhauses. Der Portier öffnete. Krankenwärter kamen und trugen die Verletzten aus dem Wagen. Der wachhabende Arzt gab den Freunden die Hand.

»Sie bringen mir zwei Politiker?« fragte er lächelnd. »Heute nacht sind insgesamt neun Leute eingeliefert worden, einer mit einem schweren Bauchschuß. Lauter Arbeiter und Angestellte. Ist Ihnen auch schon aufgefallen, daß es sich meist um Bewohner von Vororten handelt, um Leute, die einander kennen? Diese politischen Schießereien gleichen den Tanzbodenschlägereien zum Verwechseln. Es handelt sich hier wie dort um Auswüchse des deutschen Vereinslebens. Im übrigen hat man den Eindruck, sie wollen die Arbeitslosenziffer senken, indem sie einander totschießen. Merkwürdige Art von Selbsthilfe.«

»Man kann es verstehen, daß das Volk erregt ist«, meinte Fabian.

»Ja, natürlich.« Der Arzt nickte. »Der Kontinent hat den Hungertyphus. Der Patient beginnt bereits zu phantasieren und um sich zu schlagen. Leben Sie wohl!« Das Portal schloß sich.

Labude gab dem Chauffeur Geld und schickte den Wagen weg. Sie gingen schweigend nebeneinander. Plötzlich blieb Labude stehen und sagte: »Ich kann jetzt noch nicht nach Hause gehen. Komm, wir fahren ins Kabarett der Anonymen.«

»Was ist das?«

»Ich kenne es auch noch nicht. Ein findiger Kerl hat Halbverrückte aufgelesen und läßt sie singen und tanzen. Er zahlt ihnen ein paar Mark, und sie lassen sich dafür vom Publikum beschimpfen und auslachen. Wahrscheinlich merken sie es gar nicht. Das Lokal soll sehr besucht sein. Das ist ja auch verständlich. Es gehen sicher Leute hin, die sich darüber freuen, daß es Menschen gibt, die noch verrückter sind als sie selber.«

Fabian war einverstanden. Er blickte noch einmal zum Krankenhaus zurück, über dem der Große Bär funkelte. »Wir leben in einer großen Zeit«, sagte er, »und sie wird jeden Tag größer.«

Siebentes Kapitel

Verrückte auf dem Podium
Die Todesfahrt von Paul Müller
Ein Fabrikant in Badewannen

Vor dem Kabarett parkten viele Privatautos. Ein rotbärtiger Mann, der einen Pleureusenhut trug und eine riesige Hellebarde hielt, lehnte an der Tür des Lokals und rief: »Immer herein in die Gummizelle!« Labude und Fabian traten ein, gaben die Garderobe ab und fanden nach langem Suchen in dem überfüllten, verqualmten Raum an einem Ecktisch Platz.

Auf der wackligen Bühne machte ein zwecklos vor sich hinlächelndes Mädchen Sprünge. Es handelte sich offenbar um eine Tänzerin. Sie trug ein giftgrünes selbstgeschneidertes Kleid, hielt eine Ranke künstlicher Blumen und warf sich und die Ranke in regelmäßigen Zeitabständen in die Luft. Links von der Bühne saß ein zahnloser Greis an einem verstimmten Klavier und spielte die Ungarische Rhapsodie.

Ob der Tanz und das Klavierspiel miteinander in Beziehung standen, war nicht ersichtlich. Das Publikum, ausnahmslos elegant gekleidet, trank Wein, unterhielt sich laut und lachte.

»Fräulein, Sie werden dringend am Telefon verlangt!« schrie ein glatzköpfiger Herr, der mindestens Generaldirektor war. Die anderen lachten noch mehr als vorher. Die Tänzerin ließ sich nicht aus der Unruhe bringen und fuhr fort zu lächeln und zu springen. Da hörte das Klavierspiel auf. Die Rhapsodie war zu Ende. Das Mädchen auf der Bühne warf dem Klavierspieler einen bösen Blick zu und hüpfte weiter, der Tanz war noch nicht aus.

»Mutter, dein Kind ruft!« kreischte eine Dame, die ein Monokel trug.

»Ihr Kind auch«, bemerkte jemand von einem entfernten Tisch. Die Dame drehte sich um. »Ich habe keine Kinder.«

»Da können die aber lachen!« rief man aus dem Hintergrund. »Ruhe!« brüllte jemand anders. Der Wortwechsel hörte auf.

Das Mädchen tanzte noch immer, obwohl ihr längst die Beine weh tun mußten. Schließlich fand sie selber, es sei genug, landete in einem mißlungenen Knicks, lächelte noch alberner als vorher und breitete die Arme aus. Ein dicker Herr im Smoking stand auf. »Gut, sehr gut! Sie können morgen zum Teppichklopfen kommen!«

Das Publikum lärmte und klatschte. Das Mädchen knickste wieder und wieder.

Da kam ein Mann aus der Kulisse, zog die Tänzerin, die sich heftig sträubte, von der Bühne und trat selber an die Rampe.

»Bravo, Caligula!« rief eine Dame aus der ersten Tischreihe.

Caligula, ein rundlicher junger Jude mit Hornbrille, wandte sich an den Herrn, der neben der Ruferin saß. »Ist das Ihre Frau?« fragte er.

Der Herr nickte.

»Dann sagen Sie Ihrer Frau, sie soll die Schnauze halten!« sagte Caligula. Man applaudierte. Der Mann in der ersten Tischreihe wurde rot. Seine Frau fühlte sich geschmeichelt.

»Ruhe, ihr Armleuchter!« rief Caligula und hob die Hände. Es wurde ruhig. »War die Tanzdarbietung nicht geradezu ein Erlebnis?«

»Jawohl«, brüllten alle.

»Aber es kommt noch besser. Jetzt schicke ich einen heraus, der Paul Müller heißt. Er ist aus Tolkewitz. Das liegt in Sachsen. Paul Müller spricht sächsisch und gibt vor, Rezitator zu sein. Er wird Ihnen eine Ballade vortragen. Machen Sie sich auf das Äußerste gefaßt. Paul Müller aus Tolkewitz ist, wenn nicht alles täuscht, verrückt. Ich habe keine Kosten gescheut, diese wertvolle Kraft für mein Kabarett zu gewinnen. Denn ich kann es nicht dulden, daß nur im Zuschauerraum Verrückte sind.«

»Das geht entschieden zu weit!« rief ein Besucher, dessen Gesicht mit Schmißnarben verziert war. Er war aufgesprungen und zog sich empört das Jackett straff.

»Hinsetzen!« sagte Caligula und verzog den Mund. »Wissen Sie, was Sie sind? Ein Idiot!«

Der Akademiker rang nach Luft.

»Im übrigen«, fuhr der Kabarettinhaber fort, »im übrigen

meine ich Idiot nicht in beleidigendem Sinn, sondern als Charakteristikum.«

Die Leute lachten und klatschten. Der Herr mit den Schmissen und der Empörung wurde von seinen Bekannten auf den Stuhl gezogen und beschwichtigt. Caligula nahm eine Klingel in die Hand, schellte wie ein Nachtwächter und rief: »Paul Müller, erscheine!« Dann verschwand er.

Aus dem Hintergrund nahte ein langaufgeschossener, ungewöhnlich blasser Mensch in abgerissener Kleidung.

»Tag, Müller!« brüllte man.

»Er ist zu schnell gewachsen«, meinte jemand.

Paul Müller verbeugte sich, zeigte herausfordernden Ernst im Gesicht, fuhr sich durch die Haare und preßte dann die Hände vor die Augen. Er sammelte sich. Plötzlich zog er die Hände vom Gesicht fort, streckte sie weit von sich, spreizte die Finger, riß die Augen auf und sagte: »Die Todesfahrt von Paul Müller.« Dann trat er noch einen Schritt vor.

»Fall nicht runter!« rief die Dame, der von Caligula eigentlich befohlen war, die Schnauze zu halten.

Paul Müller machte aus Trotz·noch ein Schrittchen, blickte verächtlich auf das Publikum da unten und begann wieder: »Die Todesfahrt von Paul Müller.«

»Das war der Graf von Hohenstein.
Der sperrte seine Tochter ein.
Sie liebte einen Offizier.
Der Vater sprach: ›Du bleibst bei mir‹!«

In diesem Augenblick warf jemand aus dem Publikum ein Stück Würfelzucker auf die Bühne. Paul Müller bückte sich, steckte den Zucker ein und fuhr mit unheilschwangerer Stimme fort:

»Da half nur Flucht, und die Komteß
entfloh in ihrem 10 PS.
Sie steuerte durch Nacht und Not.
Doch auf dem Kühler saß der Tod!«

Wieder warf man Zucker auf die Bühne. Vermutlich saßen Stammgäste in dem Raum, die den Gewohnheiten der Künstler Rechnung trugen. Andere Gäste folgten dem Beispiel, und allmählich kam ein Würfelzuckerbombardement zustande, dem Müller nur dadurch zu begegnen wußte, daß er sich dauernd bückte.

Es entwickelte sich ein Balladenvortrag mit Kniebeugen. Auch mit aufgerissenem Mund versuchte Müller, den ihm zufliegenden Zucker aufzufangen. Sein Gesicht wurde immer drohender. Seine Stimme klang immer schwärzer. Man entnahm der Rezitation, daß in jener schrecklichen Nacht nicht nur die Komteß Hohenstein Auto fuhr, um zu ihrem Offizier zu gelangen, sondern daß auch der Geliebte in seinem Wagen unterwegs war und sich dem Schloß näherte, wo er das Fräulein vermutete, während sie ihm doch entgegeneilte. Da die zwei Liebenden die gleiche Landstraße benutzten, da es sich ferner um eine ausgesprochen regnerische, neblige Nacht handelte, und da das Gedicht »Todesfahrt« hieß, war mit großer Wahrscheinlichkeit zu befürchten, daß die beiden Autos zusammenstoßen würden. Paul Müller beseitigte auch den letzten Zweifel darüber.

»Mach den Mund zu, sonst fallen dir die Sägespäne aus dem Schädel!« brüllte eine Stimme. Aber das Autounglück war nicht mehr aufzuhalten.

»Das Auto jenes Offizieres
kam links gefahren, rechts kam ihres.
Der Nebel war entsetzlich dick.
Und so vollzog sich das Geschick.
Von links ein Schrei,
von rechts ein Schrei –«

»Das macht nach Adam Riese zwei!« schrie jemand. Die Leute johlten und klatschten. Sie hatten von Paul Müller genug und waren auf den Ausgang der Tragödie nicht länger neugierig.

Er deklamierte weiter. Aber man sah nur, daß er den Mund bewegte. Zu hören war nichts, die Todesfahrt ging im Lärm der

Überlebenden unter. Da packte den dürren Balladendichter die blasse Wut. Er sprang vom Podium und rüttelte eine Dame derartig an den Schultern, daß ihr die Zigarette aus dem Mund und in den blauseidenen Schoß fiel. Sie sprang schreiend auf. Ihr Begleiter erhob sich ebenfalls und schimpfte. Es klang, als belle ein Hund. Paul Müller gab dem Kavalier einen Stoß, daß er in den Stuhl zurücktaumelte.

Da tauchte Caligula auf. Er war wütend und glich einem knirschenden Tierbändiger, zog den Mann aus Tolkewitz an der Krawatte und führte ihn ins Künstlerzimmer.

»Pfui, Teufel«, sagte Labude, »unten Sadisten und oben Verrückte.«

»Dieser Sport ist international«, meinte Fabian, »in Paris gibt es dieselbe Sache. Dort schreien die Zuschauer: ›Tue-le!‹, und dann schiebt sich eine riesengroße hölzerne Hand aus der Kulisse und schaufelt den Ärmsten aus dem Gesichtskreis. Er wird weggefegt.«

»Caligula nennt sich der Bursche. Er kennt sich aus. Sogar in der römischen Geschichte.« Labude stand auf und ging. Er hatte genug. Auch Fabian erhob sich. Da schlug ihn jemand derb auf die Schulter. Er drehte sich um. Der Mann mit den Schmissen stand vor ihm, strahlte über das ganze Gesicht und rief vergnügt: »Alter Junge, wie geht's dir denn?«

»Danke, gut.«

»Nein, wie ich mich freue, dich altes Haus mal wiederzusehen!« Der Akademiker gab Fabian einen Freudenstoß vor den Brustkasten, genau auf einen der Hemdknöpfe.

»Kommen Sie«, meinte Fabian, »prügeln wir uns draußen weiter!« Dann drängte er sich, zwischen Stühlen hindurch, in den Vorraum. »Mein Lieber«, sagte er zu Labude, der sich den Mantel anzog, »wir wollen schnell machen. Eben hat mich einer ununterbrochen geduzt.« Sie nahmen die Hüte. Aber es war schon zu spät.

Der Mann mit den Schmissen schob eine sommersprossige Frau vor sich her, als könne sie nicht allein laufen, und sagte zu ihr: »Siehst du, Meta, der Herr war auf dem Pennal unser Primus.« Und zu Fabian sagte er: »Das ist meine Frau, alter Knabe. Meine bessere Hälfte gewissermaßen. Wir leben in Remscheid. Ich habe den Assessor an den Nagel gehängt und bin im Geschäft meines Schwiegervaters. Wir machen Badewannen. Wenn du mal eine brauchen solltest, kannst du sie zum Engrospreis haben! Haha! Ja, es geht mir gut. Danke, glückliche Ehe, Wohnung in einem Zweifamilienhaus, großer Garten dahinter, nicht ganz ohne Bargeld, Kind haben wir auch, aber noch nicht lange.«

»Es ist erst so groß«, entschuldigte sich Meta und zeigte mit den Händen, wie klein das Kind war.

»Es wird schon noch wachsen«, tröstete Labude. Die Frau blickte ihn dankbar an und hängte sich bei ihrem Mann ein.

»Also, alter Schwede«, fing der Akademiker wieder an, »nun erzähle mal, was du die ganze Zeit über gemacht hast.«

»Nichts Besonderes«, bemerkte Fabian. »Augenblicklich bastle ich an einer Weltraumrakete. Ich will mir mal den Mond ansehen.«

»Ausgezeichnet«, rief der Mann, der in die Badewannen eingeheiratet hatte. »Deutschland allen voran! Und wie geht's deinem Bruder?«

»Sie überschütten mich mit frohen Neuigkeiten, mein Herr«, sagte Fabian. »Ein Brüderchen habe ich mir schon lange gewünscht. Nur eine bescheidene Zwischenfrage: Wo sind Sie eigentlich aufs Gymnasium gegangen?«

»In Marburg natürlich.«

Fabian hob bedauernd die Schultern. »Es soll eine bezaubernde Stadt sein, aber ich kenne Marburg leider gar nicht.«

»Dann entschuldigen Sie vielmals«, knarrte der andere. »Kleine Verwechslung, täuschende Ähnlichkeit, nichts für ungut.« Er knallte die Absätze zusammen, befahl: »Komm, Meta!« und entfernte sich. Meta blickte Fabian verlegen an, nickte Labude zu und folgte dem Gemahl.

»So ein dämlicher Affe!« Fabian war entrüstet. »Spricht wildfremde Leute an und tut familiär. Ich habe diesen Caligula im Verdacht, daß die Anpöbelei zu seiner Kabarettregie gehört.«

»Das glaube ich nicht«, meinte Labude. »Die Badewannen waren sicher echt, und das entsetzlich kleine Kind auch.«

Sie gingen heimwärts, Labude schaute trübselig aufs Pflaster. »Es ist eine Schande«, sagte er nach einer Weile. »Dieser gewesene Assessor hat eine Wohnung, einen Garten, einen Beruf, eine Frau mit Sommersprossen und was noch alles. Und unsereins vegetiert herum wie ein Landstreicher ohne Land, man hat noch keinen festen Beruf, man hat kein festes Einkommen, man hat kein festes Ziel und nicht mal eine feste Freundin.«

»Du hast doch Leda.«

»Und was mich besonders aufbringt«, fuhr Labude fort, »so ein Kerl hat ein eigenes, selbstgemachtes Kind.«

»Sei nicht neidisch«, sagte Fabian, »dieser juristisch vorgebildete Badewannenfabrikant ist ein Ausnahmefall. Wer von den Leuten, die heute dreißig Jahre alt sind, kann heiraten? Der eine ist arbeitslos, der andere verliert morgen seine Stellung. Der dritte hat noch nie eine gehabt. Unser Staat ist darauf, daß Generationen nachwachsen, momentan nicht eingerichtet. Wem es dreckig geht, der bleibt am besten allein, statt Frau und Kind an seinem Leben proportional zu beteiligen. Und wer trotzdem andere mit hineinzieht, der handelt mindestens fahrlässig. Ich weiß nicht, von wem der Satz stammt, daß geteiltes Leid halbes Leid sei, aber wenn der Quatschkopf noch leben sollte, dann wünsche ich ihm zweihundert Mark monatlich und eine achtköpfige Familie. Da soll er sein Leid so lange durch acht dividieren, bis er schwarz wird.« Fabian sah den Freund von der Seite an. »Übrigens, wozu bedrückt dich das? Dein Vater gibt dir doch Geld. Und wenn du die Venia legendi hast, wirst du noch ein paar Groschen dazuverdienen. Dann heiratest du Leda, und deinen Vaterfreuden steht nichts mehr im Wege.«

»Es gibt ja auch noch andere Schwierigkeiten, außer den ökonomischen«, sagte Labude, blieb stehen und winkte einem Taxi. »Sei mir nicht böse, wenn ich jetzt allein sein will. Kannst du mich morgen bei meinen Eltern abholen? Ich muß dir Verschiedenes erzählen.« Er drückte dem Freund etwas in die Hand und stieg in den wartenden Wagen.

»Handelt es sich um Leda?« fragte Fabian durchs offene Fenster.

Labude nickte und senkte den Kopf. Das Auto fuhr an. Der andere blickte dem Wagen nach. »Ich komme!« rief er. Doch das Auto war schon weit weg, und das rote Schlußlicht konnte ein Glühwürmchen sein. Dann besann er sich und stellte fest, was er in der Hand hielt. Es war ein Fünfzigmarkschein.

Achtes Kapitel

Studenten treiben Politik
Labude sen. liebt das Leben
Die Ohrfeige an der Außenalster

Labudes Eltern bewohnten im Grunewald einen großen griechischen Tempel. Eigentlich war es kein Tempel, sondern eine Villa. Und eigentlich bewohnten sie die Villa gar nicht. Die Mutter war viel auf Reisen, meist im Süden, in einem Landhaus bei Lugano. Erstens gefiel es ihr am Lago di Lugano besser als am Grunewaldsee. Und zweitens fand Labudes Vater, die zarte Gesundheit seiner Frau erfordere südlichen Aufenthalt. Er liebte seine Frau sehr, besonders in ihrer Abwesenheit. Seine Zuneigung wuchs im Quadrat der Entfernung, die zwischen ihnen lag.

Er war ein bekannter Verteidiger. Da seine Klienten viel Geld und viele Prozesse hatten, hatte auch er viele Prozesse und viel Geld. Die Aufregungen des Berufs, den er liebte, genügten ihm nicht. Fast jede Nacht saß er in Spielklubs. Die Ruhe, die sein Haus verbreitete, war ihm höchst zuwider. Und die vorwurfsvollen Augen seiner Frau brachten ihn zur Verzweiflung. Da beide befürchteten, den anderen anzutreffen, mieden beide die Villa, so oft das möglich war. Und Stephan, der Sohn, mußte, wenn er seinen Eltern begegnen wollte, auf die Gesellschaften gehen, die sie im Winter gaben. Da ihn diese Veranstaltungen von Jahr zu Jahr mehr abstießen, bis er sie endlich nicht mehr besuchte, traf er seine Eltern nur noch aus Versehen.

Das meiste, was er über den Vater wußte, hatte er einmal von einer jungen Schauspielerin erfahren. Das war auf einem Maskenball gewesen, und sie hatte ihm sehr eingehend den Mann geschildert, der sie damals finanzierte. Leichtfertige Frauen versuchen ja gelegentlich, Liebhaber zu erwerben, indem sie die intimen Sitten und Gebräuche der ehemaligen Besitzer ausplaudern. Im Laufe des Gesprächs hatte es sich herausgestellt, daß von Justizrat Labude die Rede gewesen war, und Stephan hatte das Fest fluchtartig verlassen.

Fabian kam nicht gern in die Grunewaldvilla. Er empfand den Aufwand, den solche Häuser mit sich treiben lassen, als albern. Er konnte sich überhaupt nicht vorstellen, daß man mitten in derartigem Luxus das Gefühl, man sei nur auf Besuch, jemals loswerden könne. Und er fand es, von allen anderen Gründen abgesehen, schon deshalb vollkommen in der Ordnung, daß sich Labudes Eltern in dem Wohnmuseum entfremdet hatten.

»Schrecklich«, sagte er zu dem Freund, der am Schreibtisch saß, »jedesmal, wenn ich hierher komme, erwarte ich, daß mir euer Diener Filzpantoffeln überzieht und mit einer Schloßführung beginnt. Falls du mir erzählen solltest, daß der Große Kurfürst auf diesem Stuhl hier in die Schlacht von Fehrbellin geritten ist, könnte ich mich bereiterklären, es zu glauben. Im übrigen danke ich dir für das Geld.«

Labude winkte ab. »Du weißt, daß ich mehr davon habe, als notwendig ist. Lassen wir das. Ich bat dich hierher, weil ich dir erzählen will, was mir in Hamburg passiert ist.«

Fabian stand auf und setzte sich aufs Sofa. Jetzt befand er sich hinter Labudes Rücken, und der Freund brauchte ihn während des Sprechens nicht anzusehen. Sie blickten beide zum Fenster hinaus, auf grüne Bäume und auf rote Villendächer. Das Fenster war offen, und manchmal kam ein Vogel, spazierte auf dem Fensterbrett hin und her, musterte mit schiefgehaltenem Kopf das Zimmer und flog wieder in den Garten zurück. Außerdem hörte man, wie jemand mit einem Rechen die Kieswege harkte.

Labude sah starr in die Zweige des nächsten Baumes. »Rassow schrieb mir, er spräche im Hamburger Auditorium Maximum, vor Studenten aller Richtungen, über das Thema ›Tradition und Sozialismus‹. Und er schlug mir vor, als Korreferent oder im Rahmen der Diskussion von meinen politischen Plänen zu erzählen. Ich fuhr hinüber. Der Vortrag begann. Rassow berichtete den Studenten von seiner Rußlandreise und von seinen Erfahrungen und Gesprächen mit russischen Künstlern und Wissenschaftlern. Er wurde von den Vertretern der sozialistischen Studentenschaft wiederholt unterbrochen. Anschließend sprach ein Kommunist und wurde seinerseits von den Bürgerlichen gestört. Dann kam ich an die Reihe. Ich skizzierte die kapitalistische Situation Europas und stellte die Forderung auf, daß die bürgerliche Jugend sich radikalisieren und daß sie den kontinentalen Ruin, der von allen Seiten, passiv oder aktiv, vorbereitet wird, aufhalten müsse. Diese Jugend, sagte ich, sei im Begriff, in absehbarer Zeit die Führerschaft in Politik, Industrie, Grundbesitz und Handel zu übernehmen, die Väter hätten abgewirtschaftet, und es sei unsere Aufgabe, den Kontinent zu reformieren: durch internationale Abkommen, durch freiwillige Kürzung des privaten Profits, durch Zurückschraubung des Kapitalismus und der Technik auf ihre vernünftigen Maße, durch Steigerung der sozialen Leistungen, durch kulturelle Vertiefung der Erziehung und des Unterrichts. Ich sagte, diese neue Front, diese Querverbindung der Klassen, sei möglich, da die Jugend, wenigstens ihre Elite, den hemmungslosen Egoismus verabscheue und außerdem klug genug sei, eine Zurückführung in organische Zustände einem unvermeidlichen Zusammenbruch des Systems vorzuziehen. Wenn es schon ohne Klassenherrschaft nicht abgehe, sagte ich, dann solle man sich für das Regime unserer Altersklasse entscheiden. Bei den Vertretern der extremen Gruppen erntete mein Vortrag die übliche Heiterkeit. Aber als Rassow den Antrag zur Bildung der radikalbürgerlichen Initiativgruppe einbrachte, fand das doch Beifall. Die Gruppe kam zustande. Wir entwarfen einen Aufruf, der an alle europäischen Universitäten verschickt werden wird. Rassow, ich und ein paar andere wollen die deutschen Hochschulen besuchen, Vorträge halten und analoge Gruppen bilden. Wir hoffen, mit den sozialistischen Studenten eine Art Kartellverbindung einzugehen. Wenn wir an allen Universitäten Gruppen gebildet haben, werden von diesen auch andere intellektuelle Körperschaften bearbeitet. Die Sache kommt in Gang. Ich habe dir gestern nichts davon erzählt, weil ich ja deine Skepsis zur Genüge kenne.«

»Ich freue mich«, sagte Fabian, »ich freue mich sehr, daß du nun an die Verwirklichung deines Planes herangehen kannst. Hast du dich schon mit der Gruppe der Unabhängigen Demokraten in Verbindung gesetzt? In Kopenhagen ist ein ›Club Europa‹ gebildet worden, notiere es dir. Und ärgere dich nicht zu sehr über meine Zweifel an der Gutartigkeit der Jugend. Und sei mir nicht böse, wenn ich nicht glaube, daß sich Vernunft und Macht jemals heiraten werden. Es handelt sich leider um eine Antinomie. Ich bin der Überzeugung, daß es für die Menschheit, so wie sie ist, nur zwei Möglichkeiten gibt. Entweder ist man mit seinem Los unzufrieden, und dann schlägt man einander tot, um die Lage zu verbessern, oder man ist, und das ist eine rein theoretische Situation, im Gegenteil mit sich und der Welt einverstanden, dann bringt man sich aus Langeweile um. Der Effekt ist derselbe. Was nützt das göttlichste System, solange der Mensch ein Schwein ist? Aber was meinte Leda dazu?«

»Sie enthielt sich jeder Meinung. Denn sie war gar nicht dabei.«

»Warum denn nicht?«

»Sie wußte nicht, daß ich in Hamburg war.«

Fabian erhob sich erstaunt, setzte sich aber schweigend wieder hin.

Labude breitete die Arme aus und hielt sich an den Ecken der Schreibtischplatte fest. »Ich wollte Leda überraschen. Ich wollte sie heimlich beobachten. Denn ich war mißtrauisch geworden. Wenn man in jedem Monat nur zwei Tage und eine Nacht beisammen ist, dann wird die Beziehung unterminiert, und wenn so ein Zustand, wie bei uns, jahrelang dauert, geht die Beziehung in die Brüche. Das hat mit der Qualität der Partner nicht sehr viel zu tun, der Vorgang ist zwangsläufig. Ich machte dir vor Monaten einmal Andeutungen, daß Leda sich verändert habe. Sie fing an, sich zu verstellen. Sie markierte. Die Begrüßung auf dem Bahnhof, die Zärtlichkeit des Gesprächs, die Leidenschaft im Bett, alles war nur noch Theater.«

Labude hob den Kopf kerzengerade. Er sprach sehr leise. »Natürlich entfremdet man sich. Man weiß nicht mehr, welche Sorgen der andere hat. Man kennt die Bekannten nicht, die er findet. Man sieht nicht, daß er sich verwandelt, und weswegen er's tut. Briefe sind zwecklos. Und dann reist man hin, gibt sich einen Kuß, geht ins Theater, fragt nach Neuigkeiten, verbringt eine Nacht miteinander und trennt sich wieder. Vier Wochen später vollzieht sich derselbe Unfug. Seelische Nähe, anschließend Geschlechtsverkehr nach dem Kalender, mit der Uhr in der Hand. Es ist unmöglich, sie in Hamburg, ich in Berlin, die Liebe krepiert an der Geographie.«

Fabian nahm eine Zigarette und strich das Zündholz so behutsam an, als fürchte er, der Reibfläche weh zu tun. »Ich habe in den letzten Monaten vor jeder dieser Zusammenkünfte Angst gehabt. Ich hätte Leda, wenn sie mit geschlossenen Augen dalag, sich zitternd unter mir bewegte und mich mit den Armen umklammerte, das Gesicht wie eine Maske abreißen mögen. Sie log. Aber wen wollte sie belügen? Nur mich, oder sich selber auch? Da sie, obwohl ich sie brieflich wiederholt dazu aufforderte, Erklärungen vermied, mußte ich tun, was ich tat. Ich verabschiedete mich in der Nacht, in der wir die Initiativgruppe gegründet hatten, von Rassow und den anderen sehr bald und begab mich zu dem Haus, in dem Leda wohnt. Die Fenster waren dunkel. Vielleicht schlief sie schon. Aber mir war nicht nach Logik zumute. Ich wartete.«

Labudes Stimme schwankte. Er griff auf den Schreibtisch, nahm mehrere Bleistifte und rollte sie nervös zwischen den Händen. Das hölzerne, klappernde Geräusch begleitete den Fortgang des Berichts. »Die Straße ist breit und nur an einer Stelle bebaut. Die andere Seite grenzt an Blumenbeete, Wiesen, Wege und Gebüsch, und dahinter liegt die Außenalster. Dem Haus gegenüber steht eine Bank. Dorthin setzte ich mich, rauchte zahllose Zigaretten und wartete. So oft jemand die Straße entlang kam, dachte ich, das müsse Leda sein. So saß ich von zwölf Uhr nachts bis drei Uhr morgens, ersann heftige Gespräche und böse Bilder. Und die Zeit verging. Kurz nach drei bog ein Taxi in die Straße und hielt vor dem Haus. Ein großer schlanker Mann stieg aus und bezahlte den Chauffeur. Dann sprang eine Frau aus dem Wagen, eilte zur Tür, schloß auf, trat ins Haus, hielt die Tür, bis der Mann gefolgt war, und schloß von innen wieder zu. Das Auto fuhr in die Stadt zurück.«

Labude war aufgestanden. Er warf die Bleistifte auf den

Schreibtisch, ging rasch im Zimmer auf und ab und machte in der äußersten Ecke, dicht vor der Wand, halt. Er blickte auf das Tapetenmuster und zeichnete es mit dem Finger nach. »Es war Leda. In ihren Fenstern wurde Licht. Ich sah, wie sich zwei Schatten hinter den Gardinen bewegten. Das Wohnzimmer wurde wieder dunkel. Jetzt erhellte sich das Schlafzimmer. Die Balkontür stand halb offen. Manchmal hörte ich Leda lachen. Du entsinnst dich, sie lacht so merkwürdig hoch. Manchmal war es ganz still, droben im Haus und unten auf meiner Straße, und ich hörte bloß, wie mein Herz schlug.«

In diesem Augenblick wurde die Tür aufgerissen. Justizrat Labude trat ein, ohne Hut und Mantel. »Tag, Stephan!« sagte er, kam näher und gab seinem Sohn die Hand. »Lange nicht gesehen, was? War paar Tage unterwegs. Mußte mal ausspannen. Die Nerven, die Nerven. Komme eben zurück. Wie geht's? Siehst schlecht aus. Sorgen? Was über die Habilitationsschrift gehört? Nein? Langweilige Bande. Hat Mutter geschrieben? Mag noch ein paar Wochen bleiben. Heißt mit Recht Paradiso, das Nest. Hat's die Frau gut. Tag, Herr Fabian. Seriöse Gespräche, wie? Gibt es ein Fortleben nach dem Tode? Im Vertrauen gesagt, es gibt keins. Muß alles vor dem Tode erledigt werden. Alle Hände voll zu tun. Tag und Nacht.«

»Fritz, nun komm aber endlich!« rief im Treppenhaus eine Frauenstimme.

Der Justizrat zuckte die Achseln. »Da habt ihr's. Kleine Sängerin, großes Talent, keine Beschäftigung. Kann sämtliche Opern auswendig. Bißchen laut auf die Dauer. Na, Wiedersehen. Amüsiert euch lieber, statt die Menschheit zu erlösen. Wie gesagt, das Leben muß noch vor dem Tode erledigt werden. Zu näheren Auskünften gern bereit. Nicht so ernst, mein Junge.« Er gab beiden die Hand, ging und warf die Tür ins Schloß. Labude hielt sich nachträglich die Ohren zu, trat an den Schreibtisch, dachte eine Weile nach und fuhr dann in seiner Erzählung fort: »Gegen fünf Uhr früh begann es zu regnen. Nach sechs hörte es auf. Der Himmel wurde hell, und der Tag fing an. In dem Schlafzimmer brannte noch immer Licht. Das sah im Morgengrauen seltsam aus. Um sieben verließ der Mensch das Haus. Er pfiff, als er aus der Tür trat, und blickte nach oben. Leda stand in ihrem japanischen Schlafrock auf dem Balkon und winkte. Er winkte wieder. Sie breitete den Schlafrock für einen Moment noch einmal auseinander, damit er ihren Körper noch einmal sehe. Er warf ein Kußhändchen, es war zum Speien. Er ging pfeifend die Straße hinunter. Ich senkte den Kopf. Oben wurde die Balkontür geschlossen.«

Fabian wußte nicht, wie er sich verhalten sollte. Er blieb sitzen. Plötzlich hob Labude den Arm und schlug mit der Faust auf den Schreibtisch. »Diese Kanaille!« schrie er. Fabian sprang vom Sofa auf, aber der andere winkte ab und sagte ganz ruhig: »Schon gut. Höre weiter. Mittags telefonierte ich. Sie war erfreut, daß ich wieder einmal bei ihr sei. Warum ich nicht geschrieben habe. Ob ich um fünf kommen wolle. Die wissenschaftlichen Arbeiter hörten seit ein paar Wochen früher auf. Ich lief durchs Hafenviertel, bis es so weit war. Dann fuhr ich hin. Sie hatte Tee und Kuchen zurechtgestellt und begrüßte mich zärtlich. Ich trank eine Tasse Tee und sprach über gleichgültige Dinge. Dann begann sie, sich automatisch zu entkleiden, nahm den Kimono um und legte sich auf die Couch. Da fragte ich, wie sie darüber dächte, wenn wir unsere Beziehung lösten. Sie fragte, was mit mir los sei. Es gelte doch für ausgemacht, daß wir heirateten, sobald ich mich habilitiert habe. Ob ich sie nicht mehr liebe. Ich erklärte, daß es sich darum jetzt nicht handle. Die zunehmende Entfremdung, an der sie die Schuld trage, lasse das Auseinandergehen ratsam erscheinen.

Sie räkelte sich, gab dem Schlafrock Gelegenheit, zur Seite zu gleiten, und meinte mit kindlicher Stimme, ich sei so kalt. Und die Entfremdung scheine, wie die unzweideutige Situation eindeutig beweise, eher an mir als an ihr zu liegen. Sie gab zu, daß es schwer sei, die Strecke zwischen Hamburg und Berlin seelisch zu überbrücken. Und auch in sexueller Beziehung gebe es Konflikte. Wenn sie mich haben wolle, sei ich nicht da, und wenn ich da sei, müsse die Liebe wie ein Mittagbrot erledigt werden, ob man Hunger hat oder nicht. Aber wenn wir erst verheiratet wären, würde das anders. Ich solle übrigens nicht böse sein. Sie habe vor mehreren Wochen einen ärztlichen Eingriff vornehmen lassen. Sie wolle unsere Kinder als meine Frau zur Welt bringen, nicht vorher. Mitgeteilt habe sie mir diesen kleinen Unfall nicht, um mich nicht zu ängstigen. Sie sei aber wieder auf dem Posten, und ich solle mich nun endlich neben sie setzen. Sie habe Sehnsucht.

›Von wem war das wieder rückgängig gemachte Kind?‹ fragte ich. Sie setzte sich auf und zog ein gekränktes Gesicht.

›Und wer war der Mann, der heute nacht bei dir schlief?‹ fragte ich weiter.

›Du siehst Gespenster‹, sagte sie. ›Du bist eifersüchtig, es ist geradezu albern.‹

Da gab ich ihr eine Ohrfeige und ging fort. Sie lief hinter mir her, die Treppe hinunter, bis vor die Tür. Dort stand sie, nackt im wehenden Schlafrock, nachmittags gegen sechs, und rief, ich solle bleiben. Aber ich rannte davon und fuhr zur Bahn.«

Fabian trat hinter Labude und legte die Hände auf die Schultern des Freundes. »Warum hast du mir das nicht schon gestern erzählt?«

»Na, ich komme schon darüber weg«, sagte Labude. »Mich so zu belügen.«

»Aber was hätte sie tun sollen? Die Wahrheit sagen?«

»Ich kann nicht mehr darüber nachdenken. Mir ist, als sei ich schwer krank gewesen.«

»Du bist noch krank«, meinte Fabian. »Du hast sie noch lieb.«

»Das ist wahr«, sagte Labude. »Aber ich bin schon mit ganz anderen Kerlen fertig geworden als mit mir.«

»Wenn sie dir nun schreibt?«

»Der Fall ist erledigt. Ich habe fünf Jahre damit zugebracht, unter einer falschen Voraussetzung zu leben, das reicht. Das Schlimmste habe ich dir noch nicht gesagt. Sie liebt mich nicht, und sie hat mich noch nie lieb gehabt! Erst jetzt, nach dem Schlußstrich, geht plötzlich die Rechnung auf. Erst als sie neben mir lag und mich kaltblütig belog, verstand ich die vergangenen Jahre. In fünf Minuten verstand ich alles. Zu den Akten!« Labude schob den Freund zur Tür. »Jetzt gehen wir.

Ruth Reiter hat uns eingeladen. Komm, ich habe Verschiedenes nachzuholen.«

»Wer ist Ruth Reiter?«

»Ich lernte sie heute kennen. Sie hat ein Atelier und bildhauert, wenn man ihr glauben darf.«

»Modellstehen wollte ich schon immer mal«, sagte Fabian und zog den Mantel an.

Neuntes Kapitel

Sonderbare junge Mädchen
Ein Todeskandidat wird lebendig
Das Lokal heißt »Cousine«

»Endlich ein paar Männer!« rief die Reiter. »Macht's euch bequem. Die Kulp hat gerade gestöhnt, so ginge das nicht weiter. Sie hat zwei Tage keinen Mann gehabt, und der letzte war auch bloß ein Verkehrsunfall. Sie ist Modezeichnerin, und der Kerl hätte ihr, ohne die kleine Gegenleistung, keinen Auftrag gegeben. Ein beinahe impotenter Lebegreis war's, sagte sie.«

»Das sind die Schlimmsten«, meinte Labude. »Sie probieren ununterbrochen, um nachzusehen, ob sich der Schaden inzwischen behoben hat.« Er blickte sich nach dem Mädchen um, das Kulp hieß. Sie hockte, mit hochgezogenen Beinen, auf einer Chaiselongue und winkte ihm.

Labude setzte sich neben die Kulp. Fabian wartete unschlüssig. Das Atelier war groß. In der Mitte des Raumes, unter der Lampe, vor einer Reihe von Skulpturen, stand ein holzgezimmerter Tisch, und auf dem Tisch saß eine nackte, dunkelhaarige Frau. Die Reiter kauerte sich auf einen Schemel, nahm den Skizzenblock und zeichnete. »Abendakt«, erläuterte sie, ohne sich umzusehen. »Heißt Selow. Neue Position, mein Schatz! Stehend, Beine breit, Oberkörper rechtwinklig drehen. So, Hände im Nacken verschränken. Halt!« Die nackte Frau, die Selow hieß, hatte sich aufgerichtet und stand nun breitbeinig auf dem Tisch. Sie war vorzüglich gebaut und blickte gleichgültig, aus schwermütigen Augen, vor sich hin. »Baron, was zu trinken, mich friert«, sagte sie plötzlich.

»Wahrhaftig, Fräulein Selow hat überall Gänsehaut«, pflichtete Fabian bei. Er war näher getreten und stand vor dem Modell wie ein Kunstkenner vor einer weiblichen Bronze.

»Berühren verboten!« Die Stimme der Bildhauerin klang äußerst unfreundlich.

Fräulein Kulp, die sich in Labudes Armen wie in warmem Badewasser dehnte, rief Fabian zu: »Hand von der Butter. Der

Baron ist eifersüchtig. Sie hat mit dem Abendakt ein gutgehendes Verhältnis.«

»Halt den Rand!« knurrte die Reiter. »Labude, wenn Sie mit der Kulp etwas Unaufschiebbares vorhaben sollten, genieren Sie sich nicht. Ich habe nur diesen Raum, aber der ist an Kummer gewöhnt.«

Labude äußerte, er habe moralische Bedenken.

»Was es so alles gibt«, meinte die Kulp traurig.

Die Reiter blickte vorübergehend von ihrem Block hoch und sah Fabian an.

»Falls Sie sich an der Kulp beteiligen wollen, halten Sie sich ran! Ihr braucht weiter nichts dazu als einen Groschen. Labude wählt Wappen. Sie nehmen Zahl. Die Kulp wirft den Groschen hoch, das regt ihr Sonnengeflecht an. Und wer oben liegt, hat den Vortritt.

»Welche tiefe Wahrheit!« rief die Kulp. »Aber einen Groschen? Du verdirbst mir die Preise!«

Fabian sagte höflich, er sei kein Freund von Glücksspielen.

Die nackte Frau stampfte mit dem Fuß auf. »Was zu trinken!«

»Battenberg, neben deinem Lehnstuhl steht ein Tischchen, und auf dem Tischchen steht Gin. Gib doch mal was rüber.«

»Gern«, sagte eine Stimme. Hinter den Statuen klirrte es. Dann trat ein fremdes Mädchen in den Lichtkreis der Lampe und reichte dem Abendakt ein gefülltes Glas.

Fabian war überrascht. »Wie viele weibliche Wesen sind eigentlich hier?« fragte er.

»Ich bin das einzige«, erklärte Fräulein Battenberg und lachte. Fabian sah ihr ins Gesicht und fand, sie passe nicht in das Milieu. Sie spazierte wieder hinter die Plastiken. Er folgte ihr. Sie setzte sich in den Lehnstuhl. Er stellte sich neben eine Diana aus Gips, legte den Arm um die Hüfte der trainierten Göttin und schaute durch das Atelierfenster auf die Bogen und Veduten der Jugendstilgiebel. Man hörte den Baron kommandieren. »Letzte Position, mein Schatz, Rumpfbeuge vorwärts, Knie einknicken, Gesäß heraus, Hände auf die Knie, gut, halt!« Und aus der vorderen Hälfte des Ateliers klangen kleine, zugespitzte Schreie. Fräulein Kulp litt vorübergehend an Atemnot.

»Wie kommen Sie eigentlich in diesen Saustall?« fragte Fabian.

»Ruth Reiter und ich sind aus derselben Stadt. Wir gingen in die gleiche Schule. Neulich trafen wir uns zufällig auf der Straße. Und weil ich noch nicht lange in Berlin bin, lud sie mich zu Informationszwecken ein. Ich bin das letzte Mal hier oben. Die Information hat genügt.«

»Das freut mich«, sagte er. »Ich bin kein ausgesprochener Tugendbewahrer, und trotzdem betrübt es mich, wenn ich sehen muß, daß eine Frau unter ihrem Niveau lebt.«

Sie sah ihn ernst an. »Ich bin kein Engel, mein Herr. Unsere Zeit ist mit den Engeln böse. Was sollen wir anfangen? Wenn wir einen Mann liebhaben, liefern wir uns ihm aus. Wir trennen uns von allem, was vorher war, und kommen zu ihm. ›Da bin ich‹, sagen wir freundlich lächelnd. ›Ja‹, sagt er, ›da bist du‹, und kratzt sich hinterm Ohr. Allmächtiger, denkt er, nun hab ich sie auf dem Hals. Leichten Herzens schenken wir ihm, was wir haben. Und er flucht. Die Geschenke sind ihm lästig. Erst flucht er leise, später flucht er laut. Und wir sind allein wie nie zuvor. Ich bin fünfundzwanzig Jahre alt, und von zwei Männern wurde ich stehengelassen. Stehengelassen wie ein Schirm, den man absichtlich irgendwo vergißt. Stört Sie meine Offenheit?«

»Es geht vielen Frauen so. Wir jungen Männer haben Sorgen. Und die Zeit, die übrigbleibt, reicht fürs Vergnügen, nicht für die Liebe. Die Familie liegt im Sterben. Zwei Möglichkeiten gibt es ja doch nur für uns, Verantwortung zu zeigen. Entweder der Mann verantwortet die Zukunft einer Frau, und wenn er in der nächsten Woche die Stellung verliert, wird er einsehen, daß er verantwortungslos handelte. Oder er wagt es, aus Verantwortungsgefühl, nicht, einem zweiten Menschen die Zukunft zu versauen, und wenn die Frau darüber ins Unglück gerät, wird er sehen, daß auch diese Entscheidung verantwortungslos war. Das ist eine Antinomie, die es früher nicht gab.«

Fabian setzte sich aufs Fensterbrett. Gegenüber war ein

Fenster erleuchtet. Er blickte in ein mäßig möbliertes Zimmer. Eine Frau saß am Tisch und stützte den Kopf in die Hand. Und ein Mann stand davor, gestikulierte mit den Armen, bewegte schimpfend den Mund, riß den Hut von einem Haken und verließ den Raum. Die Frau nahm die Hände vom Gesicht und starrte auf die Tür. Dann legte sie den Kopf auf den Tisch, ganz langsam und ganz ruhig, als warte sie auf ein niederfallendes Beil. Fabian wandte sich ab und betrachtete das Mädchen, das neben ihm im Lehnstuhl saß. Auch sie hatte die Szene drüben im anderen Haus beobachtet und sah ihn traurig an.

»Schon wieder ein verhinderter Engel«, meinte er.

»Der zweite Mann, den ich liebte und damit belästigte«, sagte sie leise, »ging eines schönen Abends aus der Wohnung, um einen Brief in den Kasten zu werfen. Er ging die Treppe hinunter und kam nicht wieder.« Sie schüttelte den Kopf, als verstehe sie das Erlebnis noch immer nicht. »Ich wartete drei Monate darauf, daß er vom Briefkasten zurückkehre. Komisch, nein? Dann schickte er eine Ansichtskarte aus Santiago, mit vielen herzlichen Grüßen. Meine Mutter sagte: ›Du bist eine Dirne!‹, und als ich zu bedenken gab, daß sie ihren ersten Mann mit achtzehn Jahren und das erste Kind mit neunzehn Jahren gehabt habe, rief sie entrüstet: ›Das war etwas ganz anderes!‹ Freilich, das war etwas ganz anderes.«

»Warum sind Sie nach Berlin gekommen?«

»Früher verschenkte man sich und wurde wie ein Geschenk bewahrt. Heute wird man bezahlt und eines Tages, wie jede bezahlte und benutzte Ware, weggetan. Bezahlung ist billiger, denkt der Mann.«

»Früher war das Geschenk etwas ganz anderes als die Ware. Heute ist das Geschenk eine Ware, die null Mark kostet. Diese Billigkeit macht den Käufer mißtrauisch. Sicher ein faules Geschäft, denkt er. Und meist hat er recht. Denn später präsentiert ihm die Frau die Rechnung. Plötzlich soll er den moralischen Preis des Geschenks rückvergüten. In seelischer Valuta. Als Lebensrente zu zahlen.«

»Genau so ist es«, sagte sie. »Genau so denken die Männer. Aber warum nennen Sie dann dieses Atelier einen Saustall?

Hier sind doch die Frauen so ähnlich, wie ihr sie haben wollt! Oder etwa nicht? Ich weiß, was euch zu eurem Glück noch fehlt. Wir sollen zwar kommen und gehen, wann ihr es wollt. Aber wir sollen weinen, wenn ihr uns fortschickt. Und wir sollen selig sein, wenn ihr uns winkt. Ihr wollt den Warencharakter der Liebe, aber die Ware soll verliebt sein. Ihr zu allem berechtigt und zu nichts verpflichtet, wir zu allem verpflichtet und zu nichts berechtigt, so sieht euer Paradies aus. Doch das geht zu weit. Oh, das geht zu weit!« Fräulein Battenberg putzte sich die Nase. Dann fuhr sie fort: »Wenn wir euch nicht behalten dürfen, wollen wir euch auch nicht lieben. Wenn ihr uns kaufen wollt, dann sollt ihr teuer dafür bezahlen.« Sie schwieg. Ihr liefen kleine Tränen übers Gesicht. »Sie sind deswegen nach Berlin gekommen?« fragte Fabian. Sie weinte geräuschlos.

Er trat neben sie und streichelte ihre Schulter. »Sie verstehen auch nichts von Geschäften«, sagte er und blickte zwischen zwei Gipsfiguren in den anderen Teil des Ateliers. Der Abendakt saß auf dem Tisch und trank Gin. Die Bildhauerin beugte sich über die nackte Frau und küßte sie auf den wenig gewölbten Bauch und auf die Brust. Die Selow trank inzwischen das Glas leer und strich der Freundin gleichgültig über den Rücken. Diese küßte, jene trank, keine schien recht zu wissen, was die andere tat. Und im Hintergrund, auf der Chaiselongue, lagen die Kulp und Labude, zu einem flüsternden Knäuel verwickelt.

Jetzt klingelte es draußen. Die Reiter richtete sich auf und ging mit schweren Schritten hinaus. Die Selow zog die Strümpfe an. Ein riesiger Mann kam durch die Tür. Er atmete keuchend, hatte ein Holzbein und ging an einem Stock.

»Ist die Kulp da?« fragte er. Die Reiter nickte. Er zog ein paar Geldscheine aus der Tasche, gab sie der Bildhauerin und sagte: »Ihr andern solltet eine Stunde fortgehen. Die Selow kannst du mir eventuell noch dalassen.« Er sank auf einen Stuhl und lachte schwerfällig. »Nein, nein, Baron, es war nur Spaß.«

Die Kulp kroch von der Chaiselongue, strich sich das Kleid glatt und gab dem Mann die Hand. »Tag, Wilhelmy, noch immer nicht tot?«

Wilhelmy wischte sich den Schweiß von der Stirn und schüttelte den Kopf.

»Lange kann's aber nicht mehr dauern. Sonst ist das Geld früher zu Ende als ich.« Er gab auch ihr ein paar Geldscheine. »Selow!« rief er, »sauf den Gin nicht aus! Und zieh dich schneller an.«

»Geht in die ›Cousine‹. Ich komme nach«, sagte die Kulp. Dann rüttelte sie Labude munter. »Mein Lieber, du wirst rausgeschmissen. Hier ist einer, dem die Ärzte erzählt haben, daß er noch in diesem Monat stirbt. Er lauert auf den Tod wie unsereins auf die Periode. Ich helf ihm bloß ein Viertelstündchen warten. Später treff ich euch wieder.«

Labude stand auf. Die Reiter holte ihren Mantel, Fabian kam mit Fräulein Battenberg hinter den Plastiken vor. Die Selow war mit Anziehen fertig. Sie gingen. Der Todeskandidat und die Kulp blieben zurück.

»Hoffentlich prügelt er sie nicht so sehr wie am letzten Mal«, sagte die Bildhauerin auf der Treppe. »Es bringt ihn auf, daß andere länger leben dürfen als er.«

»Die hat nichts dagegen, die liebt die Keile«, meinte die Selow. »Und außerdem, von ihrer Zeichnerei kann sie nicht leben und nicht sterben.«

»Feine Berufe haben wir!« Die Reiter lachte wütend.

Die »Cousine« war ein Klublokal, in dem vorwiegend Frauen verkehrten. Sie tanzten miteinander. Sie saßen Arm in Arm auf kleinen grünen Sofas. Sie sahen einander tief in die Augen. Sie tranken Schnaps, und manche trugen Smokingjacken und hochgeschlossene Blusen, um den Männern recht ähnlich zu sein. Die Inhaberin hieß wie ihr Lokal, rauchte schwarze Zigarren und vermittelte Bekanntschaften. Sie ging von Tisch zu Tisch, begrüßte die Gäste, erzählte handfeste Witze und soff wie ein Budiker.

Labude schien sich vor Fabian und vor sich selber zu schämen. Er tanzte mit dem Abendakt, setzte sich dann mit der Frau an die Theke und drehte dem Freund den Rücken. Ruth Reiter war eifersüchtig, nahm sich aber zusammen. Sie blickte ganz selten nach der Bar, sah blaß aus und begann zu trinken.

Später schob sie an einen anderen Tisch und unterhielt sich dort mit einer älteren Dame, die schrecklich geschminkt war und, wenn sie lachte, derartig gackerte, daß man dachte: Gleich legt sie ein Ei.

»Ich kann unser Gespräch noch nicht vergessen«, sagte Fabian zu Fräulein Battenberg. »Halten Sie wirklich alle Frauen, die hier versammelt sind, für gebürtige Abnormitäten? Die Blondine da drüben war jahrelang die Freundin eines Schauspielers, bis er sie ruckartig an die Luft setzte. Dann ging sie ins Büro und schlief mit dem Prokuristen. Sie kriegte ein Kind und verlor den Prozeß. Der Prokurist leugnete die Vaterschaft. Das Kind wurde aufs Land gegeben. Die Blondine bekam eine neue Stellung. Aber sie hat, vielleicht für immer, mindestens vorübergehend, von den Männern genug, und mancher, die außer ihr hier sitzt, erging es ähnlich. Die eine findet keinen Mann, die andere zu viele, die dritte hat panische Angst vor den Folgen. Hier sitzen viele Frauen, die mit den Männern nur böse sind. Die Selow, die mit meinem Freunde zusammenhockt, gehört auch zu dieser Sorte. Sie ist nur lesbisch, weil sie mit dem anderen Geschlecht schmollt.«

»Wollen Sie mich nach Hause bringen?« fragte Fräulein Battenberg.

»Es gefällt Ihnen hier nicht?«

Sie schüttelte den Kopf.

Da ging die Tür auf, die Kulp taumelte ins Lokal. Vor dem Tisch, an dem die Bildhauerin saß, blieb sie stehen und öffnete den Mund. Sie schrie nicht, sie sprach nichts. Sie brach zusammen. Die Frauen drängten sich neugierig um die Ohnmächtige. Die Cousine brachte Whisky. »Der Wilhelmy hat sie wieder geschlagen«, sagte die Reiter.

»Ein Hoch auf die Männer!« schrie ein Mädchen und lachte hysterisch.

»Holt den Doktor aus dem Hinterzimmer!« rief die Cousine. Man rannte durcheinander. Der Klavierspieler, der ebenso witzig wie betrunken war, intonierte den Trauermarsch von Chopin.

»Das soll der Doktor sein?« fragte Fräulein Battenberg.

Durch die Seitentür trat eine große, magere Dame im Abendkleid, das Gesicht glich einem weißgepuderten Totenkopf.

»Ja, das ist ein medizinisch vorgebildeter Mann«, sagte Fabian. »Er war sogar einmal Korpsstudent. Sehen Sie die Schmisse unterm Puder? Jetzt ist er Morphinist und hat polizeiliche Erlaubnis, Frauenkleidung zu tragen. Er lebt davon, daß er Morphiumrezepte verschreibt. Eines Tages werden sie ihn erwischen, dann vergiftet er sich.«

Man trug die Kulp ins Hinterzimmer. Der Doktor im Abendkleid folgte. Der Klavierspieler begann einen Tango. Die Bildhauerin holte den Abendakt zum Tanz, preßte die Freundin eng an sich und sprach heftig auf sie ein. Die Selow war völlig betrunken, hörte kaum zu und schloß die Augen. Plötzlich riß sie sich los, überquerte schwankend das Parkett, schlug den Klavierdeckel zu, daß das Instrument jammerte, und brüllte: »Nein!«

Es wurde totenstill. Die Bildhauerin stand allein auf der Tanzfläche und hatte die Hände ineinandergekrampft.

»Nein!« brüllte die Selow noch einmal. »Ich habe genug davon! Bis dahin! Ich will einen Mann haben! Einen Mann will ich haben! Steig mir doch den Buckel runter, du geile Ziege!« Sie zerrte Labude von seinem Hocker, gab ihm einen Kuß, hieb sich den Hut auf den Kopf und zog den jungen Mann, kaum daß er den Mantel mitnehmen konnte, zur Tür. »Es lebe der kleine Unterschied!« schrie sie. Dann waren die beiden verschwunden.

»Es ist wirklich besser, wenn wir gehen.« Fabian erhob sich, legte Geld auf den Tisch und half der Battenberg beim Anziehen. Als sie gingen, stand Ruth Reiter, auch der Baron genannt, noch immer auf dem Tanzparkett. Niemand wagte es, sich ihr zu nähern.

Zehntes Kapitel

Topographie der Unmoral
Die Liebe höret nimmer auf!
Es lebe der kleine Unterschied!

»Wieso ist dieser Mensch Ihr Freund?« fragte sie auf der Straße.

»Sie kennen ihn doch gar nicht!« Er ärgerte sich über ihre Frage und ärgerte sich über seine Antwort. Sie gingen schweigend nebeneinander. Nach einer Weile sagte er: »Labude hat Pech gehabt. Er ist nach Hamburg gefahren und hat zugesehen, wie ihn seine zukünftige Gattin betrügt. Er organisiert gern. Seine Zukunft war, nach der familiären Seite, bis auf die fünfte Stelle nach dem Komma ausgerechnet. Und nun stellt sich über Nacht heraus, es war alles falsch. Er will das rasch vergessen und versucht es zunächst auf horizontale Art.«

Sie blieben vor einem Geschäft stehen. Der Laden war trotz der nächtlichen Stunde hell erleuchtet, und die Kleider und Blusen und Lackgürtel lagen zwischen den dunklen Häusern wie auf einer kleinen, von der Sonne beschienenen Insel.

»Können Sie mir sagen, wie spät es ist?« fragte jemand neben ihnen. Fräulein Battenberg erschrak und faßte den Arm ihres Begleiters. »Zehn nach Zwölf«, sagte Fabian.

»Danke schön. Da muß ich mich beeilen.« Der junge Mann, der sie angesprochen hatte, bückte sich und nestelte umständlich an einem Schnürsenkel. Dann richtete er sich wieder auf und fragte verlegen lächelnd: »Haben Sie zufällig fünfzig Pfennige, die Sie entbehren könnten?«

»Zufällig, ja«, antwortete Fabian und gab ihm ein Zweimarkstück.

»Oh, das ist schön. Haben Sie vielen Dank, mein Herr. Da brauche ich nicht bei der Heilsarmee zu übernachten.« Der Fremde zuckte entschuldigend die Achseln, lüftete den Hut und lief hastig davon.

»Ein gebildeter Mensch«, meinte Fräulein Battenberg.

»Ja, er fragte nach der Zeit, ehe er uns anbettelte.«

Sie setzten ihren Weg fort. Fabian wußte nicht, wo das Mädchen wohnte. Er ließ sich führen, obwohl er die Gegend besser kannte als sie. »Das Schlimmste an der ganzen Geschichte ist das«, sagte er, »Labude hat, allerdings fünf Jahre zu spät, bemerkt, daß ihn Leda, eben jene Frau aus Hamburg, niemals lieb hatte. Sie hatte ihn nicht betrogen, weil er zu selten bei ihr war. Sie betrog ihn, weil sie ihn nicht liebte. Er stand ihr nur individuell nahe, er war nicht ihr Typus. Es gibt auch den umgekehrten Fall. Man kann jemanden mögen, weil er den richtigen Typus verkörpert, aber man kann seine Individualität nicht leiden.«

»Und daß jemand in jeder Beziehung der Richtige ist, kommt das nicht vor?«

»Man soll nicht gleich das Äußerste hoffen«, erwiderte Fabian. »Und was führt Sie, außer Ihrem kriegerischen Vorsatz, nach Sodom und Gomorrha?«

»Ich bin Referendar«, erklärte sie. »Meine Dissertation betraf eine Frage zum internationalen Filmrecht, und eine große Berliner Filmgesellschaft will mich in ihrer Vertragsabteilung volontieren lassen. Hundertfünfzig Mark im Monat.«

»Werden Sie doch Filmschauspielerin!«

»Wenn es sein muß, auch das«, sagte sie entschlossen. Und beide lachten. Sie gingen durch die Geisbergstraße. Nur selten durchquerte ein Auto die Nachtruhe. In den Vorgärten dufteten Blumenbeete. In einer Haustür streichelte sich ein Liebespaar.

»Sogar der Mond scheint in dieser Stadt«, bemerkte die Kennerin des internationalen Filmrechts.

Fabian drückte ihren Arm ein wenig. »Ist es nicht fast wie zu Hause?« fragte er. »Aber Sie täuschen sich. Der Mondschein und der Blumenduft, die Stille und der kleinstädtische Kuß im Torbogen sind Illusionen. Dort drüben, an dem Platz, ist ein Café, in dem Chinesen mit Berliner Huren zusammensitzen, nur Chinesen. Da vorn ist ein Lokal, wo parfümierte homosexuelle Burschen mit eleganten Schauspielern und smarten Engländern tanzen und ihre Fertigkeiten und den Preis bekanntgeben, und zum Schluß bezahlt das Ganze eine blondgefärbte

Greisin, die dafür mitkommen darf. Rechts an der Ecke ist ein Hotel, in dem nur Japaner wohnen, daneben liegt ein Restaurant, wo russische und ungarische Juden einander anpumpen oder sonstwie übers Ohr hauen. In einer der Nebenstraßen gibt es eine Pension, wo sich nachmittags minderjährige Gymnasiastinnen verkaufen, um ihr Taschengeld zu erhöhen. Vor einem halben Jahr gab es einen Skandal, der nur schlecht vertuscht wurde; ein älterer Herr fand in dem Zimmer, das er zu Vergnügungszwecken betrat, zwar, wie er erwartet hatte, ein sechzehnjähriges entkleidetes Mädchen vor, aber es war leider seine Tochter, und das hatte er nicht erwartet ... Soweit diese riesige Stadt aus Stein besteht, ist sie fast noch wie einst. Hinsichtlich der Bewohner gleicht sie längst einem Irrenhaus. Im Osten residiert das Verbrechen, im Zentrum die Gaunerei, im Norden das Elend, im Westen die Unzucht, und in allen Himmelsrichtungen wohnt der Untergang.«

»Und was kommt nach dem Untergang?«

Fabian pflückte einen kleinen Zweig, der über ein Gitter hing, und gab zur Antwort: »Ich fürchte, die Dummheit.«

»In der Stadt, aus der ich bin, ist die Dummheit schon eingetroffen«, sagte das Mädchen. »Aber was soll man tun?«

»Wer ein Optimist ist, soll verzweifeln. Ich bin ein Melancholiker, mir kann nicht viel passieren. Zum Selbstmord neige ich nicht, denn ich verspüre nichts von jenem Tatendrang, der andere nötigt, so lange mit dem Kopf gegen die Wand zu rennen, bis der Kopf nachgibt. Ich sehe zu und warte. Ich warte auf den Sieg der Anständigkeit, dann könnte ich mich zur Verfügung stellen. Aber ich warte darauf wie ein Ungläubiger auf Wunder. Liebes Fräulein, ich kenne Sie noch nicht. Trotzdem, oder vielleicht gerade deswegen, möchte ich Ihnen für den Umgang mit Menschen eine Arbeitshypothese anvertrauen, die sich bewährt hat. Es handelt sich um eine Theorie, die nicht richtig zu sein braucht. Aber sie führt in der Praxis zu verwendbaren Ergebnissen.«

»Und wie lautet Ihre Hypothese?«

»Man halte hier jeden Menschen, mit Ausnahme der Kinder und der Greise, bevor das Gegenteil nicht unwiderleglich bewiesen ist, für verrückt. Richten Sie sich danach, Sie werden bald erfahren, wie nützlich der Satz sein kann.«

»Soll ich bei Ihnen damit beginnen?« fragte sie.

»Ich bitte darum«, meinte er.

Sie schwiegen und überquerten den Nürnberger Platz. Ein Auto bremste dicht vor ihnen. Das Mädchen zitterte. Sie gingen in die Schaperstraße. In einem verwahrlosten Garten schrien Katzen. An den Rändern der Fußsteige standen Alleebäume, bedeckten den Weg mit Dunkelheit und verbargen den Himmel.

»Ich bin angelangt«, sagte sie und machte vor dem Hause Nummer 17 halt. In dem Hause, in dem auch Fabian wohnte! Er verbarg seine Verwunderung und fragte, ob er sie wiedersehen dürfe.

»Wollen Sie es wirklich?«

»Unter einer Bedingung: daß auch Sie es wünschen.«

Sie nickte und legte einen Augenblick lang den Kopf an seine Schulter. »Ich will es auch.« Er drückte ihre Hand. »Diese Stadt ist so groß«, flüsterte sie und schwieg unschlüssig. »Werden Sie mich falsch verstehen, wenn ich Sie bitte, für eine halbe Stunde zu mir hinaufzukommen? Das Zimmer ist mir noch so fremd. Kein Wort klingt nach und keine Erinnerung, denn ich habe darin noch mit niemandem gesprochen, und nichts ist da, woran es mich erinnern könnte. Und vor den Fenstern schwanken des Nachts schwarze Bäume.«

Fabian sagte lauter, als er wollte: »Ich komme gern mit. Schließen Sie nur auf.« Sie steckte den Schlüssel ins Schloß und drehte um. Doch ehe sie die Tür aufschob, wandte sie sich noch einmal zu ihm. »Ich bin sehr in Sorge, daß Sie mich mißverstehen.« Er drückte die Tür auf und schaltete die Treppenbeleuchtung ein. Dann ärgerte er sich, daß er sich dadurch verraten haben könnte. Aber sie wurde nicht stutzig, schloß hinter ihm ab und ging voraus. Er folgte und amüsierte sich über die Heimlichkeit, mit der er heute dieses Haus betrat. In welcher Etage mochte sie wohnen? Sie blieb tatsächlich vor der Tür seiner Wirtin, vor der Tür der Witwe Hohlfeld, stehen und öffnete.

Im Flur brannte Licht. Zwei junge Mädchen in rosa Hemdhöschen spielten mit einem grünen Luftballon Fußball. Sie erschraken und begannen vor Schreck zu kichern. Fräulein Battenberg stand starr. Da ging die Toilettentür auf, und Herr Tröger, der sinnliche Stadtreisende, erschien im Pyjama.

»Halten Sie Ihren Harem besser unter Verschluß«, brummte Fabian. Herr Tröger grinste, trieb die Mädchen in seinen Serail und riegelte ab. Fabian legte die Hand versehentlich auf die Klinke zu seinem eigenen Zimmer.

»Um Gottes willen«, flüsterte Fräulein Battenberg. »Da wohnt jemand anderes.«

»Pardon«, sagte Fabian und folgte ihr durch den Korridor in den letzten Raum. Er legte Hut und Mantel aufs Sofa, sie hängte ihren Mantel in den Schrank. »Eine fürchterliche Bude«, sagte sie lächelnd. »Und achtzig Mark im Monat.«

»Ich zahle genausoviel«, tröstete er.

Nebenan wurde gelärmt. Die Sprungfedern knirschten unwillig. »Die Nachbarschaft habe ich gratis«, meinte sie.

»Bohren Sie ein Loch in die Wand und verlangen Sie Eintritt.«

»Ach, ich bin froh«, sie rieb sich die Hände wie vor einem Kamin. »Wenn ich allein bin, wirkt dieser Salon noch viel häßlicher. Ich bin Ihnen sehr dankbar. Wollen Sie sich mal die schaurigen Bäume anschaun?«

Sie traten ans Fenster. »Heute sind sogar die Bäume freundlicher«, stellte sie fest. Dann sah sie ihn an und murmelte: »Das macht, weil ich sonst allein bin.« Er zog sie behutsam an sich und gab ihr einen Kuß. Sie küßte ihn wieder. »Nun wirst du denken, daß ich dich deshalb bat, mitzukommen.«

»Freilich denke ich das«, gab er zur Antwort. »Aber du wußtest es selber noch nicht.«

Sie rieb ihre Wange an der seinen und blickte durchs Fenster. »Wie heißt du eigentlich?« fragte er.

»Cornelia.«

Als sie nebeneinander im Bett lagen, sagte er ehrlich bekümmert, während er ihr mit den Händen übers Gesicht strich und dabei die Augen schloß, um das Gepräge des Gesichts zu spüren: »Weißt du noch, daß wir heute abend einmal in einem Atelier saßen, hinter Göttinnen aus Gips, und daß du erzähltest, wie du die Männer für ihren Egoismus bestrafen willst?«

Sie drückte lauter kleine Küsse auf seine Hände. Dann holte sie tief Atem und antwortete: »An dem Vorsatz hat sich nichts geändert, wirklich nicht. Aber mit dir mach ich eine Ausnahme. Mir ist ganz so, als ob ich dich liebhabe.«

Er setzte sich hoch. Aber sie zog ihn wieder zu sich herab. »Vorhin, als wir uns umarmten, habe ich geweint«, flüsterte sie. Und als sie sich dessen erinnerte, traten ihr von neuem Tränen in die Augen, aber sie lächelte unter diesen Tränen, und er war seit langem wieder einmal beinahe glücklich. »Ich habe geweint, weil ich dich liebhabe. Aber daß ich dich liebhabe, das ist meine Sache, hörst du? Und es geht dich nichts an. Du sollst kommen und gehen, wann du willst. Und wenn du kommst, will ich mich freuen, und wenn du gehst, will ich nicht traurig sein. Das versprech ich dir.« Sie drängte sich an ihn und preßte ihren Körper an den seinen, daß beiden der Atem verging. »So«, rief sie, »und jetzt hab ich Hunger!« Er zog ein so verdutztes Gesicht, daß sie lachte.

Sie erklärte ihm die Sache. »Das ist so: wenn ich wen liebhabe, ich meine, wenn mich jemand liebgehabt hat, aber du verstehst mich schon, ja?, dann hab ich hinterher immer fürchterlichen Hunger. Der Hunger hat nur einen Haken. Ich habe nichts zu essen da. Ich konnte ja nicht wissen, daß ich in dieser fürchterlichen Stadt so bald solchen Hunger bekäme.« Sie lag auf dem Rücken und lächelte die Zimmerdecke an, die Engelsköpfe aus Stuck inbegriffen.

Fabian stand auf und meinte: »Da müssen wir eben einbrechen.« Dann hob er sie aus dem Bett, öffnete die Tür und zog die widerstrebende Cornelia in den Korridor. Sie sträubte sich, aber er faßte sie unter, und sie spazierten, Adam und Eva zum Verwechseln ähnlich, den Flur entlang, bis vor Fabians Tür.

»Das ist ja entsetzlich«, jammerte sie und wollte entfliehen. Aber er drückte die Klinke nieder und transportierte das Mädchen in sein Zimmer. Sie klapperte kläglich mit den Zähnen. Er machte Licht, verbeugte sich und äußerte feierlich: »Herr Doktor Fabian erlaubt sich, Fräulein Doktor Battenberg in seinen Gemächern willkommen zu heißen.« Dann warf er sich auf sein Bett und biß vor Vergnügen ins Kopfkissen.

»Nein!« sagte sie hinter ihm, »das ist nicht möglich.« Aber dann glaubte sie es doch und begann Schuhplattler zu tanzen.

Er stand auf und sah ihr zu. »Du darfst dir nicht so laut hintendrauf klatschen«, erklärte er würdevoll.

»Das ist beim Schuhplattler nicht anders«, meinte sie und tanzte weiter, so echt und so laut es ging. Dann schritt sie gemessen zum Tisch, setzte sich auf einen Stuhl, tat dabei, als ob sie ihr Kleid glattstriche, obwohl sie, augenfällig genug, nichts Derartiges anhatte, und sagte: »Bitte, die Speisekarte.«

Er schleppte Teller, Messer, Gabel, Brot und Wurst und Keks herbei und markierte, während sie aß, den aufmerksamen Oberkellner. Später stöberte sie auf seinem Bücherbrett herum, klemmte sich Lektüre unter den Arm, bot ihm den linken und befahl majestätisch: »Bringen Sie mich unverzüglich in mein Appartement zurück.«

Bevor sie das Licht auslöschten, verabredeten sie noch, daß sie ihn am nächsten Morgen wecken solle. Man entschied sich dafür, daß sie ihn, bis er munter sei, am Ohr zupfen werde. Abends wollten sie sich dann wieder in der Wohnung treffen. Wer zuerst da wäre, würde neben seine Türklinke ein Bleistiftkreuz kritzeln. Man nahm sich vor, die Witwe Hohlfeld nach Möglichkeit nichts merken zu lassen.

Dann löschte Cornelia das Licht aus. Sie bettete sich neben ihn und sagte: »Komm!« Er streichelte ihren Körper. Sie nahm seinen Kopf in ihre Hände, preßte den Mund auf sein Ohr und flüsterte: »Komm! Was rief die Selow? Es lebe der kleine Unterschied!«

Elftes Kapitel

Die Überraschung in der Fabrik
Der Kreuzberg und ein Sonderling
Das Leben ist eine schlechte Angewohnheit

Am andern Morgen war Fabian schon eine Viertelstunde vor Bürobeginn an der Arbeit. Er pfiff vor sich hin und überflog die Notizen zu dem Preisausschreiben, das die Direktion von ihm erwartete.

Die Fabrik sollte dem Einzelhandel hunderttausend sehr billige Sonderpackungen zugänglich machen. Die Schachteln sollten numeriert sein und Zigaretten sechs verschiedener Sorten ohne jeden Schriftaufdruck enthalten. Die Käuferschaft sollte erraten, wieviel Zigaretten der sechs bekannten Marken der Firma in der Packung enthalten wären. Wer eine billige Schachtel erwarb, mußte, wenn er die Aufgabe lösen und einen der Preise gewinnen wollte, notgedrungen je eine der sechs Spezialpackungen kaufen, die seit langem im Handel waren, also sechs Packungen außer der billigen Sonderschachtel. Wenn sich hunderttausend Interessenten fanden, konnten automatisch sechshunderttausend andere Packungen, insgesamt siebenhunderttausend Schachteln umgesetzt werden. Dazu kam die allgemeine Absatzsteigerung, die einem geschickt propagierten Kundenfang zu folgen pflegt. Fabian begann eine Kalkulation aufzustellen.

Da erschien Fischer, rief: »Nanu?« und blickte dem Kollegen neugierig über die Schulter.

»Der Entwurf fürs Preisausschreiben«, sagte Fabian. Fischer zog das graue Lüsterjackett an, das er im Büro trug, und fragte: »Darf ich Ihnen nachher mal meine Zweizeiler zeigen?«

»Gern. Heute habe ich Sinn für Lyrik.«

Da klopfte es. Der Hausbote Schneidereit, ein ältliches, wackliges Faktotum, auch »der Erfinder des Plattfußes« geheißen, schob sich ins Zimmer. Er legte mürrisch einen großen gelben Brief auf Fabians Schreibtisch und entfernte sich wieder. Der Brief enthielt Fabians Papiere, eine Anweisung an die Hauptkasse und ein kurzes Schreiben mit diesem Inhalt:

»Sehr geehrter Herr, die Firma sieht sich veranlaßt, Ihnen unter dem heutigen Tage die Kündigung auszusprechen. Das am Monatsende zahlbare Gehalt wird Ihnen schon heute an der Kasse ausgefolgt werden. Wir haben uns erlaubt, aus freien Stücken in der Anlage ein Zeugnis beizufügen, und wollen auch an dieser Stelle gern bekunden, daß Sie für die propagandistische Tätigkeit besonders qualifiziert erscheinen. Die Kündigung ist eine bedauerliche Folge der vom Aufsichtsrat beschlossenen Senkung des Reklamebudgets. Wir danken Ihnen für die dem Unternehmen geleistete Arbeit und wünschen Ihnen für Ihr weiteres Fortkommen das Beste.« Unterschrift. Aus.

Fabian saß minutenlang, ohne sich zu rühren. Dann stand er auf, zog sich an, steckte den Brief in den Mantel und sagte zu Fischer: »Auf Wiedersehen. Lassen Sie sich's gut gehen.«

»Wo wollen Sie denn hin?«

»Man hat mir eben gekündigt.«

Fischer sprang auf. Er war grün im Gesicht. »Was Sie nicht sagen! Mensch, da hab ich aber nochmal Glück gehabt!«

»Ihr Gehalt ist kleiner«, meinte Fabian. »Sie dürfen bleiben.«

Fischer trat auf den gekündigten Kollegen zu und drückte ihm mit feuchter Hand sein Bedauern aus. »Na, zum Glück läßt Sie die Sache kalt. Sie sind ein patenter Kerl, und zweitens haben Sie keine Frau auf dem Hals.«

Plötzlich stand Direktor Breitkopf im Zimmer, zögerte, als er sah, daß Fischer nicht allein war, und wünschte schließlich einen Guten Morgen.

»Guten Morgen, Herr Direktor«, grüßte Fischer und verbeugte sich zweimal. Fabian tat, als sehe er Breitkopf nicht, wandte sich dem Kollegen zu und sagte: »Auf dem Schreibtisch liegt mein Preisausschreibenprojekt. Ich vermach es Ihnen.« Damit verließ Fabian seine Wirkungsstätte und holte sich an der Kasse zweihundertsiebzig Mark. Bevor er auf die Straße trat, blieb er minutenlang im Tor stehen. Lastautos ratterten vorbei. Ein Depeschenbote sprang vom Rad und eilte ins gegenüberliegende Gebäude. Das Nebenhaus war von einem Gerüst vergittert. Maurer standen auf den Laufbrettern und verputzten den grauen, bröckligen Bewurf. Eine Reihe bunter Möbelwagen bog schwerfällig in die Seitenstraße. Der Depeschenbote kam zurück, stieg hastig auf sein Rad und fuhr weiter. Fabian stand im Torbogen, griff in die Tasche, ob das Geld noch darin sei, und dachte: ›Was wird mit mir?‹ Dann ging er, da er nicht arbeiten durfte, spazieren.

Er lief kreuz und quer durch die Stadt, trank gegen Mittag, Hunger hatte er nicht, bei Aschinger eine Tasse Kaffee und setzte sich von neuem in Bewegung, obwohl er sich lieber traurig in den tiefen Wald verkrochen hätte. Aber wo war hier ein tiefer Wald? Er lief und lief und rannte sich den Kummer an den Stiefelsohlen ab. Auf der Belle-Alliance-Straße erkannte er das Haus wieder, in dem er zwei Semester lang als Student gelebt hatte. Es stand wie ein alter Bekannter da, den man lange nicht gesehen hat und der verlegen abwartet, ob man ihn grüßen wird oder nicht. Fabian ging die Treppen hinauf und sah nach, ob die alte Geheimratswitwe noch immer hier wohne. Aber es war ein fremdes Schild an der Tür. Er kehrte um. Die alte Dame war ganz weißhaarig und sehr schön gewesen. Er entsann sich des regelmäßigen dummen Greisinnengesichts. Im Inflationswinter hatte er kein Geld zum Heizen gehabt. Er hatte, im Mantel vergraben, dort oben gehockt und an einem Vortrag über Schillers moralästhetisches System gearbeitet. Sonntags war er gelegentlich von der alten Dame zum Mittagessen eingeladen und über die familiären Vorgänge in ihrem umfangreichen Bekanntenkreis aufgeklärt worden. Vorher, damals und heute, er war stets ein armes Luder gewesen, und er hatte große Aussichten, eines zu bleiben. Seine Armut war schon eine schlechte Angewohnheit, wie bei anderen das Krummsitzen oder das Nägelkauen.

Gestern nacht, bevor er einschlief, hatte er noch gedacht: Vielleicht sollte man doch eine kleine Tüte Ehrgeiz säen in dieser Stadt, wo Ehrgeiz so rasch Früchte trug; vielleicht sollte man sich doch ein wenig ernster nehmen und in dem wackligen Weltgebäude, als ob alles in Ordnung sei, eine lauschige Dreizimmerwohnung einrichten; vielleicht war es Sünde, das Leben zu lieben und kein seriöses Verhältnis mit ihm zu haben. Cornelia, der weibliche Referendar, hatte daneben gelegen und ihm noch im Schlaf die Hand gedrückt. Mitten in der Nacht, hatte sie ihm am Morgen berichtet, sei sie zusammengefahren und erwacht. Denn er habe sich im Bett aufgesetzt und energisch erklärt: »Ich werde die Annoncen leuchten lassen!« Dann sei er wieder zurückgesunken.

Er stieg langsam auf das Plateau des Kreuzberges und setzte sich auf eine Bank, die der Pflege des Publikums empfohlen war. Auf einem Schild stand: »Bürger, schont eure Anlagen!« Der Magistrat hatte den außerordentlich zweideutigen Satz unterschrieben, der Magistrat mußte es wissen. Fabian betrachtete den riesigen Stamm eines Baumes. Die Rinde war von tausend senkrechten Falten zerpflückt. Sogar die Bäume hatten Sorgen. Zwei kleine Schüler gingen an der Bank vorbei. Der eine, der die Hände auf dem Rücken verschränkt hielt, fragte gerade empört: »Soll man sich das gefallen lassen?« Der andere ließ sich mit der Antwort Zeit. »Gegen die Bande kannst du gar nichts machen«, meinte er schließlich. Was sie weiter sprachen, war nicht mehr zu hören.

Von der anderen Seite des Platzes näherte sich eine merkwürdige Gestalt: ein alter Herr, mit einem weißen Knebelbart und mit einem schlechtgerollten Schirm. Statt eines Mantels trug er eine grünliche, verschossene Pelerine, und der Kopf gipfelte in einem steifen grauen Hut, der vor Jahren schwarz gewesen sein mochte. Der Pelerinenträger steuerte auf die Bank zu, ließ sich, eine Begrüßungsformel murmelnd, neben Fabian nieder, hustete umständlich und zeichnete mit dem Schirm Kreise in den Sand. Er machte einen der Kreise zu einem Zahnrad, brachte dessen Mittelpunkt mit dem Zentrum eines anderen Kreises durch eine Gerade in Verbindung, komplizierte die Skizze durch Kurven und Linien immer mehr, schrieb Formeln daneben und darüber, rechnete, strich durch, rechnete von neuem, unterstrich eine Zahl zweimal und fragte: »Verstehen Sie was von Maschinen?«

»Bedaure«, sagte Fabian. »Wer mich sein Grammophon aufziehen läßt, kann sicher sein, daß es nie mehr funktioniert. Mechanische Feuerzeuge, mit denen ich mich befasse, brennen nicht. Bis zum heutigen Tage halte ich den elektrischen Strom, wie mir der Name zu bestätigen scheint, für eine Flüssigkeit. Und wie es möglich ist, auf der einen Seite geschlachtete Ochsen in elektrisch betriebene Metallgehäuse zu sperren und auf der Rückseite Corned beef herauszudestillieren, werde ich niemals begreifen. – Übrigens erinnert mich Ihre Pelerine an meine Internatszeit. Jeden Sonntag marschierten wir in solchen Pelerinen und mit grünen Mützen nach der Martin Luther-Kirche zum Gottesdienst. Während der Predigt schliefen wir alle bis auf den, der die anderen wecken mußte, wenn der Organist den Choral intonierte oder wenn der Hauslehrer auf die Empore kam.« Fabian blickte auf die Pelerine des Nachbarn und spürte, wie dieses Kleidungsstück die Vergangenheit alarmierte. Er sah den blassen, dicken Direktor vor sich, wie der jeden Morgen, zu Beginn der Andacht, bevor er sich setzte und das Gesangbuch aufschlug, die Knie einknickte und mit der Hand an die Hose faßte, um sich zu vergewissern, ob der sündige Erdenrest noch anwesend sei. Und er sah sich selber abends durchs Tor der Anstalt schleichen, durch die dämmerigen Straßen, an den Kasernen vorbei, über den Exerzierplatz rennen, die Treppe eines Mietshauses hinaufjagen und auf eine Klingel drücken. Er hörte die zitternde Stimme seiner Mutter hinter der Tür: »Wer ist denn draußen?« Und er hörte sich, außer Atem, rufen: »Ich bin's, Mama! Ich wollte bloß nachsehen, ob's dir heute besser geht.«

Der alte Herr fuhr mit der Spitze seines schlechtgerollten Schirmes so lange über den Sand, bis die Rechnung weggewischt war. »Vielleicht verstehen Sie mich, da Sie von Maschinen nichts verstehen«, sagte er. »Ich bin ein sogenannter Erfinder, Ehrenmitglied von fünf wissenschaftlichen Akademien. Die Technik verdankt mir erhebliche Fortschritte. Ich habe der Textilindustrie dazu verholfen, pro Tag fünfmal soviel Tuch herzustellen wie früher. An meinen Maschinen haben viele Leute Geld verdient, sogar ich.« Der alte Herr hustete und zupfte sich nervös am Spitzbart. »Ich erfand friedliche Maschinen und merkte nicht, daß es Kanonen waren. Das konstante Kapital wuchs unaufhörlich, die Produktivität der Betriebe nahm zu, aber, mein Herr, die Zahl der beschäftigten Arbeiter nahm ab. Meine Maschinen waren Kanonen, sie setzten ganze Armeen von Arbeitern außer Gefecht. Sie zertrümmerten den Existenzanspruch von Hunderttausenden. Als ich in Manchester war, sah ich, wie die Polizei auf Ausgesperrte losritt. Man schlug mit Säbeln auf ihre Köpfe. Ein kleines Mädchen wurde von einem Pferd niedergetrampelt. Und ich war daran schuld.« Der alte Herr schob den steifen Hut aus der Stirn und hustete. »Als ich zurückkam, stellte mich meine Familie unter Kuratel. Es paßte ihnen nicht, daß ich Geld wegzuschenken begann und daß ich erklärte, ich wolle mit Maschinen nichts mehr zu schaffen haben. Und dann ging ich fort. Sie haben zu leben, sie wohnen in meinem Haus am Starnberger See, ich bin seit einem halben Jahr verschollen. Vorige Woche las ich in der Zeitung, daß meine Tochter ein Kind geboren hat. So bin ich nun Großvater geworden und laufe wie ein Strolch durch Berlin.«

»Alter schützt vor Klugheit nicht«, sagte Fabian. »Leider sind nicht alle Erfinder so sentimental.«

»Ich dachte daran, nach Rußland zu fahren und mich zur Verfügung zu stellen. Aber ohne Paß darf man nicht hinüber. Und wenn man meinen Namen erfährt, hält man mich erst recht zurück. In meiner Brusttasche sind Skizzen und Berechnungen für eine Webstuhlanlage, die alle bisherigen Textilmaschinen in den Schatten stellt. Millionenwerte stecken in meiner geflickten Tasche. Aber lieber will ich verhungern.« Der alte Herr schlug sich stolz an die Brust und hustete wieder. »Heute abend übernachte ich Yorckstraße 93. Kurz bevor das Tor geschlossen wird, betrete ich das Haus. Wenn der Portier fragt, wohin ich will, sage ich, ich besuche Grünbergs. Die Leute wohnen in der vierten Etage. Der Mann ist Oberpostschaffner. Ich steige hinauf. Ich gehe an der Wohnung der Familie Grünberg vorbei und klettere zum Dachboden. Dort setze ich mich auf die Treppe. Vielleicht ist die Bodentür offen.

Manchmal liegt gar eine alte Matratze in irgendeiner Ecke. Morgen früh verschwinde ich dann wieder.«

»Woher kennen Sie Grünbergs?«

»Aus dem Adreßbuch«, antwortete der Erfinder. »Ich muß doch einen Hausbewohner nennen können, falls sich der Portier nach meinen Absichten erkundigt. Am nächsten Morgen kommt der Schwindel häufig raus. Aber die jahrtausendalte Aufforderung, vor einem grauen Haupt aufzustehen und die Alten zu ehren, hat Früchte getragen, bis zu den Portiers hinab. Außerdem wechsle ich täglich meine Adresse. Im Winter erteilte ich an einer Privatschule Physikunterricht. Es wurde leider ein Aufklärungskursus gegen die Wunder der Technik daraus. Das gefiel weder den Schülern noch dem Direktor. Ich zog es vor, mich ein Vierteljahr lang in Postämtern zu wärmen. Jetzt brauche ich die Postämter nicht mehr. Es ist warm. Jetzt sitze ich stundenlang auf den Bahnhöfen und schaue den Menschen zu, die fortreisen, ankommen und zurückbleiben. Das ist alles sehr unterhaltend. Ich sitze da und bin froh, daß ich lebe.«

Fabian notierte seine Adresse und gab sie dem alten Mann. »Heben Sie sich den Zettel gut auf. Und wenn Sie mal ein Portier vorzeitig von der Stiege holt, kommen Sie zu mir. Sie können auf meinem Sofa schlafen.«

Der alte Herr las den Zettel und fragte: »Was wird Ihre Wirtin dazu sagen?«

Fabian zuckte die Achseln.

»Wegen meines Hustens brauchen Sie sich nicht zu ängstigen«, meinte der Alte. »Wenn ich nachts in den dunklen Treppenhäusern sitze, huste ich überhaupt nicht. Ich nehme mich dann zusammen, um die Hausbewohner nicht zu erschrecken. Eine komische Lebensführung, was? Ich habe arm angefangen, ich war später ein reicher Mann, ich bin jetzt wieder ein armer Teufel, es spielt keine Rolle. Wie's kommt, wird's gefressen. Ob mich die Sonne auf meiner Terrasse in Leoni bescheint oder hier auf dem Kreuzberg, das ist mir so egal wie der Sonne.« Der alte Herr hustete und streckte die Beine weit von sich. Fabian stand auf und sagte, er müsse weiter.

»Was sind Sie eigentlich von Beruf?« fragte der Erfinder.

»Arbeitslos«, erwiderte Fabian und schritt einer Allee zu, die in die Straßen Berlins zurückführte.

Als er am Abend, taumelig von dem vielstündigen Marsch, die Wohnung betrat, wollte er sofort zu Cornelia und ihr sein Malheur berichten. Schon die bloße Vorstellung von der kommenden Szene rührte ihn tief. Vielleicht hatte er auch nur Hunger.

Frau Hohlfeld, die Wirtin, vereitelte sein Vorhaben. Sie stand im Korridor und flüsterte, unnötig geheimnisvoll, aber das war ihre Art, Labude sei da. Labude saß in Fabians Zimmer und hatte offensichtlich Kopfschmerzen. Er sei gekommen, sich zu entschuldigen, weil er gestern nacht ohne Gruß den Tisch und das Lokal verlassen habe. Faktisch wollte er etwas ganz anderes. Er wollte wissen, wie Fabian über die Sache mit der Selow dachte.

Labude war ein moralischer Mensch, und es war immer schon sein Ehrgeiz gewesen, seinen Lebenslauf ohne Konzept und ohne Fehler gleich ins Reine zu schreiben. Er hatte als Kind niemals Löschblätter bekritzelt. Sein Sinn für Moral war eine Konsequenz der Ordnungsliebe. Die Hamburger Enttäuschung hatte sein privates Ordnungssystem und in der Folge seine Moral lädiert. Der seelische Stundenplan war gefährdet. Dem Charakter fehlte das Geländer. Nun kam er, der die Ziele liebte und brauchte, zu Fabian, dem Fachmann der Planlosigkeit. Er hoffte, von ihm zu lernen, wie man Unruhe erfahren und trotzdem ruhig bleiben kann.

»Du siehst schlecht aus«, sagte Fabian.

»Ich habe die Nacht kein Auge zugemacht«, gestand der Freund. »Diese Selow ist schwermütig und ordinär, beides in einem Atem. Sie kann stundenlang auf dem Diwan sitzen und Schweinereien vor sich hinmurmeln, als bete sie eine Litanei. Es ist nicht zum Anhören. Alkohol trinkt sie in solchen Mengen, daß man vom bloßen Zuschauen besoffen wird. Dann fällt ihr wieder ein, daß sie mit einem Mann allein in der Wohnung ist, und man möchte sich gegen Hagelschlag versichern. Dabei empfindet sie bestimmt nicht wie eine normale Frau. Für lesbisch halte ich sie aber auch nicht. Ich glaube, obwohl das komisch klingt, sie ist homosexuell.«

Fabian ließ den Freund reden. Und weil er sich über nichts wunderte, wurde der andere ruhig. »Morgen fahre ich auf zwei Tage nach Frankfurt«, erzählte Labude noch, bevor er sich verabschiedete. »Rassow kommt auch hin, wir wollen dort eine Initiativgruppe einrichten. Inzwischen mag das Mädchen in der Wohnung Nummer Zwei bleiben. Ihr ist's in den letzten Monaten verdammt dreckig gegangen. Sie soll sich mal ausschlafen. Auf Wiedersehen, Jakob.« Dann ging er.

Fabian betrat Cornelias Zimmer. Was würde sie zu der Kündigung sagen? Aber Ruth Reiter, die Bildhauerin, saß da, sah elend aus, war gar nicht erstaunt, ihm hier zu begegnen, und resümierte, was sie der Battenberg ausführlich schon berichtet hatte: Die kleine Kulp war in die Charité gebracht worden. Sie hatte innere Verletzungen davongetragen, und Wilhelmy, der Todeskandidat mit dem Holzbein, lag seit gestern nacht im Atelier, kriegte keine Luft, keuchte und beschäftigte sich mit Sterben.

Cornelia hatte ein paar Tassen, Teller und Bestecke aus ihrem Koffer geholt, etwas zum Essen besorgt und den Tisch hübsch garniert. Sogar eine weiße Decke und ein Blumenstrauß waren vorrätig. Die Reiter sagte, sie gehe jetzt. Aber ehe sie es vergesse: ob denn niemand wisse, wo der junge Labude wohne. Es war klar, daß sie nur deshalb gekommen war. Sie hatte gehofft, von ihrer Schulfreundin Fabians Adresse und durch Fabian Labudes Wohnung zu erfahren, da ihr das Personal der Grunewaldvilla keine Auskunft hatte geben können. »Ich weiß, wo er wohnt«, meinte Fabian. »Außerdem hat er bis vor wenigen Minuten nebenan in meinem Zimmer gesessen. Die Adresse darf ich nicht sagen.«

»Er war hier?« rief die Bildhauerin. »Auf Wiedersehen!« Sie rannte davon.

»Ihr fehlt die Selow«, sagte Cornelia.

»Ihr fehlt die schlechte Behandlung«, sagte Fabian.

»Mir nicht.« Sie küßte ihn und zog ihn an den Tisch, daß er ihre Vorbereitungen zum Abendessen bewundere. »Gefällt dir das?« fragte sie.

»Großartig. Sehr schön. Sei übrigens so nett und sage mir

immer, wenn es etwas zum Bewundern gibt. Hast du etwa ein neues Kleid an? Kenne ich diese Ohrringe schon? Trugst du auch gestern den Scheitel in der Mitte? Was mir gefällt, merke ich nicht. Du mußt mich mit der Nase darauf stoßen.«

»Du hast nichts als Fehler«, rief sie. »Jeden einzelnen deiner Fehler könnte ich hassen, alle miteinander habe ich lieb.« Während des Essens erzählte sie, daß sie morgen ihren Posten antreten solle. Sie war heute einer Reihe von Kollegen, Dramaturgen, Produktionsleitern und Direktoren vorgestellt worden und beschrieb das merkwürdige, weitläufige Haus, in dem bis unters Dach wichtige Leute saßen, aus einer Konferenz in die andere stürzten und der Entwicklung des Tonfilms das Leben sauer machten. Fabian verschob die Mitteilung auf später.

Als sie mit dem Essen fertig waren, stellte sie einen Teller mit zwei belegten Broten beiseite und sagte lächelnd: »Die eiserne Ration.«

»Du bist rot geworden«, rief er.

Sie nickte. »Manchmal merkst du also doch, wenn es etwas zum Bewundern gibt.«

Er schlug einen kleinen Spaziergang vor. Sie zog sich an. Er überlegte inzwischen, wie er ihr die Kündigung beibringen sollte. Aber der Spaziergang kam nicht zustande. Als sie vor dem Haus standen, hustete jemand hinter ihnen, und ein fremder Mann wünschte Guten Abend. Es war der Erfinder mit der Pelerine. »Die Beschreibung, die Sie mir von Ihrem Sofa gegeben haben, hat mir für heute den Spaß an sämtlichen Treppen und Dachböden verdorben«, erzählte er. »Ich habe um die Yorckstraße einen Bogen gemacht und bin hierhergekommen. Eigentlich mache ich mir Vorwürfe, daß ich Sie behellige, denn schließlich sind Sie selber arbeitslos.«

»Arbeitslos bist du?« fragte Cornelia. »Ist das wahr?«

Der alte Herr entschuldigte sich umständlich, er habe gedacht, die junge Dame wisse Bescheid.

»Heute morgen hat man mir gekündigt.« Fabian ließ Cornelias Arm los. »Zum Abschied bekam ich zweihundertsiebzig Mark in die Hand gedrückt. Wenn ich meine Miete vorausbezahlt habe, bleiben uns noch hundertneunzig Mark. Gestern hätte ich darüber gelacht.«

Als sie den alten Herrn aufs Sofa gepackt und ihm die Stehlampe danebengestellt hatten, denn er wollte an seiner geheimen Maschine herumrechnen, wünschten sie ihm Gute Nacht und gingen in Cornelias Zimmer. Fabian kam noch einmal zurück und brachte dem Gast ein paar belegte Brote.

»Ich verspreche, nicht zu husten«, flüsterte der Alte.

»Hier darf gehustet werden. Ihr Zimmernachbar geht noch ganz anderen Vergnügungen nach, ohne daß die Wirtin, eine gewisse Frau Hohlfeld, die es früher nicht nötig gehabt hat, deshalb aus dem Bett kippte. Nur wie wir's morgen früh machen, weiß ich noch nicht. Die Wirtin findet ihre Möbel reizend, und daß ein Fremder die ganze Nacht auf ihrem Sofa biwakiert, würde sie ernstlich erzürnen. Schlafen Sie gut. Ich wecke Sie morgen früh. Bis dahin wird mir schon was Passendes einfallen.«

»Gute Nacht, junger Freund«, bemerkte der Alte und holte seine kostbaren Papiere aus der Tasche. »Empfehlen Sie mich dem Fräulein Braut.«

Cornelia schien so glücklich, daß Fabian sich wunderte. Eine Stunde später fraß sie bereits die eiserne Ration auf. »Ach, ist das Leben schön!« sagte sie. »Wie denkst du über die Treue?«

»Kau erst fertig, bevor du so große Worte aussprichst!« Er saß neben ihr, hielt sein Knie umschlungen und blickte auf das ausgestreckte Mädchen nieder. »Ich glaube, ich warte nur auf die Gelegenheit zur Treue, und dabei dachte ich bis gestern, ich wäre dafür verdorben.«

»Das ist ja eine Liebeserklärung«, sagte sie leise.

»Wenn du jetzt heulst, zieh ich dir die Hosen stramm!« sagte er.

Sie kugelte aus dem Bett, zog ihren kleinen rosafarbenen Schlüpfer an und stellte sich vor Fabian hin. Sie lächelte unter Tränen. »Ich heule«, murmelte sie. »Nun halte auch du dein Versprechen.« Dann bückte sie sich. Er zog sie aufs Bett. Sie sagte: »Mein Lieber, mein Lieber! Mach dir keine Sorgen.«

Zwölftes Kapitel

Der Erfinder im Schrank
Nicht arbeiten ist eine Schande
Die Mutter gibt ein Gastspiel

Als er am nächsten Morgen den Erfinder wecken wollte, war der schon aufgestanden, gewaschen und angezogen, saß am Tisch und rechnete.

»Haben Sie gut geschlafen?«

Der alte Mann war vorzüglicher Laune und schüttelte ihm die Hand. »Das geborene Schlafsofa«, sagte er und streichelte die braune Sofalehne, als handle sich's um einen Pferderücken. »Muß ich jetzt verschwinden?«

»Ich will Ihnen einen Vorschlag machen«, meinte Fabian. »Während ich bade, bringt die Wirtin das Frühstück ins Zimmer, und da darf sie Ihnen nicht begegnen, sonst gibt's Krach. Wenn sie wieder draußen ist, sind Sie mir wieder willkommen. Dann können Sie ruhig noch ein paar Stunden hierbleiben. Ich werde Sie allerdings allein lassen, weil ich mich um Arbeit kümmern muß.«

»Das macht nichts«, erklärte der Alte. »Ich werde in den Büchern blättern, wenn Sie erlauben. Wohin gehe ich aber, während Sie baden?«

»Ich dachte, in den Schrank«, sagte Fabian. »Der Schrank als Wohnstätte, das war bis heute ein Privileg der Ehebruchslustspiele. Brechen wir mit der Tradition, verehrter Gastfreund! Ist Ihnen mein Vorschlag angenehm?«

Der Erfinder öffnete den Schrank, blickte skeptisch hinein und fragte: »Pflegen Sie sehr lange zu baden?« Fabian beruhigte ihn, schob den zweiten Anzug, den er besaß, beiseite und hieß den Gast einsteigen. Der alte Herr nahm seine Pelerine um, setzte den Hut auf, klemmte den Schirm unter den Arm und kroch in den Schrank, der in allen Fugen krachte. »Und wenn sie mich hier findet?«

»Dann ziehe ich am Ersten aus.«

Der Erfinder stützte sich auf den Schirm, nickte und sagte: »Nun scheren Sie sich in die Wanne!«

Fabian schloß den Schrank zu, nahm vorsichtshalber den Schlüssel an sich und rief im Korridor: »Frau Hohlfeld, das Frühstück!« Als er das Badezimmer betrat, saß schon Cornelia, über und über eingeseift, in der Wanne und lachte. »Du mußt mir den Rücken abreiben«, flüsterte sie. »Ich habe so entsetzlich kurze Ärmchen.«

»Die Reinlichkeit wird zum Vergnügen«, bemerkte Fabian und seifte ihr den Rücken. Später vergalt sie ihm Gleiches mit Gleichem. Zum Schluß saßen sie beide im Wasser gegenüber und spielten hohen Seegang. »Schrecklich«, sagte er, »in meinem Schrank steht inzwischen der König der Erfinder und wartet auf seine Befreiung. Ich muß mich beeilen.« Sie kletterten aus der Wanne und frottierten einander, bis die Haut brannte. Dann trennten sie sich.

»Auf Wiedersehen am Abend«, flüsterte sie.

Er küßte sie. Er verabschiedete sich von ihren Augen, von ihrem Mund und Hals, von jedem Körperteil einzeln. Dann lief er in sein Zimmer. Das Frühstück war eingetroffen. Er sperrte den Schrank auf. Der alte Herr stieg mit steifen Beinen heraus und hustete lange, um das Versäumte nachzuholen.

»Nun der zweite Teil der Komödie«, sagte Fabian, ging in den Korridor, öffnete die Flurtür, schlug sie wieder zu und rief: »Großartig, Onkel, daß du mich mal besuchst. Tritt bitte näher!« Er komplimentierte die imaginäre Person ins Zimmer und nickte dem verwunderten Erfinder zu. »So, nun sind Sie offiziell eingetroffen. Nehmen Sie Platz. Hier ist eine zweite Tasse.«

»Und Ihr Onkel bin ich außerdem.«

»Verwandtschaftliche Beziehungen wirken auf Wirtinnen immer schmerzstillend«, erläuterte Fabian.

»Aber der Kaffee ist gut. Darf ich mir ein Brötchen nehmen?« Der alte Herr begann den Schrank zu vergessen. »Wenn ich nicht unter Kuratel stünde, machte ich Sie zu meinem Universalerben, geehrter Herr Neffe«, sagte er und aß mit großer Andacht.

»Ihr hypothetischer Antrag ehrt mich«, entgegnete Fabian. Sie stießen auf Drängen des neuen Onkels mit den Kaffeetassen an und riefen: »Prost!«

»Ich liebe das Leben«, gestand der Alte und wurde fast verlegen. »Ich liebe das Leben erst recht, seit ich arm bin. Manchmal könnte ich vor Freude in den Sonnenschein hineinbeißen, oder in die Luft, die in den Parks weht. Wissen Sie, woran das liegt? Ich denke oft an den Tod, und wer tut das heute? Niemand denkt an den Tod. Jeder läßt sich von ihm überraschen wie von einem Eisenbahnzusammenstoß oder einer anderen unvorhergesehenen Katastrophe. So dumm sind die Menschen geworden. Ich denke täglich an ihn, denn täglich kann er winken. Und weil ich an ihn denke, liebe ich das Leben. Es ist eine herrliche Erfindung, in Erfindungen bin ich sachverständig.«

»Und die Menschen?«

»Der Globus hat die Krätze«, knurrte der Alte.

»Das Leben lieben und zugleich die Menschen verachten, das geht selten gut aus«, sagte Fabian und stand auf. Er verließ den Gast, der noch immer Kaffee trank, bat Frau Hohlfeld, den Onkel nicht zu stören, und ging zum Arbeitsamt seines Bezirks.

Nachdem er drei Beamte absolviert hatte, das heißt nach zwei Stunden, erfuhr er, daß er fehl am Ort sei und sich an eine westliche Filiale zu wenden habe, die speziell für Büroangestellte bestimmt war. Er fuhr mit dem Autobus zum Wittenbergplatz und ging in das angegebene Lokal. Die Auskunft war falsch gewesen. Er geriet mitten in eine Schar arbeitsloser Krankenschwestern, Kindergärtnerinnen und Stenotypistinnen und erregte, als einziger männlicher Besucher, die größte Aufmerksamkeit.

Er zog sich zurück, trat auf die Straße und fand, ein paar Hausnummern weiter, einen Laden, der wie das Geschäft eines Konsumvereins aussah, jetzt aber eben jene Filiale des Arbeitsamts darstellte, in der er sich melden sollte. Hinter dem ehemaligen Ladentisch saß ein Beamter, davor standen, in langer Kette, erwerbslose Angestellte, legten, einer nach dem anderen, die Stempelkarte vor und erhielten den erforderlichen Kontrollvermerk.

Fabian war erstaunt, wie sorgfältig diese Arbeitslosen gekleidet waren, manche konnten geradezu elegant genannt werden, und wer ihnen auf dem Kurfürstendamm begegnet wäre, hätte sie fraglos für freiwillige Müßiggänger gehalten. Vermutlich verbanden die Leute den morgendlichen Gang zur Stempelstelle mit einem Bummel durch die vornehmen Geschäftsstraßen. Vor den Schaufenstern stehenzubleiben, kostete noch immer nichts, und wer wollte erkennen, ob sie nichts kaufen konnten, oder ob sie es nur nicht wollten? Sie trugen ihre Feiertagsanzüge, und sie taten recht daran, denn wer hatte so viele Feiertage wie sie?

Ernst und auf Haltung erpicht, standen sie in Reih und Glied und warteten, bis sie ihre Stempelkarte wieder einstekken durften. Dann gingen sie hinaus, als verließen sie eine zahnärztliche Klinik. Manchmal schimpfte der Beamte und legte eine Karte beiseite. Ein Gehilfe trug sie in den Nebenraum. Dort thronte ein Inspektor und zog unregelmäßige Besucher der Kontrollstelle zur Rechenschaft. Von Zeit zu Zeit trat eine Art Portier aus der Tür und rief einen Namen.

Fabian las die Druckschriften, die an den Wänden hingen. Es war verboten, Armbinden zu tragen. Es war verboten, Umsteigebilletts der Straßenbahn von den Erstinhabern zu übernehmen und weiter zu benutzen. Es war verboten, politische Debatten hervorzurufen und sich an ihnen zu beteiligen. Es wurde mitgeteilt, wo man für dreißig Pfennige ein ausgesprochen nahrhaftes Mittagessen erhalten könne. Es wurde mitgeteilt, für welche Anfangsbuchstaben sich die Kontrolltage verschoben hatten. Es wurde mitgeteilt, für welche Berufszweige die Nachweisadressen und die Auskunftszeiten geändert worden waren. Es wurde mitgeteilt. Es war verboten. Es war verboten. Es wurde mitgeteilt.

Das Lokal leerte sich allmählich. Fabian legte dem Beamten seine Papiere vor. Der Mann sagte, Propagandisten seien hier nicht üblich, und er empfehle Fabian, sich an die Stelle zu wenden, die für freie Berufe, Wissenschafter und Künstler zuständig sei. Er nannte die Adresse.

Fabian fuhr mit dem Autobus bis zum Alexanderplatz. Es war fast Mittag. Er geriet in der neuen Filiale in eine sehr gemischte Gesellschaft. Den Anschlägen entnahm er, daß es sich möglicherweise um Ärzte, Juristen, Ingenieure, Diplomlandwirte und Musiklehrer handelte. »Ich bin jetzt bei der Krisenfürsorge«, sagte ein kleiner Herr. »Ich kriege 24,50 Mark. Auf jeden Kopf meiner Familie kommen in der Woche 2,72 Mark, und auf einen Tag für einen Menschen 38 Pfennige. Ich habe es in meiner chronischen Freizeit genau ausgerechnet. Wenn das so weitergeht, fange ich nächstens an einzubrechen.«

»Wenn das so leicht wäre«, seufzte sein Nachbar, ein kurzsichtiger Jüngling. »Sogar Stehlen will gelernt sein. Ich habe ein Jahr im Gefängnis gesessen. Also, es gibt erfreulichere Milieus.«

»Es ist mir egal, wenigstens vorher«, erklärte der kleine Herr erregt. »Meine Frau kann den Kindern nicht mal ein Stück Brot in die Schule mitgeben. Ich sehe mir das nicht länger mit an.«

»Als ob Stehlen Sinn hätte«, sagte ein großer, breiter Mensch, der am Fenster lehnte. »Wenn der Kleinbürger nichts zu fressen hat, will er gleich zum Lumpenproletariat übergehen. Warum denken Sie nicht klassenbewußt, Sie kleine häßliche Figur? Merken Sie noch immer nicht, wo Sie hingehören? Helfen Sie die politische Revolution vorbereiten.«

»Bis dahin sind meine Kinder verhungert.«

»Wenn man Sie einsperrt, weil Sie geklaut haben, verhungern Ihre werten Herren Kinder noch rascher«, sagte der Mann am Fenster. Der kurzsichtige Jüngling lachte und schaukelte entschuldigend mit der Schulter.

»Meine Sohlen sind völlig zerrissen«, sagte der kleine Herr. »Wenn ich jedesmal hierherlaufe, sind die Schuhe in einer Woche hin, und zum Fahren habe ich kein Geld.«

»Kriegen Sie keine Stiefel von der Wohlfahrt?« fragte der Kurzsichtige.

»Ich habe so empfindliche Füße«, erklärte der kleine Herr.

»Hängen Sie sich auf!« meinte der Mann am Fenster.

»Er hat einen so empfindlichen Hals«, sagte Fabian.

Der Jüngling hatte ein paar Münzen auf den Tisch gelegt und zählte sein Vermögen. »Die Hälfte des Geldes geht regelmäßig für Bewerbungsschreiben drauf. Porto braucht man.

Rückporto braucht man. Die Zeugnisse muß ich mir jede Woche zwanzigmal abschreiben und beglaubigen lassen. Kein Mensch schickt die Papiere zurück. Nicht einmal Antwort erhält man. Die Bürofritzen legen sich vermutlich mit meinem Rückporto Briefmarkensammlungen an.«

»Aber die Behörden tun, was sie tun können«, sagte der Mann am Fenster. »Unter anderem haben sie Gratiszeichenkurse für Arbeitslose eingerichtet. Das ist eine wahre Wohltat, meine Herren. Erstens lernt man Äpfel und Beefsteaks malen, und zweitens wird man davon satt. Die Kunsterziehung als Nahrungsmittel.«

Der kleine Herr, dem jeder Humor abhanden gekommen zu sein schien, sagte bedrückt: »Das nützt mir gar nichts. Ich bin nämlich Zeichner.«

Dann ging ein Beamter durch den Warteraum, und Fabian erkundigte sich, vorsichtig geworden, ob er Aussicht habe, hier abgefertigt zu werden. Der Beamte fragte nach dem Ausweis des regionalen Arbeitsamts. »Sie haben sich noch nicht gemeldet? Das müssen Sie vorher erledigen.«

»Jetzt geh ich wieder dorthin, wo ich vor fünf Stunden die Tournee begonnen habe«, sagte Fabian. Aber der Beamte war nicht mehr da.

»Die Bedienung ist zwar höflich«, meinte der Jüngling, »aber daß die Auskünfte immer stimmen, kann kein Mensch behaupten.«

Fabian fuhr mit dem Autobus zum Arbeitsamt seines Wohnbezirks. Er hatte bereits eine Mark Fahrgeld verbraucht und blickte vor Wut nicht aus dem Fenster.

Als er ankam, war das Amt geschlossen. »Zeigen Sie mal Ihre Papiere her«, sagte der Portier. »Vielleicht kann ich Ihnen behilflich sein.« Fabian gab dem Biedermann das Zettelpaket. »Aha«, erklärte der Türsteher nach eingehender Lektüre. »Sie sind ja gar nicht arbeitslos.«

Fabian setzte sich auf einen der bronzenen Meilensteine, welche die Einfahrt zierten.

»Sie haben bis zum Monatsende gewissermaßen bezahlten Urlaub. Das Geld haben Sie doch von Ihrer Firma erhalten?«

Fabian nickte.

»Dann kommen Sie mal in vierzehn Tagen wieder«, schlug der andere vor. »Bis dahin können Sie es ja mit Bewerbungsschreiben probieren. Lesen Sie die Stellenangebote in den Zeitungen. Viel Sinn hat es nicht, aber man soll's nicht beschreien.«

»Glückliche Reise«, sprach Fabian, nahm die Papiere in Empfang und begab sich in den Tiergarten, wo er ein paar Brötchen verzehren wollte. Zu guter Letzt verfütterte er sie aber an die Schwäne, die mit ihren Jungen im Neuen See spazierenfuhren.

Als er gegen Abend das Zimmer betrat, fand er seine Mutter vor. Sie saß auf dem Sofa, legte ein Buch beiseite und sagte: »Da staunst du, mein Junge.«

Man umarmte sich. Sie fuhr fort: »Ich mußte nachsehen, was du machst. Vater paßt inzwischen auf, daß niemand ins Geschäft kommt. Ich hatte Sorgen um dich. Du beantwortest meine Briefe nicht mehr. Zehn Tage hast du nicht geschrieben. Es ließ mir keine Ruhe, Jakob.«

Er setzte sich neben die Mutter, streichelte ihre Hände und erklärte, es gehe ihm gut.

Sie betrachtete ihn prüfend. »Komme ich dir ungelegen?« Er schüttelte den Kopf. Sie stand auf. »Die Wäsche habe ich dir schon in den Schrank geräumt. Deine Wirtin könnte mal reinemachen. Ist sie noch immer zu fein dazu? Was denkst du, was ich mitgebracht habe?« Sie öffnete den Spankorb und legte Pakete auf den Tisch. »Blutwurst«, sagte sie, »ein Pfund, aus der Breiten Straße, du weißt schon. Kaltes Schnitzel. Leider kann man hier nicht in die Küche, sonst würde ich's aufbraten. Schinkenspeck. Eine halbe Salamiwurst. Tante Martha läßt grüßen. Ich war gestern bei ihr im Garten. Ein paar Stück Seife aus dem Laden. Wenn das Geschäft bloß nicht so schlecht ginge. Ich glaube, die Leute waschen sich nicht mehr. Und hier eine Krawatte, gefällt sie dir?«

»Du bist so gut«, sagte Fabian. »Aber du sollst nicht so viel Geld für mich ausgeben.«

»Quatsch mit Sauce«, sagte die Mutter und legte die Eßwaren auf einen Teller. »Sie mag uns ein bißchen Tee kochen, deine Gnädige. Ich hab's ihr schon erzählt. Morgen abend fahre ich zurück. Ich bin mit dem Personenzug gekommen. Die Zeit verging schnell. Ein Kind war im Abteil. Wir haben viel gelacht. Was macht dein Herz? Du rauchst zu viel! Überall stehen leere Zigarettenschachteln herum.«

Fabian sah der Mutter zu. Sie hantierte vor lauter Rührung wie ein Gendarm.

»Ich mußte gestern daran denken«, sagte er, »wie das damals war, als ich im Internat steckte, und du warst krank, und ich rannte abends davon, über den Exerzierplatz, nur um zu sehen, wie es dir ginge. Einmal, das weiß ich noch, schobst du einen Stuhl vor dir her und stütztest dich darauf, sonst hättest du mir gar nicht öffnen können.«

»Du hast viel durchgemacht mit deiner Mutter«, sagte sie. »Man müßte sich öfter sehen. Wie geht's in der Fabrik?«

»Ich habe ihnen ein Preisausschreiben vorgeschlagen. Daran können sie eine Viertelmillion verdienen.«

»Für zweihundertsiebzig Mark im Monat, diese Bande.« Die Mutter war empört. Dann klopfte es. Frau Hohlfeld brachte den Tee, stellte das Tablett auf den Tisch und sagte: »Ihr Onkel ist schon wieder da.«

»Dein Onkel?« fragte die Mutter erstaunt.

»Ich habe mich auch schon gewundert«, erklärte die Wirtin.

»Hoffentlich haben Sie sich dabei keinen Schaden getan, gnädige Frau«, erwiderte Fabian, und Frau Hohlfeld entfernte sich gekränkt. Fabian holte den Erfinder ins Zimmer und sagte: »Mama, das ist ein alter Freund von mir. Er hat gestern auf dem Sofa geschlafen, und ich habe ihn zu meinem Onkel ernannt, um das Verfahren abzukürzen.« Er wandte sich an den Erfinder. »Das ist meine Mutter, lieber Onkel. Die beste Frau des Jahrhunderts. Nehmen Sie Platz. Aus dem Sofa wird heute freilich nichts. Aber ich möchte Sie für morgen einladen, wenn es Ihnen recht ist.«

Der alte Herr setzte sich, hustete, stülpte den Hut auf den Schirmknauf und drückte Fabian ein Kuvert in die Hand. »Stecken Sie das rasch ein«, bat er. »Es ist meine Maschine.

Man ist hinter mir her. Meine Familie will mich wieder einmal ins Irrenhaus bringen. Sie hofft wahrscheinlich, mir dabei die Notizen abzujagen und zu Geld zu machen.«

Fabian steckte den Briefumschlag ein. »Man will Sie ins Irrenhaus sperren?«

»Ich habe nichts dagegen«, bemerkte der Alte. »Man hat seine Ruhe dort. Der Park ist wundervoll. Der leitende Arzt ist ein erträglicher Kerl, selber ein bißchen verrückt und spielt ausgezeichnet Schach. Ich war schon zweimal dort. Wenn mir's zu dumm wird, rück ich wieder aus. Entschuldigen Sie, meine Dame«, sagte er zu der Mutter. »Ich mache Ihnen Ungelegenheiten. Erschrecken Sie nicht, wenn man mich abholt. Es wird gleich klingeln. Ich bin soweit. Die Papiere sind gut aufgehoben. Verrückt bin ich übrigens nicht, ich bin meinen werten Angehörigen zu vernünftig. Lieber Freund, schreiben Sie mir ein paar Zeilen nach Bergendorf in die Heilanstalt.«

Es klingelte.

»Da sind sie schon«, rief der Alte.

Frau Hohlfeld ließ zwei Herren eintreten.

»Ich bitte, die Störung zu entschuldigen«, sagte der eine und verbeugte sich. »Vollmachten, die Sie gern einsehen können, veranlassen mich, Herrn Professor Kollrepp aus Ihrem Kreise zu entfernen. Unten wartet mein Auto.«

»Wozu die Umstände, lieber Sanitätsrat? Sie sind dünner geworden. Ich merkte es schon gestern, daß ihr mir auf der Spur wart. Tag, Winkler. Da wollen wir mal in Ihren Wagen klettern. Wie geht's meiner lieben Familie?«

Der Arzt hob die Schultern.

Der Alte ging zum Schrank hinüber, öffnete ihn, sah hinein und schloß die Tür wieder. Dann trat er zu Fabian und nahm dessen Hand. »Ich danke Ihnen sehr.« Er schritt zur Tür. »Sie haben einen guten Sohn«, sagte er zu der alten Frau. »Das kann nicht jeder von sich behaupten.« Dann verließ er das Zimmer. Der Arzt und der Wärter folgten ihm. Fabian und seine Mutter blickten durchs Fenster. Ein Auto stand vor dem Haus. Die drei Männer traten aus der Tür. Der Chauffeur half dem alten Erfinder in einen Staubmantel. Die Pelerine wurde verstaut.

»Ein komischer Mann«, sagte die Mutter, »aber verrückt ist er nicht.« Das Auto fuhr davon. »Warum sah er eigentlich in den Schrank?«

»Ich habe ihn heute früh in den Schrank gesperrt, damit die Wirtin nichts merke«, sagte der Sohn.

Die Mutter goß Tee ein. »Aber leichtsinnig ist es trotzdem von dir, wildfremde Leute hier schlafen zu lassen. Wie schnell kann etwas passieren. Hoffentlich hat er deine Sachen im Schrank nicht schmutzig gemacht.«

Fabian schrieb die Adresse der Irrenanstalt auf das Kuvert und schloß es weg. Dann setzte er sich zum Essen.

Nach dem Abendbrot sagte er: »Komm, mach dich fertig. Wir gehen ins Kino.« Während sich die Mutter anzog, besuchte er Cornelia und erzählte ihr, daß seine Mutter da sei. Die Freundin war müde und lag schon im Bett. »Ich schlafe, bis du aus dem Kino zurück bist«, meinte sie. »Siehst du dann noch einmal zu mir herein?« Er versprach es.

Der Tonfilm, den Fabian und seine Mutter sahen, war ein albernes Theaterstück, das in zwei Dimensionen verlief. Abgesehen davon war nicht gespart worden, der vorgeführte Luxus überschritt jede Grenze. Man hatte, obwohl dergleichen anstandshalber nicht gezeigt wurde, den Eindruck, unter den Betten stünden goldene Nachttöpfe. Die Mutter lachte wiederholt, und das freute Fabian so sehr, daß er mitlachte.

Nach Haus gingen sie zu Fuß. Die Mutter war vergnügt. »Wenn ich früher so gesund gewesen wäre wie heute, mein Junge, dann hättest du es besser gehabt«, meinte sie nach einiger Zeit.

»Es war auch so nicht übel«, sagte er. »Und außerdem ist es vorbei.«

Zu Hause stritten sie sich ein bißchen, wer im Bett und wer auf dem Sofa schlafen solle. Endlich siegte Fabian. Die Mutter bereitete das Sofa zur Nacht. Er müsse erst einmal nebenan, sagte er dann. »Dort wohnt eine junge Dame, und ich bin mit ihr befreundet.« Er verabschiedete sich für alle Fälle, gab der Mutter einen Kuß und öffnete leise die Tür.

Eine Minute später kam er wieder. »Sie schläft schon«, flüsterte er und bestieg sein Sofa.

»Früher wäre das nicht möglich gewesen«, bemerkte Frau Fabian.

»Das hat ihre Mutter auch gesagt«, meinte der Sohn und drehte sich nach der Wand. Plötzlich, kurz vor dem Einschlafen, stand er noch einmal auf, tappte durchs dunkle Zimmer, beugte sich über das Bett und sagte wie einst: »Schlaf gut, Muttchen.«

»Du auch«, murmelte sie und öffnete die Augen. Er konnte das nicht sehen. Er tastete sich im Finstern zum Sofa zurück.

Dreizehntes Kapitel

*Das Kaufhaus und Arthur Schopenhauer
Das reziproke Bordell
Die zwei Zwanzigmarkscheine*

Am andern Morgen wurde er von seiner Mutter geweckt. »Aufstehen, Jakob! Du kommst zu spät ins Büro!« Er machte sich rasch fertig, trank den Kaffee im Stehen und verabschiedete sich.

»Ich werde inzwischen Ordnung schaffen«, sagte sie. »Sowas von Staub überall. Und an deinem Mantel ist der Henkel abgerissen. Geh ohne Mantel. Es ist ja warm draußen.«

Fabian lehnte an der Tür und sah zu, wie die Mutter hantierte. Ihr aus Nervosität und Ordnungsliebe addierter Fleiß wirkte anheimelnd. Das Zimmer war erfüllt davon, es erinnerte plötzlich an zu Hause. »Daß du dich ja nicht fünf Minuten hinsetzt und die Hände in den Schoß legst«, warnte er. »Wäre es nicht schöner, wenn ich jetzt Zeit hätte? Wir könnten in den Tiergarten gehen. Oder ins Aquarium. Oder wir blieben hier, und du würdest mir wieder einmal davon erzählen, wie komisch ich als Kind war. Als ich die Bettstelle mit der Stecknadel völlig zerkratzte und dich dann bei der Hand nahm, um dir das herrliche Gemälde zu zeigen. Oder als ich dir zum Geburtstag weißen und schwarzen Zwirn und ein Dutzend Nähnadeln und Druckknöpfe schenkte.«

»Und ein Heft Stecknadeln und weiße und schwarze Nähseide. Es ist mir noch wie heute«, sagte die Mutter und strich sein Jackett glatt. »Der Anzug müßte gebügelt werden.«

»Und eine Frau müßte ich haben und sieben kleine ulkige Kinder«, ergänzte er in weiser Voraussicht.

»Scher dich an die Arbeit!« Die Mutter stemmte die Arme in die Hüften. »Arbeiten ist gesund. Übrigens, ich hole dich am Nachmittag vom Büro ab. Ich warte vor der Tür. Dann bringst du mich zum Bahnhof.

»Es ist sehr schade, daß du nur einen Tag bleiben kannst.« Er kam noch einmal zurück.

Die Mutter sah ihn nicht an. Sie machte sich am Sofa zu schaffen. »Ich hielt es drüben nicht mehr aus«, murmelte sie. »Aber nun geht's schon wieder, du mußt nur länger schlafen, und du darfst das Leben nicht so schwer nehmen, mein Junge. Es wird dadurch nicht leichter.«

»Nun gehe ich aber, sonst komme ich wirklich noch zu spät«, sagte er.

Sie blickte ihm vom Fenster aus nach und nickte. Er winkte und lachte und lief schnell, bis das Haus nicht mehr zu sehen war. Dann verlangsamte er den Schritt und blieb schließlich stehen. Ein hübsches Versteckspiel trieb er da mit der alten Frau! Rannte auf und davon, obwohl er nichts zu tun hatte. Ließ sie da oben allein in dem fremden, häßlichen Zimmer, obwohl er wußte, daß sie jede Stunde, die sie mit ihm zusammensein durfte, bereit war, gegen ein ganzes Jahr ihres Lebens einzutauschen. Am Nachmittag würde sie ihn vom Büro abholen. Er mußte ihr eine Komödie vorspielen. Sie durfte nicht wissen, daß er entlassen war. Der Anzug, den er trug, war der einzige, den er sich in zweiunddreißig Jahren selber gekauft hatte. Ihr Leben lang hatte sie seinetwegen geschuftet und gespart. Sollte das denn nie ein Ende nehmen?

Weil es zu regnen anfing, ging er im Kaufhaus des Westens spazieren. Kaufhäuser sind, obwohl das gar nicht in ihrer Absicht liegt, außerordentlich geeignet, Leuten, die kein Geld und keinen Schirm haben, Unterhaltung zu bieten. Er hörte einer Verkäuferin zu, die sehr gewandt Klavier spielte. Aus der Lebensmittelabteilung vertrieb ihn der Fischgeruch, den er seit seiner Kindheit, vielleicht auf Grund einer embryonalen Erinnerung, nicht ausstehen konnte. In der Möbeletage wollte ihm ein junger Mann unbedingt einen großen Kleiderschrank verkaufen. Das Stück sei preiswert, die Gelegenheit unwiederbringlich. Fabian entzog sich der unerhörten Zumutung und wanderte in die Buchabteilung. Er geriet an einem der Antiquariatstische über einen Auswahlband von Schopenhauer, blätterte und las sich fest. Der Vorschlag dieses verbiesterten Onkels der Menschheit, Europa mit Hilfe einer indischen Heilpraxis zu veredeln, war freilich eine Kateridee, wie bisher alle positiven Vorschläge, ob sie nun von Philosophen des neunzehnten oder von Nationalökonomen des zwanzigsten Jahrhunderts stammten. Aber davon abgesehen war der Alte unübertrefflich. Fabian fand eine typologische Erörterung und las:

»Eben dieser Unterschied ist es, den Plato durch die Ausdrücke εὔκολος und δύσκολος bezeichnete. Derselbe läßt sich zurückführen auf die bei verschiedenen Menschen sehr verschiedene Empfänglichkeit für angenehme und unangenehme Eindrücke, infolge welcher der eine noch lacht bei dem, was den anderen fast zur Verzweiflung bringt, und zwar pflegt die Empfänglichkeit für angenehme Eindrücke desto schwächer zu sein, je stärker sie für unangenehme ist, und umgekehrt. Nach gleicher Möglichkeit des glücklichen und unglücklichen Ausgangs einer Angelegenheit wird der δύσκολος bei dem unglücklichen sich ärgern oder grämen, bei dem glücklichen sich aber nicht freuen; der εὔκολος hingegen wird über den unglücklichen sich nicht ärgern noch grämen, aber über den glücklichen sich freuen. Wenn dem δύσκολος von zehn Vorhaben neun gelingen, so freut er sich nicht über diese, sondern ärgert sich über das eine mißlungene: der εὔκολος weiß, im umgekehrten Fall, sich doch mit dem einen gelungenen zu trösten und aufzuheitern.

Wie nun aber nicht leicht ein Übel ohne alle Kompensationen ist, so ergibt sich auch hier, daß die δύσκολοι, also die finsteren und ängstlichen Charaktere, im ganzen zwar imaginäre, dafür aber weniger reale Unfälle und Leiden zu überstehen haben werden als die heiteren und sorglosen; denn wer alles schwarz sieht, stets das Schlimmste befürchtet und demnach seine Vorkehrungen trifft, wird sich nicht so oft verrechnet haben, als wer stets den Dingen die heitere Farbe und Aussicht leiht.«

»Was darf ich Ihnen verkaufen?« fragte ein ältliches Fräulein. »Haben Sie baumwollene Socken?« fragte Fabian.

Das ältliche Fräulein betrachtete ihn entrüstet und sagte: »Im Erdgeschoß.« Fabian legte das Buch auf den Tisch und stieg eine Treppe abwärts. Hatte Schopenhauer damit recht, daß er, gerade er, jene zwei menschlichen Gattungen als einander ebenbürtig gegenüberstellte? Hatte nicht gerade er in seiner Psychologie behauptet: die Lustempfindung sei nichts anderes als ein seelisches Minimum an Unlust? Hatte er in diesem Satz die Anschauung der δυσκολοι wider besseres Wissen verabsolutiert? In der Abteilung für Porzellan und keramisches Kunstgewerbe war ein Auflauf. Fabian trat hinzu. Käufer, Verkäuferinnen und Bummler umstanden ein kleines verheultes Mädchen, das zehn Jahre sein mochte, einen Schulranzen trug und ärmlich angezogen war. Das Kind zitterte am ganzen Körper und blickte entsetzt in die bösen, aufgeregten Gesichter der Erwachsenen ringsum.

Der Abteilungschef kam. »Was ist los?«

»Ich habe das freche Ding erwischt, wie es einen Aschenbecher stahl«, erklärte eine alte Jungfer. »Hier!« Sie hob eine kleine bunte Schale hoch und zeigte sie dem Vorgesetzten.

»Marsch zum Direktor!« kommandierte der Cutaway.

»Jugend von heute«, sagte eine aufgetakelte Gans.

»Marsch zum Direktor!« rief eine der Verkäuferinnen und packte die Kleine an der Schulter. Das Kind weinte sehr.

Fabian schob sich durch die Versammlung. »Lassen Sie auf der Stelle das Kind los!«

»Erlauben Sie mal«, meinte der Abteilungsleiter.

»Was fällt Ihnen ein, sich einzumischen?« fragte jemand.

Fabian gab der Verkäuferin einen Klaps auf die Finger, daß sie das Kind losließ, dann zog er das kleine Mädchen an seine Seite. »Warum hast du denn ausgerechnet einen Aschenbecher weggenommen?« fragte er. »Rauchst du schon Zigarren?«

»Ich hatte kein Geld«, sagte das Mädchen. Dann hob es sich auf die Zehenspitzen. »Mein Papa hat heute Geburtstag.«

»Einfach stehlen, weil man kein Geld hat. Es wird immer schöner«, bemerkte die aufgetakelte Gans.

»Schreiben Sie uns einen Kassenzettel aus«, sagte Fabian zu der Verkäuferin. »Wir behalten den Aschenbecher.«

»Das Kind verdient aber Strafe«, behauptete der Abteilungsleiter.

Fabian trat auf den Mann zu. »Wenn Sie sich meinem Vorschlag widersetzen sollten, schmeiße ich Ihnen den ganzen Porzellanladen kaputt.«

Der Cutaway zuckte mit den Schultern, die Verkäuferin schrieb einen Zettel aus und brachte den Aschenbecher zur Auslieferung. Fabian ging zur Kasse, zahlte und nahm das Päckchen in Empfang. Dann begleitete er das Kind bis zum Ausgang. »Hier hast du deinen Aschenbecher«, sagte er. »Aber paß gut auf, daß er nicht entzweigeht. Es war einmal ein kleiner Junge, der kaufte einen großen Kochtopf, um ihn seiner Mutter am Heiligen Abend zu schenken. Als es soweit war, nahm er den Topf in die Hand und segelte durch die halb offene Tür. Der Christbaum schimmerte großartig. ›Da, Mutter, da hast du ...‹, sagte er und wollte sagen: ›Da hast du den Topf.‹ Es gab aber einen Krach, der Topf zerbrach an der Tür. ›Da, Mutter, da hast du den Henkel‹, sagte der Junge nun, denn er hatte nur noch den Henkel in der Hand.«

Das kleine Mädchen sah zu ihm auf, hielt das Paket mit beiden Händen fest und meinte: »Mein Aschenbecher hat ja gar keinen Henkel.« Sie knickste und lief fort. Dann drehte sie sich noch einmal um, rief: »Danke schön!« und verschwand.

Fabian trat auf die Straße. Es regnete nicht mehr. Er stellte sich an die Bordschwelle und sah den Autos zu. Ein Wagen hielt. Eine alte Dame, mit Paketen behangen, schob sich schwerfällig vom Sitz und wollte aussteigen. Fabian öffnete den Wagenschlag, half der Dame vom Trittbrett, zog höflich den Hut und trat zur Seite. »Da!« sagte jemand neben ihm. Es war die alte Dame. Sie drückte ihm etwas in die Hand, nickte und ging ins Kaufhaus. Fabian machte die Hand auf. Er hielt einen Groschen. Er hatte unfreiwillig einen Groschen verdient. Sah er bereits wie ein Bettler aus?

Er steckte die Münze ein, trat trotzig an den Straßenrand und öffnete einen zweiten Wagen. »Da!« sagte jemand und gab ihm wieder einen Groschen. ›Das wächst sich zu einem Beruf aus‹, dachte Fabian und hatte eine Viertelstunde später fünfundsechzig Pfennig verdient. ›Wenn jetzt Labude vorbeikäme und den literarhistorisch vorgebildeten Autoöffner sähe‹, überlegte er. Aber der Gedanke erschreckte ihn nicht. Nur der

Mutter hätte er nicht begegnen mögen, und auch Cornelia nicht.

»Eine milde Gabe gefällig?« fragte eine Frau und gab ihm ein größeres Geldstück. Es war Frau Irene Moll. »Ich habe dich lange Zeit beobachtet, mein Junge«, sagte sie und lächelte schadenfroh. »Wir begegnen einander, wo wir können. Geht's dir so dreckig? Du warst voreilig, als du das Angebot meines Mannes ablehntest, und auch die Schlüssel hättest du behalten können. Ich wartete darauf, dich in meinem Bett wiederzusehen. Deine Zurückhaltung macht sinnlich. Hier, hilf mir die Pakete tragen. Das Trinkgeld hast du schon.«

Fabian ließ sich die Pakete aufladen und folgte schweigsam.

»Was kann ich für dich tun?« fragte sie nachdenklich. »Stellung eingebüßt, was? Ich bin nicht nachtragend. Auf Moll ist leider nicht mehr zu zählen. Er ist zu Schiff nach Frankreich oder sonstwohin. Und jetzt wohnt die Kriminalpolizei bei uns. Moll hat die seinem Notariat übergebenen Gelder unterschlagen. Seit Jahren schon, nie hätte ich ihm das zugetraut. Wir haben ihn unterschätzt.«

»Wovon leben Sie denn nun?« fragte Fabian.

»Ich habe eine Pension eröffnet. Große Wohnungen sind jetzt billig. Die Möbel hat mir ein alter Bekannter geschenkt, das heißt, die Bekanntschaft ist jung, der Bekannte ist alt. Ihm gehören nur ein paar Gucklöcher in den Türen.«

»Und wer wohnt in dieser übersichtlichen Pension?«

»Junge Männer, mein Herr. Wohnung und Verpflegung gratis. Außerdem erhalten sie dreißig Prozent der Einnahmen.«

»Welcher Einnahmen?«

»Mein Verein unchristlicher junger Männer wird von Damen der besten Gesellschaft mit wahrer Leidenschaft frequentiert. Die Damen sind nicht immer schön und schlank, und daß sie mal jung waren, glaubt ihnen kein Mensch. Aber sie haben Geld. Und wieviel ich auch verlange, sie zahlen. Und wenn sie vorher ihre Herren Ehemänner bestehlen oder ermorden sollten, sie kommen. Meine Pensionäre verdienen. Der Möbelhändler sieht zu. Die Damen gehen ihren Passionen nach. Drei junge Leute sind mir schon abgekauft worden. Sie haben beträchtliche Einkünfte, eigene Wohnung und kleine Freundinnen nebenher, heimlich, versteht sich. Der eine, ein Ungar, wurde von der Frau eines Industriellen erworben. Er lebt wie ein Prinz. Wenn er klug ist, hat er in einem Jahr ein Vermögen. Dann kann er die alte Schießbudenfigur abschaffen.«

»Also ein Männerbordell«, sagte Fabian.

»So ein Institut hat heute viel mehr Existenzberechtigung als ein Frauenhaus«, erklärte Irene Moll. »Außerdem träumte ich schon als junges Mädchen davon, Besitzerin eines solchen Etablissements zu werden. Ich bin sehr zufrieden. Ich habe Geld, ich engagiere fast täglich neue Kräfte für das Unternehmen, und jeder, der sich um eine Pensionärstelle bewirbt, muß bei mir eine Art Aufnahmeprüfung bestehen. Ich nehme nicht jeden! Wirkliche Talente sind selten. Naturbegabungen gibt es schon eher. Ich werde Fortbildungskurse einrichten müssen.«

Sie blieb stehen. »Ich bin angelangt.« Die Pension lag in einem großen eleganten Mietshaus. »Ich möchte dir einen Vorschlag machen. Als Pensionär kommst du nicht in Frage, mein Lieber. Du bist zu wählerisch, du bist auch schon zu alt für die Branche, meine Kundschaft bevorzugt Zwanzigjährige. Außerdem leidest du an falschem Stolz. Ich könnte dich als Sekretär verwenden. Allmählich wird eine geordnete Buchführung notwendig. Du könntest in meinen Privaträumen arbeiten, wohnen könntest du auch dort. Wie denkst du darüber?«

»Hier sind die Pakete«, sagte Fabian. »Ich möchte meinem Brechreiz nicht zuviel zumuten.«

In diesem Augenblick kamen zwei junge Burschen aus dem Haus. Sie waren schick angezogen, zögerten, als sie Frau Moll erblickten, und nahmen die Hüte ab.

»Gaston, hast du heute Ausgang?« fragte sie.

»Mackie meinte, ich soll mir mal das Auto ansehen, das ihm Nummer Sieben versprochen hat. In zwanzig Minuten bin ich wieder da.«

»Gaston, du gehst sofort auf dein Zimmer. Was ist das denn für eine Wirtschaft? Mackie geht allein. Marsch! Für drei Uhr hat sich Nummer Zwölf angemeldet. Bis dahin schläfst du, los!«

Der junge Mann ging ins Haus zurück, der andere setzte, nochmals grüßend, seinen Weg fort.

Frau Moll wandte sich Fabian zu. »Du willst wieder nicht?« Sie nahm ihm die Pakete ab. »Ich gebe dir eine Woche Bedenkzeit. Die Adresse weißt du nun. Überlege dir's. Verhungern ist Geschmackssache. Außerdem tätest du mir einen persönlichen Gefallen. Wirklich. Je mehr du dich sträubst, um so mehr reizt mich der Gedanke. Es eilt nicht, Zeitvertreib habe ich mittlerweile genug.« Sie ging ins Haus.

»Das grenzt an Zwangsläufigkeit«, murmelte Fabian und kehrte um.

Er aß in einer Kneipe Bockwurst mit Kartoffelsalat. Dazu las er die Zeitungen, die im Lokal aushingen, und notierte sich Stellenangebote. Dann kaufte er in einem muffigen Papierladen Schreibmaterial und verfaßte vier Bewerbungsschreiben. Als er sie in den Kasten gesteckt hatte, fand er, es sei Zeit. Und pilgerte, recht müde, zu der Zigarettenfabrik.

»Sieht man Sie auch mal wieder?« fragte der Portier.

»Ich will mich mit meiner Mutter hier treffen«, antwortete Fabian. Der Portier kniff ein Auge zu. »Verlassen Sie sich ganz auf mich.«

Es war Fabian peinlich, daß der Mann die Komödie zu durchschauen schien. Er ging rasch ins Verwaltungsgebäude, setzte sich in eine Fensternische und sah alle fünf Minuten auf die Uhr. So oft er Schritte hörte, drückte er sich dicht an den Fensterrahmen. In zehn Minuten war Büroschluß. Die Angestellten hatten es eilig. Sie bemerkten ihn nicht. Er wollte sein Versteck gerade verlassen, als er wieder Schritte und Stimmen vernahm, die sich näherten.

»Ich werde morgen in der Direktionssitzung von dem Preisausschreiben berichten, das Sie da vorbereitet haben, lieber Fischer«, sagte die eine Stimme. »Der Vorschlag ist beachtlich, man wird Sie würdigen lernen.«

»Herr Direktor sind sehr gütig«, erwiderte die andere Stimme. »Eigentlich habe ich das Projekt ja nur von Herrn Doktor Fabian geerbt.«

»Erbmasse ist ein Besitz wie jeder andere, Herr Fischer!«

Der Ton des Direktors war unfreundlich. »Ist Ihnen mein Vorschlag unangenehm? Wäre Ihnen eine Gehaltszulage so zuwider? Nun also! Außerdem bedarf das Projekt einiger Verbesserungen. Ich werde gleich, unter Zugrundelegung Ihres Materials, ein Exposé in die Maschine diktieren. Glauben Sie mir, es wird Effekt machen, unser Preisausschreiben. Sie können jetzt nach Hause gehen. Sie haben es gut.«

»Meister muß sich immer plagen. Von Schiller«, bemerkte Fischer. Fabian trat aus der Nische. Fischer sprang erschrocken einen Schritt zurück. Direktor Breitkopf fingerte im Kragen. »Ich bin weniger überrascht als Sie«, sagte Fabian und ging zur Treppe.

»Da kommt er ja schon«, meinte der Portier, der sich mit Fabians Mutter unterhielt. Sie hatte den Koffer abgestellt, die Reisetasche, die Handtasche und den Schirm auf den Koffer gelegt und nickte dem Sohn zu. »Hübsch fleißig gewesen?« fragte sie. Der Portier lächelte gutmütig und spazierte in seinen Verschlag.

Fabian gab der Mutter die Hand. »Wir haben noch eine halbe Stunde Zeit«, sagte er und nahm das Gepäck auf.

Als sie einen Eckplatz im Zug belegt hatten (im mittelsten Wagen, denn Frau Fabian hielt es für angebracht, die üblen Folgen eines etwaigen Eisenbahnunglücks von vornherein zu reduzieren), bummelten sie vor dem Kupee auf und ab.

»Nicht so weit weg.« Sie hielt den Sohn am Ärmel. »Wie leicht wird ein Koffer gestohlen. Kaum dreht man sich um, fort ist er.« Schließlich wurde Fabian mißtrauischer als die Mutter und spähte unentwegt durchs Fenster zum Gepäcknetz.

»Nun kann's wieder abgehen«, sagte sie. »Der Henkel vom Mantel ist angenäht. Im Zimmer sieht's wieder menschlich aus. Frau Hohlfeld tat beleidigt. Darauf kann man aber keine Rücksicht nehmen.«

Fabian lief zu einem der fahrbaren Büfetts und brachte eine Schinkensemmel, eine Packung Keks und zwei Apfelsinen. »Junge, bist du leichtsinnig«, sagte sie. Er lachte, kletterte ins Abteil, schob ihr heimlich einen Zwanzigmarkschein in die Handtasche und kletterte wieder auf den Bahnsteig.

»Wann wirst du endlich mal wieder nach Hause kommen?« fragte sie. »Ich koche alle deine Lieblingsgerichte, jeden Tag ein anderes, und wir gehen zu Tante Martha in den Garten. Im Geschäft ist ja so wenig los.«

»Ich komme, sobald ich kann«, versicherte er.

Als sie aus dem Kupeefenster blickte, meinte sie: »Bleib recht gesund, Jakob. Und wenn's hier nicht vorwärtsgehen will, pack dein Bündel und komm heim.«

Er nickte. Sie sahen einander an und lächelten, wie man auf Bahnsteigen zu lächeln pflegt, ähnlich wie beim Fotografen, nur daß weit und breit kein Fotograf zu sehen ist. »Laß dir's gut gehen«, flüsterte er. »Es war schön, daß du da warst.«

Auf dem Tisch standen Blumen. Ein Brief lag daneben. Er öffnete ihn. Ein Zwanzigmarkschein fiel heraus, und ein Zettel. »Wenig mit Liebe, Deine Mutter«, war daraufgeschrieben. In der unteren Ecke war noch etwas zu lesen. »Iß das Schnitzel zuerst. Die Wurst hält sich in dem Pergamentpapier mehrere Tage.«

Er steckte den Zwanzigmarkschein ein. Jetzt saß die Mutter im Zug, und bald mußte sie den anderen Zwanzigmarkschein finden, den er ihr in die Handtasche gelegt hatte. Mathematisch gesehen, war das Ergebnis gleich Null. Denn nun besaßen beide dieselbe Summe wie vorher. Aber gute Taten lassen sich nicht stornieren. Die moralische Gleichung verläuft anders als die arithmetische.

Am selben Abend bat ihn Cornelia um hundert Mark. Im Korridor des Filmkonzerns sei ihr Makart begegnet. Er war wegen Verleihverhandlungen ins Gebäude der Konkurrenz gekommen. Er hatte sie angesprochen. Sie sei der Typ, den er schon lange suche. Für den nächsten Film seiner Firma, versteht sich. Sie solle ihn morgen nachmittag im Büro aufsuchen. Der Produktionsleiter und der Regisseur wären auch da. Vielleicht probiere man's mal mit ihr.

»Ich muß mir über Mittag einen neuen Jumper und einen Hut besorgen, Fabian. Ich weiß, du hast fast kein Geld mehr.

Aber ich kann mir diese Chance nicht entgehen lassen. Denke dir, wenn ich jetzt Filmschauspielerin würde! Kannst du dir das vorstellen?«

»Doch«, sagte er und gab ihr seinen letzten Hundertmarkschein.

»Hoffentlich bringt dir das Glück.«

»Mir?« fragte sie.

»Uns«, korrigierte er ihr zu Gefallen.

Vierzehntes Kapitel

*Der Weg ohne Tür
Fräulein Selows Zunge
Die Treppe mit den Taschendieben*

In dieser Nacht träumte Fabian. Wahrscheinlich träumte er häufiger, als er glaubte. Aber in dieser Nacht weckte ihn Cornelia, und so entsann er sich des Traumes. Wer hätte ihn, vor Tagen noch, aus seinen Träumen wecken sollen? Wer hätte ihn mitten in der Nacht ängstlich rütteln sollen, bevor er neben Cornelia schlief? Er hatte mit vielen Frauen und Mädchen geschlafen, das war richtig, aber neben ihnen?

Er lief im Traum durch eine endlose Straße. Die Häuser waren unabsehbar hoch. Die Straße war ganz leer, und die Häuser hatten weder Fenster noch Türen. Und der Himmel war weit entfernt und fremdartig wie über einem tiefen Brunnen. Fabian hatte Hunger und Durst und war todmüde. Er sah, die Straße hörte nicht auf, aber er ging und wollte sie zu Ende gehen.

»Es hat keinen Zweck«, sagte da eine Stimme. Er blickte sich um. Der alte Erfinder stand hinter ihm, in der verschossenen Pelerine, mit dem schlechtgerollten Schirm und dem ergrauten steifen Hut. »Guten Tag, lieber Professor«, rief Fabian. »Ich dachte, Sie wären im Irrenhaus.«

»Hier ist es ja«, sagte der Alte und schlug mit der Schirmkrücke gegen eines der Gebäude. Es hallte blechern, dann ging ein Tor auf, wo keines war.

»Meine neueste Erfindung«, sagte der Alte. »Gestatten Sie, lieber Neffe, daß ich vorausgehe, ich bin hier zu Hause.« Fabian folgte. In der Portierloge hockte Direktor Breitkopf, hielt sich den Bauch und stöhnte: »Ich kriege ein Kind. Die Sekretärin hat sich wieder mal nicht vorgesehen.« Dann schlug er sich dreimal auf die Glatze, und das klang laut wie ein Gong.

Der Professor steckte dem Direktor den schlechtgerollten Schirm tief in den Schlund und spannte den Schirm auf. Breitkopfs Gesicht zerplatzte wie ein Ballon.

»Verbindlichen Dank«, sagte Fabian.

»Nicht der Rede wert«, erwiderte der Erfinder. »Haben Sie meine Maschine schon gesehen?« Er nahm Fabian an der Hand und führte ihn durch einen Gang, in dem bläuliches Neonlicht brannte, ins Freie.

Eine Maschine, groß wie der Kölner Dom, türmte sich vor ihnen auf. Halbnackte Arbeiter standen davor, mit Schaufeln bewaffnet, und schippten Hunderttausende von kleinen Kindern in einen riesigen Kessel, in dem ein rotes Feuer brannte.

»Kommen Sie an das andere Ende«, sagte der Erfinder. Sie fuhren auf laufenden Bändern durch den grauen Hof. »Hier«, sagte der alte Mann und zeigte in die Luft.

Fabian blickte empor. Gewaltige, glühende Bessemerbirnen senkten sich nieder, kippten automatisch um und schütteten ihren Inhalt auf einen horizontalen Spiegel. Der Inhalt war lebendig. Männer und Frauen fielen auf das glitzernde Glas, stellten sich gerade und starrten wie gebannt auf ihr handgreifliches und doch unerreichbares Abbild. Manche winkten in die Tiefe hinunter, als kennten sie sich. Einer zog eine Pistole aus der Tasche und schoß. Er traf, obwohl er, gestrichen Korn, seinem Bild ins Herz gezielt hatte, seine wirkliche große Zehe und verzog das Gesicht. Ein anderer drehte sich im Kreise. Offensichtlich wollte er seinem Abbild die Kehrseite zuwenden, der Versuch mißlang.

»Hunderttausend am Tage«, erläuterte der Erfinder. »Dabei habe ich die Arbeitszeit verkürzt und die Fünftagewoche eingeführt.«

»Lauter Verrückte?« fragte Fabian.

»Das ist eine Frage der Terminologie«, antwortete der Professor. »Einen Moment, die Kuppelung versagt.« Er trat an die Maschine heran und stocherte mit seinem Schirm in einer Öffnung. Plötzlich verschwand der Schirm, dann verschwand die Pelerine, sie zog den alten Mann hinter sich her. Er war fort. Seine Maschine hatte ihn verschluckt.

Fabian fuhr auf dem laufenden Band zurück, quer durch den grauen Hof. »Es ist ein Unglück passiert!« schrie er einem der halbnackten Arbeiter zu. Da purzelte ein Kind aus dem Kessel. Es trug eine Hornbrille und hielt einen schlechtgerollten Schirm im Händchen. Der Arbeiter nahm den Säugling auf die Schaufel und schleuderte ihn in den glühenden Kessel zurück. Fabian fuhr von neuem den Hof entlang und wartete unter den schwankenden Bessemerbirnen, daß sein alter Freund, erneut verwandelt, wiederkäme.

Er wartete vergebens. Statt dessen fiel er selber, ein zweiter Fabian, aber mit Pelerine, Schirm und Hut, aus einem der gewaltigen Kippkästen, stellte sich zu den anderen Figuren und starrte, gleich ihnen, auf die Spiegelbilder. An seinen Sohlen, mit dem Kopf nach unten, hing sein Abbild, ein dritter Fabian, im Spiegel und starrte aufwärts, dem zweiten Fabian ins Gesicht. Dieser zeigte mit dem Daumen hinter sich auf die Maschine und sagte: »Mechanische Seelenwanderung, Patent Kollrepp.« Dann schritt er auf den wirklichen Fabian zu, der im Hofe stand, ging mitten in ihn hinein und war nicht mehr da.

»Wie angegossen«, gestand Fabian, nahm dem Maschinenmenschen, der ihn unsichtbar ausfüllte, den Schirm ab, zog die Pelerine zurecht und war wieder das einzige Exemplar seiner selbst.

Er blickte zu dem glänzenden Spiegel hinüber. Die Menschen versanken plötzlich darin wie in einem durchsichtigen Sumpf. Sie rissen die Münder auf, als ob sie vor Schreck schrien, aber es war nichts zu hören. Sie sanken völlig unter die Spiegelfläche. Ihre Abbilder flohen, wie Fische, mit dem Kopf voran, wurden immer kleiner und verschwanden ganz. Nun standen die wirklichen Menschen unten, und es war, als seien sie in Bernstein gefangen. Fabian trat ganz nahe. Das war kein Spiegelbild mehr, was er sah. Über den untergegangenen Wesen lag eine bloße Glasplatte, und die Leute lebten weiter. Fabian kniete nieder und blickte hinab.

Fette, nackte Frauen, mit Sorgenfalten quer überm Leib, saßen an Tischen und tranken Tee. Sie trugen durchbrochene Strümpfe und im Genick geflochtene Hütchen. Armbänder und Ohrgehänge blitzten. Eines der alten Weiber hatte sich einen goldenen Ring durch die Nase gezogen. An anderen Tischen saßen dicke Männer, halbnackt, behaart wie Gorillas, mit

Zylindern, manche in lila Unterhosen, alle mit großen Zigarren zwischen den dicken Lippen. Die Männer und Frauen schauten gierig auf einen Vorhang. Er wurde zur Seite gezogen, und junge geschminkte Burschen in enganliegenden Trikots stolzierten wie gezierte Mannequins über einen erhöhten Laufsteg. Den Jünglingen folgten, auch in Trikots, junge Mädchen, sie lächelten affektiert und brachten alles, was an ihnen rund war, angestrengt zur Geltung. Fabian erkannte einige, die Kulp, die Bildhauerin, die Selow, auch Paula aus Haupts Festsälen war dabei.

Die alten Frauen und Männer preßten die Operngläser an die Augen, sprangen auf, stolperten über Stühle und Tische, drängten dem Laufsteg zu, schlugen einander, um vorwärts zu kommen, und wieherten wie geile Pferde. Die dicken mit Schmuck beladenen Weiber rissen junge Burschen vom Steg, warfen sie heulend auf die Erde, knieten flehend nieder, spreizten die fetten Beine, zerrten sich Brillanten von den Armen und Fingern und aus den Ohrlappen und hielten sie bettelnd den verhurt lächelnden Gestalten entgegen. Die alten Männer griffen mit ihren Affenarmen nach den Mädchen, auch nach Jünglingen, und umarmten, blaurot vor Aufregung, wen sie faßten. Unterhosen, Krampfadern, Sockenhalter, zerrissene farbige Trikots, fette und faltige Gliedmaßen, verzerrte Visagen, grinsende Pomademünder, braune schlanke Arme, im Krampf zuckende Füße füllten den Boden aus. Es war, als läge ein lebendiger Perserteppich auf der Erde.

»Deine Cornelia ist auch dabei«, sagte Frau Irene Moll. Sie saß neben ihm, und sie naschte aus einer großen Bonbontüte kleine junge Männer. Sie riß ihnen zuerst die Kleider ab. Das sah aus, als ob sie in Papier gewickelte Napolitains schälte. Fabian suchte Cornelia. Sie stand, während sich alle anderen wild verknäuelt am Boden wälzten, allein auf dem Laufsteg und wehrte sich gegen einen dicken brutalen Mann, der ihr mit der einen Hand den Mund aufsperrte und mit der anderen seine brennende Zigarre, mit der Glut voran, in den Mund stoßen wollte.

»Sträuben nützt bei dem nichts«, meinte die Moll und kramte in ihrer Tüte. »Das ist Makart, ein Filmfabrikant, Geld wie Heu. Seine Frau hat sich vergiftet.« Cornelia wankte und stürzte neben Makart in den Tumult.

»Spring ihr doch nach«, sagte die Moll. »Aber du hast Angst, das Glas zwischen dir und den anderen könnte zerbrechen. Du hältst die Welt für eine Schaufensterauslage.«

Cornelia war nicht mehr zu entdecken. Aber jetzt sah Fabian den Todeskandidaten Wilhelmy. Der war nackt, das linke Bein war eine Prothese. Er stand auf einem Himmelbett und fuhr wie ein Wellenreiter über das Gezappel der Menschen. Er schwang seinen Krückstock und schlug die Kulp, die sich an dem Bett festklammerte, auf den Kopf und auf die Hände, bis das Mädchen blutüberströmt losließ und in die Tiefe sank.

Wilhelmy befestigte eine Schnur am Stock, band einen Geldschein ans Ende der Schnur und warf diese Angel aus. Die Menschen unter ihm sprangen wie Fische in die Luft, schnappten nach der Banknote, fielen ermattet zurück und schnellten wieder hoch. Da! Eine Frau hielt den Schein im Mund. Es war die Selow. Sie schrie gellend. Ein Angelhaken hatte ihre Zunge durchbohrt. Wilhelmy zog die Schnur ein, die Selow näherte sich, verzerrten Gesichts, dem Bett. Aber hinter ihr tauchte die Bildhauerin auf, umschlang die Freundin mit beiden Armen und riß sie rückwärts. Die Zunge glitt weit aus dem Mund. Wilhelmy und die Bildhauerin suchten das Mädchen an sich zu ziehen, jeder auf seine Seite. Die Zunge wurde immer länger, lang wie ein rotes Gummiband, und sie war zum Reißen gespannt. Wilhelmy rang nach Luft und lachte.

»Wunderbar!« rief Irene Moll. »Das grenzt an Tauziehen. Wir leben im Zeitalter des Sports.« Sie zerknüllte die leere Tüte und sagte: »Jetzt freß ich dich.« Sie riß ihm die Pelerine herunter. Ihre Finger griffen wie Scheren ineinander und zerschnitten Fabians Anzug. Er schlug ihr mit der Schirmkrücke auf den Kopf. Sie taumelte und ließ ihn los. »Ich liebe dich doch«, flüsterte sie und weinte. Ihre Tränen drangen wie kleine Seifenblasen aus ihren Augenwinkeln, wurden immer größer und stiegen schillernd in die Luft.

Fabian erhob sich und ging weiter.

Er geriet in einen Saal, der keine Wände hatte. Unzählige Treppenstufen führten von dem einen Ende des Saales hinauf zum anderen Ende. Auf jeder Stufe standen Leute. Sie blickten interessiert nach oben und griffen einander in die Taschen. Jeder bestahl jeden. Jeder wühlte heimlich in den Taschen des Vordermannes, und während er das tat, wurde er vom Hintermann beraubt. Es war ganz ruhig im Saal. Trotzdem war alles in Bewegung. Man stahl emsig, und man ließ sich bestehlen. Auf der untersten Stufe stand ein kleines zehnjähriges Mädchen und zog dem Vordermann einen bunten Aschenbecher aus dem Mantel. Plötzlich war Labude auf der obersten Stufe. Er hob die Hände, blickte die Treppe hinunter und rief: »Freunde! Mitbürger! Die Anständigkeit muß siegen!«

»Aber natürlich!« brüllten die anderen im Chor und kramten einander in den Taschen.

»Wer für mich ist, hebe die Hand!« schrie Labude. Die anderen hoben die Hand. Jeder hob eine Hand, mit der anderen stahl er weiter. Nur das kleine Mädchen auf der untersten Stufe hob beide Hände.

»Ich danke euch«, sagte Labude, und seine Stimme klang gerührt. »Das Zeitalter der Menschenwürde bricht an. Vergeßt diese Stunde nicht!«

»Du bist ein Narr!« rief Leda, stand neben Labude und zog einen großen hübschen Mann hinter sich her.

»Meine besten Freunde sind meine größten Feinde«, sagte Labude traurig. »Mir ist es gleich. Die Vernunft wird siegen, auch wenn ich untergehe.«

Da fielen Schüsse. Fabian sah hoch. Überall waren Fenster und Dächer. Und überall standen finstere Gestalten mit Revolvern und Maschinengewehren.

Die Menschen auf der Treppe warfen sich lang hin, aber sie stahlen weiter. Die Schüsse knatterten. Die Menschen starben, die Hände in fremden Taschen. Die Treppe lag voller Leichen.

»Um die ist es nicht schade«, sagte Fabian zu dem Freund. »Nun komm!« Aber Labude blieb in dem Kugelregen stehen. »Um mich auch nicht mehr«, flüsterte er, drehte sich nach den Fenstern und Dächern um und drohte ihnen.

Aus den Dachluken und aus den Giebeln fielen Schüsse in die Tiefe. Aus den Fenstern hingen Verwundete. Auf einer Giebelkante rangen zwei athletische Männer. Sie würgten und bissen einander, bis der eine taumelte und beide abstürzten. Man hörte den Aufschlag der hohlen Schädel. Flugzeuge schwirrten unter der Saaldecke und warfen Brandfackeln auf die Häuser. Die Dächer begannen zu brennen. Grüner Qualm quoll aus den Fenstern.

»Warum machen das die Leute?« Das kleine Mädchen aus dem Kaufhaus faßte Fabians Hand.

»Sie wollen neue Häuser bauen«, erwiderte er. Dann nahm er das Kind auf den Arm und stieg, über die Toten kletternd, die Stufen hinunter. Auf halbem Weg begegnete er einem kleinen Mann. Der stand da, schrieb Zahlen auf einen Block und rechnete mit den Lippen. »Was machen Sie da« fragte Fabian.

»Ich verkaufe die Restbestände«, war die Antwort. »Pro Leiche dreißig Pfennige, für wenig getragene Charaktere fünf Pfennig extra. Sind Sie verhandlungsberechtigt?«

»Gehen Sie zum Teufel«, schrie Fabian.

»Später«, sagte der kleine Mann und rechnete weiter. Am Fuß der Treppe setzte Fabian das kleine Mädchen hin. »Nun geh nach Hause«, meinte er. Das Kind lief davon. Es hüpfte auf einem Bein und sang.

Er stieg wieder die Stufen empor. »Ich verdiene keinen Pfennig«, murmelte der kleine Mann, an dem er wieder vorbeikam. Fabian beeilte sich. Oben brachen die Häuser zusammen. Stichflammen stiegen aus den Steinhaufen. Glühende Balken neigten sich und sanken um, als tauchten sie in Watte. Noch immer ertönten vereinzelte Schüsse. Menschen mit Gasmasken krochen durch die Trümmer. So oft sich zwei begegneten, hoben sie Gewehre, zielten und schossen. Fabian sah sich um. Wo war Labude? »Labude!« schrie er. »Labude!«

»Fabian«, rief eine Stimme. »Fabian!«

»Fabian!« rief Cornelia und rüttelte ihn. Er erwachte. »Warum rufst du Labude?« Sie strich ihm über die Stirn.

»Ich habe geträumt«, sagte er. »Labude ist in Frankfurt.«

»Soll ich Licht machen?« fragte sie.

VIERZEHNTES KAPITEL

»Nein, schlaf rasch wieder ein, Cornelia, du mußt morgen hübsch aussehen. Gute Nacht.«

»Gute Nacht«, sagte sie.

Und dann lagen beide noch lange wach. Jeder wußte es vom andern, aber sie schwiegen.

Fünfzehntes Kapitel

Ein junger Mann, wie er sein soll
Vom Sinn der Bahnhöfe
Cornelia schreibt einen Brief

Am nächsten Morgen saß er, als Cornelia ins Büro ging, am offenen Fenster. Sie hatte eine Mappe unterm Arm und schritt eifrig aus. Sie hatte Arbeit. Sie verdiente Geld. Er saß am Fenster und ließ sich von der Sonne kitzeln. Sie schien warm, als sei die Welt in bester Ordnung, nichts brachte sie aus der Fassung.

Cornelia war schon weit. Er durfte sie nicht zurückrufen. Wenn er es getan und wenn er, aus dem Fenster gebeugt, gesagt hätte: ›Komm wieder herauf, ich will nicht, daß du arbeitest, ich will nicht, daß du zu Makart gehst!‹, hätte sie geantwortet: ›Was fällt dir ein? Gib mir Geld oder halte mich nicht auf.‹ Er konnte sich nicht anders helfen, er streckte der Sonne die Zunge heraus.

»Was machen Sie denn da?« fragte Frau Hohlfeld. Sie war unbemerkt eingetreten.

Fabian sagte abweisend: »Ich fange Fliegen. Sie sind heuer groß und knusprig.«

»Gehen Sie nicht ins Geschäft?«

»Ich bin in den Ruhestand getreten. Vom nächsten Ersten an erscheine ich im Defizit des Finanzministeriums, als unvorhergesehene Mehrausgabe.« Er schloß das Fenster und setzte sich aufs Sofa.

»Stellungslos?« fragte sie.

Er nickte und holte Geld aus der Tasche. »Hier sind die achtzig Mark für den nächsten Monat.«

Sie nahm rasch das Geld und meinte: »Das war nicht so eilig, Herr Fabian.«

»Doch.« Er legte die letzten Scheine und Münzen übersichtlich auf den Tisch und zählte, was ihm blieb. »Wenn ich mein Kapital auf die Bank bringe, krieg ich drei Mark Zinsen im Jahr«, sagte er. »Das lohnt sich kaum.«

Die Wirtin wurde gesprächig. »In der Zeitung schlug gestern ein Ingenieur vor, man solle den Spiegel des Mittelmeeres um zweihundert Meter senken, dann kämen große Ländereien ans Licht, wie vor der Eiszeit, und man könne sie besiedeln und Millionen von Menschen darauf ernähren. Außerdem sei, mit Hilfe kurzer Dämme, eine durchgehende Eisenbahnverbindung von Berlin bis Kapstadt möglich!« Frau Hohlfeld war noch jetzt von dem Vorschlag des Ingenieurs eingenommen und sprach voller Feuer.

Fabian pochte auf die Armlehne des Sofas, daß der Staub tanzte. »Na also!« rief er. »Auf ans Mittelmeer! Laßt uns seinen Spiegel senken! Kommen Sie mit, Frau Hohlfeld?«

»Gern. Ich war seit meiner Hochzeitsreise nicht mehr dort. Eine herrliche Gegend. Genua, Nizza, Marseille, Paris. Paris liegt übrigens nicht am Mittelmeer.« Sie gab dem Gespräch eine Wendung: »Da war das Fräulein Doktor wohl sehr traurig?«

»Schade, daß sie schon fort ist, sonst hätten wir sie fragen können.«

»Ein bezauberndes Mädchen, und so vornehm, ich finde, sie ähnelt der Königin von Rumänien, als sie noch jung war.«

»Erraten.« Fabian erhob sich und brachte die Wirtin zur Tür. »Es soll eine Tochter der Königin sein. Aber bitte, nicht weitersagen.«

Nachmittags saß er in einem großen Zeitungsverlag und wartete, daß Herr Zacharias Zeit fände. Herr Zacharias war ein Bekannter, der, nach einer Debatte über den Sinn der Reklame, zu ihm gesagt hatte: »Wenn Sie mich mal brauchen, melden Sie sich.« Fabian blätterte gedankenlos in einer der Zeitschriften, die den Tisch des Warteraums zierten, und entsann sich des Gesprächs. Zacharias hatte damals der Behauptung von H. G. Wells, daß das Wachstum der christlichen Kirche nicht zuletzt auf geschickte Propaganda zurückzuführen sei, begeistert zugestimmt; er hatte auch Wells' Forderung verfochten, daß es an der Zeit sei, die Reklame nicht länger auf die Steigerung des Konsums von Seife und Kaugummi zu beschränken, sondern sie endlich ausreichend in den Dienst von Idealen zu stellen. Fabian hatte geäußert, die Erziehbarkeit des Menschengeschlechts sei eine fragwürdige These; die Eignung des Propagandisten zum Volkserzieher und das Talent des Erziehers zum Propagandisten stünden außerdem in Frage; Vernunft könne man nur einer beschränkten Zahl von Menschen beibringen, und die sei schon vernünftig. Zacharias und er hatten sich förmlich gestritten, bis sie fanden, der Meinungsstreit trage allzu akademischen Charakter, denn beide möglichen Resultate – der Sieg oder die Niederlage jener idealistischen Aufklärung – setzten sehr viel Geld voraus, und für Ideale gebe keiner Geld.

Boten liefen geschäftig durch das Labyrinth der Gänge. Papphülsen fielen klappernd aus Metallröhren. Das Telefon des Aufsichtsbeamten klingelte fortwährend. Besucher kamen und gingen. Angestellte rannten aus einem Zimmer ins andere. Ein Direktor des Betriebes eilte, mit einem Stab untertäniger Mitarbeiter, die Treppe hinunter.

»Herr Zacharias läßt bitten.«

Ein Bote brachte ihn bis zur Tür. Zacharias gab Fabian temperamentvoll die Hand. Es war die hervorstechendste Eigenschaft dieses jungen Mannes, alles, was er tat, außerordentlich lebhaft zu besorgen. Er kam aus der Begeisterung nicht heraus. Ob er sich nun die Zähne putzte oder ob er debattierte, ob er Geld ausgab oder ob er seinen Vorgesetzten Vorschläge machte, stets riß er sich ein Bein aus. Wer in seine Nähe kam, wurde von dieser Humorlosigkeit infiziert. Plötzlich wurde ein Gespräch über das Binden von Krawatten zum aufregendsten Thema der Gegenwart. Und die Vorgesetzten merkten, wenn sie mit Zacharias Geschäftliches erörterten, wie ungeheuer wichtig ihr Beruf, ihr Verlag und ihr Posten eigentlich waren. Die Karriere des Mannes war nicht aufzuhalten. Daß er selbst Wesentliches leistete, war unwahrscheinlich. Er diente dem Betrieb als Katalysator, den Menschen seiner Umgebung als Stimulanz. Er wurde unentbehrlich und hatte jetzt schon, mit achtundzwanzig Jahren, ein Monatsgehalt von zweitausendfünfhundert Mark. Fabian erzählte, was es zu erzählen gab.

»Frei ist nichts«, sagte Zacharias, »und ich wäre Ihnen so gern gefällig. Außerdem bin ich überzeugt, daß wir beide glänzend miteinander auskämen. Was machen wir bloß?« Er preßte die Hände an die Schläfen wie ein Wahrsager dicht vor der Erleuchtung. »Was halten Sie von Folgendem: wenn ich Sie bei mir anstelle, als privaten Mitarbeiter, den ich aus eigener Tasche bezahle? Ich könnte eine Kraft wie Sie gut gebrauchen. Man erwartet hier im Hause pro Tag ein Dutzend Anregungen von mir. Bin ich ein Automat? Was kann ich dafür, daß den anderen noch weniger einfällt? Wenn das so weitergeht, läuft sich mein Gehirn einen Wolf. Ich habe seit kurzem ein kleines nettes Auto, Steyr, Sechszylinder, Spezialkarosserie. Wir könnten jeden Tag ein paar Stunden ins Grüne fahren und Eier legen. Ich chauffiere gern, es beruhigt die Nerven. Dreihundert Mark würde ich für Sie locker machen. Und sobald hier ein Posten frei wird, hätten Sie ihn. Na?«

Ehe Fabian antworten konnte, fuhr der andere fort: »Nein, es geht nicht. Man würde sagen, Zacharias hält sich einen weißen Neger. Ich bin vor keinem dieser Kerle sicher. Sie stehen alle mit der Axt hinter der Tür, um mir eins über den Kürbis zu hauen. Was machen wir bloß? Fällt Ihnen nichts ein?«

Fabian sagte: »Ich könnte mich auf den Potsdamer Platz stellen, mit einem großen Schild vorm Bauch, auf dem etwa stünde: ›Dieser junge Mann macht augenblicklich nichts, aber probieren Sie's, und Sie werden sehen, er macht alles.‹ Ich könnte den Text auch auf einen großen Luftballon malen.«

»Wenn Sie den Vorschlag ernst meinten, wäre er gut!« rief Zacharias. »Aber er ist nichts wert, weil Sie nicht daran glauben. Sie nehmen nur die wirklich ernsten Dinge ernst, und vielleicht nicht einmal die. Es ist ein Jammer. Mit ihrer Begabung wäre ich heute leitender Direktor.« Zacharias wandte bei Leuten, die ihm überlegen waren, einen höchst raffinierten Trick an: er gab diese Überlegenheit zu, er bestand geradezu auf ihr.

»Was nützt es mir, daß ich begabt bin?« fragte Fabian betrübt. Diese rhetorische Anfrage hatte Zacharias nicht erwartet. Wenn er selber offen war, genügte das. Statt dessen kam einer des Weges, bat um Rat und wurde obendrein vorlaut.

»Es ist schade, daß Sie mir die Bemerkung übelnehmen«, sagte Fabian. »Ich wollte Sie nicht kränken. Ich bin auf meine Talente nicht eingebildet, sie reichen glatt zum Verhungern. Und so schlecht, daß ich auf sie stolz sein müßte, geht es mir erst in vierzehn Tagen.« Zacharias stand auf und begleitete den Besucher betont bis zur Treppe. »Rufen Sie mich morgen mal an, gegen zwölf Uhr, nein, da habe ich eine Konferenz, sagen wir nach Zwei. Vielleicht fällt mir inzwischen was ein. Servus.«

Fabian hätte gern Labude angerufen, doch der war in Frankfurt. Er hätte ihm beileibe nichts von seinen Sorgen erzählt. Sorgen hatte Labude selber. Die bekannte Stimme wollte er hören, weiter nichts. Zwischen Freunden konnten Gespräche übers Wetter Wunder wirken. Die Mutter war wieder fort. Der ulkige alte Erfinder war, samt Pelerine, auf dem Weg ins Irrenhaus. Cornelia kaufte sich einen neuen Hut, um ein paar Filmleuten zu gefallen. Fabian war allein. Warum konnte man nicht, bis auf Widerruf, vor sich selber davonlaufen? Obwohl er ziellos durch die City wanderte, stand er wenig später vor dem Haus, in dem Cornelia angestellt war. Er setzte, ärgerlich über sich, den Weg fort und ertappte sich dabei, daß er in jedes Hutgeschäft schielte. Saß sie jetzt noch im Büro? Probierte sie bereits Hüte und Jumper?

Am Anhalter Bahnhof kaufte er eine Zeitung. Der Mann, der im Kiosk saß, sah gemütlich aus. »Könnten Sie jemanden brauchen, der Ihnen hilft?« fragte Fabian.

»Nächstens lerne ich Strümpfe stricken«, sagte der Mann, »vor einem Jahr hatte ich den doppelten Umsatz, und auch der war nicht üppig. Die Leute lesen die Zeitungen neuerdings nur noch beim Friseur und im Café. Bäcker hätte man werden sollen. Das Brot kriegen die Leute beim Friseur noch nicht umsonst.«

»Neulich hat jemand vorgeschlagen, das Brot von Staats wegen ins Haus zu liefern, genau wie das Leitungswasser«, erzählte Fabian. »Passen Sie auf, eines Tages schützt nicht mal das Brotbacken vorm Verhungern.«

»Wollen Sie eine Stulle haben?« fragte der Mann im Kiosk.

»Eine Woche reicht's schon noch«, sagte Fabian, bedankte sich und ging zum Bahnhof hinüber. Er studierte den Fahrplan. Sollte er, vom letzten Geld, ein Billett kaufen und zur Mutter kutschieren? Aber vielleicht wußte Zacharias morgen einen Ausweg? Als er aus dem Bahnhof trat und wieder diese Straßenfluchten und Häuserblöcke vor sich sah, dieses hoffnungslose, unbarmherzige Labyrinth, wurde ihm schwindlig. Er lehnte sich neben ein paar Gepäckträgern an die Wand und schloß die Augen. Doch nun quälte ihn der Lärm. Ihm war, als führen die Straßenbahnen und Autobusse mitten durch seinen Magen. Er kehrte wieder um, stieg die Treppe zum Wartesaal hinauf und legte dort den Kopf auf eine harte Bank. Eine halbe Stunde später war ihm wohler. Er ging zur Straßenbahnhaltestelle, fuhr nach Hause, warf sich aufs Sofa und schlief sofort ein.

Abends erwachte er. Die Vorsaaltür schlug laut zu. Kam Cornelia? Nein, jemand lief rasch die Treppe hinunter. Er ging ins andere Zimmer hinüber und erschrak.

Der Schrank stand offen. Er war leer. Die Koffer fehlten. Fabian machte Licht, obwohl es erst dämmerte. Auf dem Tisch, von der Vase beschwert, in der Blumen aufs Wegwerfen warteten, lag ein Brief. Er nickte, nahm den Brief und ging in sein Zimmer zurück. »Lieber Fabian«, schrieb Cornelia, »ist es nicht besser, ich gehe zu früh als zu spät? Eben stand ich neben dir am Sofa. Du schliefst, und Du schläfst auch jetzt, während ich Dir schreibe. Ich bliebe gern, aber stell Dir vor, ich bliebe! Ein paar Wochen noch, und Du wärst recht unglücklich. Dich bedrückt nicht das Gewicht der Not, sondern der Gedanke, daß Not so wichtig werden kann. Solange Du allein warst, konnte Dir nichts geschehen, was auch geschah. Es wird wieder werden, wie es war. Bist Du sehr traurig? Sie wollen mich im nächsten Film herausstellen. Morgen unterschreibe ich den Kontrakt. Makart hat mir zwei Zimmer gemietet. Es ist nicht zu umgehen. Er sprach darüber, als handle es sich um einen Zentner Briketts. Fünfzig Jahre ist er alt, und er sieht aus wie ein zu gut angezogener Ringkämpfer im Ruhestand. Mir ist, als hätte ich mich an die Anatomie verkauft. Wenn ich noch einmal in Dein Zimmer käme und Dich weckte? Ich lasse Dich schlafen. Ich werde nicht zugrunde gehen. Ich werde mir einbilden, der Arzt untersucht mich. Er mag sich mit mir beschäftigen, es muß sein. Man kommt nur aus dem Dreck heraus, wenn man sich dreckig macht. Und wir wollen doch heraus! Ich schreibe: Wir. Verstehst Du mich? Ich gehe jetzt von Dir fort, um mit Dir zusammenzubleiben. Wirst Du mich liebbehalten? Wirst Du mich noch anschauen wollen und umarmen können trotz dem anderen? Morgen nachmittag werde ich, von vier Uhr ab, im Café Schottenhaml auf Dich warten. Was soll aus mir werden, wenn Du nicht kommst? Cornelia.«

Fabian saß ganz still. Es wurde immer finsterer. Das Herz tat weh. Er hielt die Knäufe des Sessels umklammert, als wehre er sich gegen Gestalten, die ihn fortziehen wollten. Er nahm sich zusammen. Der Brief lag unten auf dem Teppich und glänzte im Dunkel.

»Ich wollte mich doch ändern, Cornelia!« sagte Fabian.

Sechzehntes Kapitel

Fabian fährt auf Abenteuer
Schüsse am Wedding
Onkel Pelles Nordpark

Am selben Abend fuhr er mit der Untergrundbahn in den Norden hinauf. Er stand am Fenster des Wagens und blickte unverwandt in den schwarzen Schacht, in dem manchmal kleine Lampen vorbeizogen. Er starrte auf die belebten Bahnsteige der unterirdischen Bahnhöfe. Er starrte, wenn sich der Zug aus dem Schacht emporhob, auf die grauen Häuserzeilen, in düstere Querstraßen und in erleuchtete Zimmer hinein, wo fremde Menschen rund um den Tisch saßen und auf ihr Schicksal warteten. Er starrte auf das glitzernde Gewirr der Eisenbahngleise hinunter, über denen er dahinfuhr; auf die Fernbahnhöfe, in denen die roten Schlafwagenzüge ächzend an die weite Reise dachten; auf die stumme Spree, auf die von grellen Leuchtschriften belebten Theatergiebel und auf den sternlosen violetten Himmel über der Stadt.

Fabian sah das alles, als führen nur seine Augen und Ohren durch Berlin, und er selber sei weit, weit weg. Sein Blick war gespannt, aber das Herz war besinnungslos. Er hatte lange in seinem möblierten Zimmer gesessen. Irgendwo in dieser unabsehbaren Stadt lag jetzt Cornelia mit einem fünfzigjährigen Mann im Bett und schloß ergeben die Augen. Wo war sie? Er hätte die Wände von allen Häusern reißen mögen, bis er die zwei fand. Wo war Cornelia? Warum verdammte sie ihn zur Untätigkeit? Warum tat sie das in einem der wenigen Augenblicke, wo es ihn zu handeln trieb? Sie kannte ihn nicht. Sie hatte lieber falsch gehandelt, als ihm zu sagen: ›Handle du richtig!‹ Sie glaubte, er könne eher tausend Schläge erdulden, als selber einmal den Arm erheben. Sie wußte nicht, daß er sich danach sehnte, Dienst zu tun und Verantwortung zu tragen. Wo aber waren die Menschen, denen er gern gedient hätte? Wo war Cornelia? Unter einem dicken alten Mann lag sie und ließ sich zur Hure machen, damit der liebe Fabian Lust und Zeit zum

Nichtstun hatte. Sie schenkte ihm großmütig jene Freiheit wieder, von der sie ihn befreit hatte. Der Zufall hatte ihm einen Menschen in die Arme geführt, für den er endlich handeln durfte, und dieser Mensch stieß ihn in die ungewollte, verfluchte Freiheit zurück. Beiden war geholfen gewesen, und nun war beiden nicht zu helfen. In dem Augenblick, wo die Arbeit Sinn erhielt, weil er Cornelia fand, verlor er die Arbeit. Und weil er die Arbeit verlor, verlor er Cornelia.

Er hatte, durstig, ein Gefäß in der Hand gehalten und es nicht tragen mögen, weil es leer war. Da, als er es kaum noch hoffte, war das Schicksal gnädig gewesen und hatte das Gefäß gefüllt. Er hatte sich darüber geneigt und endlich trinken wollen. ›Nein‹, hatte da das Schicksal gesagt, ›nein, du hieltest ja den Becher nicht gern‹, und das Gefäß war ihm aus den Händen geschlagen worden, und das Wasser war über seine Hände zur Erde geflossen.

Hurra! Nun war er frei. Er lachte so laut und böse, daß die anderen Fahrgäste, leicht verstimmt, von ihm abrückten. Er stieg aus. Es war ja gleichgültig, wo er ausstieg, er war frei, Cornelia erschlief sich, weiß der Teufel wo, eine Karriere oder eine Verzweiflung oder beides. Auf der Chausseestraße, am Trakt der Polizeikasernen, sah er in den geöffneten Toren grüne Autos, Scheinwerfer blitzen. Polizisten kletterten auf die Wagen und standen, entschlossen, in stummer Kolonne. Einige Autos ratterten in nördlicher Richtung davon. Fabian folgte ihnen. Die Straße war voller Menschen. Zurufe flogen den Wagen nach. Zurufe, als wären es schon Steine. Die Mannschaften blickten geradeaus.

Am Weddingplatz riegelten sie die Reinickendorfer Straße ab, auf der Arbeitermassen näherzogen. Berittene Polizei wartete hinter der Sperrkette darauf, zur Attacke befohlen zu werden. Uniformierte Proletarier warteten, den Sturmriemen unterm Kinn, auf proletarische Zivilisten. Wer trieb sie gegeneinander? Die Arbeiter waren nahe, ihre Lieder wurden immer lauter, da ging die Polizei schrittweise vor, ein Meter Abstand von Mann zu Mann. Der Gesang wurde von wütendem Gebrüll abgelöst. Man spürte, ohne die Vorgänge sehen zu können, am Lärm, und wie er wuchs, daß die Arbeiter und die Polizei dort vorn gleich aufeinanderstoßen würden. Eine Minute später bestätigten Aufschreie die Vermutung. Man war zusammengetroffen, die Polizei schlug zu. Jetzt setzten sich die Pferde schaukelnd in Bewegung und trabten in das Vakuum hinein, die Hufe klapperten übers Pflaster. Von vorn ertönte ein Schuß. Scheiben zersprangen. Die Pferde galoppierten. Die Menschen auf dem Weddingplatz wollten nachdrängen. Eine zweite Postenkette sperrte den Zugang zur Reinickendorfer Straße, rückte langsam vor und säuberte den Platz. Steine flogen. Ein Wachtmeister erhielt einen Messerstich. Die Polizei hob die Gummiknüppel und ging zum Laufschritt über. Auf drei Lastautos kam Verstärkung, die Mannschaften sprangen von den langsam fahrenden Wagen herunter. Die Arbeiter ergriffen die Flucht, an den äußersten Rändern des Platzes und in den Zugangsstraßen machten sie wieder halt. Fabian drängte sich durch die lebendige Mauer und ging seiner Wege. Der Lärm entfernte sich. Drei Straßen weiter schien es schon, als herrsche überall Ruhe und Ordnung.

Ein paar Frauen standen in einem Haustor. »He, Sie!« sagte die eine, »stimmt das, am Wedding gibt's Keile?«

»Sie nehmen einander Maß«, antwortete er und ging vorbei.

»Ich laß mich fressen, Franz ist wieder mitten drin«, rief die Frau. »Na, komm du nur nach Hause!«

Mitten in der Straßenfront, unvermutet zwischen alten, soliden Mietskasernen, lag ein Rummelplatz, der Onkel Pelles Nordpark hieß. Leierkastenmusik überspülte die Gespräche der Mädchen, die Arm in Arm, in langer Kette vor dem Eingang bummelten. Verwegen tuende Burschen mit schiefgezogenen Mützen strichen entlang und riefen Frechheiten. Die Mädchen kicherten geschmeichelt und gaben unmißverständlich Antwort.

Fabian trat durch das Tor. Das Gelände glich einem Trokkenplatz. Azetylenflammen zuckten und ließen die Wege und Buden halbfinster. Der Boden war klebrig und von Grasstoppeln bewachsen. Das Karussell war, wegen mangelnder Nachfrage, mit Zeltbahnen verhangen. Männer in derben Joppen, alte Frauen mit Kopftüchern, Kinder, die längst hätten im Bett liegen müssen, trotteten den Budenweg entlang.

Ein Glücksrad rasselte. Die Menschen standen dicht zusammengedrängt, die Augen hingen an der rotierenden Scheibe. Sie lief langsamer, überwand noch ein paar Nummern, hielt still.

»25!« schrie der Ausrufer.

»Hier, hier!« Eine alte Frau, mit der Brille auf der Nase, hob ihr Los. Man reichte ihr den Gewinn. Was hatte sie gewonnen? Ein Pfund Würfelzucker.

Wieder schnurrte das Rad. »17!«

»Hallo, das bin ich!« Ein junger Mann schwenkte sein Los. Er bekam ein Viertelpfund Bohnenkaffee. »Was für Muttern«, sagte er zufrieden und zog ab.

»Und jetzt folgt die große Prämie! Der Gewinner darf sich aussuchen!« Das Rad schwankte, tickte, stand still, nein, es rückte noch eine Nummer weiter.

»9!«

»Mensch, hier!« Ein Fabrikmädchen klatschte in die Hände. Sie las die Lotteriebestimmungen. »Der Hauptgewinn besteht aus fünf Pfund prima Weizenmehl oder einem Pfund Butter oder dreiviertel Pfund Bohnenkaffee oder eindreiviertel Pfund magerem Speck.« Sie verlangte ein Pfund Butter. »Allerhand für einen Groschen«, rief sie. »Das kann man mitnehmen.«

»Es folgt die nächste Ziehung!« brüllte der Ausrufer. »Wer hat noch nicht, wer will noch mal? Sie da, Großmutter! Hier ist das Monte Carlo der armen Luder! Keine Mark, keine halbe Mark, sondern einen Groschen!«

Gegenüber war ein ähnliches Unternehmen. Aber die Tombola bestand aus Fleisch und Wurst, und das Los kostete doppelt soviel.

»Der Hauptgewinn, meine Herrschaften, der Hauptgewinn besteht diesmal aus einer halben Hamburger Gans!« kreischte eine Schlächtersgattin. »Zwanzig Pfennige, nur Mut, mein Volk!« Ihr Gehilfe schnitt mit einem Riesenmesser dünne Scheiben von einer Schlackwurst und verteilte an die Loskäufer Kostproben. Den anderen lief das Wasser im Munde zusammen. Sie gruben zwei Groschen aus dem Portemonnaie und griffen zu.

»Wie denkst du über Gänsebraten?« fragte einer ohne Schlips und Kragen eine Frau.

»Schade ums Geld«, sagte sie. »Wir haben kein Glück, Willem.«

»Laß man«, meinte er, »es ist manchmal komisch.« Er nahm ein Los, steckte der Frau die Scheibe Wurst, die er zugekriegt hatte, in den Mund, und blickte erwartungsvoll auf das Rad.

»Die Ziehung nimmt hiermit ihren Anfang«, kreischte die Schlächtersgattin. Das Glücksrad surrte. Fabian ging weiter. »Hippodrom und Tanz« stand über einem großen Zelt. 20 Pfennig Entree. Er ging hinein. Das Lokal bestand aus zwei Kreisen. Der eine war überhöht, wie ein Pfahlbau stand er im Zelt, dort oben wurde getanzt. In der Mitte saß eine Blechkapelle und spielte, als hätten die Musiker miteinander Streit gehabt. Die Mädchen lehnten am Geländer. Die jungen Männer griffen zu. Man machte keine Umstände. Der andere Kreis war eine Sandmanege, in der, zu den Klängen der Kapelle, drei ausrangierte Gäule vor sich hintrabten. Sie wurden von einem zylindergeschmückten Stallmeister, der die Peitsche schwang und wiederholt »Terrab!« schrie, vom Einschlafen abgehalten. Auf einem kleinen einäugigen Schimmel saß eine Frau im Herrensitz. Der Rock war hoch über die Knie gerutscht. Sie trabte deutsch und lachte, so oft sie auf den Sattel fiel.

Fabian setzte sich neben die Manege und trank ein Bier. Die Reiterin zog jedesmal, wenn sie an ihm vorbeikam, den Rock herunter. Die Beschäftigung war sinnlos. Der Rock rutschte immer wieder hoch. Als sie zum vierten Male Fabians Tisch passierte, lächelte sie ein bißchen und ließ den Rock oben. In der fünften Runde blieb der Schimmel vor dem Tisch stehen und glotzte mit dem blinden Auge ins Bierglas. »Da gibt's keinen Zucker«, sagte die Frau und sah Fabian ins Gesicht. Der Stallmeister knallte mit der Peitsche, und der kleine Schimmel schob weiter.

Kaum war die Frau vom Pferd gestiegen, setzte sie sich betont unabsichtlich an den Nebentisch, schräg vor Fabian, so daß er ihre körperlichen Vorzüge nicht übersehen konnte. Sein Blick blieb auf der Figur haften, und da erwachte sein Schmerz aus der Narkose. Wo war Cornelia? War ihr die Umarmung, in der sie jetzt lag, zuwider? Empfand sie, während er hier saß, in einem fremden Bett Vergnügen? Er sprang auf. Der Stuhl fiel um. Die Frau am Nebentisch blickte ihm wieder ins Gesicht, ihre Augen wurden groß, der Mund krümmte und öffnete sich leicht, die Zungenspitze fuhr feucht an der Oberlippe entlang.

»Kommen Sie mit?« fragte er unwillig. Sie kam mit, und sie gingen, ohne viel zu reden, ins »Theater«. Das war eine elende Bretterbaracke. »Auftreten der renommierten Rheingoldsänger. Rauchen erlaubt. Zu den Abendvorstellungen haben Kinder keinen Anspruch auf Sitzplätze.« Die Bude war halbvoll. Die Zuschauer hatten die Hüte auf, rauchten Zigaretten und ließen sich im Dunkel von der unüberbietbar albernen und verlogenen Romantik, die ihnen für dreißig Pfennige vorgesetzt wurde, bis zu Tränen rühren. Sie hatten mehr Mitleid mit dem verkitschten Kulissenzauber dort oben als mit ihrer eigenen Not.

Fabian legte den Arm um die fremde Frau. Sie schmiegte sich an ihn und atmete schwer, damit er es höre. Das Stück war tieftraurig. Ein flotter Student – Direktor Blasemann, grauhaarig und über fünfzig Jahre alt, spielte die Rolle persönlich – kam jeden Morgen betrunken nach Haus. Das lag an dem verdammten Sekt. Er sang Studentenlieder, bestellte einen sauren Hering, wurde von der Portierfrau abgekanzelt und schenkte einer alten gichtkranken Hofsängerin, daß sie das Singen lasse, seinen letzten Taler.

Doch das Schicksal schritt, so schnell es konnte. Die alte Hofsängerin war, wer hätte sie sonst sein sollen?, niemand anders als die Mutter des fünfzigjährigen Studenten! Zwölf Jahre lang hatte er sie nicht gesehen, erhielt allmonatlich Geld von ihr und glaubte, sie sei noch immer, wie einst, Hofopernsängerin. Natürlich erkannte er sie nicht. Aber Mutteraugen sehen schärfer, sie wußte sofort: der oder keiner. Jedoch, die Zuspitzung des Dramas verzögerte sich. Eine Liebesaffäre brach herein. Der Student liebte und wurde geliebt, letzteres geschah durch Fräulein Martin, jene bildhübsche Näherin, die gegenüber wohnte, die Nähmaschine trat und wie eine Lerche sang. Ellen Martin, die singende Lerche, wog gut zwei Zentner. Sie hüpfte, daß sich die Bühne bog, aus der Kulisse und sang mit Direktor Blasemann, dem Studenten, Couplets. Der Anfang des erfolgreichsten Duetts lautete:

»Schatzi du, ach Schatzi mein,
sollst mein ein und alles sein!«

Das junge Paar, das zusammen an die hundert Lenze zählen mochte, schob sich wuchtig auf dem Hof, den die Szene darstellen sollte, hin und her; dann versprach er ihr die Ehe, sie aber wurde traurig, weil er alte Sängerinnen vom Hofe zu treiben pflege. Dann sangen sie das nächste Couplet.

Die Leute klatschten Beifall. Die Frau, um die Fabian seine Hand liegen hatte, machte eine leichte Drehung, sie gab ihm die Brust. »Ach, ist das schön«, sagte sie. Vermutlich meinte sie das Stück. Im Zuschauerraum herrschte wieder feierliche Stille. Die alte, gebeugte, gichtkranke Hofsängerin, die den Sohn Medizin studieren und einem feudalen Korps angehören ließ, wackelte aus der Kulisse, erreichte den Hof mit Müh und Not, hob den Zeigefinger, der Pianist gehorchte, und ein rührseliges Mutterlied war im Entstehen begriffen.

»Gehen wir«, sagte Fabian und ließ den Büstenhalter der fremden Frau los.

»Schon«, fragte sie erstaunt, aber sie folgte ihm.

»Hier wohne ich«, erklärte sie vor einem großen Haus in der Müllerstraße. Sie schloß auf. Er sagte: »Ich komme mit hinauf.«

Sie sträubte sich, es klang nicht überzeugend. Er drückte sie in den Hausflur. »Was werden bloß meine Wirtsleute sagen? Nein, sind Sie stürmisch. Aber recht leise, ja?« An der Tür stand: Hetzer.

»Wieso sind zwei Betten in deinem Zimmer?« fragte er. »Pst,

man kann uns hören«, flüsterte sie. »Die Wirtsleute haben keinen Platz zum Abstellen.«

Er zog sich aus. »Mach nicht so viel Umstände«, sagte er.

Sie schien Koketterie für unerläßlich zu halten und zierte sich wie eine späte Jungfrau. Schließlich lagen sie nebeneinander. Sie löschte das Licht, und erst jetzt entkleidete sie sich völlig. »Einen Moment«, flüsterte sie, »nicht böse sein.« Sie knipste eine Taschenlampe an, breitete ein Tuch über sein Gesicht und untersuchte ihn im Schein der Taschenlampe wie ein alter Kassenarzt. »Entschuldigen Sie, man kann heutzutage nicht vorsichtig genug sein«, erklärte sie anschließend. Und nun stand nichts mehr im Wege.

»Ich bin Verkäuferin in einem Handschuhgeschäft«, berichtete sie etwas später. »Willst du bis morgen früh bleiben?« fragte sie nach einer weiteren halben Stunde. Er nickte. Sie verschwand in der Küche, er hörte, wie sie spülte. Sie brachte warmes Seifenwasser, wusch ihn sorgfältig, mit hausfraulichem Eifer, und stieg wieder ins Bett.

»Stört es deine Wirtsleute nicht, wenn du in der Küche Wasser wärmst?« fragte er. »Laß das Licht brennen!«

Sie erzählte belanglose Dinge, fragte, wo er wohne, und nannte ihn »Schatz«. Er musterte die Zimmereinrichtung. Außer den Betten war noch ein leidenschaftlich geschwungenes Plüschsofa anwesend, ferner ein Waschtisch mit Marmorplatte, ein scheußlicher Farbendruck, woselbst eine junge mollige Frau, im Nachthemd auf einem Eisbärenfell hockend, mit einem rosigen Baby spielte, und ein Schrank mit einem Türspiegel, der schlecht funktionierte. ›Wo ist Cornelia?‹ dachte er und fiel wieder über die nackte, erschrockene Verkäuferin her.

»Man sollte Angst vor dir haben«, flüsterte sie danach. »Willst du mich umbringen? Aber es ist wunderbar.« Sie kniete sich neben ihn, betrachtete aus geweiteten Augen sein gleichgültiges Gesicht und küßte ihn.

Als sie todmüde eingeschlafen war, lag er noch immer wach, allein in einem fremden Zimmer, blickte angespannt ins Dunkel und dachte: ›Cornelia, was haben wir getan?‹

Siebzehntes Kapitel

*Kalbsleber, aber ohne Flechsen
Er sagt ihr die Meinung
Ein Reisender verliert die Geduld*

»Ich habe gelogen«, sagte die Frau am andern Morgen. »Ich gehe gar nicht ins Geschäft. Und die Wohnung gehört mir. Und wir sind ganz allein. Komm in die Küche.«

Sie goß Kaffee ein, strich Brötchen, klopfte ihm zärtlich auf die Wange, band die Schürze ab und setzte sich zu ihm an den Küchentisch. »Schmeckt's« fragte sie munter, obwohl er nicht aß. »Blaß siehst du aus, Schatz. Es ist aber auch kein Wunder. Greif tüchtig zu, damit du wieder groß und stark wirst.« Sie legte ihren Kopf an seine Schulter und spitzte wie ein Backfisch die Lippen.

»Du hattest Angst, ich könnte dir das Sofa stehlen oder dir den Bauch aufschlitzen?« fragte Fabian. »Und wie kommen die zwei Betten in dein Schlafzimmer?«

»Ich bin verheiratet«, sagte sie. »Mein Mann reist für eine Trikotagenfirma. Augenblicklich ist er im Rheinland. Dann fährt er nach Württemberg. Er ist mindestens noch zehn Tage unterwegs. Willst du so lange bleiben?«

Er trank Kaffee und gab keine Antwort.

»Ich brauche wen«, erklärte sie heftig, als hätte ihr jemand widersprochen.

»Nie ist er da, und wenn er da ist, lohnt sich's auch nicht. Bleib die zehn Tage bei mir. Mach dir's bequem. Ich koche gut. Geld habe ich auch. Was willst du heute mittag essen?« Sie begann zu wirtschaften und blickte ängstlich zu ihm hin.

»Ißt du gern Kalbsleber mit Bratkartoffeln? Warum antwortest du denn gar nicht?«

»Habt ihr Telefon?« fragte er.

»Nein«, sagte sie. »Willst du fort? Bleib doch. Es war so schön. Es war so schön wie noch nie.« Sie trocknete sich die Hände und fuhr streichelnd über sein Haar.

»Ich bleibe ja«, meinte er. »Aber ich muß telefonieren.« Sie sagte, telefonieren könne man beim Fleischer Rarisch, und ob er ein halbes Pfund frische Kalbsleber mitbringen wolle, ohne Flechsen. Dann gab sie ihm Geld, öffnete vorsichtig die Vorsaaltür, und weil die Treppe leer war, durfte er aus der Wohnung.

»Ein halbes Pfund frische Kalbsleber, aber ohne Flechsen«, sagte er im Fleischerladen. Dann rief er, während man ihn bediente, Zacharias an. Das Telefon war fertig.

»Nein«, erklärte Zacharias, »mir ist nichts eingefallen. Aber ich gebe die Hoffnung nicht auf, das wäre doch gelacht, mein Lieber. Wissen Sie was, kommen Sie morgen wieder mal vorbei. Es geht manchmal schnell. Schlimmstenfalls plaudern wir ein bißchen. Ist es Ihnen recht? Wiedersehen.«

Fabian nahm die Kalbsleber in Empfang. Das Papier blutete. Er zahlte und trug das Fleischpaket vorsichtig ins Haus. Weil die Nachbarin die Türklinke putzte, stieg er bis zur vierten Etage hinauf. Nach einigen Minuten kam er wieder herunter. Die Frau, mit der er die Nacht zusammengewesen war, öffnete, ohne daß er zu klingeln brauchte, und zog ihn in die Wohnung. »Gott sei Dank«, flüsterte sie. »Ich dachte schon, die Klatschtante würde uns erwischen. Setz dich ins Wohnzimmer, Schatz. Willst du Zeitung lesen? Ich räume inzwischen auf.«

Er legte das Geld, das er zurückbekommen hatte, auf den Tisch, setzte sich ins Wohnzimmer und las die Zeitung. Er hörte die Frau singen. Nach einer Weile brachte sie ihm Zigaretten und Kirschwasser und blickte ihm über die Schulter. »Um eins wird gegessen«, sagte sie. »Hoffentlich fühlst du dich recht behaglich.«

Dann verschwand sie wieder und sang draußen weiter. Er las den Polizeibericht über den Krawall in der Reinickendorfer Straße. Der Wachtmeister, der den Messerstich erhalten hatte, war im Krankenhaus gestorben. Von den Demonstranten waren drei schwer verletzt worden. Einige andere hatte man verhaftet. Die Redaktion schrieb von unverantwortlichen Elementen, welche die Arbeitslosen immer wieder aufzuwiegeln versuchten, und von der bedeutenden Aufgabe, die der Polizei zufalle. Es gehe nicht an, obwohl es von gewissen Kreisen ununterbrochen versucht werde, den Etat für die Schutzpolizei zu senken. Vorkommnisse wie das gestrige führten, hieß es, so recht vor Augen, wie notwendig es sei, prophylaktisch zu denken und zu handeln.

Fabian sah sich in dem kleinen Zimmer um. Die Möbel waren, wo sich dazu Gelegenheit bot, verschnörkelt. Auf dem Vertiko standen drei Leitzordner. Auf dem Tisch prangte ein bunter Glasteller, der schlug Wellen und enthielt Ansichtskarten. Fabian nahm die oberste Karte. Sie zeigte den Kölner Dom, und er dachte an das Zigarettenplakat. »Liebe Mucki«, las er, »geht's dir gut, und reicht das Geld? Ich habe ganz hübsche Aufträge gemacht, morgen geht's nach Düsseldorf. Gruß und Kuß, Kurt.« Er legte die Karte auf den Teller zurück und trank ein Glas Kirschwasser.

Mittags aß er, um Mucki nicht zu verstimmen, den Teller leer. Sie war froh darüber, als habe ein Hund den Napf saubergefressen. Hinterher gab es Kaffee.

»Willst du mir gar nichts von dir erzählen, Schatz?« fragte sie.

»Nein«, sagte er und ging ins Wohnzimmer. Sie lief hinter ihm her. Er stand am Fenster.

»Komm aufs Sofa«, bat sie. »Man könnte dich sehen. Und sei nicht böse.«

Er setzte sich aufs Sofa. Sie brachte den Kaffee herein, nahm neben Fabian Platz und knöpfte die Bluse auf. »Jetzt kommt der Nachtisch«, sagte sie. »Aber nicht wieder beißen.«

Gegen drei Uhr ging er.

»Wirst du auch bestimmt wiederkommen?« Sie stand vor ihm, brachte ihren Rock und die Strümpfe in Ordnung und sah ihn bittend an. »Schwöre, daß du wiederkommst.«

»Wahrscheinlich komme ich«, sagte er. »Versprechen kann ich es nicht.«

»Ich warte mit dem Abendbrot«, erklärte sie, dann öffnete sie die Tür.

»Rasch!« flüsterte sie. »Die Luft ist rein.«

Er sprang die Treppe hinunter. ›Die Luft ist rein‹, dachte er und empfand Abscheu vor dem Haus, das er verließ. Er fuhr zum Großen Stern, durchquerte den Tiergarten bis zum Brandenburger Tor, verlor sich wieder in den Anlagen, die Rhododendren blühten. Er geriet in die Siegesallee. Die Dynastie der Hohenzollern und der Bildhauer Begas schienen unverwüstlich.

Vor dem Café Schottenhaml machte Fabian kehrt. Was ließ sich hier noch besprechen? Es war zu spät zum Reden. Er ging weiter, kam auf die Potsdamer Straße, stand unentschlossen auf dem Potsdamer Platz, lief die Bellevuestraße hinauf und befand sich wieder vor dem Café. Und jetzt trat er ein. Cornelia saß da, als warte sie seit Jahren, und winkte ein wenig.

Er setzte sich. Sie nahm seine Hand. »Ich glaubte nicht, daß du kämst«, sagte sie schüchtern. Er schwieg und sah an ihr vorbei. »Es war nicht recht von mir, nicht wahr?« flüsterte sie und senkte den Kopf. Tränen fielen in ihren Kaffee. Sie schob die Tasse beiseite und trocknete sich die Augen.

Er blickte vom Tisch fort. Die Wände zwischen den zwei Treppen, die, barock gedrechselt, in das Obergeschoß führten, waren mit vielen bunten Papageien und Kolibris bevölkert. Die Vögel waren aus Glas. Sie hockten auf gläsernen Lianen und Zweigen und warteten auf den Abend und seine Lampen, damit der zerbrechliche Urwald zu leuchten beginne.

Cornelia flüsterte: »Warum siehst du mich nicht an?« Dann preßte sie das Taschentuch vor den Mund. Und ihr Weinen klang, als wimmere weit entfernt ein verzweifeltes Kind. Das Lokal war leer. Die Gäste saßen draußen vor dem Haus, unter großen roten Schirmen. Nur ein Kellner stand in der Nähe. Fabian blickte ihr ins Gesicht. Ihre Augen zitterten vor Aufregung. »Sprich endlich ein Wort«, sagte sie mit rauher Stimme. Sein Mund war ausgetrocknet. Die Kehle war zusammengepreßt. Er schluckte mühsam.

»Sprich ein Wort«, wiederholte sie ganz leise und faltete auf dem Tischtuch, zwischen dem Nickelgeschirr, die Hände.

Er saß und schwieg.

»Was soll bloß aus mir werden?« flüsterte sie, als spreche sie zu sich selber und er sei gar nicht mehr da. »Was soll bloß aus mir werden?«

SIEBZEHNTES KAPITEL

»Eine unglückliche Frau, der es gut geht«, sagte er viel zu laut. »Überrascht dich das? Kamst du nicht deswegen nach Berlin? Hier wird getauscht. Wer haben will, muß hingeben, was er hat.«

Er wartete eine Weile, doch sie schwieg. Sie nahm die Puderdose aus der Tasche, ließ sie dann aber ungeöffnet liegen. Er hatte sich wieder in der Gewalt. Sein leicht ermüdbares Gefühl gab Ruhe und wich dem Drang, Ordnung zu schaffen. Er blickte auf das, was geschehen war, wie auf ein verwüstetes Zimmer, und begann, kalt und kleinlich, aufzuräumen. »Du kamst mit Absichten hierher, die sich rascher erfüllt haben, als zu hoffen stand. Du hast einen einflußreichen Menschen gefunden, der dich finanziert. Er finanziert dich nicht nur, er gibt dir eine berufliche Chance. Ich bezweifle nicht, daß du Erfolg haben wirst. Dadurch verdient er das Geld zurück, das er gewissermaßen in dich hineingesteckt hat; dadurch wirst du auch selber Geld verdienen und eines Tages sagen können: Mein Herr, wir sind quitt.« Fabian wunderte sich. Er erschrak vor sich selber und dachte: Es fehlt nur, daß ich die Interpunktion mitspreche.

Cornelia betrachtete ihn, als sehe sie ihn zum ersten Mal. Dann klappte sie die Puderdose auf, musterte sich in dem kleinen runden Spiegel und fuhr mit der weißen stäubenden Quaste über ihr verweintes, kindlich erstauntes Gesicht. Sie nickte, er möge fortfahren.

»Was dann werden wird«, sagte er, »was dann werden wird, wenn du Makart nicht mehr brauchst, läßt sich nicht vorher sagen, es steht auch nicht zur Debatte. Du wirst arbeiten, und dann bleibt von einer Frau nicht viel übrig. Der Erfolg wird sich steigern, der Ehrgeiz wird wachsen, die Absturzgefahr nimmt zu, je höher man steigt. Wahrscheinlich wird es nicht der einzige bleiben, dem du dich ausliefern wirst. Es findet sich immer wieder ein Mann, der einer Frau den Weg versperrt und mit dem sie sich langlegen muß, wenn sie über ihn hinweg will. Du wirst dich daran gewöhnen, den Präzedenzfall hast du ja seit gestern hinter dir.«

›Ich weine schon, und er schlägt mich noch‹, dachte sie verwundert.

»Aber die Zukunft ist nicht mein Thema«, sagte er und machte eine abschließende Handbewegung, als erdroßle er den Gedanken. »Zu besprechen bleibt die Vergangenheit. Du fragtest gestern nicht, als du gingst. Warum interessiert dich nun meine Antwort? Du wußtest, daß du mir lästig warst. Du wußtest, daß ich dich los sein wollte. Du wußtest, daß ich darauf brannte, eine Geliebte zu haben, die in anderen Betten das Geld verdient, das ich nicht besitze. Wenn du recht hattest, war ich ein Halunke. Wenn ich kein Halunke war, war alles, was du tatest, falsch.«

»Es war alles falsch«, sagte sie und stand auf. »Leb wohl, Fabian.«

Er folgte ihr und war mit sich sehr zufrieden. Er kränkte sie, weil er ein Recht dazu hatte, aber war das ein Grund? Auf der Tiergartenstraße holte er sie ein. Sie gingen schweigend und taten sich und einander leid. Er dachte noch: ›Wenn sie jetzt fragt, soll ich zu dir zurückkommen, was werde ich antworten? Ich habe noch sechsundfünfzig Mark in der Tasche.‹

»Es war so schrecklich gestern«, sagte sie plötzlich. »Er war so widerwärtig! Was soll erst daraus werden, wenn du mich nicht mehr magst? Nun brauchten wir keine Sorgen zu haben, und sie sind größer als zuvor. Was fange ich an, wenn ich weiß, du willst mich nicht mehr sehen?«

Er faßte ihren Arm. »Vor allem, nimm dich zusammen. Das Rezept ist alt, aber brauchbar. Du hast dir den Kopf abgehackt, gib acht, daß es wenigstens nicht umsonst war. Und entschuldige, daß ich dich vorhin so gekränkt habe.«

»Ja, ja.« Sie war noch traurig und schon wieder froh. »Und darf ich morgen nachmittag zu dir kommen?«

»Es ist gut«, sagte er.

Da umarmte sie ihn mitten auf der Straße, küßte ihn, flüsterte: »Ich danke dir«, und rannte aufschluchzend davon.

Er blieb stehen. Ein Spaziergänger rief: »Sie können lachen!« Fabian wischte mit der Hand über den Mund und ekelte sich. Was hatten Cornelias Lippen inzwischen berührt? Half es ihm, daß sie sich die Zähne geputzt hatte? War seinem Abscheu mit Hygiene beizukommen?

Er überschritt die Straße und trat in den Park. Moral war die beste Körperpflege. Wasserstoffsuperoxyd zum Gurgeln genügte nicht. Und erst jetzt fiel ihm ein, wo er in der vergangenen Nacht gewesen war.

Er wollte nicht in die Müllerstraße zurück. Aber der bloße Gedanke an sein eigenes Zimmer, an die Neugier der Witwe Hohlfeld, an Cornelias leere Stube, an die ganze einsame Nacht, die ihn erwartete, während ihn Cornelia zum zweitenmal betrog, trieb ihn durch die Straßen, dem Norden zu, in die Müllerstraße hinein, in jenes Haus und zu der Frau, die er nicht wiedersehen wollte. Sie strahlte. Sie war stolz, daß er wiederkam, und froh, daß sie ihn wiederhatte. »So ist's recht«, sagte sie zur Begrüßung. »Komm, du wirst Hunger haben.« Sie hatte im Wohnzimmer gedeckt. »Wir essen sonst in der Küche«, sagte sie. »Aber wozu hat man seine Dreizimmerwohnung?« Es gab Wurst und Schinken und Camembert. Plötzlich legte sie Messer und Gabel beiseite, murmelte »Hokuspokus!« und brachte eine Flasche Mosel zum Vorschein. Sie schenkte ein und stieß mit ihm an. »Auf unser Kind!« rief sie. »Wie du soll es sein, und wenn's kein Junge wird, mußt du strafexerzieren!« Sie trank das Glas leer, goß wieder ein und hatte glänzende Augen. »So ein Glück, daß ich dich traf«, sagte sie und trank weiter. »Wein regt mich schrecklich auf.« Sie fiel ihm um den Hals.

Da klapperten draußen Schlüssel. Schritte kamen den Korridor entlang. Die Tür ging auf. Ein mittelgroßer, untersetzter Mann trat ins Zimmer. Die Frau sprang auf. Sein Gesicht wurde düster. »Wünsche guten Appetit allerseits«, sagte er und näherte sich der Frau.

Sie schob sich rückwärts, und ehe er sie erreicht hatte, riß sie die Tür zum Schlafzimmer auf, sprang hinüber, schlug die Tür zu und riegelte ab.

Der Mann rief: »Du kriegst schon noch den Hintern voll!« Er drehte sich zu Fabian herum, der sich verlegen erhoben hatte, und sagte: »Behalten Sie bitte Platz. Ich bin der Gatte.« Sie saßen einander eine Weile gegenüber, ohne zu sprechen. Dann nahm der Mann die Moselflasche in die Hand, betrachtete umständlich das Etikett und schenkte sich ein Glas voll. Er trank und meinte hinterher: »Die Züge sind um diese Zeit schrecklich überfüllt.«

Fabian nickte zustimmend.

»Aber der Wein ist gut. Hat er Ihnen geschmeckt?« fragte der Mann.

»Ich mache mir nicht viel aus Weißwein«, erklärte Fabian und stand auf.

Der andere folgte ihm. »Sie wollen schon gehen?« fragte er.

»Ich möchte nicht länger stören«, erwiderte Fabian.

Plötzlich sprang ihm der Reisende an den Hals und würgte ihn. Fabian gab ihm einen Faustschlag in die Zähne. Der Mann ließ los, setzte sich und hielt die Backe.

»Entschuldigen Sie vielmals«, sagte Fabian betrübt. Der Mann winkte ab, spuckte rot ins Taschentuch und war vollauf mit sich beschäftigt.

Fabian verließ die Wohnung. Wo sollte er jetzt noch hingehen? Er fuhr nach Hause.

Achtzehntes Kapitel

Er geht aus Verzweiflung nach Hause
Was mag die Polizei wollen?
Ein trauriger Anblick

Obwohl Fabian sehr leise aufschloß, empfing ihn Frau Hohlfeld im Korridor. Sie trug, weil es Abend war, einen Morgenrock und war außerordentlich aufgeregt. »Ich habe meine Tür offengelassen, um Sie zu hören«, sagte sie. »Die Kriminalpolizei war da. Man wollte Sie holen.«

»Die Kriminalpolizei?« fragte er überrascht. »Wann war sie da?«

»Vor drei Stunden, und vor einer Stunde wieder. Sie sollen sich unverzüglich melden. Ich habe natürlich erzählt, daß Sie in der vorigen Nacht nicht zu Hause waren und daß Fräulein Battenberg gestern, ohne ein Wort zu sagen, das Zimmer geräumt hat und verschwunden ist.« Die Witwe wollte einen Schritt näher kommen, statt dessen trat sie einen Schritt zurück. »Es ist furchtbar«, flüsterte sie ergriffen, »was haben Sie da angestellt?«

»Liebe Frau Hohlfeld«, antwortete er. »Ihre Phantasie hat die Motten. Das möchte Ihnen passen, ein kleines Liebesdrama mit letalem Ausgang, wie? Frau Hohlfeld als Zeugin in Trauerkleidung, ihre beiden Untermieter in allen Zeitungen abgebildet, der Mörder Fabian auf der Anklagebank, bilden Sie sich keine Schwachheiten ein!«

»Nun«, sagte sie, »mich geht es ja nichts an.« Seine Verstocktheit kränkte sie tief. Zwei Jahre wohnte dieser Mensch bei ihr, hatte sie ihn nicht wie ihren Sohn gehegt und gepflegt? Und jetzt hielt er es nicht einmal für nötig, sein Herz auszuschütten.

»Wo soll ich mich melden?« fragte er.

Sie gab ihm einen Zettel.

Er las die Adresse.

»Da haben wir's«, sagte sie triumphierend. »Warum sind Sie denn so blaß geworden?«

Er riß die Tür auf und jagte die Treppe hinunter. Am Nürnberger Platz hielt er ein Auto an, nannte die Adresse und sagte: »Fahren Sie, so schnell Sie können!« Der Wagen war alt und gebrechlich und holperte sogar auf dem Asphalt. Fabian zerrte das Schiebefenster auf: ›Fahren Sie doch schneller!‹ rief er. Dann versuchte er zu rauchen, aber seine Hand zitterte, und der Wind blies ihm die brennenden Streichhölzer aus. Er lehnte sich zurück und schloß die Augen. Von Zeit zu Zeit öffnete er sie und sah nach, wo sie waren. Tiergarten, Tiergarten, Tiergarten, Brandenburger Tor. Unter den Linden. An jeder Straßenecke mußten sie halten. An jeder Verkehrsampel glühte, kurz bevor sie anlangten, das rote Licht auf. Ihm war, als führen sie durch zähen, dickflüssigen Leim. Hinter der Friedrichstraße wurde es besser. Universität, Staatsoper, Dom und Schloß lagen endlich im Rücken. Das Auto bog rechts ein. Es hielt. Fabian zahlte und lief gehetzt ins Haus.

Ein fremder Mann öffnete. Fabian nannte seinen Namen. »Endlich«, sagte der fremde Mann. »Ich bin Kriminalkommissar Donath. Wir kommen ohne Sie nicht weiter.«

Im ersten Zimmer saßen fünf junge Damen, ein Polizist stand dabei. Fabian erkannte die Selow und die Bildhauerin. »Endlich«, sagte die Selow. Das Zimmer war demoliert, Gläser und Flaschen lagen am Boden.

Im nächsten Zimmer stand ein junger Mann vom Schreibtisch auf. »Mein Assistent«, erklärte der Kommissar. Fabian blickte sich um und erschrak. Auf dem Sofa lag Labude, kalkweiß, mit geschlossenen Augen. Labude hatte ein Loch in der Schläfe. Geronnenes Blut verklebte die Haare.

»Stephan«, sagte Fabian leise und setzte sich neben die Leiche. Er legte seine Hand auf die eisigen Hände des Freundes und schüttelte den Kopf.

»Aber Stephan«, sagte er, »das macht man doch nicht.« Die zwei Beamten traten ans Fenster.

»Doktor Labude hat für Sie einen Brief hinterlassen«, berichtete der Kommissar. »Wir bitten Sie, den Brief zu lesen und uns über den Inhalt, soweit er uns interessiert, zu unterrichten. Wir teilen Ihre Vermutung, daß es sich um einen Selbstmord handelt, und die fünf jungen Damen, die wir vorläufig in der Wohnung zurückbehalten haben, behaupten, im Nebenzimmer gewesen zu sein, als der Schuß fiel. Aber ganz aufgeklärt scheint der Vorfall nicht. Sie werden vielleicht bemerkt haben, daß das Nebenzimmer demoliert worden ist. Was hat es damit für eine Bewandtnis?«

Der Kriminalassistent reichte Fabian ein Kuvert. »Wollen Sie so freundlich sein und den Brief lesen? Die Damen behaupten, das Zimmer sei im Laufe einer privaten Meinungsverschiedenheit in Unordnung geraten. Doktor Labude habe damit nichts zu tun gehabt. Er sei nicht einmal dabeigewesen, sondern habe gesagt, er wolle einen Brief schreiben, und dann sei er in das Zimmer hier gegangen.«

»Die Damen stehen, wie sich aus Andeutungen entnehmen ließ, in einigermaßen ungewöhnlichen Beziehungen zueinander. Ich vermute, es gab eine Art von Eifersuchtsszene zwischen ihnen«, erläuterte der Kommissar. »Sie haben, und auch das spricht gegen ihre konkrete Mittäterschaft, sofort die Polizei verständigt und uns hier erwartet, anstatt davonzulaufen. Wollen Sie, bitte, den Brief lesen?«

Fabian öffnete das Kuvert und nahm den gefalteten Briefbogen heraus. Dabei fiel ein Banknotenbündel zur Erde. Der Assistent hob es auf und legte es aufs Sofa.

»Wir warten nebenan«, sagte der Kommissar rücksichtsvoll, und sie ließen Fabian allein. Er erhob sich und brannte das Licht an. Dann setzte er sich wieder und sah auf den toten Freund, dessen gelbes, in Müdigkeit erfrorenes Gesicht genau unter der Lampe lag. Der Mund war ein wenig geöffnet, der Unterkiefer gab nach. Fabian faltete den Briefbogen auseinander und las:

»Lieber Jakob!

Als ich heute mittag im Institut war, um mich wieder einmal zu erkundigen, war der Geheimrat wieder einmal nicht da. Aber Weckherlin, sein Assistent, war da, und er sagte mir, meine Habilitationsschrift sei abgelehnt worden. Der Geheimrat habe sie als völlig ungenügend charakterisiert und erklärt, sie der Fakultät weiterzugeben, halte er für Belästigung. Außerdem habe es keinen Zweck, meine Blamage populär zu machen. Fünf Jahre hat mich diese Schrift gekostet, es war die fünfjährige Arbeit an einer Blamage, die man nur aus Barmherzigkeit im engsten Kreise begraben will.

Ich dachte daran, Dich anzurufen, aber ich schämte mich. Ich habe kein Talent zum Trostempfänger, auch hierin bin ich talentlos. Das Gespräch über Leda, das wir vor Tagen miteinander hatten, überzeugte mich davon. Du hättest mich über die mikroskopische Bedeutung meines wissenschaftlichen Unfalls aufgeklärt, ich hätte Dir zum Schein recht gegeben, wir hätten einander belogen.

Die Ablehnung meiner Arbeit ist, faktisch und psychologisch, mein Ruin, vor allem psychologisch. Leda wies mich zurück, die Universität weist mich zurück, von allen Seiten erhalte ich die Zensur Ungenügend. Das hält mein Ehrgeiz nicht aus, das bricht meinem Kopf das Herz und meinem Herzen das Genick, Jakob. Mir hilft keine historische Statistik, wieviele bedeutende Männer schlechte Schüler und unglückliche Liebhaber waren.

Mein politischer Ausflug nach Frankfurt war auch zum Bespeien. Am Schluß prügelten wir uns. Als ich gestern wiederkam, lag die Selow mit der Bildhauerin in meinem Bett, ein paar andere Frauenzimmer gaben Hilfsstellung. Und jetzt, während ich schreibe, schmeißen sie im Nebenzimmer mit Gläsern und Blumenvasen. Ich kann, wenn ich meinen augenblicklichen Zustand betrachte, sagen: Die ganze Richtung paßt mir nicht! Aus den Bezirken, in die ich gehöre, wies man mich aus. Dort, wo man mich aufnehmen will, will ich nicht hin. Sei mir nicht böse, mein Guter, ich haue ab. Europa wird auch ohne mich weiterleben oder zugrunde gehen, es hat mich nicht nötig. Wir stecken in einer Zeit, wo der ökonomische Kuhhandel nichts ändert, er wird den Zusammenbruch nur beschleunigen oder vergrößern. Wir stehen an einem der seltenen geschichtlichen Wendepunkte, wo eine neue Weltanschauung konstituiert werden muß, alles andere ist nutzlos. Ich habe nicht mehr den Mut, mich von den politischen Fachleuten auslachen zu lassen, die mit ihren Mittelchen einen Kontinent zu

Tode kurieren. Ich weiß, daß ich recht habe, doch heute genügt mir das nicht mehr. Ich bin eine lächerliche Figur geworden, ein in den Fächern Liebe und Beruf durchgefallener Menschheitskandidat. Laß mich den Kerl umbringen. Der Revolver, den ich neulich am Märkischen Museum dem Kommunisten abnahm, kommt zu neuen Ehren. Ich nahm ihn an mich, damit kein Unglück angerichtet würde. Lehrer hätte ich werden müssen, nur die Kinder sind für Ideale reif.

Also, Jakob, leb wohl. Fast hätte ich ganz ernsthaft hingeschrieben: ich werde oft an dich denken. Aber damit ist es ja nun aus. Trag es mir nicht nach, daß ich uns so enttäusche. Du bist der einzige Mensch, den ich liebhatte, obwohl ich ihn kannte. Grüße meine Eltern, und vor allem Deine Mutter. Wenn Du Leda zufällig einmal begegnen solltest, sage ihr nicht, wie schwer mich ihr Betrug traf. Sie mag glauben, ich wäre nur gekränkt gewesen. Es braucht nicht jeder alles zu wissen.

Ich würde Dich bitten, meine Angelegenheiten zu regeln, aber es gibt nichts, was der Regelung bedürfte. Die Wohnung Nummer Zwei sollen meine Eltern auflösen, mit den Möbeln können sie tun, was sie wollen. Meine Bücher gehören Dir. Ich fand vorhin in meinem Schreibtisch zweitausend Mark, nimm das Geld, viel ist es nicht, zu einer kleinen Reise wird es reichen.

Leb wohl, mein Freund. Lebe besser als ich. Mach's gut. Dein Stephan.«

Fabian strich dem Toten behutsam über die Stirn. Der Unterkiefer war noch tiefer herabgesunken. Der Mund klaffte auf. »Daß man lebt, ist Zufall; daß man stirbt, ist gewiß«, flüsterte Fabian und lächelte dem Freunde zu, als wolle er ihn jetzt noch trösten.

Der Kommissar öffnete leise die Tür. »Entschuldigen Sie, daß ich schon wieder störe.« Fabian reichte ihm den Brief. Der Beamte las und sagte: »Da kann ich ja die Mädchen nach Hause schicken.« Er gab den Brief zurück und ging ins Nebenzimmer. »Die Sache ist erledigt, ich will Sie nicht länger aufhalten«, rief er.

»Nur noch einen Augenblick«, sagte eine weibliche Stimme.

»Ich habe ein Faible für Tote.« Die fünf Frauen drängten sich durch die Tür und standen schweigend vor dem Sofa.

»Man müßte ihm die Kinnlade hochbinden«, sagte schließlich ein Mädchen, das Fabian nicht kannte. Die Bildhauerin lief ins andere Zimmer und kehrte mit einer Serviette wieder. Sie band Labude den Unterkiefer hoch, so daß der Mund sich schloß, und knüpfte die Enden der Serviette auf seinem Kopfhaar zu einem Knoten.

»Ein Toter mit Zahnschmerzen«, bemerkte die Selow und lachte bösartig.

Ruth Reiter sagte: »Es ist eine Schande. Bei mir im Atelier sitzt Wilhelmy und wird von Tag zu Tag gesünder, das Schwein, obwohl die Ärzte jede Hoffnung aufgegeben haben. Und dieser kräftige junge Kerl hier bringt sich um die Ecke.«

Dann schob der Assistent die Frauen aus dem Zimmer. Der Kommissar setzte sich an den Schreibtisch und entwarf einen Polizeibericht. Der Assistent kam zurück. »Ist es nicht das Beste, wenn wir einen Wagen bestellen und den Toten in die Villa der Eltern bringen lassen?« fragte er. Dann bückte er sich. Die Geldscheine waren vom Sofa gefallen und lagen wieder auf der Erde. Er hob sie auf und steckte sie Fabian in die Tasche.

»Sind die Eltern eigentlich schon verständigt?« fragte Fabian.

»Sie sind leider nicht erreichbar«, erwiderte der Assistent. »Justizrat Labude befindet sich auf einer kleinen Reise, das Hauspersonal weiß nichts Näheres. Die Mutter ist in Lugano. Man hat ihr depeschiert.«

»Also gut«, sagte Fabian. »Bringen wir ihn nach Hause!«

Der Assistent telefonierte der nächsten Feuerwache. Dann warteten sie alle drei stumm, bis der Wagen kam. Sanitäter packten Labude auf eine Bahre und trugen ihn die Treppe hinunter. Vor dem Haus standen Neugierige aus der Nachbarschaft. Die Bahre wurde in den Wagen geschoben, Fabian setzte sich neben den ausgestreckten Freund. Die Beamten verabschiedeten sich. Er gab ihnen die Hand. Ein Sanitäter klappte die Leiter hoch und schloß die Tür. Fabian und Labude fuhren zum letzten Mal gemeinsam durch Berlin.

Das Fenster war heruntergelassen, in seinem Rahmen zeigte sich der Dom. Dann wechselte das Bild. Fabian sah die Schinkelsche Wache, die Universität, die Staatsbibliothek. Wie lange war das her, daß sie hier miteinander im Autobus gefahren waren?

Am selben Abend hatten sie, draußen am Märkischen Museum, zwei Raufbolden die Revolver abgenommen. Nun lag Labude auf der Bahre, fuhr durchs Brandenburger Tor und wußte nichts mehr davon. Zwei straffe Gurte hielten ihn fest. Der Kopf rutschte langsam schräg.

»Denkst du nach?« fragte Fabian leise, schob Labudes Kopf auf dem Kissen wieder zurecht und ließ die Hand dort. ›Ein Toter mit Zahnschmerzen‹, hatte die Selow gesagt.

Als das Krankenauto vor der Grunewaldvilla hielt, stand das Dienstpersonal an der Tür. Die Haushälterin schluchzte, der Diener ging würdevoll vor den Sanitätern her, die Mädchen folgten, ihre Füße hielten mit der ernsten Stunde Schritt. Labude wurde in sein Zimmer gebracht und auf das Sofa gelegt. Der Diener öffnete die Fenster weit.

»Die Leichenfrau kommt morgen früh«, sagte die Haushälterin, und nun schluchzten auch die Mädchen. Fabian gab den Sanitätern Geld. Sie grüßten militärisch und gingen.

»Der Herr Justizrat ist noch immer nicht da«, bemerkte der Diener.

»Ich habe keine Ahnung, wo er sich aufhält. Aber er wird es ja in der Zeitung lesen.«

»Es steht schon in der Zeitung?« fragte Fabian.

»Jawohl«, entgegnete der Diener. »Die gnädige Frau ist benachrichtigt. Sie dürfte morgen mittag in Berlin eintreffen, wenn ihr Zustand die Reise gestattet. Der FD-Zug ist um diese Stunde in Bellinzona.«

»Gehen Sie schlafen«, sagte Fabian. »Ich bleibe die Nacht über hier.« Er zog einen Stuhl zum Sofa. Die anderen verließen das Zimmer. Er war allein.

In Bellinzona war Labudes Mutter jetzt? Fabian setzte sich neben den Freund und dachte: ›Welch eine Strafe für eine schlechte Mutter!‹

Neunzehntes Kapitel

Fabian verteidigt den Freund
Ein Lessingporträt geht entzwei
Einsamkeit in Halensee

Labudes Gesicht wurde von der Serviette nur scheinbar zusammengehalten, es veränderte sich. Als werde das Fleisch dickflüssig und als sickere es allmählich ins Körperinnere, so traten die Backenknochen hervor. Die Augen waren tief in die schwärzlichen Höhlen gesunken. Die Nasenflügel fielen ein und wirkten verkniffen.

Fabian beugte sich vor und dachte: ›Warum verwandelst du dich? Willst du mir den Abschied leicht machen? Ich wünschte, du könntest reden, denn ich hätte viel zu fragen, mein Lieber. Ist dir jetzt wohl? Bist du auch jetzt noch, nachdem du starbst, damit zufrieden, daß du tot bist? Oder bereust du, was du tatest? Und möchtest du rückgängig machen, was für ewig geschah? Früher habe ich mir eingebildet, ich könne an der Leiche eines Menschen, den ich liebe, nie begreifen, daß er tot ist. Wie soll man verstehen, daß jemand nicht mehr da ist, obwohl er sichtbar vor einem liegt, mit Schlips und Kragen, im selben Anzug wie kurz vorher? dachte ich. Wie soll man glauben, daß einer, nur weil er zu atmen vergaß, eine Portion Fleisch geworden ist, die man drei Tage später achtlos verscharrt? dachte ich. Wird man, wenn das geschieht, nicht aufschreien: Hilfe, er erstickt! Ich muß dir sagen, Stephan: ich verstehe meine Angst nicht mehr, man könne am Tod und seiner Tragweite zweifeln. Du bist tot, mein Guter, und du liegst da wie eine schlecht fixierte Fotografie von dir, die zusehends vergilbt. Man wird deine Fotografie in einen Ofen werfen, den man Krematorium nennt. Du wirst verbrennen, und niemand wird um Hilfe rufen, und auch ich werde still sein.‹

Fabian trat zum Schreibtisch und nahm aus dem gelben Holzkästchen, das seit Jahren dort stand, eine Zigarette. Ein Kupferstich hing an der Wand, es war ein Porträt von Lessing. »Sie sind schuld daran«, sagte Fabian zu dem Mann mit dem

Zopf und zeigte auf Labude. Aber Gotthold Ephraim Lessing übersah und überhörte den Vorwurf, der ihm, hundertfünfzig Jahre nach seinem Tode, gemacht wurde. Er blickte ernst und höchst charaktervoll geradeaus. Sein breites, bäuerisches Gesicht verzog keine Miene. »Schon gut«, sagte Fabian, drehte dem Bild den Rücken und setzte sich wieder neben den Freund.

»Siehst du«, sprach er zu Labude, »das war ein Kerl«, und er wies mit dem Daumen hinter sich. »Der biß zu und kämpfte und schlug mit dem Federhalter um sich, als sei der Gänsekiel ein Schleppsäbel. Der war zum Kämpfen da, du nicht. Der lebte gar nicht seinetwegen, den gab es gar nicht privat, der wollte gar nichts für sich. Und als er sich doch auf sich besann, als er vom Schicksal Frau und Kind verlangte, da brach alles über ihm zusammen und begrub ihn. Und das war in Ordnung. Wer für die anderen da sein will, der muß sich selber fremd bleiben. Er muß wie ein Arzt sein, dessen Wartezimmer Tag und Nacht voller Menschen ist, und einer muß mitten darunter sitzen, der nie an die Reihe kommt und nie darüber klagt: das ist er selber. Hättest du so zu leben vermocht?«

Fabian strich dem Freund übers Knie und schüttelte den Kopf. »Ich wünsche dir Glück, denn du bist tot. Du warst ein guter Mensch, du warst ein anständiger Kerl, du warst mein Freund, aber das, was du vor allem sein wolltest, das warst du nicht. Dein Charakter existierte in deiner Vorstellung, und als die zerstört wurde, blieb nichts mehr übrig als ein Schießeisen und das, was hier auf dem Sofa liegt. Siehst du, nächstens wird ein gigantischer Kampf einsetzen, erst um die Butter aufs Brot, und später ums Plüschsofa; die einen wollen es behalten, die andern wollen es erobern, und sie werden sich wie die Titanen ohrfeigen, und sie werden schließlich das Sofa zerhacken, damit es keiner kriegt. Unter den Anführern werden auf allen Seiten Marktschreier stehen, die stolze Parolen erfinden und die das eigene Gebrüll besoffen macht. Vielleicht werden sogar zwei oder drei wirkliche Männer darunter sein. Sollten sie zweimal hintereinander die Wahrheit sagen, wird man sie aufhängen. Sollten sie zweimal hintereinander lügen, wird man sie aufhängen. Dich hätte man nicht einmal gehängt, dich hätte man totgelacht. Du warst kein Reformator und du warst kein Revolutionär. Mach dir nichts draus.«

Labude lag, als höre er zu. Aber er tat nur so. Die Ansprache verhallte, Fabian wurde müde. ›Warum genügte es dir nicht, schön zu finden, was schön ist?‹ dachte er. ›Dann hätte dich das Pech mit Herrn Lessing nicht so gekränkt. Dann säßest du vielleicht in Paris, statt hier zu liegen. Dann hättest du die Augen offen und blicktest glücklich von Sacré Coeur hinunter auf die schimmernden Boulevards, über denen die Luft kocht. Oder wir beide spazierten durch Berlin. Die Bäume sind ganz frisch gestrichen, der blaue Himmel ist mit Gold ausgelegt; die Mädchen sind appetitlich zubereitet, und wenn die eine bei einem Filmdirektor übernachtet, sucht man sich eine bessere. Mein alter Erfinder, der liebte das Leben! Ich habe dir noch gar nicht erzählt, wie er bei mir im Schranke stand. Er hatte den Hut auf und hielt den Schirm in der Hand, als habe er Angst, es könne im Schrank regnen.‹

Fabian konnte nicht lange geschlafen haben, als er aufschreckte. Er hörte Stimmen auf der Straße und trat ans Fenster. Ein Auto hielt vor der Tür, der Diener kam aus dem Haus und öffnete den Schlag. Der Justizrat stieg aus und hielt dem Diener eine Zeitung entgegen. Der Diener nickte und zeigte zu dem Fenster hinauf, an dem Fabian lehnte. Eine Frau wollte aus dem Wagen, der Justizrat stieß sie auf den Sitz zurück. Der Wagen setzte sich in Bewegung. Die Frau preßte, während das Auto sie wegführte, das Gesicht an die Scheibe. Der Justizrat ging ins Haus. Der Diener folgte und hielt die Arme besorgt angehoben, um, wenn es nötig werde, den Justizrat zu stützen.

Fabian trat auf den Korridor hinaus, denn er wollte nicht zugegen sein, wenn der Vater den Sohn liegen sah. Der Justizrat kam die Treppe herauf, er klammerte sich am Geländer fest, und der alte Diener hinter ihm hielt die Hände schützend vorgestreckt, aber Labudes Vater sank nicht um. Er ging, ohne Fabian anzusehen, in das erleuchtete Zimmer. Der Diener schloß die Tür und neigte den Kopf vor, um zu hören, ob er nötig sei.

Doch es blieb still in dem Zimmer. Fabian und der Diener standen davor, jeder auf seinem Fleck, sie sahen einander nicht an und lauschten gespannt. Ihre Bereitschaft zum Mitleid wartete auf einen Klagelaut oder dergleichen. Aber sie vernahmen nichts. Die Szene hinter der Tür ließ sich nicht deuten.

Es klingelte. Der Diener verschwand im Zimmer und kam wieder auf den Korridor. »Der Herr Justizrat möchte Sie sprechen.« Fabian trat ein. Der alte Labude saß am Schreibtisch und hatte den Kopf in die Hand gestützt. Nach einer Weile richtete er sich hoch, stand auf, um den Freund seines Sohnes zu begrüßen, und lächelte künstlich. »Ich habe keine Beziehung zu tragischen Erlebnissen«, sagte er gepreßt. »Das bißchen Mitgefühl, das mein Egoismus zuläßt, hat durch die vielen Plädoyers, die ich hielt, und durch die prozessuale Routine überhaupt einen unechten Glanz angenommen, in dem sich alles andere eher spiegelt als wahre Teilnahme.« Er drehte sich um, betrachtete seinen Sohn, und es sah aus, als ob er sich bei dem Toten entschuldigen wolle. »Es hat keinen Zweck, sich Vorwürfe zu machen«, fuhr er fort. »Ich war kein Vater, der für den Sohn lebt. Ich bin ein vergnügungssüchtiger älterer Herr, der in das Leben verliebt ist. Und dieses Leben verliert seinen Sinn keineswegs durch diese Tatsache.« Er zeigte mit dem vorgestreckten Arm auf die Leiche. »Er hat gewußt, was er tat. Und wenn er es für das Klügste hielt, brauchen die anderen nicht zu weinen.«

»Man könnte, gerade weil Sie so nüchtern darüber sprechen, vermuten, daß Sie sich Vorwürfe machen«, sagte Fabian. »Das wäre unangebracht. Der sichtbare Anlaß für Stephans Selbstmord liegt außerhalb unserer Sphäre.«

»Was wissen Sie darüber? Hat er Briefe hinterlassen?« fragte der Justizrat.

Fabian verschwieg den Brief. »Eine kurze Notiz gab Auskunft. Der Geheimrat hat Stephans Habilitationsschrift als ungenügend abgelehnt.«

»Ich habe sie nicht gelesen. Man hat nie Zeit. War sie so schlecht?« fragte der andere.

»Es ist eine der besten und originellsten literarhistorischen

Arbeiten, die ich kenne«, erwiderte Fabian. »Hier ist sie.« Er nahm eine Kopie des Manuskripts vom Bücherbord und legte sie auf den Schreibtisch.

Der Justizrat blätterte darin, dann klingelte er, ließ das Telefonbuch bringen und suchte eine Nummer. »Es ist zwar sehr spät«, sagte er und ging ans Telefon, »aber das kann nichts helfen.« Er bekam Anschluß. »Kann ich den Geheimrat sprechen?« fragte er. »Dann holen Sie die gnädige Frau an den Apparat. Ja, auch wenn sie schon schläft. Hier spricht Justizrat Labude.« Er wartete. »Entschuldigen Sie die Störung«, sagte er. »Ich höre, daß Ihr Gatte unterwegs ist. In Weimar? So, zur Tagung der Shakespeare-Gesellschaft. Wann kommt er zurück? Ich werde mir erlauben, ihn morgen im Institut aufzusuchen. Sie wissen nicht, ob er die Habilitationsschrift meines Sohnes schon gelesen hat?« Er hörte lange Zeit zu, dann verabschiedete er sich, legte den Hörer auf die Gabel, drehte sich zu Fabian herum und fragte: »Verstehen Sie das? Der Geheimrat hat neulich während des Essens gesagt, die Arbeit über Lessing sei außerordentlich interessant, und er sei auf die Schlußfolgerung, also auf das Ende der Arbeit, sehr gespannt. Von Stephans Tod scheint man noch nichts zu wissen.«

Fabian sprang erregt auf. »Er hat die Arbeit gelobt? Lehnt man Arbeiten ab, die man gelobt hat?«

»Daß man Arbeiten, die man schlecht findet, annimmt, ist jedenfalls häufiger«, antwortete der Justizrat. »Wollen Sie mich jetzt allein lassen? Ich bleibe bei meinem Jungen und werde sein Manuskript lesen. Fünf Jahre hat er daran gesessen, nicht?« Fabian nickte und gab ihm die Hand. »Da hängt ja die Todesursache«, sagte der alte Labude und zeigte auf das Lessingporträt. Er nahm das Bild von der Wand, betrachtete es und zerschlug es, ohne jede sichtbare Aufregung, am Schreibtisch. Dann klingelte er. Der Diener erschien. »Kehre den Dreck fort und bringe Heftpflaster«, befahl der Justizrat. Er blutete an der rechten Hand.

Fabian blickte noch einmal auf den toten Freund. Dann ging er hinaus und ließ die beiden allein.

Er war zu müde zum Schlafen, und er war zu müde, die Trauer aufzubringen, die dieser Tag von ihm forderte. Der Trikotagenreisende aus der Müllerstraße hielt sich die Backe, hieß er nicht Hetzer? Seine Frau lag unbefriedigt im Bett, Cornelia war zum zweitenmal bei Makart, Fabian sah die Erlebnisse wie lebende Bilder, ohne dritte Dimension, weit weg am Horizont seines Gedächtnisses. Und auch, daß Labude in irgendeiner Villa draußen tot auf dem Sofa lag, beschäftigte ihn im Augenblick nur als Gedanke. Der Schmerz war wie ein Zündholz heruntergebrannt und erloschen. Er entsann sich aus seiner Kindheit eines ähnlichen Zustandes: wenn er damals eines Kummers wegen, der ihm riesenhaft und unheilbar erschien, lange Zeit geweint hatte, war das Reservoir, aus dem der Schmerz floß, leer geworden. Das Gefühl starb ab, wie später, nach jedem seiner Herzkrämpfe, das Leben in den Fingern erstarb. Die Trauer, die ihn ausfüllte, war empfindungslos, der Schmerz war kalt.

Fabian ging die Königsallee entlang. Er kam an der Rathenau-Eiche vorbei. Zwei Kränze hingen an dem Baum. An dieser Straßenbiegung war ein kluger Mann ermordet worden. »Rathenau mußte sterben«, hatte ein nationalsozialistischer Schriftsteller einmal zu ihm gesagt. »Er mußte sterben, seine Hybris trug die Schuld. Er war ein Jude und wollte deutscher Außenminister werden. Stellen Sie sich vor, in Frankreich kandidierte ein Kolonialneger für den Quai d'Orsay, das ginge genau so wenig.«

Politik und Liebe, Ehrgeiz und Freundschaft, Leben und Tod, nichts berührte ihn. Er schritt, ganz allein mit sich selber, die nächtliche Allee hinunter. Über dem Lunapark stieg Feuerwerk in den Himmel und sank in bunten feurigen Garben zur Erde. Aber auf halbem Wege lösten sich die Garben auf, sie verschwanden spurlos, und neue Raketen drängten krachend in die Luft. Am Eingang zum Park hing ein Schild: ›Fernando, der Weltmeister im Dauertanzen, überbietet seinen eigenen Rekord. Er will 200 Stunden tanzen. Kein Weinzwang.‹

Fabian setzte sich in ein Bierlokal, dicht vor der Eisenbahnunterführung von Halensee. Die Gespräche der Umsitzenden erschienen ihm vollkommen sinnlos. Ein kleiner illuminierter Zeppelin, auf dem in großer Leuchtschrift »Trumpfschokolade« stand, flog über den Köpfen der Stadt zu. Ein Zug mit hellen Fenstern fuhr unter der Brücke hin. Autobusse und Straßenbahnen passierten in langer Kette die Straße. Am Nebentisch erzählte ein Mann, dem der Nacken über den Kragen gerutscht war, Witze, und ein paar Frauen, die bei ihm saßen, kreischten, als hätten sie Mäuse unterm Rock.

›Was soll das alles?‹ dachte er, zahlte rasch und ging nach Hause.

Auf dem Tisch lagen etliche Briefe. Die Bewerbungsschreiben waren zurückgekommen. Nirgends war ein Posten frei, man bedauerte hochachtungsvoll. Fabian wusch sich. Später ertappte er sich dabei, daß er regungslos, mit dem Handtuch vor dem nassen Gesicht, auf dem Sofa saß und, an der unteren Kante des Tuches vorbei, auf den Teppich stierte. Er trocknete sich ab, warf das Handtuch fort, legte sich um und schlief ein. Das Licht brannte die ganze Nacht.

Zwanzigstes Kapitel

Cornelia im Privatauto
Der Geheimrat weiß von nichts
Frau Labude wird ohnmächtig

Als er am nächsten Morgen erwachte und das Licht brennen sah, waren ihm die Ereignisse des Vortages nicht gegenwärtig. Er fühlte sich bedrückt und elend, doch er wußte noch nicht, warum. Er schloß die Augen, und erst jetzt, und nur ganz allmählich, vergegenständlichte sich sein Kummer. Das, was geschehen war, fiel ihm ein, als werfe es jemand von draußen her durch eine Scheibe. Er wußte wieder, was er vor Müdigkeit vergessen hatte, und vom Bewußtsein aus sanken die Erinnerungen tiefer, wuchsen und verwandelten sich im Fallen, es war, als erhöhe sich ihr spezifisches Gewicht, und dann rollten sie wie Steinschlag auf sein Herz. Er drehte sich zur Wand und hielt sich die Ohren zu. Frau Hohlfeld machte, als sie das Frühstück hereintrug, trotz des brennenden Lichts, und obwohl er statt im Bett auf dem Sofa lag, keinen Skandal. Sie setzte das Tablett auf den Tisch, löschte das Licht und vollzog sämtliche Handlungen nach dem Ritus, der in Krankenzimmern üblich ist. »Ich versichere Sie meines tiefsten Beileids«, sagte sie, »ich las es vorhin in der Zeitung. Ein harter Schlag für Sie. Und die armen Eltern.« Der Ton und die Stimmlage waren gut gemeint. Die Teilnahme war ehrlich. Es war nicht zum Aushalten.

Er überwand sich und murmelte: »Danke.« Bis sie das Zimmer verlassen hatte, blieb er liegen, dann stand er auf und fuhr in die Kleider. Er mußte den Geheimrat sprechen. Seit gestern abend marterte ihn ein Verdacht, der, ohne jedes Zutun, immer quälender wurde. Er mußte in die Universität. Als er aus dem Haus trat, fuhr ein großer Privatwagen vor und hielt.

»Fabian!« rief jemand. Es war Cornelia. Sie saß im Wagen und winkte. Während er näher trat, stieg sie aus.

»Mein armer Fabian«, sagte sie und streichelte seine Hand. »Ich hielt es nicht bis zum Nachmittag aus, und er lieh mir den

Wagen. Stör ich dich?« Dann senkte sie die Stimme. »Der Schofför paßt auf.« Lauter fragte sie: »Wo willst du hin?«

»Zur Universität. Er hat sich umgebracht, weil seine Arbeit abgelehnt worden ist. Ich muß den Geheimrat sprechen.«

»Ich bringe dich hin. Darf ich?« fragte sie. »Fahren Sie uns bitte zur Universität«, sagte sie zu dem Schofför, sie stiegen in den Wagen und fuhren stadtwärts.

»Und wie war es gestern abend bei dir?« fragte Fabian.

»Sprich nicht davon«, bat sie. »Ich hatte immer das Gefühl, dir drohe ein Unheil. Makart erzählte mir von der Rolle, die ich spielen soll, ich hörte kaum zu, so bedrängte mich meine Vorahnung. Es war wie vor einem Gewitter.«

»Was für eine Rolle?« Auf Cornelias Vorahnungen ging er nicht ein. Er haßte die Angewohnheit, die Zukunft wie eine Bettdecke zu lüpfen, und noch mehr haßte er den nachträglichen Stolz, schon vorher recht gehabt zu haben. Wie plumpvertraulich war diese Art des Umgangs mit dem Schicksal! Seine Abneigung hatte damit, ob Vorahnungen möglich seien oder nicht, nichts zu tun. Er empfand es als Anmaßung, sich mit dem, was noch verhüllt war, herumzuduzen. So passiv er auch zu sein pflegte: mit einer Fügung in Unvermeidliches hatte das nichts zu schaffen.

»Eine sehr merkwürdige Rolle«, sagte sie. »Stell dir vor, daß ich in dem Film die Frau eines Mannes zu sein habe, der, um seiner verschrobenen Phantasie Genüge zu tun, von mir verlangt, daß ich mich unablässig verwandle. Er ist ein pathologischer Mensch und nötigt mich, bald ein unerfahrenes Mädchen und bald eine raffinierte Frau zu spielen, bald ein ordinäres Weib und dann wieder ein hirnloses, elegantes Luxusgeschöpf. Dabei stellt sich, für mich später als für ihn und die Zuschauer, heraus, daß ich ein ganz anderes Wesen bin, als ich selber glaube. Beide, er und ich, werden überrascht sein, denn ich werde mich unaufhaltsam, schließlich gegen seinen Willen, verändern und erst dadurch das geworden sein, was ich schon immer war. Gemein und herrschsüchtig, stellt sich heraus, bin ich im Grunde, und in dem Konflikt, den er durch seine Befehle beschwor, wird er tragisch unterliegen.«

»Ist der Einfall von Makart? Sieh dich vor, Cornelia, der Mann ist gefährlich. Er wird dich diese Verwandlung zwar nur spielen lassen, aber insgeheim wird er mit sich selber wetten, ob du in Wirklichkeit so wirst.«

»Das wäre kein Unglück, Fabian. Solche Männer wollen überfahren werden. Der Film wird ein Privatkursus fürs ganze Leben.«

Er kramte in den Taschen, fand das Geldbündel, zählte tausend Mark ab und gab sie Cornelia. »Da, Labude hinterließ mir Geld, nimm die Hälfte. Es beruhigt mich.«

»Wenn wir vor drei Tagen zweitausend Mark gehabt hätten«, sagte sie.

Fabian beobachtete den Schofför, der fortwährend in den kleinen konkaven Sucherspiegel blickte und sie darin überwachte. »Deine Gouvernante wird uns noch an einen Baum fahren. Vorn ist die Musik!« schrie er, und der Schofför ließ sie vorübergehend mit dem Blick los.

»Heute nachmittag komme ich ohne ihn«, sagte sie.

»Ich weiß nicht, ob ich zu Hause bin«, erwiderte er.

Sie lehnte sich flüchtig und schüchtern an ihn. »Ich komme auf alle Fälle, vielleicht kannst du mich brauchen.«

Vor der Universität stieg er aus. Sie fuhr mit ihrem Gefängnisinspektor weiter.

Der Institutsdiener öffnete ihm. Der Geheimrat sei noch nicht da, werde aber jeden Augenblick von der Reise zurückerwartet. Ob der Assistent da sei? Jawohl. Im Vorzimmer saßen Justizrat Labude und seine Frau. Sie sah sehr alt aus, weinte, als Fabian sie begrüßte, und sagte: »Wir haben uns nicht um ihn gekümmert.«

»Es ist sinnlos, sich Vorwürfe zu machen«, entgegnete Fabian.

»War er nicht alt genug?« fragte der Justizrat. Seine Frau schluchzte laut auf, und er verzog die Stirn. »Ich habe heute nacht Stephans Arbeit gelesen«, erzählte er. »Ich verstehe zwar nichts von eurem Fach, und ich weiß nicht, ob die Grundlagen der Untersuchung stimmen. Aber daß die Folgerungen klug und scharfsinnig sind, steht außer allem Zweifel.«

»Auch die Grundlagen der Untersuchungen sind in Ordnung«, meinte Fabian. »Die Arbeit ist meisterhaft. Wenn nur der Geheimrat käme!«

Frau Labude weinte vor sich hin. »Warum wollt ihr ihm, nun er tot ist, die Ursache rauben, deretwegen er starb?« fragte sie. »Kommt, wir wollen von hier fortgehen!« Sie stand auf und packte die zwei Männer. »Laßt ihn in Frieden!«

Aber der Justizrat sagte: »Setz dich hin, Luise.«

Und dann kam der Geheimrat. Er war ein Mann von altväterlicher Eleganz, außerdem standen ihm die Augen etwas zu weit aus dem Kopf. Der Institutsdiener kletterte hinter ihm die Treppe hoch und trug einen Handkoffer. »Das ist ja fürchterlich«, erklärte der Geheimrat und ging, mit seitlich geneigtem Kopf, auf Labudes Eltern zu. Die Frau des Justizrates weinte lauter, als er ihr die Hand drückte, und auch der Justizrat war ergriffen. »Wir kennen uns«, sagte der alte Literaturhistoriker zu Fabian. »Sie waren sein Freund.« Er schloß die Tür zu seinem Zimmer auf, bat näher zu treten, entschuldigte sich für einen Augenblick und wusch sich, während die andern stumm um den Tisch saßen, die Hände, wie vor einer ärztlichen Ordination. Der Diener hielt das Handtuch bereit.

Der Geheimrat sagte, während er sich abtrocknete: »Ich bin für keinen Menschen zu sprechen.« Der Diener entfernte sich, der Geheimrat nahm Platz. »Ich kaufte mir heute morgen in Naumburg eine Zeitung«, berichtete er, »und das erste, was ich las, war die Meldung von dem tragischen Geschick Ihres Sohnes. Ist es allzu indiskret, wenn ich die nächstliegende Frage an Sie stelle? Was, um des Himmels willen, hat Ihren Sohn zu diesem äußersten Schritt bewogen?«

Der Justizrat ballte die Hand, die auf dem Tisch lag, zur Faust. »Können Sie sich das nicht denken?«

Der Geheimrat schüttelte den Kopf. »Ich habe nicht die geringste Ahnung.«

Labudes Mutter hob die Hände und faltete sie in der Luft. Ihr Blick bat die Männer, innezuhalten.

Aber Labudes Vater beugte sich weit vor. »Mein Sohn hat sich erschossen, weil Sie seine Arbeit abgelehnt haben.«

Der Geheimrat zog das seidene Tuch aus der Tasche und fuhr sich damit über die Stirn. »Was?« fragte er tonlos. Er stand auf und starrte aus seinen vorgewölbten Augen die Umsitzenden an, als befürchte er, sie seien wahnsinnig. »Aber das ist ja gar nicht möglich«, flüsterte er.

»Doch, es ist möglich!« rief der Justizrat. »Nehmen Sie Ihren Mantel, kommen Sie mit, sehen Sie sich unsern Jungen an! Auf dem Sofa liegt er und ist so tot, wie man nur sein kann.«

Frau Labude blickte aus weitgeöffneten, unbeweglichen Augen und sagte: »Sie töten ihn zum zweiten Male.«

»Das ist ja grauenhaft«, murmelte der Geheimrat. Er packte den Arm des Justizrates. »Ich hätte die Arbeit abgelehnt? Wer hat das behauptet? Wer hat das behauptet?« rief er. »Ich habe die Arbeit mit dem Bemerken bei der Fakultät in Umlauf gesetzt, daß sie die reifste literarhistorische Leistung der letzten Jahre darstelle. Ich habe in meinem Votum geschrieben, Doktor Stephan Labude könne, infolge dieser Arbeit, auf das lebhafteste Interesse der Fachkreise Anspruch erheben. Ich habe geschrieben, Doktor Labude leiste mit diesem Beitrag zur Aufklärung der modernen Forschung unschätzbare Dienste. Ich habe geschrieben, noch nie sei mir aus Schülerkreisen eine Schrift von ähnlicher Bedeutung vorgelegt worden, und ich ließe sie in der Schriftenreihe des Instituts als Sonderdruck erscheinen. Wer hat behauptet, die Arbeit sei von mir abgelehnt worden?«

Labudes Eltern saßen regungslos.

Fabian erhob sich. Er zitterte am ganzen Körper. »Einen Augenblick«, sagte er heiser, »ich hole ihn.« Dann rannte er hinaus, die Treppe hinunter, ins Katalogzimmer. Doktor Weckherlin, der wissenschaftliche Gehilfe des Instituts, saß über eine Kartothek gebückt und ordnete Kärtchen ein, auf denen die Neuanschaffungen der Bibliothek verzeichnet waren. Er blickte ungehalten hoch und kniff die kurzsichtigen Augen zusammen. »Was wollen Sie?« fragte er.

»Sie sollen sofort zum Geheimrat kommen«, sagte Fabian, und als der andere keine Anstalten traf, sondern bloß nickte und in der Kartothek zu blättern fortfuhr, faßte er ihn am Kragen, zerrte ihn vom Stuhl und stieß ihn zur Tür hinaus.

»Was erlauben Sie sich eigentlich?« fragte er. Aber Fabian schlug ihm, statt zu antworten, mit der Faust ins Gesicht. Weckherlin hob den Arm, um sich zu schützen, und stolperte, ohne länger zu widersprechen, die Treppe hinauf. Vor dem Zimmer des Geheimrats zögerte er wieder, aber Fabian riß die Tür auf. Der Geheimrat und Labudes Eltern fuhren zusammen. Der Assistent blutete aus der Nase.

»Ich muß in Ihrer Gegenwart einige Fragen an diesen Herrn richten«, sagte Fabian. »Doktor Weckherlin, haben Sie gestern mittag meinem Freund Labude erzählt, seine Arbeit sei abgelehnt worden? Haben Sie erzählt, der Geheimrat habe geäußert, die Arbeit der Fakultät weitergeben, heiße die Professoren belästigen? Haben Sie ihm erzählt, der Geheimrat wolle ihm außerdem durch diese private Ablehnung eine öffentliche Blamage ersparen?«

Frau Labude stöhnte und glitt ohnmächtig vom Stuhl. Keiner der Männer kümmerte sich um sie. Weckherlin war bis zur Tür zurückgewichen. Die drei anderen Männer standen vorgeneigt und warteten auf Antwort.

»Weckherlin«, flüsterte der Geheimrat und stützte sich schwer auf eine Stuhllehne.

Der Assistent verzog das breite, blasse Gesicht, als wolle er lächeln, er öffnete wiederholt den Mund.

»Wird's bald?« fragte der Justizrat drohend.

Weckherlin legte die Hand auf die Klinke und sprach: »Es war nur ein Scherz!«

Da schrie Fabian, es war ein unartikulierter Laut, er klang wie der Schrei eines Tieres. Im nächsten Augenblick sprang er vor und schlug auf den Assistenten ein, mit beiden Fäusten, unablässig, ohne zu überlegen, wohin er traf. Besinnungslos, wie ein automatischer Hammer, schlug er zu, immer wieder. »Du Schuft!« brüllte er und hieb dem anderen beide Fäuste mitten ins Gesicht. Weckherlin lächelte noch immer, als wolle er sich entschuldigen. Er hatte vergessen, daß er die Hand auf der Klinke hielt und aus dem Zimmer fliehen wollte. Er sank unter den Schlägen vorübergehend in die Knie. Er zog sich an der Klinke wieder hoch, die Tür schnappte auf. Jetzt erst besann er sich auf seinen Vorsatz, drängte durch die Tür auf den Korridor, Fabian folgte ihm, sie näherten sich, Schritt für Schritt, der Treppe, die ins Untergeschoß führte, der eine schlug, der andere blutete.

Unten am Fuß der Treppe sammelten sich Studenten, die der Lärm aus den Institutsräumen gelockt hatte. Sie standen stumm und abwartend, als spürten sie, was dort oben geschah, sei gerecht. »Du Hund!« sagte Fabian und traf den Assistenten unterm Kinn. Weckherlin kippte hintenüber, schlug dumpf mit dem Kopf auf eine Stufe und rollte klappernd die Holztreppe hinunter. Fabian lief hinter ihm her und wollte sich über ihn stürzen. Da sprangen ein paar Studenten vor und hielten ihn fest. »Laßt mich los!« schrie er und riß wie ein Tobsüchtiger an den Armen, die ihn umklammerten. »Laßt mich los, ich schlag ihn tot!« Jemand hielt ihm den Mund zu. Der Institutsdiener kniete neben dem Assistenten. Der versuchte sich aufzurichten, sank aber stöhnend zurück. Man schleppte ihn ins Katalogzimmer. Im Obergeschoß, dicht an der Treppe, standen der Geheimrat und Labudes Vater. Durch die geöffnete Tür vernahm man langgezogene Klagelaute, Stephans Mutter war aus der Ohnmacht erwacht.

»Ach so, es war nur ein Scherz!« rief der Justizrat und lachte verzweifelt.

Der Geheimrat sagte markig, als habe er endlich einen Ausweg gefunden: »Doktor Weckherlin ist entlassen.« Die Studenten gaben Fabian frei, er senkte den Kopf, vielleicht bedeutete es einen Abschiedsgruß, und verließ das Institut.

Einundzwanzigstes Kapitel

*Juristin wird Filmstar
Eine alte Bekannte
Die Mutter verkauft Schmierseife*

Es war nur ein Scherz gewesen!

Herr Weckherlin hatte einen dummen Witz gemacht, und Labude war daran gestorben. Es war nur scheinbar ein Selbstmord gewesen. Ein Subalternbeamter des Mittelhochdeutschen hatte den Freund umgebracht. Er hatte ihm vergiftete Worte ins Ohr geträufelt, wie Arsenik ins Trinkglas. Er hatte, zum Spaß, auf Labude gezielt und abgedrückt. Und aus der ungeladenen Waffe war ein tödlicher Schuß gefallen.

Fabian sah, während er durch die Friedrichstraße lief, immer noch Weckherlins feig lächelndes Gesicht vor Augen, und er fragte sich nachträglich überrascht: ›Warum habe ich auf den Kerl eingeschlagen, als müsse alles vernichtet werden? Warum war meine Wut auf ihn größer als die Trauer über Labudes unsinniges Ende? Verdient ein Mensch, der, wie jener, unabsichtlich solches Unheil anstiftet, nicht eher Mitleid als Haß? Wird er jemals wieder ruhig schlafen können?‹

Fabian verstand allmählich seinen Instinkt. Weckherlin hatte es nicht unabsichtlich getan. Er hatte Labude treffen wollen, nicht töten, aber verwunden. Der talentlose Konkurrent hatte sich am Begabten gerächt. Seine Lüge war eine Sprengkapsel gewesen. Er hatte sie in Labude hineingeworfen und war davongelaufen, um, aus der Entfernung, schadenfroh die Explosion zu beobachten.

Weckherlin war entlassen, verprügelt worden war er auch. Aber wäre es nicht besser gewesen, er hätte seinen Posten nicht verloren und die Schläge nicht erhalten? Wäre es nicht besser gewesen, Weckherlins Lüge hätte, wenn Labude schon einmal tot war, weitergelebt? Gestern hatte ihn der Tod des Freundes mit Traurigkeit beseelt, heute erfüllte er ihn mit Unfrieden. Die Wahrheit war an den Tag gekommen, wem war damit gedient? Labudes Eltern etwa, die nun endlich wußten, daß ihr Sohn das

Opfer einer Infamie geworden war? Bevor sie erfuhren, was die Wahrheit war, hatte es keine Lüge gegeben. Nun hatte die Gerechtigkeit gesiegt, und aus dem Selbstmord wurde nachträglich ein tragischer Witz. Fabian dachte an Labudes Begräbnis, und ihn schauderte: Er sah sich schon im Trauergefolge, am Sarg erkannte er Labudes Eltern, auch der Geheimrat war in der Nähe, und Labudes Mutter schrie laut auf. Sie riß sich den schwarzen Kreppschleier vom schwarzen Hut und sank jammernd vornüber.

»Obacht!« sagte jemand ärgerlich. Fabian wurde gestoßen und stand still. Hätte er die Sache mit Weckherlin vertuschen sollen, statt sie aufzuklären? Hätte er die Kenntnis des wahren Sachverhalts in sich einschließen sollen, um die Eltern davor zu bewahren? Warum war Labude bis in seine letzten Briefe so gründlich, warum war er so ordnungsliebend gewesen? Warum hatte er sein Motiv beim Namen genannt? Fabian ging weiter. Er bog in die Leipziger Straße ein. Es war Mittag. Die Angestellten der Büros und die Verkäuferinnen umdrängten die Haltestellen und stürmten die Autobusse, die Eßpause war kurz.

Wenn dieser Weckherlin nicht dazwischengekommen wäre, wenn Labude erfahren hätte, wie seine Arbeit wirklich eingeschätzt wurde, wäre er jetzt nicht gestorben, mehr noch, der Erfolg hätte ihn befeuert, hätte ihm die Enttäuschung mit Leda erleichtert und seinem politischen Ehrgeiz Luft gemacht. Warum hatte er denn an der Arbeit fünf Jahre gesessen? Sich selbst hatte er beweisen wollen, daß er leistungsfähig war. Er hatte mit diesem Erfolg gerechnet, er hatte ihn psychologisch abwägend in seine Entwicklung einkalkuliert, und die Kalkulation war richtig gewesen. Und doch hatte er Weckherlins Lüge eher geglaubt als seiner eigenen Überzeugung. Nein, Fabian wollte nicht dabeisein, wenn man den Freund ins Diesseits beförderte. Er mußte fort aus dieser Stadt. Er starrte auf eines der vorüberfahrenden Autos. War es nicht Cornelia? Dort neben dem dicken Mann? Sein Herz setzte aus. Sie war es nicht.

Er mußte fort, keine zehn Pferde hielten ihn länger.

Er ging zum Bahnhof. Er fuhr nicht noch einmal zur Witwe Hohlfeld, er ließ in deren Zimmer alles, wie es stand und lag, stehen und liegen. Er besuchte Zacharias nicht mehr, diesen eitlen, verlogenen Menschen. Er ging zum Bahnhof.

Der D-Zug fuhr in einer Stunde. Fabian besorgte sich eine Fahrkarte, kaufte Tageszeitungen, setzte sich in den Wartesaal und durchflog die Blätter.

Auf einer Wirtschaftstagung waren internationale Abkommen großen Stils gefordert worden. War dergleichen nur Schönrederei? Oder begriff man allmählich, was alle wußten? Erkannte man, daß die Vernunft das Vernünftigste war? Vielleicht hatte Labude recht gehabt? Vielleicht war es wirklich nicht nötig, auf die sittliche Hebung der gefallenen Menschheit zu warten? Vielleicht war das Ziel der Moralisten, wie Fabian einer war, tatsächlich durch wirtschaftliche Maßnahmen erreichbar? War die moralische Forderung nur deswegen uneinlösbar, weil sie sinnlos war? War die Frage der Weltordnung nichts weiter als eine Frage der Geschäftsordnung?

Labude war tot. Ihn hätte so etwas begeistert. In seine Pläne hätte es sich eingefügt. Fabian saß im Wartesaal, dachte des Freundes Gedanken und blieb apathisch. Wollte er die Besserung der Zustände? Er wollte die Besserung der Menschen. Was war ihm jenes Ziel ohne diesen Weg dahin? Er wünschte jedem Menschen pro Tag zehn Hühner in den Topf, er wünschte jedem ein Wasserkloset mit Lautsprecher, er wünschte jedem sieben Automobile, für jeden Tag der Woche eins. Aber was war damit erreicht, wenn damit nichts anderes erreicht wurde? Wollte man ihm etwa weismachen, der Mensch würde gut, wenn es ihm gut ginge? Dann mußten ja die Beherrscher der Ölfelder und der Kohlengruben wahre Engel sein!

Hatte er nicht zu Labude gesagt: ›Noch in dem Paradies, das du erträumst, werden sich die Menschen gegenseitig die Fresse vollhauen?‹ War das Elysium, mit zwanzigtausend Mark Durchschnittseinkommen pro Barbaren, ein menschenwürdiger Abschluß?

Während er, sitzenderweise, seine moralische Haltung gegen die Konjunkturforscher verteidigte, regten sich wieder jene Zweifel, die seit langem in seinem Gefühl wie Würmer wühlten. Waren jene humanen, anständigen Normalmenschen, die er herbeiwünschte, in der Tat wünschenswert? Wurde dieser Himmel auf Erden, ob er nun erreichbar war oder nicht, nicht schon in der bloßen Vorstellung infernalisch? War ein derartig mit Edelmut vergoldetes Zeitalter überhaupt auszuhalten? War es nicht viel eher zum Blödsinnigwerden? War vielleicht jene Planwirtschaft des reibungslosen Eigennutzes nicht nur der eher zu verwirklichende, sondern auch der eher erträgliche Idealzustand? Hatte seine Utopie bloß regulative Bedeutung, und war sie als Realität ebensowenig zu wünschen wie zu schaffen? War es nicht, als spräche er zur Menschheit, ganz wie zu einer Geliebten: ›Ich möchte dir die Sterne vom Himmel holen!‹ Dieses Versprechen war lobenswert, aber wehe, wenn der Liebhaber es wahrmachte. Was finge die bedauernswerte Geliebte mit den Sternen an, wenn er sie angeschleppt brächte! Labude hatte auf dem Boden der Tatsachen gestanden, hatte marschieren wollen und war gestolpert. Er, Fabian, schwebte, weil er nicht schwer genug war, im Raum und lebte weiter. Warum lebte er denn noch, wenn er nicht wußte, wozu? Warum lebte der Freund nicht mehr, der das Wozu gekannt hatte? Es starben und es lebten die Verkehrten.

Im Feuilleton des Boulevardblattes, das auf seinen Knien lag, sah er Cornelia wieder. »Juristin wird Filmstar«, stand groß unter dem Foto. »Fräulein Dr. jur. Cornelia Battenberg«, war weiterhin zu lesen, »wurde von Edwin Makart, dem bekannten Filmindustriellen, entdeckt und beginnt schon in den nächsten Tagen mit den Aufnahmen zu dem Film: ›Die Masken der Frau Z.‹«

»Alles Gute«, flüsterte Fabian und nickte dem Bild zu. In der anderen Zeitung sah er sie noch einmal. Sie trug einen imposanten Sommerpelz und saß in dem Auto, das er schon kannte, am Steuer. Neben ihr hockte ein dicker, großer Mensch, anscheinend der Entdecker persönlich. Die Unterschrift bestätigte die Vermutung. Der Mann wirkte brutal und verschlagen, wie ein Teufel ohne Gymnasialbildung. Edwin Makart, der Mann mit der Wünschelrute, wurde vom Redakteur behauptet; seine neueste Entdeckung heiße Cornelia Battenberg. Sie repräsentiere als ehemaliger Referendar einen neuen Modetyp, die intelligente deutsche Frau.

»Alles Gute«, wiederholte Fabian und starrte auf das Foto. Wie lange war das her! Er blickte auf das Bild, als betrachtete er ein Grab. Eine unsichtbare gespenstische Schere hatte sämtliche Bande, die ihn an diese Stadt fesselten, zerschnitten. Der Beruf war verloren, der Freund war tot, Cornelia war in fremder Hand, was hatte er hier noch zu suchen?

Er trennte die Fotografien sorgfältig aus den Zeitungen, verwahrte die Ausschnitte im Notizbuch und warf die Zeitungen fort. Nichts hielt ihn zurück, er verlangte dorthin, woher er gekommen war: nach Hause, in seine Vaterstadt, zu seiner Mutter. Er war schon lange nicht mehr in Berlin, obwohl er noch immer auf dem Anhalter Bahnhof saß. Würde er wiederkommen? Als sich ein paar Leute an seinem Tisch breitmachten, stand er auf, durchschritt die Sperre und setzte sich in den Zug, der auf das Signal zur Abfahrt wartete.

Nur fort von hier! Der Minutenzeiger der Bahnhofsuhr rückte weiter. Nur fort!

Fabian saß am Fenster und blickte hinaus. Die Felder und Wiesen schwangen wie auf einer Drehscheibe. Die Telegrafenstangen machten Kniebeugen. Manchmal standen kleine barfüßige Bauernkinder mitten in der tanzenden Landschaft und winkten mechanisch. Auf einer Weide graste ein Pferd. Ein Fohlen hüpfte den Zaun entlang und schwenkte den Kopf. Dann fuhren sie durch einen düsteren Fichtenwald. Die Stämme waren von grauen Flechten bewachsen. Die Bäume standen da, als seien sie aussätzig und als habe man ihnen verboten, den Wald zu verlassen.

Ihm war, als suche jemand seine Augen. Er wandte sich um und blickte ins Abteil. Die Mitreisenden, gleichgültige, gleichgültig dasitzende Leute, waren mit sich beschäftigt. Wer sah ihn an? Da entdeckte er, draußen im Gang, Frau Irene Moll. Sie rauchte eine Zigarette und lächelte ihm zu. Als er sich nicht rührte, winkte sie. Er trat hinaus.

»Es ist skandalös, wie wir beiden einander nachlaufen«, sagte sie. »Wo fährst du hin?«

»Nach Hause.«

»Sei höflich«, meinte sie. »Frage mich gefälligst, wo ich hin will.«

»Wo wollen Sie hin?«

Sie lehnte sich an ihn und flüsterte: »Ich türme. Einer der Schlafburschen hat mein Etablissement verpfiffen. Ich erfuhr es heute morgen von einem Polizeibeamten, dessen Monatsgehalt ich verdoppelt habe. Kommst du mit nach Budapest?«

»Nein«, sagte er.

»Ich habe hunderttausend Mark bei mir. Wir brauchen nicht nach Budapest zu fahren. Wollen wir über Prag nach Paris? Wir werden im Claridge wohnen. Oder wir gehen nach Fontainebleau und mieten eine kleine Villa.«

»Nein«, sagte er. »Ich fahre nach Hause.«

»Komm mit«, bat sie. »Ich habe Schmuck bei mir. Wenn wir blank sind, erpressen wir die alten Schachteln, die sich bei mir beschlummern ließen. Ich kenne interessante Einzelheiten, Gucklöcher haben ihr Gutes. Oder willst du lieber nach Italien? Was hältst du von Bellagio?«

»Nein«, sagte er, »ich fahre zu meiner Mutter.«

»Du verdammter Esel«, flüsterte sie ärgerlich. »Soll ich vor dir niederknien und dir eine Liebeserklärung machen? Was hast du gegen mich? Bin ich dir zu aufgeklärt? Ist dir eine dumme Gans lieber? Ich habe es endlich satt, nach der ersten besten Hose zu greifen. Du gefällst mir. Wir begegnen einander immer wieder. Das kann kein Zufall sein.« Sie faßte seine Hand und streichelte seine Finger. »Ich bitte dich, komm mit.«

»Nein«, sagte er. »Ich komme nicht mit. Reisen Sie gut.« Er wollte wieder ins Abteil.

Sie hielt ihn zurück. »Schade, jammerschade. Vielleicht ein andres Mal.« Sie öffnete ihre Handtasche. »Brauchst du Geld?« Sie wollte ihm ein paar Banknoten in die Hand stecken. Er schloß die Hand zur Faust, schüttelte den Kopf und ging ins Kupee.

Sie blieb noch eine Weile vor der Tür des Abteils und sah ihn an. Er blickte durchs Fenster. Man fuhr durch ein Dorf.

Es war gegen sechs Uhr abends, als er ankam. Er trat aus dem Bahnhof und sah die Dreikönigskirche. Ihm schien, sie musterte ihn von oben herunter: Warum holt dich heute niemand ab, und warum kommst du ohne Koffer?

Er ging den Dammweg entlang und durchschritt den alten Viadukt. Ein endloser Güterzug ratterte drüber hin, die Steinwölbung dröhnte. Das Haus, in dem früher der Lehrer Schanze gewohnt hatte, war frisch gestrichen. Die anderen Häuser standen unverändert in ihrer grauen, ihm seit der Kindheit bekannten Front. In dem Eckhaus, das der Hebamme Schröder gehörte, war ein neues Geschäft eröffnet worden, ein Fleischerladen, noch standen die Blumenstöcke im Schaufenster.

Langsam näherte er sich dem Haus, in dem er geboren war. Wie vertraut ihm die Straße war. Er kannte die Fassaden, er kannte die Höfe, Keller und Böden, überall war er hier beheimatet. Aber die Menschen, die aus den Häusern und in die Häuser traten, waren ihm fremd. Er blieb stehen. »Seifengeschäft« stand über einem Laden. Ein Zettel klebte am Fenster. Er las: »Nun auch Feinseifen herabgesetzt. Hausmarke Lavendel zwanzig statt zweiundzwanzig Pfennige. Torpedoseife fünfundzwanzig statt achtundzwanzig Pfennige.« Er ging bis zur Tür.

Seine Mutter stand hinter dem Ladentisch, zwei Frauen standen davor. Die Mutter bückte sich gerade und stellte ein Paket Waschpulver auf den Tisch, dann schnitt sie einen Riegel Kernseife mittendurch. Dann nahm sie einen Bogen Packpapier und einen Holzlöffel, schaufelte Schmierseife aus dem Faß, wog sie ab und wickelte sie ein. Er spürte den Seifengeruch bis auf die Straße.

Dann klinkte er die Ladentür auf. Die Glocke bimmelte. Die alte Frau sah auf und ließ erschrocken die Hände sinken.

Er ging auf sie zu und sagte mit zitternder Stimme: »Mutter, Labude hat sich erschossen.« Und plötzlich liefen ihm die Tränen aus den Augen. Er öffnete die Tür, die ins Hinterzimmer führte, schloß sie wieder, setzte sich in den Lehnstuhl vorm Fenster, blickte in den Hof hinaus, legte langsam den Kopf aufs Fensterbrett und weinte.

EINUNDZWANZIGSTES KAPITEL

Zweiundzwanzigstes Kapitel

*Besuch in der Kinderkaserne
Kegelschieben im Park
Die Vergangenheit biegt um die Ecke*

»Was hat er denn?« fragte der Vater am nächsten Morgen.

»Seine Stellung hat er verloren«, sagte die Mutter. »Und sein Freund hat sich umgebracht, Labude, weißt du, den er seinerzeit in Heidelberg kennenlernte.«

»Ich wußte gar nicht, daß er einen Freund hatte«, meinte der Vater. »Man erfährt ja nichts.«

»Du hörst nur nicht zu«, sagte die Mutter. Da läutete die Ladenglocke. Als Frau Fabian wieder ins Zimmer trat, las der Mann die Zeitung.

»Außerdem hat er mit einem jungen Mädchen Pech gehabt«, fuhr sie fort. »Aber darüber spricht er sich nicht näher aus. Sie hat Rechtsanwalt studiert und geht zum Film.«

»Schade um das Geld fürs Studium«, erklärte der Mann.

»Ein hübsches Mädchen«, sagte Fabians Mutter. »Aber sie lebt mit einem dicken Kerl zusammen, einem Filmdirektor, das reinste Brechmittel.«

»Wird er lange hierbleiben?« fragte der Vater.

Die Mutter zuckte die Achseln und goß sich Kaffee ein. »Tausend Mark hat er mir gegeben. Labude hat ihm das Geld hinterlassen. Ich werde es aufheben. Der Junge hat einen Knacks wegbekommen, ich kann mir nicht helfen. Und das hat nichts mit Labude zu tun, und nichts mit der Filmschauspielerin. Er glaubt nicht an Gott, es muß damit zusammenhängen. Ihm fehlt der ruhende Punkt.«

»Als ich so alt war wie er, war ich schon fast zehn Jahre verheiratet«, sagte der Vater.

Fabian lief die Heerstraße entlang, an der Garnisonkirche und den Kasernen vorüber. Der runde kiesbestreuten Platz vor der Kirche war leer. Wann war das denn gewesen, daß er hier gestanden hatte, ein Soldat unter Tausenden, die Hosen lang, den

Helm auf dem Kopf, gerüstet zur feldgrauen Predigt, siebzehnjährig, bereit zu hören, was der deutsche Gott seinen Armeen mitteilen ließ? Er blieb am Tor der ehemaligen Fußartilleriekaserne stehen und lehnte sich an die Eisenstäbe. Antreten zum Dienstverlesen, Geschützexerzieren, Ausmarsch zum Nachtdienst, Vortrag über Kriegsanleihe, Löhnungfassen, was war alles auf diesem öden Hof geschehen. Hatte er hier nicht gehört, wie die alten Soldaten, ehe sie zum dritten und vierten Male feldmarschmäßig abgeführt wurden, miteinander um ein Kommißbrot wetteten, wer am schnellsten zurück sein werde? Und waren sie nicht, eine Woche später, in lumpiger Uniform wieder aufgetaucht, einen Tripper echt Brüsseler Abstammung am Leibe? Fabian ließ das Gitter los und ging weiter an den alten protzigen Grenadier- und Infanteriekasernen vorbei. Hier war der Park und die Schule, in der er jahrelang gesessen und gelebt hatte, ehe er mit Linksdrall, Scherenfernrohr und Lafettenschwanz bekannt gemacht wurde. Die Straße, die sich zu der Stadt hinuntersenkte, abends war er sie heimlich entlanggerannt, nach Hause, zur Mutter, auf wenige Minuten. Ob Schule, Kadettenanstalt, Lazarett oder Kirche, an der Peripherie dieser Stadt war jedes Gebäude eine Kaserne gewesen.

Noch immer lag das große graue Gebäude mit den schiefergedeckten spitzen Ecktürmen da, als sei es bis unters Dach mit Kindersorgen angefüllt. Die Fenster der Direktionswohnung waren noch immer mit weißen Gardinen geziert, im Gegensatz zu den vielen schwarzen schmucklosen Fenstern, hinter denen die Klassenzimmer, die Wohnräume der Schüler, die Schrankzimmer und die Schlafsäle lagen. Früher hatte er immer geglaubt, das riesige Haus müsse nach der Seite, auf der die Direktorwohnung lag, tief in die Erde sinken, so schwerwiegend war ihm die Tatsache erschienen, daß hier Gardinen an den Fenstern hingen. Er ging durch das Tor und stieg die Stufen hinauf. Aus den Klassenzimmern drangen dunkle und helle Stimmen. Der leere Korridor war erfüllt davon. Aus der ersten Etage wehten Chorgesang und Klavierspiel. Fabian verschmähte die breite Freitreppe, er kletterte im Seitenflügel die schmalen Stufen hinan, zwei kleine Schüler kamen ihm entgegen.

»Heinrich«, rief der eine, »du sollst sofort zum Storch kommen und die Hefte holen.«

»Der wird's wohl erwarten können«, sagte Heinrich und ging krampfhaft langsam durch die schwankende Glastür.

›Der Storch‹, dachte Fabian, ›es hat sich nichts geändert.‹ Dieselben Lehrer waren noch da, die Spitznamen waren geblieben. Nur die Schüler wechselten. Ein Jahrgang nach dem andern wurde erzogen und gebildet. Früh läutete der Hausmeister. Die Jagd begann: Schlafsaal, Waschsaal, Schrankzimmer, Speisesaal. Die Jüngsten deckten den Tisch, holten die Butterdosen aus dem Eisschrank und die emaillierten Kaffeekannen aus dem Aufzug. Die Jagd ging weiter: Wohnzimmer, Staubwischen, Klassenzimmer, Unterricht, Speisesaal. Die Jüngsten deckten den Tisch fürs Mittagessen. Die Jagd ging weiter: Freizeit, Gartendienst, Fußballspiel, Wohnzimmer, Schularbeiten, Klassenzimmer, Speisesaal. Die Jüngsten deckten den Tisch fürs Abendbrot. Die Jagd ging weiter: Wohnzimmer, Schularbeiten, Waschsaal, Schlafsaal. Die Primaner durften zwei Stunden länger aufbleiben und rauchten im Park Zigaretten. Es hatte sich nichts geändert, nur die Jahrgänge wechselten.

Fabian stand in der dritten Etage und öffnete die Tür zur Aula. Morgenandacht, Abendandacht, Orgelspiel, Kaisers Geburtstag, Sedanfeier, Schlacht bei Tannenberg, Fahnen im Turm, Osterzensuren, Entlassung der Einberufenen, Eröffnung der Kriegsteilnehmerkurse, immer wieder Orgelspiel und Festreden voller Frömmigkeit und Würde. Einigkeit und Recht und Freiheit hatte sich in der Atmosphäre dieses Raumes festgebissen. Ob es noch so wie früher war, daß man, kam ein Lehrer vorüber, strammstehen mußte? Mittwochs gab es zwei und sonnabends drei Stunden Ausgang. Ob man immer noch, wenn der Ausgang entzogen worden war, vom Inspektor angehalten wurde, Zeitungen mit Hilfe einer Schere in Abortpapier zu verwandeln?

War es denn nicht auch manchmal schön gewesen? Hatte er immer nur die Lüge gespürt, die hier umging, und die böse heimliche Gewalt, die aus ganzen Kindergenerationen gehorsame Staatsbeamte und bornierte Bürger machte? Es war manchmal schön gewesen, aber nur trotzdem. Er verließ die Aula und stieg die düstere Wendeltreppe zu den Wasch- und Schlafsälen hinauf. In langer Front standen die eisernen Bettstellen. An den Wänden hingen die Nachthemden militärisch ausgerichtet. Ordnung mußte sein. Nachts waren die Primaner aus dem Park heraufgekommen und hatten sich zu erschrokkenen Quintanern und Quartanern ins Bett gelegt. Die Kleinen hatten geschwiegen. Ordnung mußte sein. Er trat ans Fenster. Unten im Flußtal schimmerte die Stadt mit ihren alten Türmen und Terrassen. Wie oft war er, wenn die anderen schliefen, hierher geschlichen, hatte hinabgeblickt und das Haus gesucht, in dem die Mutter krank lag. Wie oft hatte er den Kopf an die Scheiben gepreßt und das Weinen unterdrückt. Es hatte ihm nicht geschadet, das Gefängnis nicht und das unterdrückte Heulen nicht, das war richtig. Damals hatte man ihn nicht klein gekriegt. Ein paar hatten sich erschossen. Es waren nicht viele gewesen. Im Krieg hatten schon mehr daran glauben müssen. Später waren noch etliche gestorben. Heute war die Hälfte der Klasse tot. Er stieg die Treppen hinunter, verließ das Gebäude und ging in den Park. Mit Reisigbesen und Schaufeln und spitzen Stöcken waren sie hinter einem Handwagen hergetrabt, hatten welkes Laub zusammengekehrt und Papier, das herumlag, aufgespießt. Der Park war groß, er senkte sich zu einem kleinen Bach hinab.

Fabian lief auf den alten, vertrauten Pfaden, setzte sich auf eine Bank, blickte in die Wipfel der Bäume, ging weiter und wehrte sich vergeblich dagegen, daß ihn das, was er sah, zurückverwandelte. Die Säle und Zimmer und Bäume und Beete, die ihn umgaben, waren keine Wirklichkeit, sondern Erinnerungen. Hier hatte er seine Kindheit zurückgelassen, und nun fand er sie wieder. Sie sank von den Zweigen und Wänden und Türmen auf ihn herab und bemächtigte sich seiner. Er schritt immer tiefer hinein in den melancholischen Zauber. Er kam zur Kegelbahn, die Kegel standen schußfertig. Fabian sah sich um, er war allein, da nahm er eine Kugel aus dem Kasten, holte aus, lief vor und ließ die Kugel über die Bahn rollen. Sie machte ein paar kleine Sprünge. Die Bahn war immer noch uneben. Sechs Kegel fielen klappernd um.

»Was soll denn das?« fragte jemand ärgerlich. »Fremde haben hier nichts zu suchen!« Es war der Direktor. Er hatte sich kaum verändert. Sein assyrischer Bart war nur noch grauer geworden.

»Entschuldigen Sie«, sagte Fabian, zog den Hut und wollte sich entfernen.

»Einen Augenblick«, rief der Direktor. Fabian drehte sich um.

»Sind Sie nicht ein ehemaliger Schüler von uns?« fragte der Mann. Dann streckte er die Hand aus. »Natürlich, Jakob Fabian! Herzlich willkommen! Das ist nett. Haben Sie Sehnsucht nach Ihrer alten Schule gehabt?« Sie begrüßten sich.

»Eine böse Zeit«, sagte der Direktor. »Eine gottlose Zeit. Die Gerechten müssen viel leiden.«

»Wer sind die Gerechten?« fragte Fabian. »Geben Sie mir ihre Adresse.«

»Sie sind immer noch der Alte«, meinte der Direktor. »Sie waren immer einer der besten Schüler und einer der frechsten. Und wie weit haben Sie es damit gebracht?«

»Der Staat ist im Begriff, mir eine kleine Pension zu bewilligen«, sagte Fabian.

»Arbeitslos?« fragte der Direktor streng. »Ich hatte mehr von Ihnen erwartet.«

Fabian lachte. »Die Gerechten müssen viel leiden«, erklärte er.

»Hätten Sie nur damals Ihr Staatsexamen gemacht«, sagte der Direktor. »Dann stünden Sie jetzt nicht ohne Beruf da.«

»Ich stünde in jedem Fall ohne Beruf da«, entgegnete Fabian erregt.

»Auch wenn ich ihn ausübte. Ich kann Ihnen verraten, daß die Menschheit mit Ausnahme der Pastoren und Pädagogen nicht mehr weiß, wo ihr der Kopf steht. Der Kompaß ist kaputt, aber hier, in diesem Haus, merkt das niemand. Ihr fahrt nach wie vor in eurem Lift rauf und runter, von der Sexta bis zur Prima, wozu braucht ihr einen Kompaß?«

Der Direktor schob die Hände unter die Flügel seines Gehrocks und sagte: »Ich bin entsetzt. Es gäbe keine Aufgabe für Sie? Gehen Sie hin und bilden Sie Ihren Charakter, junger Mensch! Wozu haben wir Geschichte getrieben? Wozu haben wir die Klassiker gelesen? Runden Sie Ihre Persönlichkeit ab!«

Fabian betrachtete den wohlgenährten, selbstgefälligen Herrn und lächelte. Dann sagte er: »Sie mit Ihrer abgerundeten Persönlichkeit!« und ging.

Auf der Straße traf er Eva Kendler. Sie kam mit zwei Kindern daher und war ziemlich dick geworden. Er wunderte sich, daß er sie überhaupt erkannte.

»Jakob!« rief sie und wurde rot. »Du hast dich gar nicht verändert. Sagt dem Onkel Guten Tag!« Die Kinder gaben ihm die Hand und machten Knickse. Es waren zwei Mädchen. Sie sahen ihrer Mutter ähnlicher als sie sich selber.

»Wir sind uns mindestens zehn Jahre nicht begegnet«, sagte er. »Wie geht's dir? Wann hast du geheiratet?«

»Mein Mann ist Oberarzt im Carolahaus«, erzählte sie. »Da kann man keine großen Sprünge machen. Zu einer eigenen Praxis reicht es nicht. Vielleicht geht er mit Professor Wandsbeck nach Japan. Wenn es sich lohnt, fahre ich mit den Kindern nach.« Er nickte und betrachtete die beiden kleinen Mädchen.

»Damals war es schöner«, sagte sie leise. »Weißt du noch, wie meine Eltern verreist waren? Siebzehn Jahre war ich alt. Wie die Zeit vergeht.« Sie seufzte und strich den kleinen Mädchen die Matrosenkragen glatt. »Ehe man recht dazu kommt, sein eigenes Leben zu haben, trägt man schon wieder Verantwortung für seine Kinder. Dieses Jahr fahren wir nicht einmal an die See.«

»Das ist natürlich schrecklich«, meinte er.

»Ja«, sagte sie, »da wollen wir mal gehen. Auf Wiedersehen, Jakob.« »Auf Wiedersehen.«

»Gebt dem Onkel die Hand!«

Die kleinen Mädchen machten Knickse, drängten sich an die Mutter und zogen mit ihr davon. Fabian blieb noch eine Weile stehen. Die Vergangenheit bog um die Ecke, mit zwei Kindern an der Hand, fremd geworden, kaum wiederzuerkennen. ›Du hast dich gar nicht verändert‹, hatte die Vergangenheit zu ihm gesagt.

»Wie war's?« fragte die Mutter. Sie standen, nach dem Mittagessen, im Laden und packten eine Kiste mit Bleichpulver aus.

»Ich war oben bei den Kasernen. In der Schule war ich auch. Und dann habe ich die Eva getroffen. Zwei kleine Kinder hat sie. Der Mann ist Arzt.«

Die Mutter zählte die Pakete, die sie ins Regal geräumt hatte. »Die Eva? Das war einmal ein hübsches Mädchen. Wie war das gleich? Du kamst doch damals zwei Tage nicht nach Hause.«

»Ihre Eltern waren verreist, und ich mußte einen mehrtägigen Aufklärungskursus abhalten. Es war ihr erster, und ich löste meine Aufgabe sehr gewissenhaft und mit wahrhaft sittlichem Ernst.«

»Ich war damals in Sorge«, sagte die Mutter.

»Aber ich schickte dir doch eine Depesche!«

»Depeschen sind etwas Unheimliches«, erklärte sie. »Über eine halbe Stunde saß ich davor und traute mich nicht, sie zu öffnen.«

Er reichte die Pakete, die Mutter schichtete auf. »Wäre es nicht besser, wenn du hier eine Stellung suchtest?« fragte sie. »Gefällt es dir gar nicht mehr bei uns? Du könntest in die Wohnstube ziehen. Hier sind auch die Mädchen netter und nicht so verrückt. Vielleicht findest du doch eine Frau.«

»Ich weiß noch nicht, was ich mache«, sagte er. »Es kann sein, daß ich hierbleibe. Ich will arbeiten. Ich will mich betätigen. Ich will endlich ein Ziel vor Augen haben. Und wenn ich keines finde, erfinde ich eines. So geht es nicht weiter.«

»Zu meiner Zeit gab es das nicht«, behauptete sie. »Da war Geldverdienen ein Ziel, und Heiraten und Kinderkriegen.«

»Vielleicht gewöhne ich mich daran«, meinte er. »Wie sagst du immer?«

Sie hielt im Packen inne und sagte mit Nachdruck: »Der Mensch ist ein Gewohnheitstier.«

Dreiundzwanzigstes Kapitel

Pilsner Bier und Patriotismus
Türkisches Biedermeier
Fabian wird gratis behandelt

Gegen Abend ging Fabian in die Altstadt hinüber. Von der Brücke aus sah er die weltberühmten Gebäude wieder, die er, seit er denken konnte, kannte: das ehemalige Schloß, die ehemalige Königliche Oper, die ehemalige Hofkirche, alles war hier wunderbar und ehemalig. Der Mond rollte ganz langsam von der Spitze des Schloßturms, als gleite er auf einem Draht. Die Terrasse, die sich am Flußufer erstreckte, war mit alten Bäumen und ehrwürdigen Museen bewachsen. Diese Stadt, ihr Leben und ihre Kultur befanden sich im Ruhestand. Das Panorama glich einem teuren Begräbnis. Auf dem Altmarkt traf er Wenzkat. »Nächsten Freitag ist Klassenzusammenkunft im Ratskeller«, erzählte Wenzkat. »Bist du dann noch hier?«

»Ich hoffe«, sagte Fabian. »Wenn es irgend geht, erscheine ich.« Er wollte rasch weiter, aber der andere lud ihn ein. Seine Frau sei seit vierzehn Tagen im Bad. Sie gingen zu Gaßmeier und tranken Pilsner.

Nach dem dritten Glas wurde Wenzkat politisch. »So geht das nicht weiter«, schimpfte er. »Ich bin im Stahlhelm. Das Abzeichen trage ich nicht. Ich kann mich, bei meiner Zivilpraxis, öffentlich nicht festlegen. Doch das ändert nichts an der Sache. Es gilt einen Verzweiflungskampf.«

»Zum Kampf kommt es gar nicht erst, wenn ihr anfangt«, sagte Fabian. »Es kommt gleich zur Verzweiflung.«

»Vielleicht hast du recht«, rief Wenzkat und schlug auf die Tischplatte. »Dann gehen wir eben unter, kreuznochmal!«

»Ich weiß nicht, ob das dem ganzen Volk recht ist«, wandte Fabian ein. »Wo nehmt ihr die Dreistigkeit her, sechzig Millionen Menschen den Untergang zuzumuten, bloß weil ihr das Ehrgefühl von gekränkten Truthähnen habt und euch gern herumhaut?«

»So war es immer in der Weltgeschichte«, sagte Wenzkat entschieden und trank sein Glas leer.

»Und so sieht sie auch aus von vorn bis hinten, die Weltgeschichte!« rief Fabian. »Man schämt sich, dergleichen zu lesen, und man sollte sich schämen, den Kindern dergleichen einzutrichtern. Warum muß es immer so gemacht werden, wie es früher gemacht wurde? Wenn das konsequent geschehen wäre, säßen wir heute noch auf den Bäumen.«

»Du bist kein Patriot«, behauptete Wenzkat.

»Und du bist ein Hornochse«, rief Fabian. »Das ist noch viel bedauerlicher.«

Dann tranken sie noch ein Bier und wechselten vorsichtshalber das Thema.

»Ich habe einen glänzenden Einfall«, meinte Wenzkat. »Wir gehen ein bißchen ins Bordell.«

»Gibt es denn so etwas noch? Ich denke, sie sind gesetzlich verboten.«

»Freilich«, sagte Wenzkat. »Verboten sind sie, aber es gibt noch welche. Das eine hat mit dem andern nichts zu tun. Du wirst dich amüsieren.«

»Ich denke gar nicht daran«, erklärte Fabian.

»Wir trinken eine Flasche Sekt mit den Mädchen. Das übrige ist fakultativ. Sei nett. Komm mit. Gib gut auf mich acht, damit ich meiner Frau keinen Kummer mache.«

Das Haus lag in einer kleinen schmalen Gasse. Fabian erinnerte sich, als sie davorstanden, daß hier die Offiziere der Garnison ihre Orgien gefeiert hatten. Das war zwanzig Jahre her. Das Haus sah unverändert aus. Wenn alles gut ging, wohnten noch dieselben Mädchen drin. Wenzkat läutete. Im Haus näherten sich Schritte. Ein Auge blickte starr durchs Guckloch. Die Tür ging auf. Wenzkat sah sich besorgt um. Die Gasse war leer. Sie traten ein.

Sie gingen an einer alten Frau vorbei, die einen Gruß murmelte, und stiegen eine schmale hölzerne Treppe hinauf. Die Haushälterin erschien und sagte: »Guten Tag, Gustav, läßt du dich auch wieder mal bei uns blicken?«

»Flasche Sekt!« rief Wenzkat. »Ist die Lilly noch bei euch?«
»Nein, aber die Lotte. Ihr Hintern ist breit genug für dich. Nehmt Platz!«

Das Zimmer, in das sie geführt wurden, war sechseckig und in türkischem Biedermeier eingerichtet. Die Lampe gab rotes Licht. Die Wände waren getäfelt und mit ornamentalen Intarsien und nackten Frauen geschmückt, und zu beiden Seiten zogen sich niedrige Polster hin. Die zwei setzten sich.

»Anscheinend schlechter Geschäftsgang«, sagte Fabian.

»Kein Mensch hat Geld«, erkärte Wenzkat. »Außerdem hat sich die Branche überlebt.«

Dann traten zwei junge Frauen ins Zimmer und begrüßten den Stammgast. Fabian saß in einer Ecke und betrachtete die Szene. Die Haushälterin brachte einen Kübel, goß Sekt ein, rief »Prost!«, und man trank.

»Lotte«, sagte Wenzkat, »zieht euch aus!«

Lotte war eine dicke Person mit lustigen Augen. »Gut«, erklärte sie und ging mit den anderen aus dem Zimmer. Eine Minute später kamen sie nackt zurück und setzten sich zwischen die Gäste.

Wenzkat sprang auf und schlug mit der flachen Hand auf Lottes Hinterteil. Sie kreischte, küßte ihn und drängte ihn, Beschwörungen murmelnd, aus dem Zimmer. Sie verschwanden.

Nun saß Fabian mit der Haushälterin und zwei nackten Frauen am Tisch, trank Sekt und unterhielt sich. »Ist hier immer so wenig los?« fragte er.

»Neulich, zum Sängerfest, waren wir gut besucht«, sagte die Blondine und spielte nachdenklich mit ihren Brustwarzen. »Da hatte ich an einem Tag achtzehn Männer. Aber sonst ist es zum Sterben langweilig.«

»Wie im Kloster«, meinte die kleine Dunkle verloren und schob sich näher.

»Noch eine Flasche?« fragte die Haushälterin.

»Ich glaube nicht«, sagte er. »Ich habe nur ein paar Mark eingesteckt.«

»Ach Quatsch!« rief die Blondine. »Gustav hat Geld genug.

Außerdem hat er hier Kredit.« Die Haushälterin entfernte sich, um die zweite Flasche zu holen.

»Kommst du zu mir rauf?« fragte die Blondine.

»Ich bemerkte schon ganz richtig, daß ich kein Geld habe«, sagte er und war froh, daß er nicht zu lügen brauchte.

»Es ist zum Verzweifeln«, rief die Blondine. »Bin ich dazu in den Puff gegangen, daß ich wieder zuwachse? Komm, und bring das Geld in den nächsten Tagen vorbei!« Fabian lehnte ab.

Wenig später kam Wenzkat wieder ins Zimmer und placierte sich neben die Blondine. »Jetzt brauchst du dich auch nicht zu mir zu setzen«, sagte sie beleidigt. Nun erschien auch Lotte. Sie hielt mit beiden Händen ihre Sitzfläche. »So ein Schwein!« jammerte sie. »Immer diese Prügelei! Jetzt kann ich wieder drei Tage nicht sitzen.«

»Da hast du noch zehn Mark«, sagte Wenzkat. Sie steckte das Geld in den Halbschuh, und er schlug ihr, während sie sich bückte, wieder hintendrauf. Sie machte böse Augen und wollte auf ihn losgehen.

»Setz dich hin!« befahl er. Dann legte er den Arm um die Hüfte der Blondine und fragte: »Na, wollen wir?«

Sie betrachtete ihn prüfend und sagte: »Aber geprügelt wird bei mir nicht. Ich bin für die richtige Machart.«

Er nickte. Sie erhob sich und ging, die Anatomie schwenkend, voran.

»Ich sollte auf dich Obacht geben«, meinte Fabian.

»Ach, Mensch«, sagte der andere, »wer Sorgen hat, hat auch Likör.« Dann folgte er der Frau.

Die Haushälterin brachte die zweite Flasche und schenkte ein. Lotte schimpfte auf Wenzkat und zeigte die Striemen. Die kleine Dunkelhaarige zupfte Fabian an der Jacke und flüsterte: »Komm mal mit in mein Zimmer.« Er sah sie an, ihre Augen waren groß und ernst auf ihn gerichtet. »Ich will dir was zeigen«, erklärte sie ruhig, und dann gingen sie zusammen hinaus. Das Zimmer der kleinen nackten Person war genau so türkisch und geschmacklos eingerichtet wie der Salon, aus dem sie kamen. Das Bett war über und über geblümt und mir Spitzen besät. Die Bilder an der Wand waren sehr lächerlich. Ein elektrischer Ofen erwärmte die Luft. Das Fenster war offen. Drei blühende Blumenstöcke standen davor.

Die Frau schloß das Fenster, trat zu Fabian, umarmte ihn und streichelte sein Gesicht.

»Was wolltest du mir denn zeigen?« fragte er. Sie zeigte nichts. Sie sagte nichts. Sie sah ihn an.

Er klopfte ihr freundlich den Rücken. »Ich habe doch aber kein Geld«, sagte er. Sie schüttelte den Kopf, knöpfte ihm die Weste auf, legte sich aufs Bett und betrachtete ihn abwartend, ohne sich zu rühren.

Er zuckte die Achseln, zog den Anzug aus und legte sich zu ihr. Sie umfing ihn aufatmend. Sie gab sich ganz behutsam hin, und ihre Augen hingen ernst an seinem Gesicht. Er wurde verlegen, als habe er eine Jungfer zur Leichtfertigkeit überredet. Sie blieb stumm. Nur etwas später öffnete sich ihr Mund, und sie stöhnte, doch auch das tat sie voller Zurückhaltung.

Hinterher brachte sie Wasser, träufelte aus zwei Flaschen Chemikalien in die Schüssel und hielt dienstfertig ein Handtuch bereit.

Wenzkat saß zwischen Lotte und der Blondine, nickte Fabian zu und war müde. Sie tranken die Flasche leer und verabschiedeten sich. Fabian drückte der kleinen Dunkelhaarigen zwei Zweimarkstücke in die Hand. »Ich habe nicht mehr bei mir«, sagte er leise. Sie sah ihn ernst an.

Dann gingen alle miteinander zur Treppe. Wenzkat wurde wieder laut, er war beschwipst. Plötzlich spürte Fabian eine Hand in seiner Tasche und fand seine zwei Zweimarkstücke wieder.

»Hältst du das für möglich?« fragte er den anderen. »Ich habe der Kleinen ein paar Mark gegeben, und nun hat sie mir das Geld wieder zugesteckt.«

Wenzkat gähnte laut und sagte: »Wo die Liebe hinfällt. Sie hat es wahrscheinlich nötig gehabt. Übrigens, Jakob, wenn du zur Klassenzusammenkunft kommen solltest, daß du nichts erzählst! Und vergiß nicht, Freitag abend im Ratskeller.« Dann ging er.

Fabian machte noch einen Spaziergang. Die Straßen waren kaum besucht. Die Straßenbahnen fuhren leer in die Depots. Auf der Brücke blieb er stehen und sah auf den Fluß hinunter. Die Bogenlampen spiegelten sich zitternd und waren wie eine Serie kleiner ins Wasser gefallener Monde. Der Fluß war breit. Es mußte im Gebirge geregnet haben. Auf den Hügeln, welche die Stadt umgaben, brannten viele zwinkernde Lichter.

Während er hier stand, lag Labude aufgebahrt in einer Grunewaldvilla, und Cornelia lag bei Herrn Makart im Himmelbett. Sehr weit weg lagen sie beide. Fabian stand unter einem anderen Himmel. Hier hatte Deutschland kein Fieber. Hier hatte es Untertemperatur.

Vierundzwanzigstes Kapitel

Herr Knorr hat Hühneraugen
Die Tagespost braucht tüchtige Leute
Lernt schwimmen!

Tags darauf war er beim Bäcker und rief von dort aus im Büro von Wenzkat an. Der hatte wenig Zeit. Er mußte aufs Gericht. Fabian fragte, ob er keinen wüßte, der einen Direktionsposten zu vergeben hätte.

»Geh doch mal zu Holzapfel«, meinte Wenzkat. »Der ist in der ›Tagespost‹.«

»Was treibt er denn dort?«

»Erstens ist er Sportredakteur, zweitens schreibt er Musikkritiken. Vielleicht weiß er etwas. Und erinnere ihn an Freitag abend. Auf Wiedersehen.«

Fabian ging nach Hause und erzählte, er wolle mal in die Altstadt zu Holzapfel, der sei bei der »Tagespost« Redakteur. Vielleicht könne ihm der behilflich sein. Die Mutter stand im Laden und wartete auf Kunden. »Das wäre sehr schön, mein Junge«, sagte sie. »Geh mit Gott!«

Auf der Straßenbahn karambolierte er, infolge einer Kurve, mit einem baumlangen Herrn. Sie sahen einander mißgelaunt an. »Wir kennen uns doch«, meinte der Herr und streckte die Hand hin. Es war ein gewisser Knorr, ehemaliger Oberleutnant der Reserve. Ihm hatte die Ausbildung jener Einjährigen-Kompanie obgelegen, der Fabian angehört hatte. Er hatte die Siebzehnjährigen geschunden und schinden lassen, als bezöge er von Tod und Teufel Tantieme.

»Stecken Sie rasch Ihre Hand wieder weg«, sagte Fabian, »oder ich spuck Ihnen drauf.«

Herr Knorr, Spediteur von Beruf, befolgte den ernstgemeinten Rat und lachte betreten. Denn sie waren nicht allein auf der Plattform.

»Was hab ich Ihnen denn getan?« fragte er, obwohl er das wußte.

»Wenn Sie nicht so groß wären, würde ich Ihnen jetzt eine

herunterhauen«, sagte Fabian. »Da ich aber nicht bis zu Ihrer geschätzten Wange hinaufreiche, muß ich mich anders behelfen.« Und damit trat er Herrn Knorr derart auf die Hühneraugen, daß der die Lippen zusammenpreßte und ganz blaß wurde. Die Umstehenden lachten, Fabian stieg ab und lief den Rest des Wegs.

Holzapfel, der Klassenkamerad von einst, wirkte außerordentlich erwachsen, trank Flaschenbier und versah ein paar Bürstenabzüge mit Hieroglyphen. »Setz dich, Jakob«, sagte er. »Ich muß die Vorschau fürs Rennen korrigieren, und einen Sammelbericht über Klavierkonzerte. Lange nicht gesehen. Wo hast du gesteckt? Berlin, wie? Ich führe gern mal wieder hinüber. Man kommt nicht dazu. Dauernd viel zu tun und dauernd Bier. Schwielen im Gehirn, Schwielen am Gesäß, die Kinder werden immer älter, die Freundinnen werden immer jünger, wenn das mal keine Lungenentzündung gibt.« Während er so vor sich hinfaselte, korrigierte und trank er ruhig weiter. »Koppel hat sich scheiden lassen, er kam dahinter, daß ihn seine Frau mit zwei anderen betrog. Er war ja immer schon ein guter Mechaniker. Bretschneider hat die Apotheke verkauft und sich eine Klitsche angeschafft. Er züchtet rote Grütze und Salzkartoffeln. Jedem für sein Geld, was ihm schmeckt. So, die Klavierkonzerte können warten.« Er klingelte nach dem Boten und schickte die Fahne mit der Rennvorschau in die Setzerei. Dann erzählte Fabian, daß er eine Stellung suche, zuletzt habe er Propaganda gemacht. Aber ihm sei schon alles gleich, Hauptsache, er finde hier in der Stadt ein Unterkommen.

»Von Musik verstehst du nichts. Vom Boxen auch nicht«, stellte Holzapfel fest. »Vielleicht kann man dich im Feuilleton brauchen, für die zweite Theaterkritik oder etwas Ähnliches.« Er hängte sich ans Telefon und sprach mit dem Direktor. »Geh mal hin zu dem Kerl«, schlug er vor. »Erzähl ihm was Hübsches. Er ist eingebildet, aber gelehrig.«

Fabian bedankte sich, erinnerte den andern an die Klassenzusammenkunft und ließ sich bei Direktor Hanke melden. »Doktor Holzapfel ist ein Klassenkamerad von Ihnen?« fragte der Direktor. »Sie haben Literaturgeschichte studiert? Augenblicklich ist keine Stellung frei. Doch das besagt nichts. Sollten Sie tüchtig sein, tüchtige Leute kann ich immer brauchen. Arbeiten Sie vierzehn Tage auf eigenes Risiko. Ich mache Sie mit dem Feuilletonchef bekannt. Wenn der Ihre Beiträge ablehnt, haben Sie Pech gehabt. Sonst sind Sie mir als externer Mitarbeiter willkommen.« Er wollte auf die Klingel drücken.

»Einen Moment, Herr Direktor«, sagte Fabian. »Ich danke Ihnen für die Chance. Noch lieber würde ich als Propagandist arbeiten. Man könnte beispielsweise eine Beratungsstelle für Inserenten einrichten, der Kundschaft zugkräftige Texte vorschlagen und eventuell ganze Werbefeldzüge organisieren. Man könnte die Auflageziffer des Blattes durch geschickte und systematische Reklame vorteilhaft beeinflussen. Man könnte, in Kompagnie mit Großinserenten, lohnende Preisausschreiben durchführen. Man könnte für die Abonnenten Boxabende und ähnliche Volksfeste veranstalten.«

Der Direktor hörte aufmerksam zu. Dann sagte er: »Unsere Großaktionäre sind nicht für die Berliner Methoden.«

»Aber die Herren sind dafür, daß die Auflageziffer wächst!«

»Nicht mit Hilfe von Fisimatenten«, erklärte der Direktor. »Immerhin, ich werde mit unserem Insertionschef sprechen. In bescheidener Dosierung sollte man vielleicht doch Maßnahmen ergreifen, denen wir uns auf die Dauer nicht völlig werden entziehen können. Kommen Sie morgen um elf wieder. Ich will sehen, was ich tun kann. Bringen Sie ein paar Arbeiten mit. Und Zeugnisse, falls Sie solches Gemüse auf Lager haben.«

Fabian stand auf und bedankte sich für das erwiesene Interesse.

»Wenn wir Sie engagieren«, sagte der Direktor, »erwarten Sie keine phantastischen Summen. Zweihundert Mark sind heute sehr viel Geld.«

»Für die Angestellten?« fragte Fabian neugierig.

»Nein«, sagte der Direktor, »für die Aktionäre.«

Fabian saß im Café Limberg, trank einen Kognak und machte sich Gedanken. Es war hirnverbrannt, was er plante. Er wollte, falls man die Gnade hatte, ihn zu nehmen, einer rechtsstehenden Zeitung behilflich sein, sich auszubreiten. Wollte er sich etwa einreden, ihn reize die Propaganda schlechthin, ganz gleich, welchen Zwecken sie diente? Wollte er sich so betrügen? Wollte er sein Gewissen, wegen zweier Hundertmarkscheine im Monat, Tag für Tag chloroformieren? Gehörte er zu Münzer und Konsorten?

Die Mutter würde sich freuen. Sie wünschte, daß er ein nützliches Glied der Gesellschaft würde. Ein nützliches Glied dieser Gesellschaft, dieser G.m.b.H.! Es ging nicht. So marode war er noch nicht. Geldverdienen war für ihn noch immer nicht die Hauptsache.

Er beschloß, den Eltern zu verschweigen, daß er bei der »Tagespost« unterkriechen konnte. Er wollte nicht unterkriechen. Zum Donnerwetter. Er kroch nicht zu Kreuze! Er beschloß, dem Direktor abzusagen, und kaum hatte er sich dazu entschieden, wurde ihm wohler. Er konnte die restlichen tausend Mark von Labude nehmen, ins Erzgebirge hinauffahren und in irgendeinem stillen Gehöft bleiben. Das Geld reichte ein halbes Jahr oder länger. Er konnte wandern, soweit sein krankes Herz nichts dagegen hatte. Er kannte den Gebirgskamm, die Gipfel und die Spielzeugstädte von Schülerfahrten her. Er kannte die Wälder, die Bergwiesen, die Seen und die armen geduckten Dörfer. Andere Leute fuhren in die Südsee, das Erzgebirge war billiger. Vielleicht kam er dort oben zu sich. Vielleicht wurde er dort oben so etwas Ähnliches wie ein Mann. Vielleicht fand er auf den einsamen Waldpfaden ein Ziel, das den Einsatz lohnte. Vielleicht reichten sogar fünfhundert Mark. Die andere Hälfte konnte er der Mutter lassen.

Also los, an den Busen der Natur, marschmarsch! Bis Fabian wiederkehrte, war die Welt einen Schritt vorangekommen, oder zwei Schritte zurück. Wohin sie sich auch drehte, jede andere Lage war richtiger als die gegenwärtige. Jede andere Situation war für ihn aussichtsreicher, ob es Kampf galt oder Arbeit. Er konnte nicht mehr danebenstehen wie das Kind beim

Dreck. Er konnte noch nicht helfen und zupacken, denn wo sollte er zupacken, und mit wem sollte er sich verbünden? Er wollte in die Stille zu Besuch und der Zeit vom Gebirge her zuhören, bis er den Startschuß vernahm, der ihm galt und denen, die ihm glichen.

Er trat aus dem Café. Aber war das nicht Flucht, was er vorhatte? Fand sich für den, der handeln wollte, nicht jederzeit und überall ein Tatort? Worauf wartete er seit Jahren? Vielleicht auf die Erkenntnis, daß er zum Zuschauer bestimmt und geboren war, nicht, wie er heute noch glaubte, zum Akteur im Welttheater?

Er blieb an Geschäften stehen, er sah Kleider, Hüte und Ringe, und er sah doch nichts. An einem Korsettgeschäft kam er wieder zu sich. Das Leben war eine der interessantesten Beschäftigungen, trotz alledem. Die Barockgebäude der Schloßstraße standen noch immer. Die Erbauer und die ersten Mieter waren lange tot. Ein Glück, daß es nicht umgekehrt war.

Fabian ging über die Brücke.

Plötzlich sah er, daß ein kleiner Junge auf dem steinernen Brückengeländer balancierte.

Fabian beschleunigte seine Schritte. Er rannte.

Da schwankte der Junge, stieß einen gellenden Schrei aus, sank in die Knie, warf die Arme in die Luft und stürzte vom Geländer hinunter in den Fluß.

Ein paar Passanten, die den Schrei gehört hatten, drehten sich um. Fabian beugte sich über das breite Geländer. Er sah den Kopf des Kindes und die Hände, die das Wasser schlugen. Da zog er die Jacke aus und sprang, das Kind zu retten, hinterher. Zwei Straßenbahnen blieben stehen. Die Fahrgäste kletterten aus den Wagen und beobachteten, was geschah. Am Ufer rannten aufgeregte Leute hin und wieder.

Der kleine Junge schwamm heulend ans Ufer.

Fabian ertrank. Er konnte leider nicht schwimmen.

Fabian und die Sittenrichter

Dieses Buch ist nichts für Konfirmanden, ganz gleich, wie alt sie sind. Der Autor weist wiederholt auf die anatomische Verschiedenheit der Geschlechter hin. Er läßt in verschiedenen Kapiteln völlig unbekleidete Damen und andre Frauen herumlaufen. Er deutet wiederholt jenen Vorgang an, den man, temperamentloserweise, Beischlaf nennt. Er trägt nicht einmal Bedenken, abnorme Spielarten des Geschlechtslebens zu erwähnen. Er unterläßt nichts, was die Sittenrichter zu der Bemerkung veranlassen könnte: Dieser Mensch ist ein Schweinigel.

Der Autor erwidert hierauf: Ich bin ein Moralist!

Durch Erfahrungen am eignen Leibe und durch sonstige Beobachtungen unterrichtet, sah er ein, daß die Erotik in seinem Buch beträchtlichen Raum beanspruchen mußte. Nicht, weil er das Leben fotografieren wollte, denn das wollte und tat er nicht. Aber ihm lag außerordentlich daran, die Proportionen des Lebens zu wahren, das er darstellte. Sein Respekt vor dieser Aufgabe war möglicherweise ausgeprägter als sein Zartgefühl. Er findet das in Ordnung. Die Sittenrichter, die männlichen, weiblichen und sächlichen, sind wieder einmal sehr betriebsam geworden. Sie rennen, zahllos wie die Gerichtsvollzieher, durch die Gegend und kleben, psychoanalytisch geschult, wie sie sind, ihre Feigenblätter über jedes Schlüsselloch und auf jeden Spazierstock. Doch sie stolpern nicht nur über die sekundären Geschlechtsmerkmale. Sie werden dem Autor nicht nur vorwerfen, er sei ein Pornograph. Sie werden auch behaupten, er sei ein Pessimist, und das gilt bei den Sittenrichtern sämtlicher Parteien und Reichsverbände für das Ärgste, was man einem Menschen nachsagen kann.

Sie wollen, daß jeder Bürger seine Hoffnungen im Topf hat. Und je leichter diese Hoffnungen wiegen, um so mehr suchen sie ihm davon zu liefern. Und weil ihnen nichts mehr einfällt, was, wenn die Leute daran herumkochen, Bouillon gibt, und weil ihnen das, was ihnen früher einfiel, von der Mehrheit längst auf den Misthaufen der Geschichte geworfen wurde, fragen sich die Sittenrichter: Wozu haben wir die Angestellten der Phantasie, die Schriftsteller? Der Autor erwidert hierauf: Ich bin ein Moralist!

Er sieht eine einzige Hoffnung, und die nennt er. Er sieht, daß die Zeitgenossen, störrisch wie die Esel, rückwärts laufen, einem klaffenden Abgrund entgegen, in dem Platz für sämtliche Völker Europas ist. Und so ruft er, wie eine Reihe anderer vor ihm und außer ihm: Achtung! Beim Absturz linke Hand am linken Griff!

Wenn die Menschen nicht gescheiter werden (und zwar jeder höchstselber, nicht immer nur der andere) und wenn sie es nicht vorziehen, endlich vorwärts zu marschieren, vom Abgrund fort, der Vernunft entgegen, wo, um alles in der Welt, ist dann noch eine ehrliche Hoffnung? Eine Hoffnung, bei der ein anständiger Kerl ebenso aufrichtig schwören kann wie beim Haupt seiner Mutter?

Der Autor liebt die Offenheit und verehrt die Wahrheit. Er hat mit der von ihm geliebten Offenheit einen Zustand geschildert, und er hat, angesichts der von ihm verehrten Wahrheit, eine Meinung dargestellt. Darum sollten sich die Sittenrichter, ehe sie sein Buch im Primäraffekt erdolchen, dessen erinnern, was er hier wiederholt versicherte.

Er sagte, er sei ein Moralist.

Fabian und die Kunstrichter

Die Sittenrichter meinen den Autor, die Kunstrichter meinen das Buch.

Dieses Buch nun hat keine Handlung. Außer einer, mit zweihundertsiebzig Mark im Monat dotierten Anstellung geht nichts verloren. Keine Brieftasche, kein Perlenkollier, kein Gedächtnis, oder was sonst im Anfang von Geschichten verloren geht und im letzten Kapitel, zur allgemeinen Befriedigung, wiedergefunden wird. Es wird nichts wiedergefunden. Der Autor hält den Roman keineswegs für eine amorphe Kunstgattung, und trotzdem hat er hier und dieses Mal, die Steine nicht zum Bauen verwandt.

Man könnte beinahe vermuten, es handle sich um eine Absicht.

Es treten wichtige Personen auf und verschwinden vor der Zeit. Es kommen unwichtige Leute daher und kehren mit einer Heftigkeit, die ihnen gar nicht zukommt, immer wieder. Ein junger Mann erschießt sich. Ein anderer junger Mann ertrinkt. Und beide Todesfälle sind äußerlich so wenig gerechtfertigt, beide Herren kommen derartig aus Versehen ums Leben, daß man fragen könnte: Gab es denn keine zwingenden Anlässe? Warum versagte der Autor ihrem Tod die Notwendigkeit?

Man könnte beinahe vermuten, es handle sich um eine Absicht.

Die Zahl der Dachziegel, die dem Menschen aufs Barhaupt fallen können, wächst von Tag zu Tag. Die Dummheit dessen, was geschieht, nimmt, vom zunehmenden Tempo des Geschehens angeregt, imposante Ausmaße an. Der Zufall regiert, daß sämtliche verfügbaren Balken knistern. Das Leben ist interessant, das ist das einzig gute Haar in der Suppe, die wir auszulöffeln die Ehre haben.

Der Zustand lebt mehr denn je vom Zufall. Wovon, so fragte sich der Autor, soll die Darstellung des Zustands leben? Jeder Tag ist für den, der ihn erlebt eine Reise im verkehrten Zug ans falsche Ziel. Weil es viele Möglichkeiten gibt, und nur eine davon kann Tatsache werden, verwirklicht sich das Unwahrscheinliche. Die Vernunft ging ins Exil. Der verworrene Zustand und der ratlose Mensch blieben übrig. Wie ließ sich beides am treffendsten auf den Leser übertragen? Wie konnte es, wenn überhaupt, gelingen, den Leser so zu mobilisieren, daß er nach der Lektüre womöglich aufsprang und auf den Tisch schlug und ausrief: Dieser Zustand muß anders werden!

Das Buch hat keine Handlung und keinen architektonischen Aufbau und keine sinngemäß verteilten Akzente und keinen befriedigenden Schluß.

Man vermutet richtig, ob man es nun für richtig hält oder nicht: Es war so die Absicht!

DER HERR OHNE BLINDDARM

Der Herr ohne Blinddarm

Fabian stellte sich vor dem Chef auf. »Sie wollen mir eine Gehaltszulage aufdrängen?«

»Machen Sie keine Witze. Der Arzt hat mir das Lachen verboten, weil sonst die Narbe platzen könnte.«

Fischer fand, die Gelegenheit sei günstig. Er kam näher und erkundigte sich nach dem Befinden.

»Die Geschichte heilt sehr schwer«, bemerkte der Direktor gemessen. »Das liegt am Bauch, lieber Fischer. Seien Sie froh, daß Sie keinen Bauch haben. Sie mit Ihrer Konstitution können einer Blinddarmentzündung gefaßt ins Auge sehen.«

Fischer lachte geschmeichelt. Breitkopf wurde rege. Die Wunde sei noch immer nicht geheilt. Täglich müsse er zum Arzt. Der Schnitt reiche von hier bis da. Er zeigte die Entfernung auf der Weste. Und dann fragte er die beiden: »Wollen Sie sich die Sache mal ansehen?«

Fischer dienerte. Fabian machte eine einladende Handbewegung. Breitkopf ging zur Tür und schob den Riegel vor. Dann zog er Jackett und Weste aus, warf sie aufs Sofa, streifte die Hosenträger ab, ließ die Hosen herunter und knöpfte die Unterhosen auf. »Sie wissen ja ungefähr, wie ein Mann aussieht«, sagte er, hob das Hemd hoch und klemmte es unters Kinn.

»Sie haben ein Korsett an, Herr Direktor!« rief Kollege Fischer.

»Das trage ich nur, damit der Leib zusammengehalten wird. Sonst hängt er herunter, und dann wäre die Heilung noch schwieriger als jetzt. Los, haken Sie mal die Ösen auf! Aber vorsichtig!«

Fischer waltete seines Amtes. Das Korsett lockerte sich. Breitkopf nahm es fort, schmiß es zu Jackett und Weste und erklärte befehlend: »Nun sehen Sie sich mal die Schweinerei an!«

Die Bezeichnung war nicht unzutreffend. Quer über Breitkopfs Bauch, auf der südlichen Hälfte und dem Inhaber nicht sichtbar, klebten Wattebäusche und ein vergilbter Gazestreifen. Der Direktor entfernte die Dinge und legte die breite, mit Fäden gesteppte, entzündete Narbe bloß. »Sehen Sie sich's nur gründlich an«, sagte er.

Sie gingen vor dem haarigen, nackten Menschen, der noch immer ihr Direktor war, in Kniebeuge. »Donnerwetter!« rief Fischer. Er tat, als sähe er den Pik von Teneriffa oder das achte Weltwunder. Breitkopf warf, soweit die Bemühung, das Hemd mit dem Kinn festzuhalten, das zuließ, stolz den Kopf zurück.

»Toll!« behauptete Fischer. »Und da liegen Sie nicht im Bett? Das ist ja unverantwortlich.«

»Man kennt seine Pflicht«, meinte der Chef.

»Können Sie eigentlich von dort oben aus die Narbe sehen?« erkundigte sich Fabian. Er kauerte noch immer.

Breitkopf schüttelte das Haupt und sagte: »Nur im Spiegel. Ich kann doch nicht um die Ecke gucken.«

Fischer lachte, weil es offensichtlich erwartet wurde, verlor das Gleichgewicht und saß kichernd am Boden. An der Tür klingelte jemand. »Geschlossene Gesellschaft!« rief Fischer. Im Korridor entfernten sich Schritte. »Na, nun aber Schluß der Vorstellung!« sagte Fabian. Der Direktor kehrte ihnen die Rückseite zu und legte die Gaze und die Watte wieder vorsichtig über den Bauch. Die Angestellten holten das Korsett vom Sofa und banden es dem alten Nacktfrosch um. »Vorsichtig«, meinte er, »oben ins dritte Loch, unten ins zweite!«

Fabian fühlte das dringende Bedürfnis, Herrn Breitkopf einen Klaps auf die doppelbäckige Hängepartie zu geben. Doch so einfach ist das Leben nicht, daß man unbedenklich seinen Regungen frönen dürfte! Selbstbeherrschung ist nötig. Wo kämen wir hin, wollten wir jedem nackten Hinterviertel, das sich uns aufdrängt eins versetzen! Während Fabian darüber nachdachte, was aus der Weltgeschichte alles hätte werden können, wenn Joséphine Beauharnais ihrem Bonaparte, späterem Napoleon I., gelegentlich, wenn nicht gar wiederholt und in regelmäßigen Abständen, den Hintern vollgehauen hätte, zog sich der Direktor wieder an. Fischer hielt Weste und Jackett bereit.

Breitkopf fuhr hinein, dankte flüchtig und fand sich langsam wieder im zugeknöpften Zustande zurecht. Er erwartete Rückäußerungen.

»Es war sehr interessant«, behauptete Fischer.

»Es war geradezu aufschlußreich«, meinte Fabian und lächelte dem dicken Mann ins Gesicht.

»Hoffentlich macht Ihnen nun Ihr Blinddarm nicht mehr zu schaffen«, fügte Fischer im Gratulationston hinzu.

»Aber der ist ja doch raus«, sagte Fabian, »oder sollte man Ihnen das Bauchfell aufgetrennt und zugenäht haben, ohne den Blinddarm herauszuschneiden? Es kommen in dieser Hinsicht schreckliche Sachen vor. Ich weiß von Fällen, wo der Chirurg eine Pinzette und, ein anderes Mal, eine Schere zwischen den Därmen liegenließ. Einem Bekannten meiner Portiersleute passierte das sogar zweimal. Er machte daraufhin eine Eingabe an die Leitung des Krankenhauses: Man solle doch, bequemlichkeitshalber, seinen Bauch zum Auf- und Zuknöpfen einrichten. Das Gesuch wurde abschlägig beschieden.«

»Machen Sie keine Witze mit dem armen Herrn Direktor!« rief Fischer.

Breitkopf blickte Fabian streng an. »Reden wir von etwas anderem.«

»Richtig, Sie waren vorhin so freundlich, eine Gehaltszulage zu erwähnen. Wann kann ich damit rechnen?«

»Wer die Gehaltszulage erwähnte, waren Sie. Ich teilte Ihnen lediglich mit, daß die Firma mit Ihren Werbeentwürfen zufrieden ist. Das ist kein ausreichender Anlaß für Gehaltszulagen. Um so weniger, als Sie häufig zu spät in den Betrieb kommen. Sie verdienen Lob und Tadel gleichzeitig. Mit anderen Worten, Sie verdienen nicht mehr, als Sie verdienen.«

»Ich verdiene zu wenig! Was, glauben Sie, fange ich mit den zweihundertzehn Mark an, die Sie mir monatlich überreichen lassen?«

»Ich bin nicht neugierig«, antwortete Herr Breitkopf gereizt. »Die Privatangelegenheiten unserer Angestellten sind nicht meine Sache. Übrigens, warum kommen Sie so oft zu spät? Haben Sie etwa noch einen Nebenberuf? Dazu bedürfte es unserer ausdrücklichen Genehmigung.«

»Ich habe aber trotzdem einen.«

»Sie, Sie haben einen Nebenberuf? Dacht ich mir's doch! Was tun Sie denn?«

»Ich lebe«, sagte Fabian.

»Leben nennen Sie das?« schrie der Direktor. »In Tanzsälen treiben Sie sich rum! Leben nennen Sie das? Sie haben ja keinen Respekt vorm Leben!«

»Nur vor meinem Leben nicht, mein Herr!« rief Fabian und schlug ärgerlich auf den Tisch. »Aber das verstehen Sie nicht, und das geht Sie nichts an! Es besitzt nicht jeder die Geschmacklosigkeit, die Tippfräuleins über den Schreibtisch zu legen. Verstehen Sie das?«

Fischer hatte sich auf seinen Stuhl gesetzt, war blaß geworden und tat, als schreibe er. Breitkopf hielt mit beiden Händen die Weste fest; er fürchtete offensichtlich, die Narbe könne vor Wut zerspringen. »Wir sprechen uns noch«, stieß er hervor, drehte sich um und wollte die Tür aufreißen. Sie öffnete sich nicht. Er rüttelte daran. Er bekam einen roten Kopf. Der Abgang war verunglückt.

»Sie ist verriegelt«, sagte Fabian. »Sie wurde von Ihnen selber verriegelt, des Blinddarms wegen.

DIE DOPPELGÄNGER

Erstes Kapitel
Das vegetarische Attentat

Karl verriegelte die Tür seines Zimmers. Dann sah er sich um. Was blieb zu tun? Draußen regnete es unaufhörlich, und die Scheiben zitterten. Wer heute aus dem Fenster springen wollte, durfte den Schirm nicht vergessen. Karl ergriff die Wasserkaraffe, trat zu seinen Topfblumen und begoß sie. Die weiße Azalee, die Dutzende schneeweißer Blüten trug, schluckte das Wasser wie ein dürstender Mund. Nun war die Karaffe leer. Karl stellte sie aufs Fensterbrett, nickte den Blumen zu und setzte sich auf das dunkelrote Plüschsofa. Auf der gehäkelten Tischdecke lagen einige Briefe. Die Wirtin würde sie morgen in den Briefkasten werfen.

In diesem Augenblick klopfte es. Es klopfte dreimal. »Wer ist da?« fragte Karl.

»Maximilian Seidel«, antwortete eine tiefe, schwerfällige Stimme. »Ich bin Weinreisender und habe Ihnen ein Angebot zu machen.«

»Kommen Sie ein ander Mal!«

»Ein ander Mal ist es zu spät«, erwiderte die tiefe, schwerfällige Stimme. »Ich muß Sie sprechen.«

»Scheren Sie sich fort!«

»Nein«, sagte die Stimme, und die verriegelte Tür öffnete sich. Ein großer, bauchiger Mann trat ins Zimmer. Er schaute sich suchend um, nahm den Hut ab und erklärte: »Hübsch haben Sie's hier!« Dann setzte er sich umständlich in einen der dunkelroten Plüschsessel und legte eine Ledermappe auf den Tisch. Den Hut schob er auf die Mappe.

»Was wollen Sie?« fragte Karl. »Ich bin nicht gewöhnt, mich mit Menschen zu unterhalten, vor denen verriegelte Türen aufspringen.«

Der andere schien nicht zuzuhören. Nachdenklich, beinahe traurig, betrachtete er ein Glas Wasser, das mitten auf dem Tisch stand, holte asthmatisch Luft, lächelte langsam und sagte: »Die Sache ist die – Gott schickt mich zu Ihnen.«

Karl runzelte die Stirn. Dann beugte er sich zu einer Etagere, die neben dem Sofa stand, ergriff eine Zigarrenkiste und fragte: »Rauchen Sie?«

»Ich bin so frei«, entgegnete der Weinreisende, nahm eine Zigarre, biß ihr die Spitze ab und ließ sich Feuer geben. Nach einigen Zügen fragte er: »Fünfundzwanzig Pfennige?«

»Zwanzig.«

»Sehr preiswert.«

Die beiden Männer blickten einander nicht an.

»Ich erwähnte bereits«, fuhr Herr Seidel schließlich fort, »daß ich nicht als Weinreisender komme. Gott schickt mich. Er läßt Ihnen sagen, Sie möchten sich unverzüglich aufmachen und sich selber suchen.«

Karl stand auf. Er ging zum Schrank hinüber, holte eine Flasche heraus und hielt sie gegen das Licht. »Einen alten Korn?«

Der seltsame Gast blies blaue Rauchringe in die Luft. »Sei's drum«, erwiderte er und schaute hinter einem der hochschwebenden, größer und blässer werdenden Ringe her.

Karl schenkte zwei Schnapsgläser voll und stellte sie auf den Tisch. Herr Maximilian Seidel ergriff sein Gläschen, machte eine knappe Verbeugung, murmelte: »Wohl bekomm's!« und trank.

»Ich soll mich suchen?« fragte Karl. »Sie kennen mich nicht. Ich habe nichts anderes getan!«

Der Weinreisende hustete herzhaft, erhob sich, spazierte über den Teppich und blieb vor den Blumen stehen. »Die weiße Azalee hat noch immer Durst«, sagte er entschlossen, kehrte zum Tisch zurück, holte das Trinkglas, das mitten auf der Häkeldecke stand, und goß das Wasser behutsam, als sei's Medizin, in den Blumentopf.

Karl schloß erschöpft die Augen.

Als er sie öffnete, saß Maximilian Seidel wieder neben ihm und meinte gutmütig: »Ich bin kein sehr bedeutender Engel. Wirklich nicht. Aber ich bin zuverlässig und habe ein ausgezeichnetes Gedächtnis. Ich kann noch heute die Jahreszahlen aller deutschen Kaiser auswendig. Soll ich?«

»Nein«, erwiderte Karl. »Ich wüßte keinen Kaiser, der mir helfen könnte.«

Der andere wiegte bedächtig den Kopf. »Man darf nicht verzweifeln. Sie sollen von hier fortgehen und sich suchen.«

»Soll ich mich auch finden?«

»Nicht, bevor Sie sich begegnet sind.«

»Ich werde mir begegnen?« fragte der junge Mann betroffen. Der Engel, der Seidel hieß, nickte wieder.

»Wo?« fragte Karl.

»Droben im Gebirge. Im Kreis Friedberg. Dort gibt es einen Menschen, der Ihnen gleicht. Er ist Ihr Ebenbild. Wir fanden ihn, als wir Ihretwegen in der Gegenwart nachschlugen.«

»Wann soll ich gehen?« fragte Karl.

»Sofort!« Der Weinreisende erhob sich ächzend. »Ihre Reise duldet keinen Aufschub. Brauchen Sie Geld?«

»Nein.«

Der Engel holte ein Notizbuch aus der Rocktasche, klappte es auf und strich eine Eintragung durch. »Das wäre erledigt«, meinte er. »Ein Engel hat es nicht leicht.« Karl stand auf. »Das glaub ich gern.« Der andere steckte das Notizbuch weg und griff nach seinem Hut und der Aktentasche. »Besten Dank für die Zigarre und den alten Korn.«

»Nicht der Rede wert«, sagte Karl.

Der Weinreisende schüttelte den Kopf. »Viele werden ärgerlich, wenn man ihnen mitteilt, daß man ein Engel ist. Sie sträuben sich wie Kinder. Sie wollen die Wahrheit nicht glauben.« Er drehte sich um und betrachtete prüfend die weiße Azalee.

Sie war gestorben. Die Blüten lagen, rostbraun und welk, auf dem Teppich. Der Stamm war verdorrt. Die Blätter krümmten sich im Todeskrampf. Pflanzen sterben, ohne einen Laut von sich zu geben.

»Merkwürdiges Wasser trinkt man hier«, stellte Maximilian Seidel fest.

Karl senkte den Kopf und antwortete nicht.

»Sehr merkwürdiges Wasser. Viel später hätte ich kaum kommen dürfen.«

»Wie heißt der Mann, dem ich gleiche?« fragte Karl leise.

Der Engel hob abwehrend die Hand. »Alles zu seiner Zeit.« Er schaute sich um, als habe er etwas Wichtiges vergessen. Dann nahm er die Briefe vom Tisch.

»Ich werde sie besorgen.«

Karl erschrak. »Das hat jetzt keinen Sinn mehr«, sagte er hastig.

»Ich tue meine Pflicht«, antwortete der andere. »Mein Auftrag lautet so.« Er verwahrte die Briefe aufs sorgfältigste, schwenkte den Hut und wandte sich zur Tür.

Die Tür ging von selber auf. Maximilian Seidel bückte sich und verließ das Zimmer.

Karl war allein. Nachdenklich betrachtete er den vergifteten, zerstörten Strunk, der noch vor zehn Minuten eine weißblühende Azalee gewesen war.

Plötzlich stand, verlegen hüstelnd, der Engel wieder im Zimmer und meinte: »Entschuldigen Sie, ich habe meine Zigarre vergessen.« Er nahm die noch glimmende Zigarre vom Aschenbecher, lächelte und verschwand. Karl blickte hinterdrein und sagte: »Gott befohlen!«

Zweites Kapitel
Die dreifältige Nase

›Also gut!‹ dachte Karl. ›Also gut, leben wir weiter!‹
Sein Koffer stand im Handgepäckraum des Bahnhofs Zoo. In zwei Stunden ging der Zug nach Friedberg. Karl hatte Zeit. Er saß in einem der großen Kaffeehäuser, die mit ihren Leuchtfronten aufdringlich zu der dunklen, verlassenen Gedächtniskirche hinüberzwinkern.

Das Café, in dem er saß, gehörte zu jenen Betonpalästen, die lediglich aus dem Dach und aus vier Wänden bestehen, an deren Innenseiten, in Stockwerken gestaffelt und durch breite Wendeltreppen verbunden, Emporen und Balkone kleben. Hinter den Brüstungen sitzen, in jedem Stock, viele Menschen, blicken um sich, unter sich oder über sich, trinken etwas Warmes oder etwas Kaltes und unterhalten sich oder suchen Unterhaltung. Im Parterre bietet eine Kapelle Konzertstücke dar, die man bis zum Überfluß kennt. Und in den Konzertpausen spielt in einem der Stockwerke eine Jazzband zum Tanz, der auf abseits gelegenen Parkettflächen stattfindet.

Solche Kaffeehäuser ähneln pompösen Theatern, bei deren Bau der Architekt die Hauptsache vergaß: die Bühne. Und in jedem Augenblick, glaubt man, könne und müsse der Gong ertönen, der Lärm verstummen und die Vorstellung beginnen. Doch die Bühne fehlt ja. Und die Zuschauer sitzen wartend da, lächeln, sind laut und wissen: ›Wir warten vergeblich.‹

Karl saß im Parterre und trank Bier. Er hob den Kopf und betrachtete die schreiend illuminierten Ränge und ihre mit vergeblich wartenden Menschen vollgestopften Logen und Nischen. Nein, er hatte nicht damit gerechnet, dergleichen wiederzusehen.

Es war neun Uhr am Abend. ›Eigentlich bin ich seit einer Stunde tot‹, dachte Karl. ›Es sollte keine Engel geben. Ein Engel namens Seidel hat mich zum translatalen Dasein gezwungen. Da haben wir's: Es gibt ein Fortleben nach dem Tode!‹

Er war nicht glücklich. Er hatte von ganzem Herzen gewünscht, zu sterben. Er hatte sein Ende planmäßig vorbereitet. Ohne Koketterie, ohne Haß und ohne Hast. Daran, daß ins Jenseits Tapetentüren führten, hatte er nie geglaubt. Und nun hatte ein mit Wein reisender Engel letzte Grüße in den Briefkasten geworfen! Er war tot und lebte weiter. Und eine über und über weißblühende Azalee war statt seiner mit Gottes Hilfe und mit Hilfe einer kolloiden Lösung in wenigen Minuten verwelkt und gestorben. Ein Selbstmord hatte sich in ein Attentat auf eine Topfpflanze verwandelt.

Karl glich einem Mann, dem alle Ärzte übereinstimmend versichert haben: spätestens am 31. Mai sei er tot. Doch am 1. Juni muß er feststellen, daß er lebt, und muß mutmaßen, daß er noch lange weiterleben wird. Solch ein Mann ist übel dran. Er hat sich mit seinen Freunden verfeindet, damit sie ihn, stürbe er, nicht beweinen müssen. Sein Geld und die geheimsten Wünsche hat er verjubelt. Sein Haus hat er abgeschlossen, und der Schlüssel zum Tor liegt unter der Brücke im Fluß. Er hat sich vom Leben ausgesperrt, weil er sterben muß – und nun stirbt er nicht! Was soll er tun? Er ist nicht tot und nicht am Leben. Der Sinn des Daseins ist verblüht. Gäbe es Klöster für Ungläubige, dorthin müßte so ein Mensch. Aber solche Klöster gibt es nicht, und fremd, frierend und zwecklos steht er unterm Himmel.

Grab und Begräbnis sind bestellt. Die Träger kommen, den Sarg zu holen. Der Sarg ist leer. Und die livrierten Männer mit den schwarzen silberbordierten Dreispitzhüten kehren traurig um. So traurig waren sie bei noch keinem Leichenbegängnis!

Draußen auf dem Kirchhof blickt der Tote, der nicht hat sterben können, hinter einem Baum hervor und zum eignen Grab hinüber. Es regnet. Das Männerquartett steht unter Schirmen und trägt Schals. Atemlos kommt der Sakristan des Wegs. Die Feierlichkeit könne nicht stattfinden. Der Tote sei flüchtig!

Als alle andern gegangen sind, tritt der Mann hinterm Baum vor, wirft drei Hände Kies in seine Grube und entfernt sich verwirrt. Was wird er beginnen? Im Ernst, was beginnt solch ein Mensch?

Karl griff in die linke Brusttasche, holte einen Bleistift und etliche weiße Zettel heraus und sah sich um, ohne etwas zu sehen. Wie durch Dutzende schwerer Portieren gedämpft, drangen Lärm und Musik zu ihm. Er senkte den Kopf, runzelte die Stirn, nahm einen der Zettel und schrieb:

»*Rahmennotiz zu epischem Stoff:* 1. Station. Ein Mann, Mitte 30, soll aus medizinischen Gründen zu fixem Termin sterben. Glaubt Diagnose. Richtet Lebensrest auf terminiertes Ende ein. Verwirklicht – fieberhaft – seelisch, abenteuerlich, finanziell usw. alles bisher Versagte; Notwendiges und Überflüssiges. Läßt sich ausbluten. Termin kommt und vergeht: der Mann lebt weiter! Als Fehldiagnose. Tatbestand: alle Brücken abgebrochen. Alle Fäden zerschnitten. Monate ohne Fenster. Robinson im Tunnel. Lebender Leichnam.

2. Station. Was nun? Rekapitulation der Geburt. Voraussetzungsloses Dasein ab ovo. Neues Milieu. Herr Nemo. Neue Bindungen. Ende als Voraussetzung für Anfang.

3. Station. Unausbleibliche Komplikationen: Begegnung mit Vergangenheit. Auferstehung der Lebenden. Zweierlei Aggregatzustände der gleichen Person. Explosive Mischung. Explosion? Oder? Was soll werden?«

Karl steckte den eng beschriebenen Zettel in die Tasche, lehnte sich weit zurück und zog die Brauen hoch.

»Der Herr noch ein Pilsner?« fragte jemand. Es war der Revierkellner. Karl nickte gleichgültig. Der Ober nahm das leere Glas vom Tisch und verschwand. Als er, nach kurzer Zeit, das zweite Pilsner brachte, hatte er Gelegenheit, sich über den Gast zu wundern. Der Gast lächelte ihm zu. Oder lächelte er mitten durch ihn hindurch? »Haben Sie noch einen Wunsch?« fragte der Kellner zuvorkommend.

Der Gast antwortete nicht, sondern schob einen weißen Zettel vor sich hin, griff kopfschüttelnd zum Bleistift und murmelte: »Das sollten die Engel wissen!«

Der Ober zog sich verwirrt zurück.

Karl schrieb:

»*Charakteristikum des Schriftstellers:* Proponiert eignen Todestag. Unumstößlicher Termin. Höhere Gewalt verhindert Ausführung. Eine Stunde später skizziert Schriftst. bereits Stichworte zu Roman, Thema Fortleben nach Tod. Also eigene Ausweglosigkeit wird selbsttätig und sofort objektiviert, wird epischer Plan und somit – eigner Ausweg! (Oder nur scheinbar?)

Bei Schr. Erfahrung und Phantasie organisch verbunden wie siamesische Zwillinge. Beider Mutter: die Neugier. Von der billigsten zur kostbarsten.«

Er steckte auch diesen Zettel in die Tasche, blickte um sich und merkte, daß er wieder sah.

›Also gut!‹ dachte er. ›Also gut, leben wir weiter!‹

Am Nebentisch hatte ein junges Mädchen Platz genommen. Der Kellner kam. Sie bestellte Tee und Kuchen und holte ein kleines silbernes Zigarettenetui aus der Handtasche. Der Kellner gab Feuer. Sie bedankte sich. Dann las sie in einer Zeitschrift. Mitten in der Lektüre schaute sie plötzlich auf und begegnete nicht ohne Hochmut Karls prüfendem Blick, senkte gelassen den Kopf und fuhr zu lesen fort.

Der Kellner brachte Tee und Kuchen und fragte etwas. Sie gab Antwort. Er ging. Sie trank einen Schluck, rauchte und las weiter. Doch nach kurzer Zeit sah sie, von Karls Blicken irritiert, erneut hoch. ›Ein seltsamer Mensch‹, dachte sie. ›Er mustert mich, als sei ich der schiefe Turm von Pisa und als schätze er meinen Neigungswinkel ab. Er stört mich, ohne mich zu meinen!‹

Karl griff zu einem dritten Zettel und wieder zum Bleistift und notierte: »*Die dreifältige Nase:* Beobachtung im Café. Blondine. 1. Hat normalerweise sanfte Stupsnase. Sehr feiner konkaver Schwung des Nasenrückens. 2. Beim Sprechen, offensichtlich bei Umlauten und betonten dunklen Vokalen, verschwindet subtiler Schwung. Es entsteht völlig neues Profil. Nasenrücken wird linear gerade. Das Drollige weicht. Macht naivem Ernst Platz. 3. Wenn das Mädchen trinkt oder an glimmender Zigarette zieht oder Gesicht pudert, wandeln sich Nase und Gesicht noch einmal. Jetzt biegt sich Nasenspitze ein wenig nach unten. Es ergibt sich dezent konvexe Wölbung. Antlitz wird rassig. Ungewöhnliche Trinität des gleichen Profils.«

Die junge Dame spürte, daß sie nicht mehr beobachtet wurde, und blickte zu Karl hinüber. Er saß vorgeneigt und starrte einen dicken Herrn an, der zurückgelehnt und breitbeinig in seinem Sessel hockte, die Emporen betrachtete und sich in nahezu regelmäßigen Abständen am rechten Ohrläppchen zupfte. Es wirkte, als wolle er sich wecken.

Karl fixierte den dicken Herrn und schrieb. ›Oder zeichnet er?‹ dachte sie. Karl steckte ein paar Zettel in die Tasche und schob einen noch unbeschriebenen neben sein Bierglas. Ihm war ein Gedanke gekommen, den er für wichtig hielt. Er hatte in Stichworten die Ausdrucksfähigkeit eines Nasenrückens zu Papier gebracht. Desgleichen die für dicke kurzbeinige Männer einzig mögliche Art, auf unbequemen Stühlen zu sitzen. Nun trank er hastig einen Schluck Bier und schrieb:

»*Plan einer Propädeutik für Schriftsteller:* Entstanden aus einer Forderung an mich und hiermit an Autoren überhaupt. Wir müßten, gleich den Graphikern und Malern, das Skizzieren als beruflichen Brauch einführen. Eindrücke, Beobachtungen usw. sollten unmittelbar vorm Objekt präzise notiert werden. Blick und Sprachbeherrschung würden dauernd geschult und vervollkommnet. Erfahrung und Deskription würden fortschreiten.

Nicht nur das Sammeln von Stoffen, Episoden, Prozeßberichten usw., wie bei vielen Autoren bereits üblich, ist angebracht. Sondern noch mehr und noch eher die Pflege einer primären Berufsvoraussetzung, sichtbare Wirklichkeit zu beschreiben! Denn das ist ja das schwerste: Augenfällig zugeordnete Tatsachen und Gegenstände im schriftlichen Nacheinander der Darstellung annähernd anschaulich wiederzugeben. Eine Broschüre hierüber – Prinzipielles und Beispiele enthaltend – wäre, als Unterstufe eines Leitfadens für Schriftsteller, notwendig. Beispiele vielleicht am lehrreichsten, wenn geschilderter Sachverhalt jeweils fotografisch beigefügt.

NB. Dieses ›Skizzieren‹ übrigens nicht nur Autoren nützlich. Sollte im Lehrplan der Schulen eingeführt werden. Deutsche Aufsätze gewöhnen üblicherweise an Entfernung von der Realität, an Phrasendrusch. Skizzieren mit Sprachmitteln, etwa auf Klassenausflügen, übt Beobachtungsschärfe und sprachlich prägnante Wiedergabe des Beobachteten.«

Karl hob den Kopf, fuhr sich mit der Hand über die Augen und sah sich erstaunt um. Nun hörte er wieder das Klappern der Tassen und Löffel und die vom Podium dringende Konfektionsmusik. Nun erkannte er wieder die müden Mienen der vergeblich Wartenden, die ihn umgaben. Und er begegnete dem Blick eines blonden jungen Mädchens ... ›Das‹, dachte er, ›ist ja das Fräulein mit der dreifachen Nase. Ihr, der jungen Dame sowohl als auch der Nase, verdanke ich die Anregung zu meiner Propädeutik!‹

Dankbar und höflich verbeugte er sich.

Die junge Dame wußte nicht, worum es ging. Sie lächelte abweisend und begann in ihrer Handtasche zu kramen.

Drittes Kapitel
Rote Schlagsahne

Die folgenden Ereignisse vollzogen sich in wenigen Minuten. Karl glaubte unter den Menschen, die sich durch die Drehtür hereindrängten, Herrn Maximilian Seidel zu erkennen. Jenen umfangreichen und gebückt daherschreitenden Riesen, der Weinreisender und Engel in einem war.

›Der Himmel reicht heute tiefer als je‹, dachte Karl. ›Oder ist der Mann ein Doppelgänger meines Engels? Doppelgänger sind seit einer Stunde im Schwang.‹

Der Riese steuerte der Treppe zu und stieg langsam die teppichbelegten Stufen hinan. Jetzt tauchte sein Hut in der ersten Etage auf. Dann verschwand er hinter der nächsten Schraubenwindung der Treppe.

Karl überwachte die zweite Empore. Und da, während er die Brüstung nach dem Riesen absuchte, geschah's, daß oben, im zweiten Rang des Kaffeehauses, ein hektisch schmaler Mensch aufstand und einen Revolver an die rechte Schläfe preßte!

Neben ihm saßen zwei junge Mädchen. Verkäuferinnen. Sie hatten sich heißgetanzt und Wermuth getrunken. Und vom späteren Abend erhofften sie sich zärtliche Begleitung und ein bißchen von dem, was man eines Tages Glück nennen wird. Und nun stand, dicht neben ihnen, ein fremder blasser Mensch, hob den Revolver gegen sich und schloß die Augen. Seine Lider zitterten. Die Kapelle, unten im Parterre, spielte den Tannhäuser-Marsch. Die beiden Mädchen öffneten die rotgemalten Lippen, als wollten sie schreien. An andren Tischen wurde man aufmerksam. Gäste sprangen auf und drängten zur Brüstung.

Der junge Mensch drückte ab. Nur die Umsitzenden hörten den Knall. Denn der Tannhäuser-Marsch klang lauter. Der junge Mensch wankte, sank langsam in die Knie und schlug mit dem Oberkörper dumpf auf die Plüschbrüstung. Der Kopf hing vornüber.

Die eben noch auf ihn zugeeilt waren, wichen, nun es zu spät war, zurück. Eine der kleinen hübschen Verkäuferinnen fiel in Ohnmacht. Die andere weinte staccato.

Unten im Café war der Vorfall nicht bemerkt worden. Die Leute lasen, rauchten und lachten, obwohl über ihnen der Kopf eines Toten schwebte. Sie wußten es noch nicht.

Plötzlich sprang im Parterre eine Frau auf. Sie kreischte verzweifelt. Der Stuhl fiel um. Sie zeigte auf den Tisch. Die Schlagsahne in ihrem Nickelbecher war rosa und wurde zusehends röter. Alles schaute nach oben. Alles erschrak. Verwirrung brach aus. Viele eilten bleich zur Garderobe und stürzten schaudernd aus dem Lokal. Die Kellner waren außer sich. Mehrere Gäste hatten zu zahlen vergessen.

Zehn Minuten später herrschte wieder Ordnung. Die Leiche befand sich in der Herrentoilette. Die Polizei war verständigt und ersucht worden, Zivilbeamte zu schicken. Jedes Aufsehen mußte vermieden werden. Die Kapelle spielte fortissimo und ohne Atempause.

Auffällig war allenfalls, daß im Parterre, unter der Emporenbreitseite, einige Tische frei waren. Noch dazu die besten Tische im Café.

Aber auch das blieb nicht lange so. Neue Gäste kamen. Sie freuten sich, Platz zu finden. Und an dem Tisch, an dem vor kurzem irgendeine Frau kreischend aufgesprungen war, weil sich Schlagsahne rotgefärbt hatte, saß nun, neben einem kleinen mageren Herrn, irgendeine andere Frau. Eine ordinäre Person. Mit einem Ballonbusen und zwei Silberfüchsen.

Diejenigen, die den Selbstmord und die darauf folgende Bestürzung miterlebt hatten, starrten gebannt zu dem Tisch und der abscheulichen Frau hinüber.

Und diese Frau, die es nicht gewöhnt war, im Kreuzfeuer staunender Blicke zu sitzen, begann wie eine Rose zu blühen. Sie knöpfte die Kostümjacke auf, brachte die Seidenbluse zur Geltung und setzte den Hut ab, damit die zahlreichen Bewunderer auch Gelegenheit fänden, ihr junonisches Haupt zu würdigen. ›Welch ein Tag!‹ dachte sie erschüttert. ›Wie gut, daß ich noch nicht nach Hause wollte! Ich bin zu schade für Paul. Wenn er wenigstens nicht so krumm säße!‹ Sie begann die offensichtlich ihr geltenden Blicke feurig zu erwidern. Karl hielt dieses Mißverständnis nicht länger aus. Er zahlte und ging. An der Drehtür stieß er mit Seidel zusammen. »Diesmal bin ich zu spät gekommen«, sagte der Weinreisende. »Wir sind zu wenig Leute.«

Draußen, vorm Kaffeehaus, wünschte er Karl gute Reise und entfernte sich, so rasch sein Gewicht das zuließ. Im Gehen holte er das Notizbuch aus der Tasche.

DER ZAUBERLEHRLING

Ein Fragment

Erstes Kapitel

Mintzlaff setzte langsam die Tasse nieder, lehnte sich in dem sanftgeblümten Ohrenstuhl zurück und blickte, während er die Lider senkte, hinter den kleinen freundlichen Empfindungen, die in ihm schwebten, drein, als wären es bunte Kinderballons an einem inwendigen Himmel.

›Du müßtest öfter reisen‹, sprach er zu sich selber. ›Nicht aus geographischen Erwägungen; nicht wegen irgendwelcher Fernsichten, Gletscher, Gemäldegalerien, Tropfsteinhöhlen und Ritterburgen, Du müßtest öfter reisen, um zuweilen nicht daheim zu sein. Nur unterwegs erfährt man das Gefühl märchenhafter Verwunschenheit. Nur der Fremdling ist einsam und fröhlich in einem!‹

Ihm war nicht ganz klar, ob diese einigermaßen romantische Deutung des Reisens nur für Menschen Geltung hatte, die, wie er, eigentlich lieber zu Hause blieben; es reizte ihn im Augenblick auch gar nicht, der Frage auf den Grund zu gehen.

Er musterte statt dessen die anheimelnd eingerichtete Teestube, in der er seit zehn Minuten saß, schaute dann durch die Fensterscheiben und nickte anerkennend; denn draußen schneite es still vor sich hin, und er liebte seit seiner Kindheit das schwerelose weiße Zauberballett der Flocken, als werde es von Anbeginn eigens für ihn getanzt.

Ach, und niemand konnte in dieser Stadt, wo ihn keiner kannte, kommen, ihm auf die Schulter klopfen und, ob nun klug oder dumm, entbehrliche Mitteilungen machen! Es war, um allein im Chor zu singen!

Belustigt zog er die Brauen hoch. ›Rubrik römisch Eins‹, ging es ihm durch den Kopf. ›Seelischer Tatbestand: Der Mensch im natürlichen Einklang mit Eigenschicksal und Umwelt. Antwort des Gemüts: Je nach Temperament, Empfindungstiefe und -dauer abgewandelt; alle heiteren Stimmungen von Glückseligkeit bis Zufriedenheit möglich; Nullpunkt, wie in sämtlichen Sparten des Mintzlaffschen Systems, die Indolenz. Künstlerische Antwort: Die apollinische Haltung und das harmonische Werk, vom Hymnischen bis zum Idyllischen.‹

Er griff mit ironischem Schwung in die innere Rocktasche und zog etwas hervor, das einem vielfach gefalteten Stadtplan glich. Es war freilich nichts dergleichen; außer man brächte es zuwege, Seelen und Städte einander für ähnlich zu erachten.

Nein, es war das Mintzlaffsche Schema, und das bedeutet: ein System, in dem die Skala der menschlichen Gemütslagen und das Spektrum gewisser künstlerischer Kategorien – wie beispielsweise des Tragischen, des Komischen, des Satirischen, des Humoristischen – einander rechtwinklig und übersichtlich zugeordnet wurden. Das Ganze war, wenn man so will, eine Klima- und Wetterkarte wichtiger ästhetischer Grundbegriffe; und der Herr Begriffsstutzer, wie Mintzlaff sich selber nannte, tat sich, im Rahmen des Statthaften, mitunter einiges darauf zugute.

Ästhetiker sind seltsame Leute. Sie lieben die Künste und die Ordnung und bringen deshalb Ordnung in die Kunst. Sie rücken der Kultur zuleibe wie Linné seinerzeit den Blumen und Bäumen. Nun täte man solchen Fanatikern der Ordnung schweres Unrecht, wenn man sie für Pedanten halten wollte. Nein, sie wissen um das Urgeheimnis der ordnenden Tätigkeit, und das lautet: Wer Ordnung schafft, schafft!

Wer Ordnung schafft, gewinnt Einblick in die Zusammenhänge und Einsicht in die Bedeutung der Gegenstände. Indem er die Vielfalt ordnet, findet er ihre Gesetze. Die Kenntnisse kristallisieren sich zur Erkenntnis, und diese zeugt aus sich heraus oft überraschende, vorher nie gewußte, durch bloßes Suchen niemals auffindbare neue Kenntnisse. Nun, solch ein Kauz war Herr Mintzlaff, der Vater des Mintzlaffschen Schemas. Man sah es ihm nicht an. Seine äußere Erscheinung entsprach kaum der Vorstellung, die man sich unwillkürlich von einem Kunstgelehrten macht. Weit eher glich er einem melancholisch angehauchten Eishockeyspieler.

Er war vor knapp zwei Stunden in München eingetroffen, hatte die Koffer in einem Hotelzimmer untergebracht und wollte am nächsten Tag die Reise, deren Ziel Davos war, über Stuttgart und Zürich fortsetzen.

Er liebte an München besonders, daß er es so gut wie gar nicht kannte. Als Student hatte er während dreier Tage die Münchner Museen heimgesucht. Später, als Dreißigjährigem, war ihm in dieser Stadt, im Verlauf eines halbwöchigen Aufenthaltes, eine Art Braut, ein bildschönes und unkluges Mädchen, mit einem feurigen Bildhauer durchgegangen, und die beiden hatten diesen Schritt sowie die folgenden Schritte später noch sehr bereut.

Weiter kannte Mintzlaff München nicht. So konnte er heute recht von Herzen den ersten Tag der Reise, jenes friedvollen Untertauchens in der Anonymität, auskosten.

Er lehnte sich wieder in den bequemen Ohrenstuhl zurück. Draußen schneite es noch immer. Der Himmel zuckerte die Hüte der Damen und Herren in der Brienner Straße ein, als seien's keine Kleidungsstücke, sondern kandierte Früchte.

Da! Einem würdigen Passanten flog die eingezuckerte Melone vom Kopf! Hatte der Wind Appetit?

Der Passant setzte sich in Trab. Wenn er nun, nach vielen höchst unwilligen Sprüngen, den Hut wiederfände und feststellen müßte, daß ein unsichtbares Wesen ein Stück Krempe abgebissen hätte?

Mintzlaff streckte die Beine von sich. Wie schön, wie unheimlich schön das Leben war, empfand man doch wohl erst, nachdem man erfahren hatte, wie schlimm, wie abgründig schlimm es war, dieses selbe Leben!

Da nahm jemand an Mintzlaffs Tische Platz.

Ausgerechnet in einem so einsichtsvollen Augenblick! Es war ein Mann, schön wie ein Schrank. Mit lackschwarzem, nach hinten gekämmtem Haar und einem jener ein wenig zu eleganten Schnurrbärte, denen man am ehesten in Südamerika und im Film begegnet. Mintzlaff griff hastig nach dem Mintzlaffschen Schema, faltete es zusammen und verstaute es sorgfältig in der inneren Rocktasche. Er beschloß, die Teestube umgehend zu verlassen.

Der Fremde schien davon, daß er störte, nichts zu spüren.

Er bestellte etwas zu trinken, rieb sich das Kinn, musterte die manikürten Nägel, schnippte ein Stäubchen von seinem sehr neuen Anzug und blieb eine Weile sinnend sitzen. Dann beugte er sich über den Tisch und fragte: »Haben Sie einen Spiegel bei sich?«

Mintzlaff schüttelte den Kopf und sagte unnötig laut: »Nein!«

»Schade«, erwiderte der Fremdling. »Sie müssen wissen, daß ich bis vor einer halben Stunde einen wunderschönen Vollbart trug. Der Friseur nahm daran Anstoß; und das junge Mädchen, das mir die Nägel kurzschnitt, fand sogar, ich sähe unmöglich aus.«

Mintzlaff schwieg und dachte bitter: ›Daran hat sich mittlerweile nicht das mindeste geändert!‹

Da lachte der Fremde.

Der Kunstgelehrte schaute mißtrauisch auf. In diesem Moment trat die Kellnerin herzu und bediente den neuen Gast. Ehe Mintzlaff den Wunsch zu zahlen geäußert hatte, war sie weitergeglitten.

Der Fremde trank einen Schluck, wandte sich dem gekränkten Nachbarn zu und sagte freundlich: »Entschuldigen Sie, daß ich gelacht habe. Ich halte es auf alle Fälle für angebracht, Ihnen beizeiten mitzuteilen, daß ich Gedanken lesen kann.«

Mintzlaff schaute dem anderen zum ersten Male voll ins Gesicht und wurde rot. Der Mann hatte große, herrliche Augen; Augen, denen so leicht kein Blick gewachsen war. Mintzlaff war verwirrt. ›Gedankenlesen ist ein höchst unanständiges Talent‹, dachte er noch. Da antwortete der Fremde, als habe der Nachbar den Satz nicht etwa nur gedacht, sondern laut und vernehmlich ausgesprochen: »Sie haben nicht ganz unrecht. Doch man mag von einem Talent, das man hat, halten, was man will – man besitzt es eben! Man kann es nicht fortwerfen, nicht verbrennen und nicht wegschenken. Ein Talent ist kein Vollbart.«

Mintzlaff war rechtschaffen unheimlich zumute. Was war das für ein Mann? Woher kam er? Gab es denn überhaupt Telepathie von solcher Sehschärfe? Noch dazu zwischen einander völlig unbekannten Menschen? Das beste wäre, schnellstens zu zahlen und davonzulaufen!

»Bleiben Sie«, sagte der Fremde. »Der Gedanke, Sie verjagt zu haben, wäre mir recht ärgerlich. Bleiben Sie! Machen Sie mir die Freude!« Ohne eine Antwort abzuwarten, fuhr er fort: »Ich heiße übrigens Lamotte. Baron Lamotte.«

Mintzlaff verbeugte sich und nannte seinen Namen. ›Eigentlich ist es blödsinnig, den Mund aufzutun‹, dachte er währenddem. ›Er weiß ja doch, was man sagen will, ehe man sich um die Erzeugung von Schallwellen bemüht.‹

Baron Lamotte nickte nachdenklich und meinte: »Trotzdem ist ein Zwiegespräch, bei dem nur einer den Mund auftut, eine etwas absurde Angelegenheit. Außerdem fällt derartiges in einem Lokal natürlich auf. Und ich möchte, offen gestanden, keineswegs, daß mein, um mit Ihren Gedanken zu reden, unanständiges Talent bekannt wird.« Er unterbrach sich. »Sie wollten etwas denken«, sagte er. »Sprechen Sie es ruhig aus!«

»Ich habe eine Frage.«

»Bitte?«

»Bin ich, ohne es zu wissen, ein ungewöhnlich telepathisches Medium?«

»Nein, mein Herr.«

»Wenn Ihr Talent dann also wirklich vor keinem Menschen haltmacht …«

»Vor keinem, mein Herr.«

Mintzlaff griff sich an die Schläfen. »Es ist nicht auszudenken!« Er dämpfte seine Stimme. »Es ist eine überwältigende Vorstellung! Sie könnten in kurzer Zeit die Börsen aller Kontinente beherrschen, vielleicht um Millionär zu werden, vielleicht um die Pest der Spekulation auszurotten! Sie könnten der genialste Diplomat Ihres Landes werden, oder der unfehlbarste Kriminalist!«

»Ich könnte sogar im Varieté auftreten«, sagte der Baron. »Ich weiß. Aber, sehen Sie, ich mag nicht. Ich finde es zweitklassig, aus dem, was andere ängstlich verschweigen, Ruhm oder Geld zu münzen. Überdies besitze ich schon zuviel Geld und sowieso zuwenig Ehrgeiz. Liegenschaften habe ich auch; mit Seen, Wäldern und Tieren. Nicht einmal die Langeweile könnte mich also dazu überreden, ein Genie, ein Milliardär oder noch Schlimmeres zu werden.« Er blickte lächelnd zu seinem verstörten Nachbarn hinüber.

Mintzlaff, der sich schon wieder durchröntgt fühlte, zuckte verlegen die Schultern.

Lamotte kniff belustigt das rechte Auge zu. »Es gibt auch andere Gründe, zu arbeiten, nicht nur die Flucht vor der Langeweile? Gewiß, mein Herr. Aber ich erinnere mich nicht, gesagt zu haben, daß ich ein notorischer Faulenzer bin. Oder habe ich es etwa gedacht?« Er drohte mit dem Zeigefinger. »Sollten Sie mir das Gedankenlesen schon abgeguckt haben?«

»Es ist allen Ernstes schrecklich«, erklärte Mintzlaff. »In Ihrer Gegenwart müßte man sich aus purer Höflichkeit das Denken abgewöhnen! Oder man müßte bereits lügen können, während man denkt – doch das ist ein Ding der Unmöglichkeit.«

»So unzulänglich sind die Menschen«, meinte der Baron. Doch schien es ihm nicht allzu nahezugehen. »Und von einer Unzulänglichkeit soll ich profitieren?« fragte er. »Man sollte nie durch Schlüssellöcher schauen, auch nicht, wenn sie sich in leeren oder schlecht möblierten Schädeln befinden! – Außer zum eigenen Vergnügen. Da haben Sie recht!« Er lachte entwaffnend.

Mintzlaff stimmte schüchtern ein. »Entschuldigen Sie, Herr Baron«, sagte er dann, »Sie sind der erste Mensch, dem ich den Vorschlag gemacht habe, auf unmoralische Weise vorwärtszukommen.«

»Aber, aber!« Baron Lamotte hob beschwörend beide Hände. »Machen Sie keine Geschichten! Sie brauchen sich nicht zu entschuldigen! Ich weihte Sie in ein Geheimnis ein, und Ihre Phantasie spielte Ihnen einen Streich – das ist doch nur natürlich!« Er schwieg einige Sekunden, beugte sich dann vor und fragte leise: »Sehen Sie den Mann mit der grünen Jägerjoppe?«

»Gewiß.«

»Haben Sie zufällig gehört, was der Kerl eben gedacht hat?«

Ehe Mintzlaff etwas erwidern konnte, schüttelte der andere den Kopf. »Pardon, ich vergaß ganz, daß Sie ja gar nicht ... Da sitzt also ein Mann in einer grünen Joppe mit beinernen Knöpfen harmlos am Nebentisch, macht Augen wie ein verfrühtes Veilchen und wird seinem Gegenüber noch heute abend zwanzigtausend Mark abpressen wollen!«

»Man sollte den anderen ins Bild setzen!« meinte Mintzlaff.

»Zu spät«, erklärte Lamotte und betrachtete angelegentlich die Nymphenburger Vase, die, mit Alpenrosen gefüllt, auf dem Nebentisch stand.

»Zu spät?«

»Ja. Er weiß schon Bescheid. Durch die Gemahlin des Mannes in der Joppe. Aha, eine echte Rotblondine.« Der Baron lächelte nachsichtig. »Männer sind komische Leute. Während sie einander an der Gurgel packen, denkt der eine an die Haarfarbe der Frau des anderen!«

Mintzlaff versank in Schweigen. Über seiner Nasenwurzel erschien eine senkrechte Falte, schmal und tief wie eine Fechternarbe. »Halt!« sagte der Baron hastig. »Vorsicht, mein Herr! Denken Sie rasch etwas anderes! Ich möchte mich unter keinen Umständen in Ihre augenblicklichen Gedanken mischen!«

Der Kunstgelehrte zuckte zusammen. Und eine schlanke Dame namens Hedwig, die eben noch, schön und bloß, durch sein Innenleben geschwebt war, verschwand erschrocken in einer unzugänglichen Dimension, fortgehext wie durch einen Zaubertrick. Und aus Angst, die junge Dame könne, womöglich noch immer unbekleidet, erneut hinter der Wolke des Unterbewußtseins hervorschweben, nicht ahnend, daß die Erinnerung an sie von einem wildfremden Herrn mitgedacht würde, begann Mintzlaff angestrengt das Einmaleins mit der Dreizehn in Gedanken herzubeten. ›13, 26, 39, 52, 65, 88 ...‹

»Falsch«, sagte der Baron. »78!« Er wandte den Kopf und zog die Brauen hoch.

Die beiden Männer am Nebentisch hatten sich erhoben. Eine große elegante Frau trat zu ihnen und gab ihnen die Hand.

»Sie ist tatsächlich rotblond!« flüsterte Mintzlaff.

Der Baron meinte nachlässig: »Aber die Haarfarbe ist nicht echt. Obwohl der Liebhaber es glaubt. Sie sehen, daß man auch durch Gedankenlesen nicht immer die Wahrheit erfährt!«

Die drei am Nebentisch hatten Platz genommen, unterhielten sich leise und lächelten höflich. Der Mann in der grünen Joppe hatte die Hand leicht auf den Arm seiner Gattin gelegt. Der andere Mann reichte ihr sein Zigarettenetui, gab gewandt Feuer, und sie sahen einander dabei flüchtig und scheinbar völlig konventionell in die Augen.

»Großartige Komödianten«, murmelte der Baron. »Artisten der Lüge. Man hat Mühe, ihren lautlosen und unsichtbaren Kunststücken zu folgen. Sie dürfen nicht vergessen, mein Herr, daß die drei zwar nacheinander sprechen, aber gleichzeitig denken.«

»Die Herrschaften pokern ohne Karten«, meinte Mintzlaff.

»Und sie spielen um verflucht hohe Beträge«, erwiderte Lamotte. »Um die Existenz; der eine ums Leben.«

Mintzlaff blickte gespannt zum Nebentisch hinüber. ›Wenn die undurchsichtigen Vorhänge vor diesen Köpfen plötzlich weggezogen würden‹, dachte er, ›und die drei könnten einander in die Köpfe schauen, wie durch gardinenlose Fenster in gespenstische Zimmer, nur eine Minute lang, und dann rauschten die Vorhänge ebenso plötzlich wieder zusammen – was geschähe wohl? Würfen die Männer und die Frau, als hätten sie Feuerbrände in den bloßen Händen, die unsichtbaren Spielkarten von sich?‹

»Sie haben gefährliche Wünsche, mein Herr«, sagte der Baron.

»Sie wollen ernstlich, daß drei Menschen sechzig Sekunden lang in die Hölle blicken?«

»Entschuldigen Sie, Herr Baron! Ich dachte nur ...«

»Sie dachten nur?«

In diesem Moment fiel ein Stuhl um. Tassen klirrten. Der Mann in der grünen Joppe war aufgesprungen und griff sich langsam an die Kehle. Er starrte aus weitaufgerissenen, glasigen Augen auf die zwei am Tisch.

Der andere beugte sich weit vor, krallte eine Hand ins Tischtuch und wollte sich erheben. Das Tischtuch gab nach. Die Nymphenburger Vase torkelte und fiel ganz langsam um. Das Wasser lief über seine Finger und tropfte lautlos in den Teppich.

Das Gesicht der Frau sah jetzt aus, als sei es mit zerknittertem Seidenpapier überklebt. »Nein!« schrie sie plötzlich und schielte vor Entsetzen. »Nein!« Die übrigen Gäste zuckten zusammen und blickten verständnislos auf das abwegige Schauspiel, das man ihnen bieten zu wollen schien.

Die drei waren jetzt in ihren Bewegungen erstarrt und glichen vorübergehend einer seltsamen Gruppe in einem Wachsfigurenkabinett. Sie atmeten nicht. Sie waren gelähmt.

Dann, mit einem Ruck, fiel der Zauberbann von ihnen ab. Die Frau stand wie eine Nachtwandlerin auf, ergriff ihre Handtasche und wankte aus dem Lokal. Die Tasche war offen. Die Puderdose fiel zu Boden.

Der Mann mit der grünen Joppe brach schwer in seinem Sessel zusammen.

Der andere erhob sich, ging ein paar Schritte, bückte sich nach der Puderdose, hob sie auf, ließ sie wieder fallen und schritt ohne Hut und Mantel hinaus in das Schneetreiben.

Man hörte, als er die Straße überquerte, die Bremsen eines Autos kreischen.

Mintzlaff fuhr sich über die Augen. »Um Gottes willen, Herr Baron!« flüsterte er. Aber der Fremde saß nicht mehr am Tisch.

Zweites Kapitel

Die Nacht, die dem einigermaßen seltsamen Tage gefolgt war – zum Überfluß eine erste Reisenacht in einem Hotelbett, das an der verkehrten Zimmerseite stand –, diese Nacht war für Herrn Mintzlaff schlaflos verlaufen.

Am Nachmittag hatte er, nachdem der rätselhafte Baron vom Tisch verschwunden war, noch erleben müssen, daß der Mann in der grünen Joppe von zwei Sanitätern aus der aufgeregten Teestube in einen Krankenwagen getragen worden war. »Linksseitiger Schlaganfall«, hatte vorher ein als Gast zufällig anwesender Arzt festgestellt gehabt.

Es müßte Tage ohne Nacht geben. Es gibt keine Tage ohne Nacht. Es gibt statt dessen Nächte ohne Schlaf ...

Was mochte inzwischen aus der rotblonden Frau, die gellend »Nein!« geschrien hatte, geworden sein? Und was aus dem Mann, der ohne Hut und Mantel auf die Straße gelaufen war?

Wie hatte er nur jenen bösen Wunsch zu Ende denken können! Gewiß, er hatte nicht geglaubt, daß der Wunsch erfüllbar sei; jedenfalls nicht, daß ihn irgendein Gedankenleser in einer Münchner Teestube erfüllen werde! Gedanken lesen zu können, das blieb, so gespenstisch es wirkte, im Rahmen des Vorstellbaren, aber dann, das andere?

Das war viel, viel ärger. Denn das war überhaupt nicht möglich, und es war trotzdem geschehen. Drei fremde Menschen derart zu verhexen, war übernatürlich.

Selbstverständlich gab es Wunder. Im Grunde gab es überhaupt nichts außer Wundern. Doch das waren Wunder anderer Art. Es waren traditionelle, es waren, übertrieben ausgedrückt, natürliche Wunder, ganz gleich, ob es sich nun um Zellteilung, Schneeglöckchen, Lichtjahre, Liebe, Mord oder Elektrizität handelte.

Doch der Vorgang in der Teestube war ein ungehöriges Wunder gewesen. Mintzlaff hatte versucht, das Erlebnis einzuordnen. Es war ihm nicht gelungen. Daß ein Apfelbaum Äpfel trägt, ist ein normales, ein angemessenes Wunder. Daß ein Apfelbaum aber Seil springt oder Klavier spielt, ist, außer im Traum und im Märchen, ganz einfach unzulässig! So etwas schickte sich nicht!

Oder hatte er die Szene zwischen den dreien völlig mißdeutet? Stand sie mit dem geheimnisvollen Baron nur im zeitlichen, nicht in ursächlichem Einklang?

Der junge Mann war zweifellos aus dem Gleichgewicht geraten, und dieser beunruhigende Zustand währte bereits zwanzig Stunden, obwohl Mintzlaff München früh am Morgen verlassen und sowohl Stuttgart als auch Zürich – die Stadt mit der Märchenbrücke, von der aus man den See und die eisige Kette der im Himmelblau liegenden Bergriesen sah – im Rücken hatte.

Der Zug, in dem er nun saß, hatte längst das westliche Ufer des Sees passiert und stürmte dem weißen, stummen Gebirge entgegen. Manchmal blätterte Mintzlaff in Bergsons Untersuchung über ›Das Lachen‹. Zuweilen schaute er aus dem Zugfenster, als suche er draußen, außer sich, Hilfe und Halt. Doch Landschaften und Bücher, die man bereits kennt, wirkten wohl nicht sensationell genug, um die Erinnerung an ein neues, zudem durchaus unfaßliches Erlebnis fortzuzaubern.

Er schob jetzt seine Gedanken behutsam, förmlich auf Zehenspitzen, in eine andere Bahn. Warum lasen Menschen, wie er einer war, eigentlich immer wieder in den fünfhundert oder tausend Büchern, die sie längst gelesen hatten? Warum reiste er am allerliebsten immer wieder in die gleichen fünf, sechs Landschaften, die er schon kannte? Und nun: War Lesen und Reisen nicht dasselbe? Warum also reiste er, wenn er sich schon dazu aufraffte, in Gebiete, die er bereits entdeckt hatte? Was waren das für seltsam rückläufige Expeditionen?

Andere, die es abenteuernd von einer Neuigkeit zur nächsten und übernächsten lockte und trieb, hatte er zwar nie, fast nie, beneidet, aber besser, fast besser, begriffen als sich und seinesgleichen. Die anderen galoppierten, während der Sand unaufhaltsam durch das allzu kleine Stundenglas ihres Lebens rann, durch die imaginäre Landschaft der erfüllbaren und der unerfüllbaren Wünsche. Es war zu verstehen.

Mintzlaff lächelte schmerzlich. ›Ihre Neugier‹, dachte er, ›gilt dem Drum, die unsere dem Dran.‹ Im Ernst, es war eine Zumutung des Schicksals, daß es den Menschen, kaum geboren, wieder auslöschte! Welcher namenlosen Macht lag daran, die Spanne des Lebens zu kurz zu bemessen? Wem, um alles in oder über der Welt, machte denn diese Unzulänglichkeit Vergnügen? Es war doch wohl nicht anzunehmen, daß das waltende Geschick oder Gesetz schadenfroh zu sein beliebte!

Warum durfte der Mensch nicht zweihundert oder dreihundert Jahre alt werden? Was würde er leisten können und was alles erleben! Die Vorstellung war überwältigend und atemraubend, und der Schmerz darüber, daß dem nicht so war, griff mitten ins Herz. Der Mensch war eine zweibeinige Eintagsfliege. Und wurde einer wirklich einmal neunzig Jahre, verbrachte er gewiß das letzte Jahrzehnt seines Daseins mehr oder weniger verblödet und trostloser als ein wasserköpfiges Kind.

Um nicht verzweifeln zu müssen, durfte man an nichts glauben. So weit war es gekommen.

Da öffnete sich die Tür des Abteils, und Mintzlaff schaute hoch.

Im Türrahmen stand Baron Lamotte!

Er nickte freundlich und fragte: »Ist es heute erlaubt, bei Ihnen Platz zu nehmen, oder störe ich Sie schon wieder?«

Er wartete keinerlei Antwort ab und setzte sich, nachdem er den Koffer ins Gepäcknetz geworfen hatte, Mintzlaff gegenüber ans Fenster.

»Ich fahre auch nach Davos«, erklärte er beiläufig, während er die Handschuhe abstreifte. »Im übrigen sollten Sie sich wegen des gestrigen kleinen Abenteuers wirklich nicht soviele Gedanken machen. Die drei waren, wenn man genau nachrechnet, weniger wert als die Brillantohrringe der Frau.«

»Mag sein.«

»Dabei waren die Ohrringe keineswegs besonders wertvoll.«

»Mag sein«, wiederholte Mintzlaff. »Mich interessiert im Augenblick etwas anderes viel mehr.«

»Warum ich so plötzlich verschwand? Vielleicht wollte ich Ihrem maßlos erstaunten Gesicht entgehen. – Ganz recht, ich war nicht gesonnen, Ihnen auf auch nur gedachte Fragen zu antworten. Das hätte dort in der Teestube zu weit geführt. Außerdem mußte ich den Mann, der ohne Hut und Mantel und, wie ich Ihnen versichern kann, ziemlich von Sinnen auf die Straße hinausgestürzt war, davor bewahren, daß er von einem Automobil überfahren wurde.« Der Baron holte ein goldenes Etui hervor und bot Zigaretten an.

Mintzlaff schüttelte beinahe unhöflich den Kopf.

Lamotte setzte eine Zigarette in Brand, schlug ein Bein über das andere und fuhr plaudernd fort: »Dann wurde der Mann zur Polizeiwache gebracht, und auch ich hatte das Vergnügen, mitkommen zu dürfen. Er sollte angeben, aus welchem Grund er sein kostbares Leben und das von drei Autoinsassen gefährdet habe. Es war kein vernünftiges Wort aus ihm herauszubringen. Er stammelte unzusammenhängendes Zeug, und niemand wurde aus ihm klug. Ein Beamter sprach mir für mein unerschrockenes Verhalten seine uneingeschränkte Anerkennung aus. Er bat mich um meine Adresse. Doch ich hatte es eilig; denn ich mußte zum Schneider, um den neuen Frack abzuholen.« Baron Lamotte versenkte sich in den Anblick seiner manikürten Nägel. »Der Frack sitzt übrigens ausgezeichnet«, fügte er hinzu.

Mintzlaff schwieg. Er hatte die Finger ineinander verkrampft, daß die Gelenke weiß glänzten.

Der Baron lachte kurz auf. »Falsch gedacht, mein Herr! Heute werde ich Sie um keinen Spiegel bitten. Es ist unangenehm, nicht genau zu wissen, wie man aussieht; aber mittlerweile habe ich mich schon an mein neues Gesicht gewöhnt.« Er schaute zum Zugfenster hinaus. »Ich liebe die Berge mehr als die Menschen. Sie sind größer, haben Zeit und Geduld und können schweigen.«

Mintzlaff hatte einen heißen Kopf. Seine Lider zitterten. Er wich dem gelassenen Blick des Fremden aus, dem Blick aus diesen großen herrischen Augen. Er senkte das Gesicht, starrte angelegentlich auf das Muster des Sitzpolsters und begann plötzlich hastig zu sprechen. Seine Stimme klang rauh vor Erregung.

»Warum verfolgen Sie mich?« fragte er halblaut. »Haben Sie mich denn noch nicht genug verwirrt? Ich habe Angst vor Ihnen, wenn Sie es nun schon wissen wollen; aber es macht mir keinen Spaß, vor anderen Menschen Angst zu haben, und ich bin es nicht gewöhnt, zum Teufel! Gehen Sie, bitte, ins nächste Abteil! Erschrecken Sie andere Leute, falls Sie ohnedem nicht leben können! Es gibt dankbareres Publikum für stellungslose Zauberkünstler als ausgerechnet mich.«

»Das glaube ich nicht«, hörte er den Baron sagen.

»Ich weiß, daß ich mich im Ton vergreife«, fuhr er heiser fort. »Ich habe auch nicht vergessen, daß es ausreichen würde, das, was ich Ihnen jetzt mitteile, nur zu denken. Aber ich habe genug davon, Ihnen gegenüber einen Taubstummen zu spielen, der den Mund allenfalls zum Gähnen besitzt. Halten Sie es denn nicht für unter Ihrer Würde, Ihre Überlegenheit an mir auszulassen? Ich will es Ihnen gern schriftlich geben, daß ich Sie für einen ungewöhnlichen Menschen halte, obwohl Ihnen bestimmt an meiner Meinung nichts liegt.«

Er stand auf und ging zur Tür. »Entschuldigen Sie meine Ungezogenheit! Ich habe ein wenig die Nerven verloren. Und da ich Ihnen nicht zumuten will, mir das Feld zu räumen, werde ich selber gehen!« Er wollte die Tür aufreißen.

Doch die Tür öffnete sich nicht, so sehr er an der Klinke rüttelte. Er versuchte es noch einmal. Dann drehte er sich langsam um und sah, mit blassem Gesicht, den Baron an.

Lamotte zuckte die Achseln und lächelte, als wisse er, daß es ja doch vergeblich sein werde, sich herauszureden. »Es stimmt«, sagte er dann. »Die Tür geht tatsächlich nur deshalb nicht auf, weil ich es so wünsche. Ein kleiner, dummer Trick, das gebe ich zu. Aber was soll ein stellungsloser Zauberkünstler wie ich schließlich weiter tun als ein bißchen zaubern? Auch ein Talent kann zur schlechten Angewohnheit werden.« Er schien geradezu verlegen. »Versetzen Sie sich, bitte, in meine Lage! Ich kann Sie doch nicht im Bösen aus dem Abteil laufen lassen! Ich möchte, daß Sie hierbleiben, denn Sie sind mir doch sympathisch! Sagte ich Ihnen das nicht schon in München? Ich wollte Sie wirklich nicht erschrecken, sondern ich wollte Eindruck auf Sie machen, das war es! Rührt Sie dieses Selbstbekenntnis gar nicht?«

Seine Augen strahlten. Er wies auf die Bank. »Nehmen Sie wieder Platz! Immer wollen Sie vor mir davonlaufen. Es wird Ihnen nicht gelingen, das können Sie mir glauben! Denn ich brauche einen Menschen, der weiß, wer ich bin; und der Mensch, der es erfahren soll, sind Sie!«

Mintzlaff stand noch einen Augenblick unschlüssig an der Tür.

»Nein«, sagte der Baron, »auch das Einschlagen der Glasscheibe in der Tür wird Ihnen nichts nützen. Sie sollten allmählich einsehen, daß ich mehr kann als Gedankenlesen.«

Mintzlaff setzte sich zögernd in seine alte Ecke am Fenster und ärgerte sich. Wie hatte er sich nur so undiszipliniert aufführen können! Dergleichen widersprach absolut seinem vornehmsten Ziel: der Selbsterziehung. Es stand außer Frage, daß er sich, so betrachtet, schlecht benommen hatte.

»Nicht nur ich, auch Sie sind eitel!« sagte der Baron nicht ohne Genugtuung. »Ein Mensch, der nicht mehr erschrecken kann, ist kein Mensch, sondern ein Narr oder ein Fleischerhund. Davon abgesehen, will ich trotzdem versuchen, Ihnen neue Ängste zu ersparen; denn Sie empfänden sie als Demütigung, und das liegt völlig außer meiner Absicht. Das beste wird sein, wenn ich die Mitteilung, die ich Ihnen machen möchte, vorsichtig dosiere.«

Der junge Kunstgelehrte runzelte die Stirn. »Ich komme mir vor, als sei ich beim Zahnarzt, der eine schmerzhafte Behandlung, aus Rücksicht auf den Patienten, über Wochen ausdehnt.«

»Tun Sie das! Kommen Sie sich wie beim Zahnarzt vor!« bemerkte der andere. »Und nehmen Sie, bitte, die erste Dosis zur Kenntnis: Ich heiße nicht Lamotte, und ich bin kein Baron.«

»Diese Eröffnung«, meinte Mintzlaff, »bestürzt mich keineswegs. Was ich viel mehr als solche Lügen fürchte, ist die Wahrheit.«

Der Fremde fuhr nach einer Pause, anscheinend über sich selber belustigt, fort: »Manchmal ist es ungleich schwerer, zu bekennen, wer man ist, als zu erklären, wer man nicht ist!« Er nagte an der Unterlippe und blickte nachdenklich in den stahlblauen Himmel, der sich über der tiefverschneiten, glitzernden Landschaft wolkenlos heiter ausspannte. In diesem Augenblick fuhr der Zug in einen Berg hinein. Die Lampe an der Decke des Abteils glomm auf. Die Tunnelwände glänzten vor Nässe.

Stumm saßen die beiden Männer einander im Halbdunkel gegenüber. Der Fremde hatte den Kopf gesenkt und starrte auf seine Schuhe.

Allmählich verfärbte sich die künstliche Dämmerung, bis dann, am Ausgang des Tunnels, die Sonne wieder, und nun mit noch mehr Gewalt, über die Erde herfiel.

Mintzlaff schloß geblendet die Augen. Hinter seinen Lidern kreisten funkelnde Transmissionen, und goldene Garben stiegen wie bei einem phantastischen Feuerwerk empor.

»Sehen Sie den einsamen Baum?« fragte der andere.

Mintzlaff öffnete die Augen halb und blinzelte zum Fenster hinaus. Der Zug fuhr soeben in einer weiten Schleife um eine weiße Bergkuppe herum, auf deren höchstem Punkt eine riesige Tanne stand. »Menschen sind nicht in der Nähe«, sagte der falsche Baron so leise, als spreche er mit sich selber. »Man kann es wohl riskieren.« Lauter fügte er hinzu: »Schenken Sie dem Baum, bitte, eine Minute lang Ihre Aufmerksamkeit!«

Mintzlaff faßte die Tanne fest ins Auge.

Plötzlich war ihm, als zucke ein greller Blitz aus dem wolkenlosen Himmel zur Erde nieder. Konnte das möglich sein?

Und da! Der Tannenwipfel wankte, als komme Sturm auf. Schneewolken stoben aus den Zweigen. Der Riesenbaum neigte sich zur Seite. Die Verbeugung wurde immer tiefer. Und dann fiel er schließlich, als werde er von unsichtbaren Waldarbeitern gefällt, langsam und lautlos in das weiße Feld. Der Schnee stieg wie brauender Nebel hoch und sank wie eine Fontäne, die abgedreht worden ist, zur Erde zurück.

Nach einer Spanne des Schweigens sagte der Baron recht sachlich: »Entschuldigen Sie das kleine Naturschauspiel!«

Mintzlaff versuchte leichthin zu lachen. »O bitte, das macht nichts. Ihre Art, sich dosiert vorzustellen, entbehrt jedenfalls nicht einer gewissen Originalität.«

»Ich hätte Ihnen gern etwas Imposanteres geboten«, erklärte der andere. »Indessen kennt der verantwortungsbewußte Zauberkünstler Grenzen, die er zwar zu überschreiten fähig wäre, die er aber, um nicht fahrlässig zu handeln, nicht ohne Not, sondern nur in Ausnahmefällen verletzt. Unbedachte Eingriffe in den eigengesetzlichen Ablauf des Naturgeschehens können allzu leicht unvorhergesehene Wirkungen haben.«

»Vorausgesetzt, daß ich Sie richtig verstanden habe, hängt also die von Jahrhundert zu Jahrhundert sinkende Effektivquote der Wunder mindestens zum Teil mit der wachsenden Humanisierung der Herren Zauberer zusammen?«

Der Baron zupfte an seinem Schnurrbart. »Wenn ich nicht wüßte, wer Sie sind, zöge ich allmählich strengere Saiten auf!«

»Sie wissen, wer ich bin?«

»Ziemlich genau, mein Herr. Sie sind, trotz Ihres jugendlich ironischen Wesens, Universitätsprofessor, ja, Sie sind es bereits nicht mehr, weil Ihnen, fanden Sie eines Tages, mehr daran liegt, im eigenen Kopf Ordnung zu schaffen als in nicht immer hierzu bestimmten fremden Köpfen.«

Mintzlaff wagte kaum Atem zu holen.

»Sie schreiben Aufsätze und Bücher über grundlegende Kunstbegriffe, und jetzt fahren Sie nach Davos, um vor dem dortigen Kunstverein, auf dessen Einladung hin, einen Vortrag zu halten. Ursprünglich wollten Sie schon vor vierzehn Tagen reisen, doch dann baten Sie um vier Wochen Aufschub, weil Sie, einen Tag vor der Abfahrt, eine hübsche, wirklich sehr hübsche junge Dame, die auf den Vornamen Hedwig hört, zufällig wiedertrafen. Sie empfanden, übrigens zu Recht, daß die neuerliche Begegnung kein Zufall war, und blieben in Berlin, bis Sie vor nunmehr drei Tagen ein merkwürdiges Telegramm erhielten, in dem Ihnen von unbekannter Seite geraten wurde, sich sofort und unangekündigt in Davos einzufinden. Habe ich recht?«

»Wozu fragen Sie noch?« Mintzlaff zögerte. »Stammte die Depesche etwa von Ihnen?«

»Ich kenne Sie doch erst seit gestern. Wie hätte ich Ihnen denn, Tage zuvor, telegrafieren können?«

»Mich nähme auch das nicht wunder«, sagte Mintzlaff. »Und nun, wenn Sie gestatten, eine weitere Frage: Auf welchem ungewöhnlichen Wege verschafften Sie sich Einblick in mein Privatleben? Ich muß bekennen, daß es mich nachgerade eher beruhigen als noch mehr beunruhigen würde, wenn ich nun endlich erführe, mit wem ich das Vergnügen habe! Sie verbieten einer Kupeetür der Schweizer Bundesbahn, sich zu öffnen. Sie zeigen mir einen Baum und fällen ihn, indem Sie ihn im Vorüberfahren anschauen. Sie kennen, obwohl ich Ihnen erst gestern über den Weg gelaufen bin, meinen Lebensweg, als hätten Sie seit Monaten ein Dutzend Detektive hinter mir hergejagt! Gestern noch hielt ich Sie für einen Mann mit ungewöhnlichen Fähigkeiten, aber heute ...«

Der Herr, der nicht Baron Lamotte hieß, beugte sich verbindlich vor. »Aber heute?«

»Aber heute glaube ich das nicht mehr. Sondern ich bin, höchst widerwillig, zu einer Überzeugung gelangt, die sich mit meiner Weltanschauung leider nicht vereinen läßt.« Mintzlaff blickte dem anderen beinahe finster ins Gesicht und sah, daß sich dessen Pupillen eng zusammengezogen hatten. »Es liegt mir fern, Sie zu beleidigen. Trotzdem muß ich folgendes behaupten: Herr Baron, Sie sind kein ungewöhnlicher Mensch – Sie sind, so unsinnig das klingen mag, überhaupt kein Mensch!«

Lamotte sagte: »Auch das vorurteilsfreie Denken bringt Vorurteile mit sich. Wer das nicht weiß, ist übel dran. Also, Sie halten auf Grund einiger sonderbarer, aus dem Rahmen fallender Wahrnehmungen für möglich, daß ich, trotz meines menschlichen Äußeren, gar kein Mensch bin. Sie werden sich, will mir scheinen, genötigt sehen, einen Schritt weiterzugehen.«

Mintzlaff nickte traurig. »Ich werde wohl müssen. Denn es ist nicht meine Art, mich übermäßig lange bei negativen Feststellungen aufzuhalten. Da Sie kein Mensch sind, erhebt sich die bedrohliche, aber unausweichliche Frage, wer oder was sonst Sie sein könnten.«

»So will es die Logik«, bemerkte der Baron. »Diese Frage erhebt sich in der Tat. Ich fürchte, daß Ihnen keine andere Wahl bleiben wird, als mutig darauf zu antworten. Kommen Sie mir jedoch nicht mit der Gattung ›Übermensch‹! Ich bin kein Mensch, kein Un- und kein Übermensch. Behalten Sie das tunlichst im Auge!«

Der andere verbeugte sich knapp und murmelte: »Ich werde nicht verfehlen.«

»Darf ich einen Vorschlag machen?« fragte Lamotte. »Sie haben in der letzten halben Stunde erfahren, daß ich unter falschem Namen und Rang reise und daß ich kein Mensch bin. Ich habe Hemmungen, mich Ihnen ohne Umschweife vorzustellen, und schlage ein Verfahren vor, das sich der Spannkraft Ihrer Phantasie anpassen mag. Ich schlage vor, daß Sie täglich drei Mal raten, wer ich sein könnte, und sobald Sie das Richtige raten, ist das Fragespiel zu Ende.«

»Drei Mal raten?«

»Ich bitte darum. Sie brauchen Ihre Vermutungen ja auch gar nicht auszusprechen; es genügt ja, sie nur zu denken.«

»Also gut«, meinte Mintzlaff. »Wollen wir sofort damit beginnen?«

Der Baron stimmte zu.

Der andere dachte: ›Jetzt müßte ich mich nur noch, wie in Kindertagen, mit dem Gesicht zur Wand stellen und warten, bis er ‚Huhu!‘ ruft.‹

»Auch das ist mir recht«, sagte Lamotte.

Mintzlaff wehrte ab. »Wir wollen es kurz machen. Geben Sie bitte acht! Ich fange an.« Er senkte den Kopf.

»Falsch geraten!« erklärte der Baron nach einer Weile. »Wie lautet Ihre zweite Vermutung?«

Der junge Mann schloß, um sich besser zu konzentrieren, die Augen.

»Nein! Auch falsch! Aber nicht uninteressant. – Und drittens?«

In Mintzlaffs Phantasie kreisten Dutzende von halbdeutlich gedachten Namen umeinander. ›Es ist aussichtslos‹, dachte er und zwang, ziemlich wahllos, einen der Namen aus dem Nebel ins klare Bewußtsein.

»Wieder falsch!« erklärte der Herr, der kein Mensch war. »Sehr falsch sogar!« Es klang, als triumphiere er, daß sein Rätsel vorläufig ungelöst blieb. »Morgen werden wir weitersehen!«

Da rüttelte jemand an der Kupeetür. Es war ein Kellner aus dem Speisewagen, mit Fleischbrühe und Kaffee.

»Darf ich Sie darauf aufmerksam machen, daß die Tür noch verhext ist?« flüsterte Mintzlaff.

»Richtig!« sagte der Baron. »Einen Augenblick, Herr Ober!«

Eine Sekunde später flog die Tür auf, und der Kellner wäre beinahe samt dem Tablett voll dampfender Tassen lang hingeschlagen. Das Geschirr klirrte heftig.

Der Mann steckte sein hochrotes Gesicht ins Abteil. »Entschuldigen Sie«, bat er. »Die Tür muß sofort geölt werden. Fleischbrühe gefällig?«

Drittes Kapitel

In Davos-Platz, der Endstation der Rhätischen Bahn, verließen die beiden den Zug.

Ganze Rudel sonnengebräunter junger Leute sprangen lachend aus den Abteilen. In das Holzkonzert der klappernden Skibretter, die man aus den Wagen hob und schulterte, mischte sich das Gepolter und Getrampel schwerer Stiefel. Die Metallspitzen von Skistöcken schepperten auf dem Bahnsteig, und ein nahezu babylonisches Sprachengewirr erfüllte die Luft.

Der Baron und Mintzlaff warteten lächelnd, bis die wilde Jagd vorüber war. Dann trugen sie Sorge, daß ihre Koffer im Gepäckraum untergestellt wurden, und erst, nachdem das zu ihrer Zufriedenheit erledigt war, traten sie ins Freie.

Noch schien die Nachmittagssonne. Blaue Schatten lagen auf den meterhohen Schneematratzen. Die kalte, klare Gebirgsluft ließ sich merkwürdig leicht atmen. Von irgendwoher drang Walzermusik. Wahrscheinlich war eine Eisbahn in der Nähe.

Sie spazierten, am Rathaus vorbei, bergan, bis sie eine Straße erreicht hatten, auf der sich Autos und Autobusse hupend ihren Weg bahnten. Es unterlag keinem Zweifel: Sie befanden sich, obwohl sechzehnhundert Meter hoch, in einer Stadt!

Vielfenstrige Hotelpaläste lehnten an den weißen Hängen. Geschäftshäuser und Konsulatsgebäude flankierten die Straße. Bunte Plakate kündigten für den Abend amerikanische Filme an. In den Schaufenstern gab es Pariser Abendkleider und Fracks nach dem neuesten Schnitt zu bewundern. Eine Kavalkade von zehn Schlitten kam daher. Mit Peitschenknall, fröhlich klingenden Glöckchen und schnaubenden Rössern.

Der Baron war stehengeblieben und schaute hinterdrein. »So viele schöne Frauen!« sagte er begeistert. »Es war eine gute Idee, hierherzufahren.«

Mitten in dem vergnügten Gewimmel der heimkehrenden Sportler standen drei Neger. Sie umrahmten einen in einem Eisbärenfell steckenden Einheimischen, zeigten ihre weißen

Zähne und ließen sich von dem Bärenführer fotografieren. Der Eisbär sprach Deutsch, Englisch und Französisch. Mintzlaff atmete die kühle Luft so selig ein, daß es klang, als ob er seufzte. Hoch über dem Gebirgstal und der Stadt, die sich langsam in Dämmerung hüllten, funkelten sonnige Eisgipfel. Es war wie im Märchen.

»Nun, Sie Traumprinz!« meinte Lamotte gutmütig. »Dort drüben sehe ich das Büro des Verkehrsvereins. Wenn ich nicht irre, werden Sie sich melden wollen.«

Sie überquerten die Straße.

»Ich werde vor der Tür auf Sie warten«, sagte der Baron. Doch Mintzlaff blieb, statt das Haus zu betreten, wie angewurzelt davor stehen und starrte entgeistert auf ein Plakat, das an der Hauswand klebte. Auf dem Plakat war folgendes zu lesen:

Mittwoch! Mittwoch!
Auf Einladung der Kunstgesellschaft
und des Verkehrsvereins Davos findet
im Großen Saal des Kurhauses
ein einmaliger Vortrag des bekannten Kunstgelehrten
Prof. Dr. Alfons Mintzlaff statt.
Das Thema des Vortrags lautet
›DER HUMOR ALS WELTANSCHAUUNG‹
Anschließend Diskussion!
Kartenverkauf in den Geschäftsstellen
der veranstaltenden Vereine.
Beginn des Vortrags 9 Uhr abends
Mittwoch! Mittwoch!

Mintzlaff rieb sich die Augen und trat einen Schritt näher. Dann las er das Plakat, das ihn so in Erstaunen gesetzt hatte, noch einmal. Darnach sagte er nur: »Das verstehe, wer will.«

Der Baron führte den Fassungslosen die Stufen zum Kurhauscafé hinauf, schob ihn durch die Tür, half ihm sogar aus dem Mantel und drückte ihn in einen Stuhl.

Nachdem er zwei Hennessy bestellt hatte, sagte er: »So, und nun erleichtern Sie Ihr vom Donner gerührtes Gemüt!«

»Das Plakat!« murmelte der andere.

»Ganz recht, das Plakat!«

Mintzlaff riß sich zusammen und holte tief Luft, ehe er fortfuhr: »Hier glaubt man doch, daß ich erst in vierzehn Tagen eintreffe! Wenn dem aber so ist – wie kann man dann meinen Vortrag für Mittwoch ansetzen?« Er sah dem Baron mißtrauisch in die Augen.

Dieser schüttelte belustigt den Kopf. »Nein, nein! Ich habe mit dem Plakat ebensowenig zu schaffen wie mit der Depesche!«

»Richtig, die Depesche!« Mintzlaff fröstelte. »Davos entpuppt sich als Rätselecke! Oder sollte ich dem Verkehrsbüro versehentlich ein falsches Datum mitgeteilt haben?«

»Das glaube ich nicht«, sagte der Baron.

Die Kellnerin brachte die Kognaks.

Nachdem sie getrunken hatten, fragte Mintzlaff: »Könnten Sie mich über meine mir völlig unübersichtliche Lage aufklären? Sie wissen vermutlich ungefähr, wie die Dinge zusammenhängen.«

Lamotte wehrte entschieden ab. »Ich werde Ihnen, obwohl ich in der Tat einiges weiß, kein Wort im voraus verraten.«

»Und weswegen nicht?«

»Sie lehnen es doch sonst ab, der Zukunft in die Karten zu sehen! Bleiben Sie standhaft, junger Mann!«

»Auch gut, Herr Baron. Dann werde ich, da Sie mich so taktvoll im Stich lassen, zunächst einmal versuchen, die Gefechtslage zu skizzieren. Ich komme, auf Grund einer Depesche, die keinen Absender nennt, unangemeldet und zwei volle Wochen vor dem hier bekannten Termin nach Davos. Da sehe ich ein Plakat und muß feststellen, daß mein Vortrag bereits in drei Tagen stattfindet und daß ich, der ja sozusagen am Mittwoch noch gar nicht da sein wird, über ein Thema zu sprechen gedenke, über das ich gar nicht sprechen will.«

Plötzlich stand er auf.

»Gehen Sie nur!« meinte der Baron. »Es wird das beste sein. Ich warte.«

Mintzlaff lief ohne Hut und Mantel aus dem Café.

Der Baron ließ sich noch einen Hennessy bringen und schaute sich geruhsam um.

In der Mitte des großen Raums spielten ältere Holländer und Engländer Billard. Sie waren zwar schon im Abenddreß, hatten jedoch die Smokingjacken ausgezogen und an Garderobeständern aufgehängt. Nun standen sie, hemdärmelig und die Queues pflegend, ernst und schweigsam den Kellnern im Wege oder beugten sich, merkwürdig verrenkt und wie zielende Wilddiebe dreinblickend, über die mit grünem Tuch bezogenen Tische und stießen zu. Die Elfenbeinkugeln klapperten; manchmal gehorchten sie, manchmal nicht.

Wer aufhören mußte, räumte dem Gegner wortlos und gottergeben das Feld, markierte den Punktgewinn und verlegte sich von neuem aufs Warten.

»Da bin ich wieder«, sagte Mintzlaff und nahm Platz.

Lamotte sah ihn prüfend an. »Wenn ich nicht irre, machen Sie ein noch verdutzteres Gesicht als vorher.«

»Machen Sie sich über mich lustig?«

»Nein.«

Mintzlaff lachte ärgerlich. »Der Direktor des Verkehrsvereins war nicht im Büro. Ich fragte einen der Angestellten, seit wann der Herr Professor Mintzlaff in Davos weile.«

»Und was wurde Ihnen geantwortet?«

»Darf ich vorher eine Frage stellen?«

»Ich bitte darum.«

»Wissen Sie ganz sicher, daß ich, mit Ihnen gemeinsam, erst vor knapp einer Stunde in Davos eingetroffen bin?«

»Ich kann es beschwören«, sagte der Baron.

»Trotzdem befinden wir uns beide in einem grundlegenden Irrtum. Es ist nicht wahr, daß ich eben erst in Davos eingetroffen bin. Ich bin bereits seit einer Woche hier!« Mintzlaff runzelte die Stirn. »Man gab mir bereitwilligst nähere Auskünfte. So wohne ich – dies nur als Beispiel – im Grandhotel Belvedere. Ich habe ein Zimmer mit Bad sowie einen Balkon nach der Südseite.«

»Das ist doch großartig.«

»Tagsüber macht man mit mir Schlittenausflüge in romantisch abgelegene Täler, frühstückt dort in Sonne und Schnee und fotografiert mich nach Herzenslust. Wenn ich allein sein will, um in Ruhe nachzudenken, kann ich, mit Freifahrkarten ausgestattet, die Drahtseilbahnen benützen und von dort aus einsame Skitouren unternehmen.«

»Was wollen Sie mehr?« fragte der Baron. »Die Leute geben sich doch wirklich alle erdenkliche Mühe.«

»Abends bin ich sehr viel eingeladen. Denn die gebildeten Kreise hierorts sind künstlerisch ungewöhnlich interessiert. Und außerdem gelte ich als guter Gesellschafter.«

»Welch angenehme Überraschung!« sagte der Baron. »Und was gedenken Sie nun zu tun?«

»Genau weiß ich das noch nicht. Aber wenn mich nicht alles trügt, gedenke ich auf der Stelle ins Grandhotel zu gehen, um mir dort selber einen Besuch abzustatten und bei dieser Gelegenheit eins hinter die Ohren zu hauen!«

»Das dürfen Sie nicht! Gerade Sie dürfen das nicht!«

»Weshalb nicht?«

»Weil Sie, als berufener Erforscher der Komik, des Witzes und des Humors, die verdammte Pflicht und Schuldigkeit haben, über der Situation zu stehen.«

»Sie verlangen ein bißchen viel von mir!« Mintzlaff schlug mit dem Zeigefinger mehrmals auf die Tischkante. »Sie müssen wissen ...«

»Daß Sie, weil Sie vom Davoser Verkehrsverein eingeladen worden sind, nur wenig Geld bei sich haben.« Der Baron klopfte dem anderen auf die Schulter. »Wenn Sie jetzt zum Verkehrsverein stürzen und den Direktor aufklärten, verdürben Sie sich selber und auch mir den Spaß. Stellen Sie sich doch vor, wie lustig das sein wird, wenn wir am Mittwoch, hier im Kurhaus, oben im Großen Saal, unter den Zuschauern sitzen und den lichtvollen Ausführungen Ihres anderen Ichs lauschen werden!«

»Aber ...«

»Es gibt kein Aber«, erklärte Lamotte kategorisch. »Da ich ein Zauberer bin, spielt Geld keine Rolle. Sie können sich im nobelsten Hotel einquartieren – ich hexe Ihnen jeden Betrag in die Brieftasche.« Er streckte die Hand über den Tisch.

Mintzlaff schlug ein. »Ich nehme Ihren Vorschlag an.«

»Bravo!«

»Gilt gezaubertes Geld eigentlich als Falschgeld?«

»Jawohl.«

»Können Sie denn kein echtes Geld zaubern?«

»Ob Geld echt oder falsch ist, richtet sich nur danach, wer es hergestellt hat. Wenn es der Staat druckt oder prägt, ist es echt.«

»Aber dann sind Sie ja ein Falschmünzer!«

»Ich? Wieso?«

»Haben Sie denn ein Münzprivileg?«

»Ich brauche kein Privileg. Denn ich bin keinem Staat und keinem Gesetz untertan.«

»Richtig!« Mintzlaff rieb sich befriedigt die Hände. »Es ist mir lieb, daß die Angelegenheit, wenn auch auf außergewöhnliche Art, ihre Ordnung hat. Ich schwärme für beides: für das Außergewöhnliche und für die Ordnung.«

»Ich weiß«, sagte der Baron.

»Dann kann die Stegreifkomödie ihren Anfang nehmen!«

»Nachdem wir uns Quartiere gesucht und zu Abend gegessen haben werden, wollen wir versuchen, die flüchtige Bekanntschaft des falschen Herrn Mintzlaff zu machen. Ich glaube, daß uns das unschwer gelingen wird.«

»Ich bin gespannt, wie ich aussehe.«

Der Baron winkte der Kellnerin und zahlte. Dann gingen sie. Die hemdärmeligen Herren aus Holland und England spielten noch immer Billard.

Draußen war es mittlerweile dunkel geworden. Laternen brannten. Die Straße lag fast menschenleer. In den Hotels und Pensionen waren, in langen schimmernden Reihen, die Zimmerfenster erleuchtet. Die Gäste kleideten sich wohl zum Dinner um.

Der Schnee knirschte ärgerlich. Es war so kalt, daß die Nasenflügel engfroren.

»Ehe wir es vergessen«, sagte der Baron plötzlich, »wie werden Sie denn nun heißen?«

»Was?« Mintzlaff blieb stehen. Unmittelbar darauf lachte er schallend. »Tatsächlich! Ich muß mir ja einen anderen Namen beilegen!«

»Zwei Professoren Mintzlaff sind für Davos entschieden zuviel. Was halten Sie von dem klangvollen Namen Kilian Perathoner?«

»Kilian Perathoner? Ein bißchen zu bombastisch, finden Sie nicht?«

»Suchen wir weiter! Wie wäre es mit Erwin Jennewein?«

»Jennewein ist gut«, sagte Mintzlaff. »Aber Erwin geht leider nicht. Ich habe nämlich eine Freundin, das heißt, ich hatte eine Freundin …«

»Und diese Freundin, die Sie haben oder hatten, heißt unglücklicherweise Erwin?« meinte Lamotte und blinzelte.

»Nein, sie heißt Hallo.«

»Das ist doch kein Name!«

»Eigentlich heißt sie Sumatra. Sie wurde nämlich dort geboren. Sie fand, schon als Kind, daß eine Insel kein Vorname ist. Und wenn man nach ihr rief, kam sie nicht zum Vorschein; es sei denn, man rief sie nicht beim Namen, sondern ›Hallo!‹ Und so heißt sie Hallo, bis auf den heutigen Tag.«

»Mir soll es recht sein«, meinte der Baron.

»Und wenn Hallo und ich mit dem Rucksack auf dem Rücken durch das, was man Gottes freie Natur nennt, pilgerten oder, wie eben jetzt Sie und ich, unter dem nächtlichen, sternbesäten Himmelsgewölbe standen und nicht wußten, wer an Gut und Böse schuld ist, nannten wir diese verborgene Macht nicht Gott, nicht Schicksal und nicht das Unbekannte, sondern – Erwin! Vielleicht, um jener Macht näher zu sein; vielleicht, weil wir uns vor großen Worten noch mehr fürchteten als vor dem Unbegreiflichen; vielleicht, um trotz allem lächeln zu können.«

»Aha«, sagte der Baron. »Nun, über Hallo und Erwin sprechen wir ein andermal. Dann taufen wir Sie Ludwig Jennewein?«

Mintzlaff war in Gedanken versunken.

»Oder ist der Vorname Ludwig auch schon in Ihrem weltanschaulichen System verankert?«

»Nein, nein. Ludwig Jennewein ist mir recht. Vorausgesetzt, daß ich nicht bis an mein Lebensende so heißen muß.«

»Das verspreche ich Ihnen«, erklärte der Baron. »Kommen Sie, Herr Jennewein! Und heute abend besuchen wir Herrn Mintzlaff, falls Ihr sogenannter Erwin nichts dagegen einzuwenden hat.«

Eine Sternschnuppe fiel aus dem glitzernden Himmel heraus, beschrieb eine geheimnisvolle Bahn und löste sich im Nichts auf.

»Bei Erwin weiß man nie, woran man ist«, sagte der junge Kunstgelehrte.

Viertes Kapitel

Der Baron, der kein Baron war, hatte es sich nicht nehmen lassen, Mintzlaff, der nun Jennewein hieß, in ein ruhiges Hotel, das vorwiegend von Engländern und Engländerinnen bewohnt schien, zu begleiten und dort in einem netten Zimmer unterzubringen, zu dem eine geräumige Südloggia und ein Bad gehörten.

Dann erst hatten sich die Herren getrennt, nicht ohne sich für später in der Bar des Hotels, das zu Ehren der langlebigen englischen Königin ›Hotel Victoria‹ hieß, verabredet zu haben.

Nachdem Lamotte seinen Schützling hinreichend versorgt wußte, war er mit einem Pferdeschlitten davongefahren. Näheres hatte er nicht mitgeteilt, und Mintzlaff hatte nicht weiter gefragt; denn seine Neugier war vorläufig besänftigt. Die Rätsel der letzten Tage und Stunden beschäftigten ihn vollauf.

Außerdem mußte er die Koffer auspacken, den Smoking zum Bügeln geben, dem Schweizer Stubenmädchen klarmachen, daß er erstaunlicherweise kein Angelsachse sei, und baden mußte er auch. Schließlich erwuchs ihm die keineswegs leichte Aufgabe, den Anmeldezettel auszufüllen. So schwer es ihm ein Leben lang gefallen war, sich mit dem Namen Mintzlaff abzufinden, so viel Mühe machte es nun wieder, plötzlich anders zu heißen.

Endlich war das Formular vollgelogen.

Er war nun also ein Dr. phil. Ludwig Jennewein, von Beruf Verlagsbuchhändler, in Leipzig wohnhaft. Er nahm sich noch vor, falls das Gespräch gelegentlich auf den Zweck seiner Reise kommen sollte, beiläufig zu erklären, daß er Davos besuche, um, wenn möglich, neues Material über Robert Louis Stevenson zu sammeln, dessen bündige Biographie herauszugeben ihn seit langem beschäftige.

Stevenson war, das wußte Mintzlaff, in den achtziger Jahren des vorigen Jahrhunderts wiederholt in Davos gewesen, hatte hier, hoch oben im Gebirge, Heilung gesucht und ›The Silverado Squatters‹ zu schreiben begonnen. Daß ein gründlicher

Verleger nach Davos kam, um Ermittlungen anzustellen, mochte durchaus plausibel erscheinen.

Als er später, auf dem Weg zum Speisesaal, von dem freundlichen Hotelier begrüßt wurde, brachte er kurz entschlossen die Sprache auf die angebliche Absicht seiner Reise.

Kaum daß ihm vom Oberkellner ein kleiner Tisch angewiesen worden war, tauchte der Herr des Hauses von neuem auf und legte ihm strahlend ein Buch neben den Suppenteller. Das Buch hieß: ›Robert Louis Stevenson at Davos‹ und stammte von einem Mann namens Lockett, der über dreißig Jahre in Davos als englischer Konsul gelebt hatte.

Mintzlaff tat natürlich so, als ob er diese Quelle längst kenne, versprach aber, gelegentlich darin zu blättern.

Das besorgte er dann auch schleunigst, und zwar während der ganzen Mahlzeit. Denn wenn er schon für einen Kenner Stevensons gelten wollte, konnte ihm eine solche Lektüre nur nützlich sein.

Er blätterte noch darin, als er in der Bar saß und auf Lamotte wartete.

Die englischen Gäste – die meisten in Abendkleidern, andere noch im Sportdreß – tranken Whisky und warfen mit spitzen Metallbolzen nach einer an der Wand hängenden hölzernen Scheibe. Das Spiel schien, so einfach es aussah, nicht ganz leicht zu sein.

Die Gattin und der Sohn des Hoteliers kamen, um zu fragen, ob Herr Doktor Jennewein an der Tischtenniskonkurrenz des Hotels teilnehmen wolle. Nachmeldungen würden noch angenommen. Seiner Versicherung, daß er für einen Wettbewerb zu schlecht spiele, wurde wenig Glauben geschenkt. Sie erkundigten sich anschließend höflich nach den sonstigen sportlichen Absichten des neuen Gastes.

Als er ihnen erklärt hatte, daß er wegen eines organischen Herzleidens nicht skifahren, höchstens eislaufen dürfe und sich am ehesten darauf freue, allein durch verschneite Wälder zu spazieren oder irgendwo in der Sonne zu liegen, maßen sie seine große, kräftige Gestalt mit unverhohlener Anteilnahme. Nun verstanden sie wohl, daß er Bücher verlegte.

Endlich kam Lamotte.

Er wirkte, im gutsitzenden zweireihigen Smoking, wie ein eleganter Riese, wie ein Jason oder Theseus der Neuzeit.

Die in der Bar anwesenden Damen waren fasziniert. Sie nahmen ihm mit den Blicken förmlich Maß. Er hatte nichts dagegen, aber es interessierte ihn auch nicht über Gebühr.

»Sind Sie gut untergebracht, Doktor?« fragte er, während er sich in einem der bequemen Sessel niederließ.

»Ausgezeichnet, Herr Baron. Man ist nur nicht ganz damit einverstanden, daß ich wie ein Sportsmann wirke, ohne einer zu sein!«

Lamotte blickte einer großen blonden Engländerin, die auf einem Barhocker saß und ihn kühl musterte – es sah eher aus, als sei sie auf dem Pferdemarkt und schätze einen Zuchthengst ab – streng in die eisblauen Augen.

Jetzt beugte sie sich weit vor. Ihr Nachbar sprach auf sie ein. Sie nahm keine Notiz davon.

»Ein Verleger aus Leipzig ist nicht verpflichtet, Wintersport zu treiben«, erklärte der Baron. »Noch dazu, wenn der Ärmste einen Herzfehler hat. Ihr Herz ist übrigens nicht nur organisch in Unordnung; es ist überhaupt nicht in Ordnung.«

Mintzlaff wollte fragen, was Lamotte meine, aber er kam nicht dazu.

Denn die Engländerin glitt von ihrem Barhocker herunter, ging zwei Schritte auf den Baron zu und blieb dann, wie angenagelt, mitten im Raum stehen. Ihre Augen waren starr auf Lamotte gerichtet. Sie trug ein silbernes Abendkleid und sah aus wie eine Amazone.

»So«, sagte der Baron halblaut. »Dort mag sie stehen bleiben! – Ich kann diese Sorte Frauen nicht leiden, müssen Sie wissen. Dafür, daß sie keinen Funken Gefühl im Leibe haben, kann man sie vielleicht nicht verantwortlich machen. Doch daß sie sogar noch stolz darauf sind und ihre kalte Lebensgier staunend bewundern, statt sich ein wenig zu schämen, erbost mich stets von neuem.«

»Ihre Fähigkeit, Gedanken zu lesen, hat zu dieser Abneigung gewiß nicht wenig beigetragen.«

»Es sind Menschenfresserinnen«, sagte der Baron. Dann erhob er sich. »Wir wollen gehen. Lots Weib mag sich noch ein Weilchen als Salzsäule betätigen.«

Sie verließen die Bar und nahmen draußen im Flur ihre Mäntel vom Haken. Als sie, wenig später, auf die Hoteltür zuschritten, hörten sie noch, wie der Hotelier zu seiner Frau sagte: »Was ist denn in der Bar geschehen? Sie sitzen und stehen herum wie im Dornröschenschlaf!«

»Und Mrs. Gaunt weint!« ergänzte die Frau.

Der Mann schüttelte ratlos das international erfahrene Haupt. »Mrs. Gaunt weint? Das ist doch unmöglich!«

Und die Frau erwiderte: »Vielleicht weint sie nur aus Versehen?«

Lamotte und Mintzlaff spazierten seit einer Viertelstunde die Hauptstraße auf und ab. Die kalte Nachtluft und der klare Sternhimmel taten gut. Der Schnee war jetzt glatter als Parkett. Die beiden Herren mußten einander unterhaken.

Schlittenglöckchen klingelten. Tanzmusik drang aus verschiedenen Himmelsrichtungen in die Nacht, so daß sich die Tonarten und Rhythmen bunt vermischten. Seltsamerweise störte es nicht.

»Wollen Sie mir einen Gefallen tun?« fragte der Baron. »Achten Sie, bitte, darauf, daß ich mich etwas mehr beherrsche. Ich zaubere zuviel!« Es klang fast zerknirscht. »Ich hatte mir fest vorgenommen, mich weitgehend im Rahmen des Menschlichen zu halten. Ob es nun Gewohnheit oder, was ich eher vermute, Eitelkeit ist – ich benehme mich falsch. Die Szene in der Bar war überflüssig.«

»Steht die kühle Dame aus England eigentlich immer noch auf dem gleichen Fleck?« fragte Mintzlaff. »Und weint sie noch immer?«

»Da haben wir es«, meinte der Baron ärgerlich. »Es ist ein wahres Glück, daß Sie mir begegnet sind!« Er schwieg einen Augenblick, dann fuhr er fort: »So, das wäre erledigt! Nun kann die kleine Gesellschaft aufwachen und tun, als sei nichts gewesen.«

»Warum haben Sie die Dame weinen lassen?«

»Damit sie endlich einmal traurig wurde«, erklärte Lamotte.

»Mit mir scheinen Sie auch nicht zufrieden zu sein«, sagte Mintzlaff. »Mein Herz, meinten Sie vorhin, sei nicht nur organisch, sondern in keiner Weise in Ordnung.«

»Sie haben die letzten zehn Jahre Ihres bisherigen Lebens sorgfältig darauf verwendet, Ihr wahres Wesen zugrunde zu richten.« Die Stimme des Barons klang ernst. »Ihre Energie ist bewundernswert. Sie wollten sich erziehen. Und Sie haben sich erzogen! Sie waren einmal ein empfindsamer Mensch und konnten lieben. Wenn anderen Leid widerfuhr, litten Sie mit ihnen. Sie halfen, ob man Sie gerufen hatte oder nicht. Sie hatten keine Angst, sich selber zu verlieren. Damals hatten Sie noch Gefühl im Leibe und spürten, daß man nicht ärmer wird, wenn man sich verschenkt.«

Mintzlaff ging schweigend neben Lamotte her.

»Welcher Teufel ritt Sie, sich zu verleugnen?« fragte der Baron heftig. »Warum hielten Sie Menschlichkeit für Schwäche, warum Gemüt für Unzulänglichkeit? Sie errichteten zwischen sich und dem Leben eine chinesische Mauer aus unzerbrechlichem Glas und beschlossen, ein Charakter zu werden. Als ob die Welt ein Schaufenster wäre!«

»Es war nicht leicht.«

»Das hätte noch gefehlt, junger Mann! Sie treiben mutwillig Ihr Gefühl in die Verbannung – und das sollte auch noch leicht sein? War es denn für die leicht, die Ihnen nahestanden? Die Ihnen vielmehr nahestehen wollten und es nicht durften, weil Ihre verdammte gläserne Mauer zwischen denen und Ihnen stand? Die sich an der Mauer den Kopf einrannten, wenn sie trotz allem versuchten, zu Ihnen zu kommen? Sie haben Ihr Herz erwürgt. Sie haben Ihre Seele amputiert. Ebensogut hätten Sie sich, um ein bedeutender Mann zu werden, ein Bein abhacken können, Sie deutscher Fakir! Aber freilich, ein Bein wächst nicht nach, nicht wahr? Glauben Sie nur nicht, daß es die Seele anders hält!«

»Sie haben gut reden! Sie sind kein Mensch!« Mintzlaff blieb stehen. »Sie können unsere Gedanken lesen und sich über uns lustig machen. Haben Sie sich schon einmal vorgestellt, wie das wohl sein mag, wenn man weiß, daß man sechzig Jahre atmen darf und dann zu Staub zerfällt? Wie das ist, wenn man eines Tages dreißig Jahre alt wird und auf die beiden Wege blickt, die der Mensch gehen muß – den Weg aus dem Nichts und den Weg in das Nichts? Da steht man dann, auf der Anhöhe des Lebens, betrachtet seine Pläne und mustert seine Wünsche. Da steht man dann, bedenkt seine Ziele und schlägt die Hände vors Gesicht!« Mintzlaffs Augen funkelten zornig. »Jawohl, ich habe mich erzogen! Ich wollte mein Leben nicht vertun wie einen Sonntagnachmittag! Ich wollte keinen Ruhm, kein Geld und auch kein Glück, aber ich wollte werden, was ich war, weiter nichts, aber auch nicht weniger! Was ich versuchte, war dumm und sinnlos? Daß ich anderen wehtat, war niederträchtig? Und daß ich selber nicht glücklich war, hatte seine Richtigkeit?« Er lachte bitter. »Sie haben sicher ausgezeichnete Beziehungen zu Instanzen, die es sich zur Ehre anrechnen, die Erdkugel mit Vollkommenheit und Segen tapeziert zu haben. Bestellen Sie den Herrschaften meine Grüße.«

»Na, na«, sagte Lamotte. »Beruhigen Sie sich, bitte. Den Sie und Ihre kleine Freundin Erwin nennen, den kenne auch ich nicht. Sie überschätzen meine Beziehungen.« Er hielt Mintzlaff am Ärmel fest. »Ich lasse Sie jetzt nicht gehen!«

Mintzlaff wollte sich losreißen.

Der Baron lächelte. »Aber Herr Professor! Sie werden doch einen stellungslosen Zauberkünstler nicht schlagen wollen! Geben Sie den Gedanken schnell wieder auf!«

»Lassen Sie mich in Frieden!«

»Ich bin Ihr Freund, ob Sie wollen oder nicht. Darum habe ich das Recht, Sie zu kränken. Ich tue es, damit Sie merken, daß Sie noch leben. Jetzt sind Sie außer sich, und außer sich zu sein, ist schon etwas! Es war notwendig, Sie zu quälen; denn das Notwendige muß geschehen.«

»Soll ich, alten Bräuchen folgend, ins Kloster gehen, damit ich niemanden mehr enttäuschen kann? Hinter die Mauer aus Stein, statt hinter die aus Glas?«

»Sie sollen nichts als leben«, sagte der Baron ruhig. »Es ist ganz einfach, und Sie müssen es wieder lernen. Verlangen Sie meinetwegen zu viel von den anderen, nie wieder zu wenig! Sperren Sie das Vorhängeschloß zu Ihrem Herzen auf, bevor es zu spät ist! Sie sind Ihrem Ziel bedenklich nahegekommen. Das Weinen haben Sie schon verlernt, das war ein schweres Stück Arbeit. Nun ist das Lachen an der Reihe. Das verlernt sich schon leichter. Nicht mehr lange, und Sie werden noch atmen wie ein Mensch, aber fühllos sein wie Ihre Fotografie.«

»Sie ärgern mich nur, obwohl Sie mich eigentlich erschrecken wollen. Sie haben nicht recht, und Sie wissen, daß Sie nicht recht haben. Was habe ich, bei Licht besehen, getan? Ich habe, meiner Arbeit zuliebe, die Professur aufgegeben und mein Privatleben abgebaut. So liegen die Dinge.«

»So liegen die Dinge«, wiederholte Lamotte spöttisch. »Der Herr Professor hat zum Lachen und Weinen leider keine Zeit, weil er über diese und ähnliche lästige Angewohnheiten des Menschen Bücher schreiben muß.« Er lachte vor sich hin. »Vielleicht können wir den Herrn, der am Mittwoch in Ihrem Namen einen Vortrag hält, dazu überreden, daß er Ihnen, außer dem Namen, auch noch das Nachdenken und das Bücherschreiben abnimmt! Dann könnten Sie sich unbesorgt wieder Ihrem geschätzten Privatleben widmen, Herr Doktor Jennewein!«

»Diesen Hochstapler habe ich ganz vergessen«, sagte Mintzlaff. »Wo finden wir ihn?«

»Es wird mir ein Vergnügen sein, die Herren miteinander bekannt zu machen«, antwortete der Baron. »Kommen Sie, Sie Gemütsathlet!«

Fünftes Kapitel

Im Grandhotel Belvedere fand, zugunsten eines Wohltätigkeitsfonds, ein Galaball statt.

Die in Davos amtierenden Konsuln saßen mit ihren Landsleuten an großen blumengeschmückten Tafeln, deren jede, im Meer des gemeinsamen Vergnügens, eine besondere Sprachinsel bildete. Juwelen glänzten. Perlen schimmerten. Ordensbänder grüßten vom Schwarz der Fräcke, wie zierlich angelegte bunte Beete. Bronzebraune Frauenköpfe, ausgesuchte Ware aus allen exportfähigen Ländern der Erde, saßen selbstbewußt auf schlanken Hälsen und mattgetönten, bloßen Schultern.

Maurice Chevalier, der berühmte französische Schauspieler, der seit Wochen im Grandhotel wohnte, hatte sich bereit erklärt, den Abend durch den Vortrag einiger seiner Pariser Chansons zu beleben. Und er entledigte sich dieser Aufgabe mit all dem übermütig frechen und verschmitzten Charme, der ihm zur Beliebtheit in der Welt und zu einem stattlichen Besitztum bei Cannes verholfen hatte.

Da der Künstler sein ständiges Requisit, seinen Strohhut, begreiflicherweise nicht in den Alpenwinter mitgebracht hatte, bediente er sich, nachdem er reizend auf die erforderliche Umbesetzung hingewiesen hatte, eines grünen Tiroler Hütchens. Die für ihn ungewöhnliche Kopfbedeckung tat der Wirkung des Vortrags im übrigen nicht den geringsten Abbruch.

Als man zu tanzen begann, stiegen der Baron und Mintzlaff selbander in die große, geräumige Bar hinunter. Der Raum war noch ziemlich leer. Nachdem sie einen gemütlichen Ecktisch gefunden hatten, bestellte der Baron Irroy. »Schon der Champagner allein«, sagte er, »würde ausreichen, die Existenz Frankreichs als lebensnotwendig erscheinen zu lassen!«

»Ich trinke Sekt nur aus Gesundheitsgründen«, meinte Mintzlaff. »Er ist dem Herzen zuträglich.«

»Sie Lügner«, erwiderte der Baron, und dann tranken sie einander zu.

Später ging er zu dem Oberkellner hinüber, der königlich an

einer Säule lehnte, und plauderte leise mit ihm. Da der Mann zu zögern schien, drückte er ihm mehrere Banknoten in die Hand. Mintzlaff konnte es ganz deutlich sehen. Der Oberkellner wurde einsichtiger, und Lamotte kehrte an den Tisch zurück.

Kurz darauf nahm das fest angestellte Tanzpaar am Parkett Platz. Außerdem erkletterten die Mitglieder eines kleinen Orchesters das Podium und packten ihre Instrumente aus.

Im Hintergrund des großen Raums, an der langen Theke, hockte amerikanische Jugend, lärmte unbekümmert und hielt den Mixer und den rundlichen Kellermeister in Atem. Die Gespräche drehten sich vornehmlich um die Bestzeiten der Parsennstrecke und um den grundsätzlichen Unterschied zwischen schottischem Whisky und Bourbon.

Mintzlaff wollte sich gerade mit einer Frage an seinen Nachbarn wenden. Doch als er in dessen Gesicht blickte, zog er es vor zu schweigen.

Lamotte schaute zum Eingang, wo eine Dame stand, und seine braunen Pupillen leuchteten jetzt wie von der Sonne angestrahltes Gold. Er beugte sich kaum merklich vor, und es sah aus, als ducke er sich zum Sprung.

Die Dame, die seine Aufmerksamkeit beanspruchte, war zweifellos eine Südländerin. Sie trat zögernd ein. Blauschwarzes Haar, in der Mitte gescheitelt und tief im Nacken geknotet, umgab ihr ernstes Gesicht wie ein schmaler Ebenholzrahmen.

Der Oberkellner eilte auf einen der reservierten Tische zu. Dort erwartete er sie respektvoll.

Sie schritt langsam und gedankenverloren über die Tanzfläche.

Der Oberkellner schob einen Sessel zurecht.

Sie setzte sich und dankte ihm, indem sie den Kopf ein wenig neigte.

Er stellte eine halblaute Frage.

Wieder neigte sie den Kopf.

Nun entfernte er sich geräuschlos.

Sie faltete ihre schmalen ringlosen Hände und blickte gleichgültig zu den Musikern hinüber, die ihre Instrumente stimmten.

Der Eintänzer erhob sich, verdrehte die Augen und machte eine kolossale Verbeugung. Da sie es nicht bemerkte, nahm er schnell wieder neben seiner Partnerin Platz, die ihn ironisch von der Seite musterte.

Mintzlaff sah abwechselnd den Baron und die Frau an. Sie blickte auf ihre Hände, ohne sie eigentlich zu betrachten. Lamotte aber saß aufrecht da und hatte die Arme auf die Sessellehne gestützt. Man konnte meinen, er sitze auf einem Thron und erteile stumme Befehle.

Plötzlich tauchte ein kleiner livrierter Boy im Saal auf. Er trug eine große weiße Porzellanvase vor sich her, aus der eine einzige rote Rose ragte, und näherte sich dem Tisch der einsamen Dame. Dort angekommen, hob er sich auf die Zehenspitzen und stellte die Vase behutsam in die Tischmitte.

Die Dame sah ihn fragend an.

Er wurde rot wie die Rose, die er gebracht hatte, zuckte die Achseln und entfernte sich schweigend. Er ging dabei noch immer auf Zehenspitzen. Er hatte wohl vor Verlegenheit vergessen, die Fersen wieder zu senken.

Als das kurze, zierliche Schauspiel vorbei war, fragte Mintzlaff leise: »Wer ist sie?«

Der Baron griff in die Brusttasche und reichte ihm ein zusammengefaltetes Papier. Es war ein Ausschnitt aus einer Zeitschrift, ein wundervolles Lichtbild, ein Damenporträt. Es war eine Fotografie ihrer Nachbarin!

Unter dem Bild stand: »Juana Fernandez, die berühmte argentinische Schauspielerin, verbringt ihren Winterurlaub in Davos.«

›Deswegen ist er nach Davos gefahren‹, dachte Mintzlaff.

Der Baron nickte.

Die Bar begann sich mit Ballgästen zu füllen, denen es oben im Saal zu heiß geworden war. Das Tanzpaar begab sich, weil die Kapelle den ersten Tanz spielte, gehorsam aufs Parkett und schwebte lächelnd an den Tischen vorüber. Hinten, an der Theke, wo die Amerikaner saßen, wurde es immer lebhafter.

»Ich fand das Bild zufällig, als ich in einer Zeitschrift blätterte, und packte auf der Stelle die Koffer. Mir blieb gar keine andere Wahl«, sagte der Baron. Nach einer Pause fuhr er fort: »Es ist eine unvermeidliche Begegnung. Aber sie weiß davon noch nichts.«

Der Kellner goß der Dame, von der die Rede war, gerade aus einer alten Flasche goldgelben Wein ins Glas.

Da tauchte der Boy schon wieder auf. Sein kleines braunes Kindergesicht war von staunendem Ernst erfüllt. In der Hand hielt er eine zweite langstielige rote Rose, die er, sich wieder auf die Zehen hebend, ehrfürchtig in die weiße Vase steckte. Juana Fernandez sah ihn prüfend an.

Er zuckte wie beim ersten Mal mit den Schultern und entfernte sich schnell.

Sie blickte, bevor sie den Kopf wieder sinken ließ, sinnend auf die zwei Rosen. Ihre Gesichtszüge verrieten nicht, was sie dachte.

»Warum ist sie traurig?« fragte Mintzlaff.

»Sie ist traurig, daß sie so traurig ist!« erwiderte der Baron. »Sie hat Unglück gehabt; nicht eigentlich viel mehr als mancher andere Mensch; aber sie ist darüber unglücklicher als andere. Sie weiß nicht, ob sie sich je wieder wird freuen können. Und das macht sie ratlos.«

»Eine empfindsame Seele zu haben, ist sehr anstrengend.«

»Sie hätte, um sich zu erholen, arbeiten müssen«, meinte Lamotte. »Eine Schauspielerin muß abends, wenn die Rolle es befiehlt, ihre Melancholie verbergen. Das hätte ihr gutgetan.«

»Und sie ist ganz allein in Europa?«

»Sie ist immer allein. Sie lehnt jede Annäherung ab. Das einzige, wozu sie sich zwingt, ist, daß sie abends zuweilen unter Menschen geht. Da sitzt sie dann, so wie jetzt, einsam am Tisch und blickt stumm vor sich hin.«

»Sie haben heute schon zuwege gebracht, daß eine herzlose Dame zu Stein erstarrte und weinte – es wird Ihnen auch gelingen, unserer unglücklichen Nachbarin ein Lächeln zu entlocken.«

»Ein Lächeln vielleicht. Ich will es versuchen. Zu einem Lachen ist es leider noch zu früh.«

»Ich verstehe Sie nicht«, knurrte Mintzlaff. »Warum bringen Sie eine Frau, die schon zum Frühstück drei Herren verspeisen möchte, zum Weinen? Wem helfen Sie damit? Und was wollen Sie von mir? Zu welchem Behufe reden Sie mir ein, daß die Mauer aus Glas, hinter der ich mich, aller Welt sichtbar, verberge, mein Verderben sei?«

»Wer nicht lacht, doch auch wer nicht weint, ist nur ein halber Mensch«, antwortete der Baron. »Beides können, lachen und weinen – das ist die Summe des Lebens.«

»Sie sind also ein Menschenfreund«, sagte Mintzlaff und fuhr spöttisch fort: »Wer ist denn der Unbekannte, der unsere ebenso schöne wie traurige Dame mit roten Rosen unterhält?«

Als Lamotte nicht antwortete, lachte er und meinte: »Sehen Sie, nun kann auch ich schon Gedanken lesen!«

Anderthalb Stunden später brachte der Boy, der in der Zwischenzeit nicht müßig gewesen war, die zweiundzwanzigste rote Rose und, da die erste voller Blumen war, eine zweite Vase.

Auf dem Parkett hatten Ballonschlachten stattgefunden. Und einer der jungen Amerikaner, die an der Theke getrunken hatten, war, nachdem er mit Gläsern nach dem Mixer geworfen hatte, ins Freie getragen und in den heilsam kühlen Schnee gesetzt worden.

Juana Fernandez saß noch immer in sich versunken. Nur sooft sie das Weinglas zum Mund führte, streifte ihr Blick die Rosen.

Die meisten Gäste der Bar schienen sie zu kennen und trotz des nächtlichen Übermuts zu begreifen, daß sich die Schauspielerin von dem geheimnisvollen Rosenzauber nicht gestört oder gar ernstlich belästigt fühlte.

Deshalb verbarg man die keineswegs geringe Neugierde hinter dem Schein einer wohlwollenden Interesselosigkeit.

Am Tisch Lamottes saß jetzt, außer ihm und Mintzlaff, eine lebhafte Gesellschaft; und zwar der Direktor des Verkehrsvereins, der leitende Arzt eines Sanatoriums, ein Maler aus Basel, ein Flugkapitän der Swissair und ein kleiner, brünetter Herr mit einem amüsanten Vogelgesicht und einem ungefaßten Monokel.

Der Baron hatte die Korona, da sonst kein Platz gewesen war, an seinen Tisch gebeten, und schon bei der gegenseitigen Vorstellung war deutlich geworden, daß er richtig gehandelt hatte.

Denn eben dieser kleine, schlanke, brünette Herr mit dem Monokel hatte, sich verbindlich verbeugend, gesagt: »Mein Name ist Mintzlaff.« Und der Herr, der erst seit Stunden Jennewein hieß, hatte lächelnd erwidert: »Sehr erfreut, Herr Professor!«

Aber auch die anderen Herrschaften hatten ihre verborgenen Reize. Der Chefarzt war zugleich der Vorsitzende der Kunstgesellschaft und sammelte Bilder. Der Flugkapitän war im Nebenberuf ein nicht unbekannter Schriftsteller. Und der Direktor des Verkehrsvereins war von Haus aus eigentlich surrealistischer Maler und veröffentlichte unter einem wohlklingenden Pseudonym seltsam schöne Gedichte, in denen, größerem Beispiel folgend, keine großen Buchstaben vorkamen.

Zunächst sprach man über einen Ausflug, den man am Vormittag mit einigen Züricher Journalisten und Herren vom dortigen Rundfunk unternommen hatte. Die Schlittenfahrt hatte in ein schweigsames, winters nahezu unbewohntes Tal geführt, das sich das Sertig nannte und dessen Stimmungsgehalt von den Anwesenden außerordentlich gepriesen wurde.

Dann wechselte das Thema. Man begann, mitten im heiter wogenden Trubel übermütiger Tanzpaare, die bange Frage zu diskutieren, ob die wirklich große Kunst und das Urteil des jeweils zeitgenössischen Publikums einander wesentlich beeinflußt hätten und ob sich, im Laufe der überschaubaren Kunstgeschichte, das Verhältnis zwischen den beiden Faktoren grundsätzlich und inwieweit es sich graduell gewandelt habe.

Der wirkliche Mintzlaff verhielt sich schweigsam und hatte Muße, den falschen sorgfältig zu beobachten und, da dieser dem Gespräch ganz und gar nicht fernblieb, ein bißchen abzuschätzen. Eines stand sehr bald fest: ein zufällig dahergelaufener, üblicher Hochstapler war der Mann unter keinen Umständen! Was er beispielsweise zur Debatte beitrug, verriet mindestens eine überdurchschnittliche Belesenheit sowie eine beachtliche Erfahrung, auf dem Gebiete der Kunst recht zu behalten.

Endgültige Schlüsse ließen sich naturgemäß nicht ziehen. Derartige Tischgespräche geben selten Aufschluß über die tatsächliche Urteilskraft und Überzeugung der Debatteredner.

›Schade‹, dachte Mintzlaff. ›Mir wäre einer von den Burschen lieber gewesen, bei deren Anblick mir die Ohrfeigen in der Tasche wachsen!‹

Der Baron sah ihn verweisend an.

›Keine Sorge, Herr Baron‹, dachte er belustigt. ›Ich tu ihm nichts.‹

»Das möchte ich mir auch ausgebeten haben«, sagte Lamotte daraufhin.

Die Unterhaltung am Tisch stockte. Man hatte Lamottes Satz laut und deutlich gehört, wußte aber gar nicht, worauf er sich hätte beziehen können.

»Entschuldigen Sie, meine Herren«, meinte der Baron. »Ich war in Gedanken. Lassen Sie sich in Ihrer komplizierten Unterhaltung nicht stören!« Damit wandte er den Kopf zu dem Tisch der schönen Nachbarin.

Juana Fernandez legte gerade ihre schmale rechte Hand behutsam auf die vielen roten Rosen in der einen Vase, als wolle sie die Blumen streicheln. Es war eine vollendet zärtliche Bewegung. Dann stand sie auf, ergriff die eine halberblühte Knospe, die einsam aus der zweiten Vase ragte, und schritt, die Rose mit sich nehmend, langsam durch den Saal.

Alle blickten zu ihr hin. Sie hielt den Kopf ein wenig gesenkt und lächelte!

Es war ein winziges, schüchternes Lächeln, das, noch ungläubig, um ihren ernsten Mund spielte. Doch es war und blieb unzweifelhaft ein Lächeln.

Als die Argentinierin den Saal verlassen hatte, löste sich die stille Verblüffung in allgemeines Gemurmel auf.

»Ein Wunder ist geschehen«, erklärte der erstaunte Direktor des Verkehrsvereins. »Sie hat gelächelt.«

»Es gibt keine Wunder«, brummte der Arzt. »Wahrscheinlich liegt es an unserer guten Luft.« Der Usurpator des Namens Mintzlaff wandte sich an den Direktor: »Sie sollten nicht versäumen, in Ihrer hübschen kleinen Wochenzeitschrift auf die südamerikanische Heloise und das mit zwei Dutzend Rosen und Ihrer guten Luft zusammenhängende Wunder gebührend hinzuweisen.«

Der Maler aus Basel, ein noch jugendlich wirkender Mann mit grauem Haar, sagte nachdenklich: »Eine merkwürdige Frau. Ich verstehe nicht, warum es mich nicht drängt, sie zu malen. Vielleicht schlüge sie es nicht einmal ab. Aber mir ist, als sei es völlig überflüssig und als sei sie schon jetzt ihr Gemälde. Möglich, daß sie lebt. Natürlich muß sie leben; denn sie bewegt sich ja. Aber im Grunde, ich kann mir nicht helfen, ist sie ein Bild!«

Da nun sagte Lamotte, der noch immer wie gebannt hinter ihr dreinsah, einen Satz, der die Herren am Tische erschrecken ließ und sie auf den naheliegenden Gedanken brachte, der Herr Baron scheine im Kopf nicht ganz richtig zu sein.

Lamotte sagte nämlich: »Es ist die schönste Frau, die ich seit zweihundert Jahren gesehen habe.«

Kurz darauf zahlte die Gesellschaft und ging ziemlich bestürzt ihrer Wege.

Sechstes Kapitel

Da Mintzlaff am nächsten Morgen, trotz der anstrengenden Ereignisse des Vortags, früh erwacht war, ließ er sich Zeit und frühstückte mit angemessener Sorgfalt auf der sonnenüberfluteten Terrasse des Hotels.

Von dieser Terrasse aus sah man zu den weitläufigen Eisplätzen hinüber, wo sich die Davoser Schuljugend tummelte. Ein paar Jungen übten unermüdlich an einem schwierigen Sprung. Und kleine Mädchen drehten auf ihren überlangen Kinderbeinen Pirouetten, daß die Zöpfe waagrecht vom Kopf abstanden.

Auch ein Stück der Straße ließ sich überblicken. Die Autobusse und Schlitten, die nach Davos-Dorf fuhren, hatten Überfracht. Hunderte und Aberhunderte wurden zur Talstation der Parsennbahn transportiert. Hundertvierzig Menschen hißte die Seilbahn mit jeder Fracht elfhundert Meter höher. Siebenhundert Menschen konnten in einer Stunde maschinell himmelan in den ewigen Schnee befördert werden!

Mintzlaff folgte, nachdem er gefrühstückt hatte, diesem Strome nicht, sondern schlug die entgegengesetzte Richtung ein und kraxelte, nicht ohne zuvor einen handfesten eisenbeschlagenen Stock erworben zu haben, in aller Gemütlichkeit zur Schatzalp hinauf.

Der Weg wand sich in Serpentinen durch hochstämmige, dick zugeschneite Tannenwälder. Hier war die Luft, da die Sonne nicht durch die Wipfel drang, frisch wie kühle Seide.

Manchmal trat der Wald zurück und machte kleinen Aussichtspunkten mit grünen Bänken Platz.

Im Tal lag Davos, rings von Bergen eingekesselt, ein Paradies aus Sonnenschein und Schnee.

Manchmal kreuzte der Weg eine Abfahrt. Nicht frei von Neid blickte Mintzlaff hinter den Skifahrern her, die wie Pfeile angeflogen kamen und, sich in die Kurve schwingend, talwärts verschwanden.

Die wenigen Spaziergänger, denen er begegnete, machten in

einer Gegend, wo man gewöhnt war, mit Bahnen bergauf und auf Brettern bergab zu sausen, den Eindruck, als seien sie aus Museen heimlich entwichene Restbestände.

Einer der musealen Wanderer, die ihm entgegenkamen, war übrigens ›Herr Professor Mintzlaff‹, der sich, nachdem er kurz des gestrigen Abends gedacht hatte, angelegentlich nach Jenneweins Verlagsplänen erkundigte.

Das veranlaßte wiederum den ›Verleger Ludwig Jennewein aus Leipzig‹, dem Professor Fragen zu stellen, deren Beantwortung dem Herrn mit dem Einglas, so wenig er es sich anmerken ließ, nicht gerade lieb und angenehm sein konnte.

Man verabschiedete sich lächelnd und gab der Hoffnung auf ein baldiges Wiedersehen lebhaften Ausdruck.

Hinter der Schatzalp gab es zwar noch Wegweiser, aber keine Wege mehr. Und als Mintzlaff einige Male metertief im Schnee eingesunken war, brach er das unwirtliche Unternehmen ab, kehrte um und setzte sich vor ein kleines anheimelndes Wirtshaus, das am Berghang klebte. Er trank einen Schoppen Roten und schaute den Skiläufern zu, die vom Strelapaß heruntergepreschten, auf der Schatzalp bremsten und sich gegen Entgelt von dem sogenannten Skilift wieder zum Strelapaß hinaufbugsieren ließen, um dann erneut herunterzupreschen.

Der Skilift war eine fröhliche Erfindung: Er war nichts weiter als ein über mehrere Masten laufendes Band mit in Abständen angebrachten schaukelähnlichen Sitzgelegenheiten. Wenn einer der Sitze die Fußstation des Lifts passierte, griff der Skifahrer zu, setzte sich rasch, behielt die Skier auf der Erde und fuhr nun, ohne weitere Mühewaltung, steil bergan. Die Bergwelt war wirklich mit jeglichem Komfort ausgestattet! Wer hier, in den höchsten Bezirken, etwa ein Bein brach, wurde umgehend von eigens zu diesem Zweck angestelltem Personal auf Sanitätsschlitten bis zum Krankenhaus gerodelt. Nur die Tabletten, die man einnehmen mußte, um die Beine überhaupt nicht zu brechen, waren noch nicht erfunden. Aber auch da handelte es sich vermutlich nur um eine Frage der Zeit.

Mintzlaffs Tisch stand an der glühend heißen Hauswand,

und an der Hauswand hing ein Thermometer, das vierzig Wärmegrade anzeigte.

Wenige Minuten später segelte eine weiße Wolke sonnenwärts. Nun sank das Quecksilber rasch auf achtundzwanzig, dann bis auf siebzehn Grad. Und als die Wolke die Sonne verdeckte, waren gar nur noch acht Grad. Doch die Wolke mußte glücklicherweise weiter, und jetzt kletterte die Temperatur schnell wieder empor, bis die Sonne von neuem unbehelligt am Firmament erstrahlte, das Thermometer wieder vierzig Grad meldete und Mintzlaff die Jacke auszog.

»Da fährt ja einer wie der Teufel!« sagte der Wirt und blickte fachmännisch den Berg hinan. »Wer kann denn das sein?« Er meinte einen Skiläufer, der schnurgerade den Steilhang herunterschoß, pfeilschnell näherkam, als wolle er mitten in das friedliche Wirtshaus hineinfahren. Erst im vorletzten Moment schwang er sich herum und stand.

»Den kenn ich nicht«, sagte der Wirt. »Wie kann ein Mensch, der die Strecke noch nie gefahren ist, so leichtsinnig sein!«

Der leichtsinnige Mensch, den der Wirt nicht kannte, schnallte die Bretter ab und kam auf die Tische zu.

Es war Baron Lamotte!

Er lachte über das ganze Gesicht, klopfte Mintzlaff auf die Schulter, setzte sich und bestellte einen Teller Suppe.

»Sie sind doch die Strecke zum ersten Mal gefahren?« fragte der Wirt.

»Warum?«

»Schade, daß Sie die Zeit nicht haben abstoppen lassen. Sie haben sicher den Streckenrekord gebrochen.«

»Rekord?« fragte der Baron. »Was gehen mich denn Ihre Rekorde an! Ich fahre schnell, weil es mir Spaß macht.«

»So einen unmodernen Menschen habe ich lange nicht gesehen«, erklärte der Wirt. »Sie gefallen mir.« Dann ging er die Suppe holen.

»Daß Sie alles übertreiben müssen«, meinte der Kunstgelehrte vorwurfsvoll. »Ich denke, Sie wollen nicht auffallen?«

Lamotte nickte. »Ich gebe mir große Mühe, aber es ist so

schwer, das menschliche Maß einzuhalten! Sie ahnen gar nicht, wie schwer!«

»Sie Ärmster«, erwiderte Mintzlaff. Dann berichtete er von seiner Begegnung mit dem Hochstapler. »Ich fühlte ihm ein bißchen auf den Zahn und muß ehrlich sagen, daß er seine Rolle gründlich studiert hat. Er weiß, wo ich, das heißt er, geboren bin und an welchen Universitäten ich war. Er kennt meine, das heißt, seine Bücher und Aufsätze. Er weiß, daß ich unverheiratet bin. Er weiß sogar, in welchem Berliner Café ich täglich verkehre. Anfangs freute er sich über das rege Interesse, das ich, als Mensch und Verleger, an ihm nahm. Als ich ihn aber über die Auflagenhöhen seiner meisterlichen Werke auszuholen begann, wurde er nervös. Er scheint kein Fachmann zu sein, sondern eher ein kenntnisreicher Dilettant.«

Der Wirt brachte die Suppe, und Lamotte machte sich darüber her. »Darf man fragen, wie sich die schönste Frau, die Sie seit zweihundert Jahren gesehen haben, heute befindet?«

Der Baron verzog das Gesicht. »Erinnern Sie mich nicht an meine vorlaute Bemerkung von gestern abend! Ein Glück, daß keiner der Herren am Tisch Verdacht schöpfte.«

»Was für Gedanken rief denn eigentlich Ihre Äußerung in den Köpfen der anderen hervor?«

»Sie schoben es mehr oder weniger auf den Champagner.«

Lamotte löffelte die Suppe. Nach einer Weile sagte er: »Die Dame meines Herzens fuhr heute früh in einem Pferdeschlitten nach Klosters hinüber.«

»Und an ihrer Jacke steckte eine rote Rose?«

»Nein, nicht an der Jacke und nicht am Nerzmantel, sondern in der Handtasche. Im übrigen möchte ich Sie rechtzeitig davor warnen, spöttische Reden über Juana Fernandez zu führen. Es könnte sonst geschehen, daß ich Sie in einem unvorhersehbaren Anfall von Ärger in ein Kamel oder einen Lorbeerbaum verwandle. Oder haben Sie, falls ich Sie verzaubern werde, besondere Wünsche?«

Mintzlaff lachte leise. »Nein, nein! Als Kamel hier oben im Schnee herumzustehen, wäre mir schon recht.«

»Wie Sie wollen. Sie können sich die Sache noch in Ruhe

überlegen. Was nun die schöne Argentinierin anlangt, so werde ich sie heute abend zu einem argentinischen Tango auffordern.«

»Und sie wird ablehnen.«

»Erraten. Und dann werde ich mich an ihren Tisch setzen. Nein, das wird sie nicht ablehnen! Sie dürfen den Zauber meiner Persönlichkeit nicht unterschätzen! Und noch ehe sie einen Entschluß fassen kann, werde ich ihre rechte Hand ergriffen haben und ihr aus den Handlinien wahrsagen.«

»Aha!«

»Sie wird staunen, was ich über sie weiß.«

»Das glaube ich auch.«

»Und später werde ich dann doch einen argentinischen Tango mit ihr tanzen.«

»Ich zweifle nicht daran. Sollte sie noch Schwierigkeiten machen, werden Sie die Mitglieder des Tanzorchesters in Zwerge verwandeln und die Bar des Hotels in eine diamantene Grotte! Die Frau müßte ja ein Herz aus verchromtem Stahl haben, wenn sie einer so zart und dezent vorgetragenen Werbung widerstehen wollte!«

Der Baron blickte lächelnd den Berg hinan, den soeben eine Kavalkade von Skiläufern herabkam. Die ersten Fahrer bremsten nicht weit vom Gasthaus. Als letzte folgte, in größerem Abstand, ein junges Mädchen, das eine lustige Kapuze trug.

Plötzlich sprang Mintzlaff in die Höhe und schrie aus Leibeskräften: »Hallo! Hallo!«

Die Skiläufer und die vor dem Wirtshaus sitzenden Gäste drehten sich hastig um. Was war denn geschehen? Warum schrie denn der Mann in einem fort »Hallo!«?

Auch das junge Mädchen hatte den Kopf gewendet. Dadurch verlor sie das Gleichgewicht und fiel jetzt, mit einem Juchzer, in den Schnee.

»Hallo!« schrie Mintzlaff. Er wedelte dabei mit beiden Armen.

Da entdeckte ihn das Mädchen. Das vom Sturz eben noch verdutzte Gesicht leuchtete auf. Sie winkte mit den Skistöcken, strampelte sich lachend hoch und schnallte die Bretter ab.

Einer ihrer Begleiter kam zurück und fragte etwas.

Aber sie schüttelte entschieden den Kopf, gab ihm eine kurze Antwort und stapfte, während er, offensichtlich enttäuscht, weiterfuhr, auf Mintzlaff zu, der ihr mit Riesenschritten entgegenlief.

Sie pflanzte die Bretter und Stöcke in den Schnee, stellte sich, trotz der schweren Stiefel, auf die Zehenspitzen und gab Mintzlaff einen Kuß.

»So«, meinte sie dann erleichtert. »Das wäre erledigt! Gott zum Gruß, alter Junge!«

»Hallo!« sagte er, noch völlig verblüfft. »Ich wußte ja gar nicht, daß du in Davos bist!«

»Das liegt an deiner verdammten Halbbildung«, erklärte sie. »Außerdem weile ich erst ein paar Tage in diesen Mauern. Es gefiel mir nicht in Spezia. Der Großvater war zufällig selber guter Laune, und da konnte er mich nicht gebrauchen.«

Sie war eine zierliche Person und sah, mit den dicken Wollhandschuhen und unter der drolligen Zipfelkapuze, die sie trug, am ehesten wie ein Osterhase aus. »Bist du allein in Davos?« fragte sie streng. »Oder hast du ein Weib bei dir?«

»Ich bin allein hier.«

»Dein Glück!« Sie hakte bei ihm unter und zog ihn zu dem kleinen Wirtshaus hinüber. »Ich gedenke, mich von dir zu irgendeiner Art Getränk invitieren zu lassen.«

»Und deine Begleiter?«

»Das junge Volk wartet an der Seilbahn, bis die Dame erscheint. Fragst du aus Mitgefühl mit ihnen, oder hast du Angst, du könntest mich nicht wieder loswerden!«

»Ich frage aus Angst«, sagte er fröhlich.

»Dann ist ja alles in Ordnung.«

Sie näherten sich dem Tisch, an dem sich jetzt Lamotte erhob und das Paar erwartete.

»Darf ich die Herrschaften miteinander bekannt machen?« sagte Mintzlaff. »Baron Lamotte – Fräulein Sumatra Hoops.«

Lamotte ergriff die Hand des Mädchens. »Das ist also die junge Dame, die ›Hallo‹ heißt!«

Sie streifte die von einem Eishäubchen gekrönte Kapuze ab.

SECHSTES KAPITEL

Aschblondes Lockengekräusel kam zum Vorschein. »Alfons hat also geplaudert«, meinte sie und setzte sich.

Nun nahmen auch die Herren Platz. »Ja«, erklärte Mintzlaff. »Wir hatten zufällig ein Gespräch über Vornamen.«

»Und eines über anonyme Telegramme«, fügte der Baron hinzu.

Das junge Mädchen musterte Lamotte mit einem Blick, der, so flüchtig er schien, an Gründlichkeit wenig zu wünschen übrigließ.

»Natürlich!« rief Mintzlaff. »So ist es! Du hast die Depesche geschickt!«

»Ich war so frei«, sagte sie. »Als ich in Davos ankam, las ich das Plakat. Nun hattest du mich doch aber dahin informiert, daß du erst in etwa vierzehn Tagen einträfst! Ich freute mich, dich wieder einmal beim Lügen ertappt zu haben, erkundigte mich im Verkehrsverein nach deiner Adresse und trabte ins Grandhotel. Der Portier behauptete, daß du auf deinem Zimmer wärst, und setzte sich, um dir meinen holden Besuch anzukündigen, mit dem Appartement zwölf in telefonische Verbindung. Diesen Moment benutzte ich, spontan wie ich bin, und erklomm das erste Stockwerk des Hotels.«

»Jetzt wird es spannend«, vermutete Mintzlaff.

»Ich klopfte an die Tür mit der Nummer zwölf. Eine Männerstimme rief ›Herein!‹ Ich riß die Tür auf, wollte irgendeine der zwischen uns ortsüblichen unpassenden Bemerkungen machen und stand einem mir durchaus fremden Herrn gegenüber. Er war erstaunt. Trotzdem war seine Verblüffung, mit der meinen verglichen, ein Kinderspiel für Dreijährige. Gut, wir hatten uns ein paar Wochen nicht gesehen – aber daß du dich in der Zwischenzeit derartig verändert haben könntest, hielt ich von vornherein für ausgeschlossen. Er fragte nach meinem Begehr. Daraufhin fragte ich höflich, ob er auch ganz bestimmt wisse, daß er ein gewisser Herr Professor Mintzlaff sei. Er replizierte, daß es darüber gar keinen Zweifel geben könne.«

»So ein frecher Hund!«

»Ich dachte das gleiche, versicherte ihm jedoch, wie glücklich ich sei, ihn, dessen Bücher zu verschlingen ich die Gewohnheit hätte, endlich von Angesicht zu Angesicht zu schauen. Er behauptete, von unserer Begegnung nicht minder ergriffen zu sein, und wollte wissen, ob ich allein reise. ›O nein‹, sagte ich. ›Ich bin mit meiner Großmutter unterwegs. Und die Gute glaubt, ich sei in der Klavierstunde!‹ Na ja. Und dann empfahl ich mich, ließ mir von ihm die Hand küssen und eilte hurtigen Fußes zum Telegraphenamt.«

»Warum depeschiertest du aber anonym?«

Hallo hängte die vereiste Jacke an den Fensterriegel. »Mein teurer Freund«, erklärte sie dann, »mir lag daran, dich neugierig zu stimmen. Neugierde kleidet dich so gut.« Sie wandte sich an Lamotte. »Kennen Sie Alfons näher?«

»Nein«, erwiderte der Baron bescheiden. »Leider nicht.«

»Er ist der Psalmist des seelischen Gleichgewichts«, sagte sie. »Und ich lasse seit Jahren nichts unversucht, sein Gemüt zum Schaukeln zu bringen. Aber es ist ein Versuch am untauglichen Subjekt.« Das junge Mädchen lachte. Es war kein besonders frohes Lachen. »Herr Wirt!«

Der Wirt kam. Sie bestellte ein Skiwasser. Dann fragte sie den Freund: »Wie gefällt eigentlich dir der Herr, der in deinem Namen Vorträge hält? Oder ist er dir noch gar nicht über den Weg gelaufen?«

»Doch. Gestern nacht in der Bar.«

»Nun, und?«

»Zu meinem Leidwesen muß ich feststellen, daß er mir nicht völlig mißfällt!«

»Er ist nicht der Dümmste«, sagte sie. »Und er trägt hübsche Krawatten.«

»Kannst du dir vorstellen, warum und wozu sich dieser Mensch der Mühe unterzieht, meine Rolle zu spielen?«

Hallo schüttelte den Kopf, daß die Locken flogen. »Nein. Vielleicht ist er verrückt?« Der Wirt brachte das Skiwasser, und sie trank das Glas in einem Zuge leer.

»Du kommst doch am Mittwoch abend mit uns zu seinem Vortrag? Ich besorge rechtzeitig Karten. Oder hast du keine Zeit?«

»Sechs Jahre lang habe ich mir deine Vorträge mit einer wahren Lammsgeduld angehört, und nun, wo so ein Abend endlich einmal interessant und allgemeinverständlich zu werden verspricht, sollte ich keine Zeit haben?«

Mintzlaff lachte. »Was sagen Sie zu der burschikosen jungen Dame, Herr Baron?«

Lamotte blickte den anderen nachdenklich an. »Fräulein Hoops ist wundervoll tapfer.«

Hallos braune Augen wurden dunkel vor Ernsthaftigkeit. Sie sprang auf, griff nach ihrer Jacke und meinte leichthin: »So, jetzt muß sich das tapfere kleine Fräulein verabschieden! Wie ist das, Alfons? Lädst du mich für heute abend zu einem Whisky ein? Oder willst du lieber allein sein? Du kannst es dir überlegen. Ich wohne in der Pension Edelweiß.« Sie gab beiden Herren die Hand.

»Ich hole dich nach dem Abendessen ab«, sagte Mintzlaff. »Wundere dich übrigens nicht, wenn man dir meldet, daß dich ein Herr Doktor Jennewein in der Halle erwartet. So heiße ich bis auf weiteres.«

»Ach richtig! Und an welchen Vornamen muß ich mich bis auf weiteres gewöhnen?«

»An den schönen Namen Ludwig«, teilte der Baron mit.

Sie warf Lamotte wieder einen prüfenden Blick zu. Dann schaute sie Mintzlaff lächelnd an und sagte: »Hoffentlich wirst du nicht eifersüchtig, wenn ich dich versehentlich einmal Alfons nenne. Auf heute abend, du Scheusal!« Sie nickte ihm zu, schnitt eine Grimasse und stapfte in den Schnee hinüber, zu ihren Brettern. Eine Minute später verschwand sie talwärts.

Mintzlaff, der an die Holzbrüstung getreten war, um hinter ihr herzuschauen, setzte sich wieder, nachdem sie seinem Gesichtskreis entschwunden war, und blickte versonnen auf die blankgescheuerte Tischplatte.

Lamotte beugte sich zu ihm und sagte leise: »Unbeschadet meiner hochgradigen Fähigkeit, Gedanken zu lesen, erscheint mir Ihr Verhalten diesem bezaubernden jungen Geschöpf gegenüber einigermaßen rätselhaft.«

Mintzlaff sah den Baron an und senkte den Kopf von neuem.

»Wir sind seit sechs Jahren befreundet. Als wir uns kennenlernten, war Hallo neunzehn Jahre alt.«

»Und heute«, meinte Lamotte, »sieht sie aus, als sei sie siebzehn. Es gibt solche mädchenhaften Frauen.«

Mintzlaff nickte. »Sie wird immer jünger. Trotz des Kummers, den sie mit mir hat.«

»Sie hätten sie heiraten sollen. Sie könnten schon zwei oder drei Kinder haben.«

»Ich wollte nicht.«

»Die gläserne Mauer war wieder einmal im Wege! Das Glück, das Ihnen bevorstand, hätte Sie zu sehr abgelenkt!«

»Sie blieb trotzdem bei mir; und sie würde immer bei mir bleiben, wenn ich sie hielte. Doch ich weiß nicht ein noch aus. Früher war ich grenzenlos in sie verliebt, ohne sie schon zu lieben. Und jetzt, da ich nicht mehr in sie verliebt bin, liebe ich sie wie mein eigenes Leben.«

»Und an Tagen, an denen Sie zufällig eine Viertelstunde übrig haben, benutzen Sie diese freie Zeit, um unglücklich zu sein. Selbstverständlich nur ein ganz klein wenig unglücklich! Weil eine stärkere Inanspruchnahme Ihres ausgewogenen Innenlebens unbekömmlich wäre!«

»Ich bin in meinen freien Viertelstunden darüber nicht unglücklich, sondern böse«, sagte Mintzlaff.

»Auf jene Instanz, die Sie Erwin nennen.«

»Jawohl! Er läßt zwei Menschen jahrelang miteinander glücklich sein, und dann stiehlt er auf einmal dem einen das Verlangen nach dem anderen! Warum tut er das? Wenn er es schon tun will oder muß – warum bestiehlt und plündert er nicht alle zwei? Zur selben Zeit? Ich finde es niederträchtig!«

»Das ist der zweite große Vorwurf, den Sie der Schöpfung machen.«

»Nicht der letzte!«

»Sie möchten drei- bis vierhundert Jahre alt werden. Mindestens so alt wie ein größerer Lindenbaum. Nun, in dieser Beziehung kann ich mich nicht beklagen. Was nun die erotische Wankelmütigkeit betrifft, so teile ich zwar diese Eigenschaft mit Ihnen, nicht aber die Abneigung davor.«

»Meine Glückwünsche!« sagte Mintzlaff. »Sie haben es also auch erlebt, daß Sie die Frau, die Sie lieben, ins Pfefferland und sich irgendeine unterhaltsam gebaute Person, die Ihnen im übrigen womöglich völlig gleichgültig ist, in die Arme wünschen?«

»Erlauben Sie!« erwiderte Lamotte. »Schon oft! Sie müssen nicht vergessen, daß ich sehr viel länger lebe!«

»Und Sie haben sich deswegen noch nie geschämt?«

»Ich denke gar nicht daran!«

»Sie finden es in Ordnung?«

»Ich finde alles, was natürlich ist, in Ordnung.«

»Sind Sie verheiratet?«

Der Baron mußte lachen. Er nickte lebhaft.

»Und Sie hatten nie ein schlechtes Gewissen?«

»Ich werde mich hüten! Das schlechte Gewissen ist eine ebenso christliche wie überflüssige Erfindung. Mich hat nie das Gewissen, statt dessen aber immer die Eifersucht meiner Frau gequält.«

»Die Eifersucht ist doch auch etwas Natürliches!«

»Leider. Aber selbstverständlich nur dort, wo Monogamie herrscht.«

»Ihre Lebensauffassung ist mir allzu natürlich«, meinte Mintzlaff. »Am Ende verteidigen Sie auch Raub und Mord!«

»Ich verteidige sie nicht. Aber sie sind natürlich, und die Strafe dafür ist es auch.«

»Sie halten es also mit Zenon, der einen diebischen Sklaven sagen läßt, er sei vom Schicksal zum Stehlen bestimmt, und dem darauf die Antwort zuteil wird, er sei aber auch vom Schicksal ausersehen, dafür Schläge zu bekommen.«

»Ja«, erwiderte Lamotte. »Zenon war meiner Meinung.«

»Dann lehnen Sie das ab, was man die Entwicklung der Menschheit genannt hat?«

»Sie wollen mich heute, scheint mir, dauernd zum Lachen bringen«, bemerkte der Baron. »Ich lehne die Entwicklung der Menschheit keineswegs ab. Ich werde doch nicht etwas ablehnen, was es nicht gibt. Sie sind ein Idealist, und Idealisten sind schreckliche Leute. Sie rauben, noch dazu aus Sentimentalität, nicht nur sich selber, sondern auch, was schlimmer ist, den anderen den Sinn für die ewige Wirklichkeit und stiften neue, überflüssige Schmerzen. Als ob es nicht ohnedies genügend Konflikte gäbe. Ich erinnere Sie nur an die Eifersucht meiner Frau!« Der Baron legte Geld auf den Tisch und erhob sich. »So, und jetzt mache ich mir noch ein wenig Bewegung. Die alten Knochen haben es nötig.« Er hielt dem jungen Mann die Hand hin. »Es hat nicht den geringsten Sinn, sich über mich zu ärgern!«

»Obwohl es ein ziemlich natürlicher Seelenvorgang wäre!« sagte Mintzlaff und nahm die Hand.

»Ehe ich es vergesse«, erklärte der Baron, »– am Sonnabend findet im Grandhotel ein Kostümball statt. Das kleine Fräulein Hallo und Sie sind meine Gäste. Ich sage es Ihnen heute schon, damit Sie rechtzeitig überlegen, wie Sie sich verkleiden wollen.«

»Als was werden Sie denn erscheinen?«

»Ich?« Lamotte lächelte. »Ich komme als Zeus!«

Mintzlaffs Gesicht und Blick froren ein. Er hatte sich weit vorgebeugt und starrte den anderen außer sich an.

Der Baron tat, als merke er Mintzlaffs Erschütterung nicht. Er zog die dicken Fausthandschuhe an und sagte währenddem:

»Aber sprechen Sie nicht darüber!«

Dann ging er mit großen, ruhigen Schritten davon.

Siebentes Kapitel

Solange Mintzlaff noch herumgerätselt hatte, wer eigentlich der Baron sei, war er nicht entfernt so beunruhigt gewesen wie jetzt. Seine Gedanken kreisten fieberhaft um den Fremden und das nun gelüftete absurde Geheimnis.

Ob er krank sei, hatte der Wirt des Hotels beim Mittagessen gefragt. Er sehe angegriffen aus. Mintzlaff hatte Kopfschmerzen vorgeschützt und war auf seine Loggia geflüchtet.

Hier ruhte er nun in einem bequemen Liegestuhl und schlief. Sein Gesicht sah aus, als strenge ihn das Schlafen an. Manchmal flatterten die Augenlider, und der linke Mundwinkel zuckte ungeduldig.

Er träumte ...

Der Traum hatte ihn in eine weite, karg bewachsene Ebene entführt. Mitten in dieser Ebene weidete eine große Schafherde, und neben der Herde stand ein schwarzlockiger, antik gewandeter Hirt. Er hatte beide Hände auf einen hohen Krummstab gestützt und blickte in ruhiger Melancholie über die grauwollige Welle der grasenden Tiere hin.

Von fern dröhnte die Erde.

Am Horizont tauchte ein Reiter auf und näherte sich in einer wallenden Staubwolke.

Der Hirt blickte hoch. Schützend legte er eine Hand über die Augen.

Es war kein Reiter. Es war ein Kentaur!

Er sprengte in gestrecktem Galopp auf die Herde zu, parierte sich scharf durch und stand. Merkwürdigerweise trug er auf dem Bronzeschädel eine schöne blaue Postmütze; und quer über den nackten, zottigen Oberkörper spannte sich ein roter Ledergurt, an dem eine rote Tasche hing. Es war offensichtlich eine Depeschentasche.

»Ist das der richtige Weg zum Olymp?« fragte der atemlose, nervös mit den Hufen stampfende Kentaur.

Der Hirt hob wortlos den Krummstab und zeigte auf einen

im Hintergrund mächtig emporragenden Berg, der silbergrün bewaldet und dessen Gipfel von einer unbeweglichen Purpurwolke verhüllt war.

»Aha«, sagte der Kentaur, salutierte kurz, gab sich dann einen aufmunternden Schlag auf die Flanke, sprengte davon und verschwand in einer graubraunen Staubwolke.

Die Schafe blökten hinterdrein.

»Laßt das!« sagte der thessalische Hirt streng, und die Schafe gehorchten.

Mittlerweile galoppierte der Kentaur schon bergan, durch silbergrüne Olivenhaine.

Aus den Wäldern und Hainen wurden Büsche und aus den Büschen trockenes Gestrüpp. Weiter oben wuchsen Steine durch das Gestrüpp. Dann wichen die harten, kantigen Steine und Blöcke dem weichen, dämpfenden Schnee. Und schließlich trabte das zottige, schwitzende Fabelwesen in die unbewegliche Purpurwolke hinein, die den Gipfelbezirk wie eine schwebende Mauer umgab. Das Hämmern der Hufe wurde unhörbar, und erst später, als der Kentaur die Wolke durchquert hatte, wurde das Hufgeklapper wieder laut. Die von Hephaistos erbaute Residenz der attischen Götter war erreicht.

»Uff«, sagte der Kentaur, nahm die blaue Postmütze ab und fuhr sich mit dem Handrücken über die dampfende Stirn. Der Olymp erinnerte, mindestens in der Anlage, an die Akropolis; freilich sah man keine Tempel, sondern mykenisch anmutende Burgen. »Lauter Marmor«, knurrte der Kentaur etwas mißgünstig. »Die Leute leben!« Dann trabte er, beinahe kokett tänzelnd, auf das nächstliegende Schloß zu, dessen Tor von Hermen flankiert war und sich soeben öffnete. Die Stufen herab stieg, braungebrannt, schlank und spitzbärtig, Hermes, der Bote der Götter. Der Kentaur holte, nachdem er durch Anlegen der Hand an die Kopfbedeckung gebührend gegrüßt hatte, aus seiner roten Depeschentasche ein vollgekritzeltes Wachstäfelchen und sagte: »Ein Eilbrief, göttliche Hoheit!«

Hermes nahm die Post entgegen, las, indessen sich seine kohlschwarzen Augenbrauen immer höher zogen, die Nachricht und nickte kurz.»Laß dir drüben in den Ställen etwas zu fressen geben«, erklärte er abschließend.

Der Kentaur salutierte wieder, machte auf der Hinterhand kehrt und galoppierte, seinem Pferdeverstand folgend, in die Richtung der Stallungen davon.

Hermes aber überquerte, von seinen berühmten Schuhen beflügelt, schwebend den sanft ansteigenden Platz, auf dessen höchstem Punkt sich die größte, die väterliche Burg erhob.

Er federte leichtfüßig die Stufen hinan, schwebte durch eine Säulenhalle und gelangte nun in einen weiten, einfach gehaltenen Saal mit hohen Fenstern.

An einem der Fenster saß eine Frau. Sie spann Schafwolle. Ohne sonderlich aufzusehen, fragte sie:»Neuigkeiten?«

Hermes reichte ihr wortlos das bekritzelte Wachstäfelchen.

Nachdem sie die Botschaft gelesen hatte, stand sie auf und schritt langsam auf dem Marmorparkett hin und her. Sie war eine königliche Erscheinung und eine gute Dreißigerin. Jetzt blieb sie vor Hermes stehen und blickte ihn zornig an.»Es ist ein Skandal!« sagte sie, wobei ihr Busen wogte.»Es wird mir zu bunt. Ich lasse mich scheiden.«

Hermes lächelte verhalten in seinen köstlich gesalbten Spitzbart.»Aber liebste Stiefmutter«, erklärte er,»was Sie vorhaben, ist ein sogenanntes Ding der Unmöglichkeit! Hera läßt sich von Zeus scheiden – nein, und nochmals nein! Sie können doch den Olymp vor der Geschichte nicht lächerlich machen!«

»Dein Vater macht mich seit etlichen tausend Jahren vor der Geschichte lächerlich!«

»Das ist es eben! Kein Mensch würde Ihren so verspäteten Entschluß, sich von Papa zu trennen, verstehen. Nicht einmal die Historiker unter ihnen.«

Hera ballte ihre klassisch schönen Hände zur Faust.»Was gehen mich denn die Menschen und die Historiker unter ihnen an?« rief sie entrüstet.»Ich bin eine Göttin außer Dienst, dazu verurteilt, fünfunddreißig Jahre alt zu bleiben ...«

»Siebenunddreißig, liebste Stiefmutter!«

»... fünfunddreißig Jahre alt zu bleiben und nicht sterben zu dürfen. Was wissen denn die Menschen und die Historiker unter ihnen von den Qualen der Götter!«

»Auch die Menschen und die Historiker unter ihnen kennen die Eifersucht im allgemeinen wie auch die Ihrige, liebste Stiefmutter. Sie kennen übrigens auch Ihre aus Eifersucht entstandenen Greueltaten.«

»Warum hat uns die unbekannte Macht dazu verdammt, daß wir nicht altern dürfen? Warum konnten wir nicht wie Tithonos älter und älter werden und trotzdem unsterblich sein?«

»Leider kann ich Ihre Frage nicht beantworten. Aber daß eine Scheidung im vorliegenden Fall unmöglich ist, glaube ich Ihnen versichern zu können. Im übrigen können wir, wenn Sie wollen, gern einmal Apollon um seine Meinung befragen.«

»Seinen Lieblingssohn? Den Sohn dieser Leto?« Hera lachte bitter. »Du bist nicht bei Trost.«

»Wir können es auch unterlassen«, sagte Hermes. »Ich bin sicher, daß er sich meiner Ansicht vollinhaltlich anschlösse.«

»Natürlich! Ihr standet immer auf eures Vaters Seite. Auch meine eigenen Kinder, sogar meine Töchter!« Sie trat zum Fenster. »Wo liegt dieses Davos eigentlich?«

»Gen Abend, auf halbem Weg zu den Säulen des Herakles. Hoch oben in einem Gebirge.«

»Ich hasse Zeus«, murmelte die Herrin des Olymps. »Ich verachte ihn.«

»Und Sie lieben ihn«, fügte Hermes sorgfältig hinzu. »Man soll das Wichtigste nicht vergessen.«

»Nein, ich liebe ihn nicht mehr. – Wie nannte er sich, als er das letztemal auf Reisen war?«

»Graf von Cagliostro.«

»Cagliostro, richtig! Und diesmal tritt er nun also als ein Baron Lamotte auf, der alte Taschenspieler!«

»Sie müssen zugeben, daß Papa im Laufe der Jahrhunderte merklich ruhiger geworden ist und nicht mehr so viel reist. Wenn man bedenkt, daß er früher als Stier, Schwan, Doppelgänger, Goldregen und dergleichen auftrat …«

»Ich muß gar nichts zugeben«, erklärte Hera ungnädig. »Es

liegt ja auch nicht an ihm, sondern daran, daß die Menschen keine Phantasie mehr haben!«

»Das mag noch hinzukommen.«

»Ich werde ihm nachreisen und seinem neuen Schwarm, dem er den Kopf verdreht hat, den Hals umdrehen!«

»Aber liebste Stiefmutter, Sie wissen doch gar nicht, ob es sich auch diesmal um eine Frau handelt!«

Hera lachte kurz durch die griechische Nase. Jede weitere Antwort schien sich für sie zu erübrigen.

Hermes versuchte langsam auf und ab zu gehen, doch da er seine Flügelschuhe trug, mißlang das Unterfangen, und er schwebte statt dessen mit lautlosen Riesenschritten von einer Ecke des großen Saals in die andere.

Hera schüttelte ärgerlich das Haupt und sagte streng: »Laß den Unsinn! Wenn du das nächstemal zu mir kommst, ziehe dir gefälligst langsamere Schuhe an! Mich macht das Gehüpfe ganz krank.«

Hermes blieb stehen und öffnete bereits den Mund.

Aber der Familienstreit, der in der Luft lag, wurde durch das Erscheinen der jugendfrischen Hebe eben noch abgewendet. Sie trug ein goldenes Tablett mit allerlei Tischgerät und rief mit fröhlicher Stimme: »Das zweite Frühstück, Mama!«

»Was gibt es denn?« fragte Hera.

Hebe antwortete, während sie das Tablett auf den steinernen Tisch setzte: »Nektar und Ambrosia!«

Heras Gesicht verdüsterte sich von neuem. »Schon wieder!« meinte sie unwirsch. »Ich kann das Zeug nicht mehr sehen! Außerdem war es früher besser.«

»Es ist aber sehr gesund«, erklärte die praktisch denkende Tochter. »Und es erhält uns ewig jung.«

Hera nickte grimmig. »Oh, diese ewige Jugend! Weißt du, wo sich dein Vater zur Zeit aufhält?«

»Wollte er nicht nach Dodona?«

»Argloses Kind! Nein, er ist nicht im Hain von Dodona, nicht unter den heiligen Eichen, ganz und gar nicht! Er ist in Davos, einem Wintersportplatz, und streicht wieder einmal hinter einem hübschen Frauenzimmer her!«

»Wie interessant!« rief die Tochter. »Weiß man schon Genaueres?«

»Hebe!« sagte die Mutter streng. »Laß dich nicht so gehen!«

»Ach, du tust immer, als sei ich noch ein Backfisch von fünf-, sechshundert Jahren!«

Hermes lachte und schwebte mit zwei großen Sätzen aus der väterlichen Burg.

Hera blickte vorwurfsvoll hinter ihm drein. »Dieser Hermes«, sagte sie, und es klang wie eine Beleidigung. »Seit er seinem Vater half, Alkmene zu verführen, kann ich ihn nicht mehr leiden.«

Hebes reizendes Gesicht überzog sich mit dunkler Röte. »Mutter«, meinte sie leise und warnend, »du sollst nicht abfällig über meine Schwiegermutter reden. Du weißt, daß Herakles und ich das nicht besonders mögen.«

»Ich verbitte mir derartige Zurechtweisungen von dir auf das entschiedenste, mein Kind! Von deinem Manne übrigens auch. Ihr wollt mir untersagen, so über diesen Skandal zu reden, wie mir ums Herz ist? Sei still! Nicht genug, daß Zeus eine anderweitig verheiratete Frau mit einem Sohn beglückte – nein, er mußte auch noch seinen Bastard mit seiner und meiner Tochter Hebe verehelichen!« Die Stimme Heras war recht laut geworden.

»Das werde ich Herakles erzählen!« rief Hebe weinerlich. »Er hat ganz recht.«

»Womit, wenn ich fragen darf?«

»Damit, daß du keinen vornehmen Charakter hättest! ›Deine Mutter‹, sagte er gestern nacht vor dem Einschlafen, ›hat mir Schlangen in die Wiege gelegt. Wer so etwas tut, ist keine Dame!‹«

»Das ist ja großartig! Dein außerehelicher Stiefbruder Herakles, den du geheiratet hast, äußert Ansichten! Das hat mir noch gefehlt! Ein Schlagetot und Muskelpaket wie er hat recht, weil er deine Mutter beschimpft! Schämst du dich denn gar nicht?«

»Du solltest ganz still sein!« rief Hebe, und ihre süße Stimme überschlug sich leider. »Du bist ja nicht nur meine Mutter, sondern auch noch meine Tante! Denn du hast meinen Vater geheiratet, und der ist dein Bruder. Du hast Papa zu meinem Onkel gemacht! Und da soll ausgerechnet ich Grund zum Schämen haben?«

»Hebe!«

»Tantchen!«

Die Stimmen der beiden göttlichen Frauen brachten die Wände des Burgsaals zum Erzittern.

Ob es aber nur daran lag?

Jedenfalls hatte sich der Haken gelockert, an dem hoch oben an der Wand der Schild des Zeus hing. Jetzt glitt der Haken aus dem Dübel, und Aegis, das einzigartige Werk des Hephaistos, fiel krachend auf die Marmorfliesen!

Da wurde die Purpurwolke, die den Olymp umschirmte, tintenschwarz! Grelle Blitze zuckten gebündelt durch die Luft, und höllisches Donnergebrüll erfüllte die überirdischen Bezirke! In den Ställen des Zeus entstand Tumult, und mitten durch eine splitternde Türfüllung sprang häßlich fluchend ein Kentaur!

Er hielt sich die niedrige zerbeulte Stirn mit beiden Händen und galoppierte fassungslos durch die jaulende Finsternis. Er hatte vollkommen die Herrschaft über sich verloren. Er ging sich selber durch!

Die schöne blaue Briefträgermütze riß ihm, während er über den unheimlich dunklen Platz dahinraste, der Sturm vom Schädel. Schwarze Wolken schlugen ihm wie schwere, nasse Lappen ins Gesicht. Er spuckte. Heu hing ihm aus dem Mund.

»Meine schöne blaue Mütze!« brüllte er. Doch der Schrei ging im Toben der Elemente unter. Blitz und Donner, die Waffen des Zeus, regierten die Stunde.

Sie wollten die Götter daran erinnern, wer ihr Herr war. Denn zuweilen sind auch Götter vergeßlich.

Achtes Kapitel

Fräulein Hallo Hoops saß, in ein taubengraues glockiges Taftkleid gehüllt, in ihrem Zimmer und tippte auf der Schreibmaschine. Obwohl sie sich schon seit ein paar Jahren ganz wacker damit durchs Leben schlug, daß sie merkwürdige Geschichten erfand und diese an Zeitungen und Zeitschriften verkaufte, tippte sie noch immer mit nur zwei Fingern, und die kleine rote Zungenspitze bewegte sich zwischen den Lippen genau von links nach rechts wie die Walze der Schreibmaschine. Jedesmal, wenn am Ende einer Zeile das dünne Glockenzeichen ertönte, huschte die Zungenspitze in den linken Mundwinkel zurück.

Hallo hatte sich schön gemacht. Sie hatte die blonden Locken gezähmt, die Fingernägel mit einem sanften Rosa bestrichen und sogar die langen Wimpern ein bißchen getuscht.

Dem Stubenmädchen, das darüber erstaunt gewesen war, hatte sie salbungsvoll gesagt: »Das gnädige Fräulein haben heute einen besonders malerischen Tag.« Nun hockte sie also, zierlich und bunt wie ein zarter Sommerfalter, auf einem Hotelstuhl und schrieb, während sie auf Alfons Mintzlaff wartete, an einer Kurzgeschichte, die sie sich vor ein paar Tagen auf einem Spaziergang stirnrunzelnd ausgedacht hatte.

Plötzlich drang das Stubenmädchen, ohne angeklopft zu haben, ins Zimmer und sagte aufgeregt: »Der Herr, der auf Ihrem Nachttischchen steht, wartet im Salon!« Dabei zeigte sie auf eine gerahmte Photographie. »Ich habe ihn gleich wiedererkannt. Doktor Jennewein heißt er. Er sieht sich sehr ähnlich.«

»Das tut er«, bestätigte Hallo. »Nur ist er in Wirklichkeit etwas größer.« Dann stieg sie eifrig in die dicken Pelzschuhe; und kaum daß sie in den Bibermantel geschlüpft war, hüpfte sie treppab.

Als sie in den Salon trat, stand Mintzlaff auf und stellte sich, breitbeinig und den Hut seitlich in die Luft streckend, vor Hallo hin.

Sie ging darauf ein, legte eine Hand nach hinten, krümmte

den Rücken, als sei er alt und gichtig, und kam nun, wie wenn sie sich an einem Krückstock fortbewege, auf den Freund zu. Sie blieb dicht vor ihm stehen, blickte, mit den Augen blinzelnd, zu ihm hoch, hüstelte und fragte heiser: »Kennt Er mich, Kerl?«

»Jawohl!«
»Wer bin ich?«
»Fräulein Sumatra Hoops, Majestät!«
»Und wer ist Er, Kerl?«
»Keine Ahnung!«

Da entledigte sie sich ihrer königlichen Haltung und stemmte die Arme wie eine Marketenderin in die Hüften. »Soll ich dir's sagen?«

Er antwortete: »Ich bitte darum.«

Sie hob flüchtig die Arme und stemmte sie, diesmal noch energischer, in die Seiten. »Du bist das ekelhafteste, scheusäligste, unmöglichste ...«

»Vorsicht, Majestät!« unterbrach er.
»Du willst mich hindern.. ?«
»Ich sehe mich genötigt.«
»Weswegen?«
»Die Kammerjungfer braucht nicht zu wissen, was für feine Bekannte du hast.«

Hallo fuhr herum!

Richtig, da stand das Stubenmädchen, hatte einen roten Kopf und zuckte verlegen mit den Achseln.

»Merken Sie sich eins, mein Kind«, sagte Hallo würdevoll, »und handeln Sie danach. Blödsinn treiben erhält jung. Das sehen Sie an uns.« Dann wandte sie sich an Mintzlaff: »Und jetzt komm, du fröhlicher Landmann!«

Sie verschleppte ihn in die Kurhaus-Bar.

»Du kennst ja meinen unverwüstlichen Hang zur Offenheit«, meinte sie, als sie den kleinen, beinahe verstohlen erleuchteten Raum betraten. »Ich werde dir also auch gestehen, warum ich mit dir hierhergegangen bin. Bei näherem Hinsehen wirst du merken, daß es hier Logen gibt. Wenn es dich also drängen sollte, eines meiner niedlichen Patschhändchen zu halten, so stünde einer derartigen Aufdringlichkeit nichts im Wege.«

Sie nahmen in einer der Logen Platz und bestellten etwas zu trinken.

Er sah sich schweigend in dem Raum um.

Sie blickte ihn prüfend von der Seite an. »Sprich nicht soviel!« mahnte sie dann. »Es könnte deiner Stimme schaden.«

»Sehr viel rotes Licht«, brummte er.

Sie nickte. »Schön, nicht? Fast wie vor sechs Jahren auf unserer ersten Reise.«

›Deswegen hat sie mich hierhergelockt‹, dachte er. »Ich war vorgestern wieder in München«, fuhr er laut fort. »In den Teestuben auf der Brienner Straße.«

›Er ist mit seinen Gedanken sonstwo‹, dachte sie betrübt.

»Dort lernte ich übrigens Baron Lamotte kennen, mit dem du mich auf der Schatzalp trafst.«

»Das ist ein seltsamer Riese. Er ist auf so hübsche Art unheimlich.«

Der Kellner brachte den Whisky und zog sich wieder zurück.

»Denkst du noch manchmal daran?« fragte sie. »An den Fasching? Die Sonne schien so schön ins Hotelzimmer …«

»Natürlich denke ich noch manchmal daran!« sagte Mintzlaff. »Was schreibst du jetzt?«

»Ach, wieder eine meiner berühmten Kurzgeschichten. Ich war gerade an der Arbeit. Aber du störtest mich leider. Du störst mich überhaupt in einem fort. Manchmal dadurch, daß du bei mir bist, und meistens dadurch, daß du nicht bei mir bist.«

»Kurz, du hast es schwer.«

»Freilich habe ich es schwer!« erklärte sie energisch. »Alle Frauen haben es schwer. Weil ich ein kluges Mädchen bin, weiß ich sogar, woran es liegt«

»Woran liegt es?«

»Wir können, im Gegensatz zu den Männern, nicht allein sein.«

»Und ihr könnt es auch nicht erlernen.«
»Nein. Wahrscheinlich hat uns die allgütige Mutter Natur dazu bestimmt, daß wir nicht allein sein sollen!«
Er sah sie ernst an.
Sie seufzte. »Ich gehe dir schon wieder auf die Nerven. Entschuldige! Wir wollen von etwas anderem sprechen. Wie geht es deinen Eltern?«
»Gut. Sie fragten im letzten Brief, wie es dir geht.«
»Gut. Doch wir wollten von etwas anderem sprechen.«
»Beispielsweise von der Geschichte, an der du schreibst.«
»Damit du nicht zu reden brauchst! Aber meinetwegen.« Hallo trank einen Schluck, nahm sich eine Zigarette und begann: »Es war einmal eine bezaubernde junge Dame. Ja, man hätte sie beinahe herzig nennen können. Diese junge, beinahe herzige Dame hatte eine Abdullah-Zigarette in der Hand. Aber der böse Prinz, der neben ihr saß, gab ihr leider kein Feuer.«
Mintzlaff lächelte. »Entschuldige!« Dann zündete er ein Streichholz für sie an.
Sie rauchte einige Züge. Dann sagte sie: »Meine Geschichte handelt von einem jungen Mann, der mit Fug und Recht melancholisch geworden war. Nicht, daß das Glück ihn gemieden hätte. Man kommt bei einiger Charakterfestigkeit auch ohne Glück zurecht. Nein, das Glück mied ihn nicht, es neckte ihn. Und das ist auf die Dauer ein schier unerträglicher Zustand, o Herr. Siehe, das Glück streckte ihm bei jeder Gelegenheit die Hand entgegen. Doch sooft er zufassen wollte, zog es die Hand zurück.
Schließlich kam mein junger Mann zu einer entscheidenden Einsicht. Das Glück war ohne Frage ein schadenfrohes Kind, das in einem zoologischen Garten eine Mohrrübe an ein Gitter hielt. Hinter dem Gitter hockte ein kleiner gutgläubiger Affe, der eifrig nach der Mohrrübe griff – doch jedesmal zog das schadenfrohe Kind die mehrfach erwähnte Mohrrübe wieder zurück und lachte affektiert.
Als sich der junge Mann zu der Auffassung durchgerungen hatte, daß er selber mit dem kleinen gutgläubigen Affen identisch sei und daß er dem grundlos boshaften Kinde, Glück ge-

nannt, nicht an den Hals könne, da die Direktion des Zoos vorsorglich Eisengitter hatte anbringen lassen – als der junge Mann das begriff, beschloß er in seinem traurigen Herzen, ein Engel zu werden.«

Hallo trank einen Schluck und drückte die Zigarette aus. »Er wollte sich umbringen. Mochte das schadenfrohe Glück andere Leute ärgern. Auf ihn würde es künftig verzichten müssen! Er kaufte sich für das letzte Geld, das ihm geblieben war, eine Fahrkarte nach Neapel! ›Ich will Neapel sehen‹, dachte er, ›und sterben! Der Anblick des blauen Golfs und des dicke Zigarren rauchenden Vesuvs wird mich glücklich stimmen, und ehe Fortuna zu einer ihrer berüchtigten Backpfeifen ausgeholt haben kann, werde ich nicht mehr sein.‹ So also dachte der junge Mann. Er freute sich auf den Tod. Er konnte ihn und es gar nicht erwarten. Aber es wurde nichts daraus.«

»Warum wurde nichts daraus?« fragte Mintzlaff.

Hallo strich sich eine Locke aus der Stirn. »Er verlor die Fahrkarte«, sagte sie. »Er suchte und suchte, doch er fand sie nicht wieder. Und es war doch das letzte Geld gewesen! Nun war es mit seiner Geduld zur Melancholie endgültig vorbei. Jetzt wurde er wütend! Er hatte noch zwanzig Pfennige und fuhr, gegen Abend, mit der Stadtbahn in die Vororte hinaus. Später, als es dunkel war, kletterte er über Zäune auf das Gleisgelände und versteckte sich bis zur Nacht in einem Schuppen. Dann war es soweit. Denn nun mußte bald der Nachtexpreß, mit dem er nach Neapel hatte fahren wollen, daherbrausen. Der junge Mann schlich sich aus dem Schuppen und legte sich auf die Schienen. Über ihm glänzten die Sterne. Er lag und wartete. Ihm fiel sein alter Geschichtslehrer ein, der ihnen begeistert die Abschiedsworte einer vorbildlich spartanischen Mutter vorgetragen hatte, deren Sohn sich von ihr trennte, um in den Peloponnesischen Krieg zu ziehen. Sie hatte ihm den Schild gereicht und geäußert: ›Mit ihm oder auf ihm!‹

Jetzt lag nun ein Schüler dieses alten Lehrers auf den Schienen, um eben jenen Schnellzug zu erwarten, mit dem er eigentlich nach Neapel hatte fahren wollen. ›Mit ihm oder unter ihm!‹ dachte der junge Mann und lächelte grimmig zu den Sternen hinauf, die ihm zuzwinkerten, als seien sie gute Bekannte. Da ertönte das Läutwerk! Der Nachtexpreß tauchte in der Ferne auf. Seine Lampen glühten wie die Augen einer schwarzen Katze. Er brauste donnernd näher. Der junge Mann legte beide Hände vor das müde Gesicht und wartete ergeben.«

»Und?« fragte Mintzlaff, weil Hallo schwieg.

»Der Zug brauste pünktlich daher und verschwand, wie eine Rakete fauchend, in der Nacht. ›Nun bin ich also endlich tot‹, dachte der junge Mann und atmete erleichtert auf. Doch dann stutzte er. Unterschied sich der Tod so wenig vom Leben? Er kniff sich in den Arm. Es tat noch weh. Er lebte noch! Er setzte sich erschrocken hoch. Die Sterne zwinkerten ihm noch immer zu. Ihm war nichts geschehen!«

»Ein Wunder?« fragte Mintzlaff.

»Nein«, sagte Hallo. »Gar kein Wunder!«

»Was sonst?«

»Der junge Mann hatte auf dem falschen Gleis gelegen.«

Was der Baron mittags auf der Schatzalp vorhergesagt hatte, traf am Abend in der Bar des Grandhotels ein.

Er bat Juana Fernandez, kaum daß sie einsam an ihrem gewohnten Tisch Platz genommen hatte, um einen Tanz. Und sie lehnte das Ansinnen ab.

Er verbeugte sich, allerdings nicht, wie sie und die neugierig starrenden Gäste dachten, um sich zurückzuziehen. Er setzte sich stumm neben sie und ergriff ihre rechte Hand. Es gelang ihr, trotz allen Sträubens, nicht, sich zu befreien. Er drehte die schmale braune Frauenhand so, daß er deren Innenfläche zu Gesicht bekam.

Die schöne Argentinierin war blaß geworden. Sie flüsterte: »Gehen Sie! Lassen Sie mich los!«

Lamotte schüttelte, über ihre Handlinien gebeugt, schweigend den Kopf. Sie blickte sich ratlos im Saal um.

Einige Herren hatten sich erhoben und wollten ihr helfen, doch sie kamen nicht vom Fleck. Sie standen, verwundert auf ihre eigensinnigen Füße sehend, an ihren Tischen und sanken, einer nach dem andern, in die Stühle zurück.

Der Baron schien die Bewegung im Saal überhaupt nicht bemerkt zu haben. Jetzt hob er den Kopf und sagte mit gedämpfter Stimme: »Sie befinden sich in einem verhängnisvollen Irrtum. Sie quälen sich und sollten es nicht tun. Sie glauben, am Tod eines Mannes schuld zu sein, doch Sie sind nicht daran schuld.«

Juana Fernandez zog entsetzt ihre Hand zurück und wollte aufstehen.

Er ergriff ihre Hand von neuem und fuhr ruhig fort: »Sie haben jahrelang, ohne es zu ahnen, unter einer Lüge gelitten. Es war übrigens ein Mann, der Sie so belog.« Er machte eine Pause. Dann sagte er: »Ein anderer Mann.«

»Weshalb hätte er lügen sollen?« Sie fragte gegen ihren Willen. Sie schämte sich, daß sie fragte.

»Weshalb er die Unwahrheit sagte? Weil er wollte, daß Sie unglücklich würden. Und das wollte er, weil Sie nicht ihm, sondern seinem Freund gehörten.«

Die Argentinierin atmete mühsam.

»Dieser zweite ließ Ihre Handschrift fälschen, um den andern zu täuschen. Und er fälschte dessen Handschrift, um Sie zu verwirren.« Lamotte blickte die Frau an. »Glauben Sie mir nicht?«

Ihre dunklen Augen glänzten. »Es könnte wahr sein«, flüsterte sie. »So könnte es gewesen sein.«

»Es war so. Als die gefälschten Briefschaften nichts nützten, ging er einen Schritt weiter. Auch der Selbstmord war eine Lüge.«

»Der zweite ...« Ihre Stimme zitterte und versagte.

»Erschoß den anderen.«

»Sie waren Freunde.«

Lamotte nickte. »So entstand kein Verdacht.«

Sie schüttelte benommen den Kopf. Und ihre linke Hand schwebte wie im Traum zur Stirn. »Ich sollte nicht am Tode Diegos schuld sein?«

»Da Sie den einen Mann nicht mehr liebten, hoffte der andere, Sie zu gewinnen, wenn er jenen erst beseitigt hätte. Er bedachte nicht, daß es ihm dann noch weniger gelingen konnte.

Er sah nicht voraus, daß der vermeintliche Selbstmord des Mannes, den Sie nicht mehr liebten, Ihr Herz der ganzen Welt entfremden würde.«

Ihr schönes Antlitz war bleich und außer Atem.

»Es waren schlimme Jahre für Sie«, sagte der Baron. »Tödliche, vergebliche Jahre. Sie haben sich, um einer fremden Schuld willen, viel Leid zugefügt.«

Sie hob hilflos die Schultern.

Er hielt noch immer ihre Hand in der seinen und schwieg.

So saßen sie lange.

Endlich schaute sie ihn zögernd an und fragte leise: »Was soll nun werden?«

»Sie sollten es noch einmal mit dem Leben versuchen.«

Ihr Mund verzog sich zu einem schwachen Lächeln, das ihn rührte. Sie entzog ihm die Hand und griff nach der kleinen goldenen Handtasche.

»Nein«, sagte er. »Ich will, daß Sie bleiben. Ich lasse Sie jetzt nicht allein. Oder haben Sie nach der Tasche gegriffen, um mir die Rose zu zeigen, die sich darin befindet?«

Sie errötete. Nach einer Weile fragte sie ernst: »Woher glauben Sie es zu wissen, daß alles so gewesen ist?«

»Aus Ihrer Hand.«

»Jetzt lügen Sie.«

»Ja. Aber vorhin habe ich nicht gelogen.«

»Sie sind unheimlich.«

»Ich weiß, daß Sie das nicht schreckt.«

»Und wenn wirklich Diego von dem andern ermordet wurde – bin ich nicht auch dann noch schuldig?«

»Man muß dem Schuldgefühl Grenzen ziehen. Sonst bestünde ja das Leben bloß aus unvermeidlicher Schuld und hoffnungsloser Sühne. Es wäre eine unheilbare Krankheit, die mit der Geburt beginnt und erst mit dem Tode stirbt.«

»Vielleicht glaube ich Ihnen nur, weil ich Ihnen glauben möchte?«

»Nicht nur deshalb, man spürt, was wahr ist.«

Ihr Gesicht erfüllte sich mit lauter Schüchternheit. Und das war ein rührendes Schauspiel. Denn dieses Antlitz war dazu erschaffen, der Spiegel für größere, bedeutendere Empfindungen zu sein. Sie legte die Hand, die sie ihm entzogen hatte, auf das Tischtuch, in die Nähe seiner Hände, und sagte: »Können Sie nur die Vergangenheit erraten, oder wissen Sie auch die Zukunft?«

»Ich kenne auch die Zukunft.«

Sie schwieg und schaute ihn erwartungsvoll an.

»Ich kenne auch Ihre Zukunft«, fuhr er fort. »Sie werden mich lieben.«

Ihre Augen blieben ungläubig. »Ich habe den Männern und mir immer nur Unglück gebracht.«

Er lächelte. »Sie werden mich lieben, und wir werden ganz gewiß nicht unglücklich sein.«

Sie senkte den Kopf, griff in die kleine goldene Handtasche und legte die rote Rose auf den Tisch. »Das ist eine seltsame Blume«, meinte sie leise. »Sie verwelkt nicht.«

»Sie gleicht der Zukunft«, erwiderte der Baron.

Ihr Blick haftete auf der Rose. »Ich werde bald nach Argentinien zurückmüssen.«

»Wir werden zusammen fahren«, sagte er. »Wir werden den Mörder zwingen, die Wahrheit zu sagen, und dann wird er sterben. Nein, nicht durch den Henker. Er wird die Rechnung selber begleichen. Er hat die Wahl zwischen dem Tod und einem Leben, in dem ich ihm die Jahre, die Sie ertragen mußten, vergelten würde.«

»Dann bleibt ihm keine Wahl.« Sie fröstelte in der Erinnerung.

»Es waren furchtbare Jahre.«

»Sie werden wieder atmen und lachen, als wäre die Vergangenheit nie gewesen.«

»Ich habe das Lachen verlernt.«

»Das Lachen verlernt man nicht«, sagte Lamotte freundlich. »So wenig wie das Schwimmen und das Tanzen.« Er machte eine kleine Pause. »Sie glauben mir nicht?«

Im gleichen Augenblick intonierte die Kapelle einen Tango. Der Baron beugte sich vor. »Nun?«

»Tanzen?« Sie erschrak und hob abwehrend die Hände.

»Kommen Sie!« Er nahm ihre Hand. Juana Fernandez sträubte sich eine Sekunde. Dann gab sie nach.

Die anderen Gäste schauten entgeistert auf das Parkett. Die Argentinierin tanzte! Mit einem fremden Mann, der erst gestern eingetroffen war! Man hatte sich so daran gewöhnt, sie einsam am Tisch sitzen zu sehen, daß man ihr Tanzen, so leichtlebig man selber war, geradezu als anstößig empfand.

Eine Dame aus Stockholm, die den Eintänzern internationaler Plätze Frackperlen zu schenken pflegte – als Gegenleistung für nicht nur auf dem Parkett erwiesene Dienste –, senkte angewidert die langen angeklebten Wimpern und sagte zu ihrem jugendlichen Begleiter: »Sie sollte sich schämen!«

»Sehr richtig«, antwortete er. »Wenn diese Frau einen Tanz akzeptiert, so bedeutet das mehr, als wenn eine andere ...« Dann schwieg er. »Ich gehe nach oben.« Die Dame aus Stockholm erhob sich. »Du kommst in zehn Minuten nach.«

Hallo und Mintzlaff waren aus dem Kurhaus in eine Bar übersiedelt, die ›Chez nous‹ hieß und in der eine aus Negern und Mulatten bestehende Tanzkapelle am Werke war. Der Geiger benutzte als Fiedelbogen einen mit Wollfäden umwickelten Kleiderbügel.

Im ›Chez nous‹ saßen vorwiegend Angelsachsen. Man sagt ihnen bekanntlich nach, daß sie wegen des nebligen Klimas ihrer Heimat, also aus Gesundheitsrücksichten, viel Alkohol trinken müssen. Auch hier oben, fern vom Inselnebel, betrieben sie ihre traditionelle Vorsorge mit Bewunderung abnötigender Gewissenhaftigkeit.

Die Trinkpausen benutzten sie zum Tanzen. Manche von ihnen, auch weibliche Vertreter Albions, hatten die übermenschliche Fähigkeit, bis weit nach Mitternacht energisch gegen die bedenklichen Folgen des heimatlichen Nebels anzukämpfen und dennoch früh um acht wie ausgeruhte Teufel vom Weißfluhjoch nach Küblis abzufahren. Es war wohl Übungssache. Das Wort ›Training‹ ist nicht zufällig englischen Ursprungs.

Hallo und Mintzlaff tanzten natürlich auch. Sie hatten seit Jahren die liebe Gewohnheit, immer wieder unübliche Schritte und Tanzfiguren zu erfinden und ernsten Gesichts auf dem Parkett vorzutragen.

Das versetzte erfahrungsgemäß andere Paare in helle Aufregung, weil sie glaubten, ihnen noch nicht bekannte Tänze zu sehen, und sie ruhten nicht eher, als bis sie wenigstens die eine oder andere Figur begriffen und in ihr Repertoire aufgenommen hatten. Und sie konnten sicher sein, daß die Freunde in Birmingham, Kalkutta und Oslo später große Augen machen würden.

Als Mintzlaff und Hallo ihre dankenswerte Aufklärungsarbeit für vorläufig beendet ansahen, gingen sie heim. Der Wind schnitt wie ein schartiges Rasiermesser, und Hallo kuschelte sich zähneklappernd an den frierenden Freund.

»Kommst du noch ein wenig mit zu mir?« fragte sie vor der Tür der Pension Edelweiß. »Ich lege mich hin, und du kraulst mir wie in alten Zeiten den Lockenkopf. Dabei erzählst du mir ein neues Märchen.«

»Einverstanden«, sagte er. »Aber nur, wenn wir nicht heimlich wie die Diebe über die Stiegen schleichen müssen. Dazu bin ich zu alt.«

»Komm nur!« erwiderte sie. »Erstens habe ich einen Hausschlüssel. Und zweitens werde ich, falls uns jemand begegnet, schlagfertig erklären, du seiest mein soeben wiedergefundener Großvater.«

Sie gerieten unangefochten in Hallos Zimmer.

Das Mädchen ging, kaum daß sie Licht gemacht hatte, zu dem Nachttischchen, auf dem eine gerahmte Photographie stand. Sie nahm das Bild und schob es, so unauffällig wie möglich, in die Schublade.

Er sah, was sie tat. Aber er wußte nicht, wessen Bild sie versteckte. Und sie hätte sich eher die Zunge abgebissen, als zuzugeben, daß es sein Bild war.

Neuntes Kapitel

Daß Herr Mintzlaff am späten Vormittag im Smoking und in Lackschuhen durch den Davoser Schnee spazierte, hatte nichts mit professoraler Zerstreutheit zu schaffen. Um ehrlich zu sein: Er war in der Pension Edelweiß, wohin er sich in der Nacht vorher begeben hatte, um ein frei erfundenes Märchen zu erzählen, eingeschlafen und erst am Morgen aufgewacht.

Es ist kein ausgemachtes Vergnügen, einen internationalen Wintersportplatz am hellichten Tag in Smoking und Lackschuhen zu durchqueren. Dergleichen grenzt an Spießrutenlaufen.

Doch was sonst hätte er tun sollen?

Hallo hatte ihm, hinter der Fenstergardine verborgen, mit einem beinahe mütterlichen Lächeln nachgeblickt.

Mintzlaff hielt den Kopf wie ein gereizter Stier gesenkt, marschierte darauflos und war finster entschlossen, Passanten, die sich eine vorlaute Bemerkung gestatten sollten, kurzerhand in Klump zu schlagen und im kühlen Schnee zu verscharren.

Da lachte auch schon jemand neben ihm!

Mintzlaff blickte wütend hoch.

Aber es war Baron Lamotte. »Ihre Uhr geht wohl falsch?« fragte er belustigt. Dann packte er den Bedauernswerten am Arm und zog ihn, ohne weitere Worte zu verlieren, eilig in den nächsten Laden. Es war ein Geschäft, das Herrenartikel führte.

»Was haben Sie denn mit mir vor?« fragte Mintzlaff.

»Ihr Herr Stellvertreter kam gerade in Sicht. Ich fürchte, daß er uns gesehen hat.«

Ein Verkäufer tauchte auf. »Womit kann ich dienen?«

»Meinem Freund«, erklärte der Baron, »sind über Nacht sämtliche Anzüge gestohlen worden. Bis auf den Smoking, den er trug.«

»Entsetzlich!« sagte der Verkäufer.

»Ganz recht«, entgegnete Lamotte. »Irgend etwas muß geschehen. Zeigen Sie uns einmal, was Sie an englischen Sportanzügen vorrätig haben.«

»Sofort, meine Herren! Darf ich vorausgehen? Sie werden bestimmt etwas Passendes finden.«

Der Verkäufer hatte richtig prophezeit. Eine Viertelstunde später glich Mintzlaff einem englischen Sportsmann.

So kletterte er, mit einem großen Paket versehen, in sein Hotelzimmer, riegelte ab, packte den Smoking aus und hängte ihn in den Schrank.

Als er erleichtert in die Halle zurückkehrte, drückte er dem Baron die Hand und sagte: »Ich danke Ihnen aus voller Kehle. Sie haben Ruf und Ehre eines deutschen Jünglings gerettet.«

Lamotte winkte lächelnd ab. »Kommen Sie, mein Bester. Wir wollen zum Eisplatz bummeln und den Skandinaviern zusehen, die für die Eislaufweltmeisterschaft am Sonntag trainieren. Ich liebe den Sport, und ich liebe die Geschwindigkeit.«

Kurze Zeit darauf saßen die zwei auf der Tribüne des großen Eisplatzes und tranken, weil es sehr heiß war, kühle Limonade.

Auf der spiegelnden Fläche zu ihren Füßen jagten tiefgebeugte junge Männer dahin. Sie hielten die Hände auf dem Rücken verschränkt, als gingen sie nachdenklich spazieren. Doch spazierten sie keineswegs. Sie fegten statt dessen wie besessen und unaufhaltsam über das Eis. In den Kurven benutzten sie die Hände als Ruder. Dann wurden diese wieder hinter dem Rücken gefaltet. Es sah aus, als ob diese Schweden und Norweger hinterrücks beteten.

Nach einer Weile sagte Mintzlaff zögernd: »Übrigens, ich habe gestern von Ihnen geträumt.«

»So?« Der Baron tat, als interessiere ihn das Eislaufen mehr als alle Träume der Welt.

»Genaugenommen habe ich nicht von Ihnen, sondern von Ihrer Gattin geträumt. Doch es war viel von Ihnen die Rede.«

Lamotte grinste verlegen.

»Ihre Frau Gemahlin war ziemlich ungehalten über diesen Ausflug nach Davos.« Da keine Antwort erfolgte, wurde Mintzlaff unsicher. »Ich weiß natürlich nicht, ob mein Traum der … Wirklichkeit entsprach.«

Der Baron sagte: »Was die schlechte Laune meiner Frau anlangt, haben Sie sicher zutreffend geträumt«.

»Schließlich fiel ein Schild aus Ziegenfell von der Wand.«

»Ich mußte ein bißchen blitzen und donnern lassen. Es ist zuweilen nötig, die Damen daran zu erinnern, wer der Herr im Hause ist.«

»Ich bin nicht kleinlich. Immerhin habe ich, als ich erwacht war, aus dem Gedächtnis eine Bilanz Ihres Liebeslebens aufzustellen versucht; natürlich nur, soweit die Quellen darüber Aufschluß geben, und ich muß sagen …«

»Sie dürfen nicht alles glauben«, sagte der Baron bescheiden. »Auch Historiker sind eitle Geschöpfe. Sie übertreiben freilich auf sublime Art. Sie renommieren mit ihren Gegenständen.«

»Trotzdem …«

»Trotzdem habe ich einiges auf dem Kerbholz. Da haben Sie schon recht.«

Mintzlaff begann die Namen etlicher Damen an den Fingern aufzuzählen: »Leda, Antiope, Jo, Alkmene, Danae, Lamia, Demeter …« Er holte Luft und blickte den Baron fragend an.

»Ja, ja«, meinte dieser und zuckte ergeben die Achseln.

Der andere fuhr ungerührt fort: »Semele, Kallisto, Leto, Metis, Maia, Persephone, Themis, Mnemosyne …«

Lamotte hob beschwörend die Hände. »Hören Sie, bitte, auf! Ich finde es nicht sehr fein, daß man in Ihren Schulen derartige Dinge ausplaudert. Was sollen denn die Gymnasiasten von mir denken! Aber freilich, mit einem pensionierten Gott kann man machen, was man will!«

Mintzlaff ließ sich nicht beirren. »In Ihrer Eigenschaft als Gott mögen Sie sich ja im Ruhestand befinden«, sagte er, »doch als Mann, verzeihen Sie, sind Sie noch recht rüstig.«

»Was wollen Sie!« erwiderte Lamotte. »Wer sich in der zweifelhaften Lage befindet, unbegrenzt fortleben zu müssen, ohne, außer in Büchern, seit nahezu zweitausend Jahren noch etwas zu gelten, hat es nicht leicht. Schon gar nicht, wenn er dazu verurteilt ist, ewig jung zu bleiben.«

»So hat jeder seine Sorgen«, meinte Mintzlaff. »Sie waren in diesen letzten zweitausend Jahren oft … verreist?«

»Gewiß! Man interessiert sich ja schließlich für den Planeten, auf dem man früher einmal einige Zeit angebetet wurde. Es ist eine Art Heimweh. Und ich will es nicht erst lange leugnen – wenn ich die europäische Geschichte studienhalber aufsuchte, ging ich den Frauen nicht gerade aus dem Wege. Bitten Sie mich nicht um Namen und andere Einzelheiten! Ich wäre imstande, Indiskretionen zu begehen. Es waren Königinnen darunter! Lassen Sie mich nur ganz allgemein feststellen: Es stimmt, daß sich die Menschen im Grunde wenig verändert haben, und das mag betrüblich sein. Doch auch die Frauen haben sich nicht verändert, und das, mein Lieber, ist höchst erfreulich.«

Sie schwiegen und blickten, jeder in seine besonderen Gedanken versunken, zu den Läufern hinunter, die noch immer vornübergebeugt die Bahn umrundeten. Die scharfen Kufen der Schlittschuhe schnitten wie Messerklingen in das unwillig knirschende Eis.

Mintzlaff sagte: »Es liegt mir fern, Sie über Ihre Erlebnisse mit dem weiblichen Nachwuchs der irdischen Geschichte auszuholen.«

»Bravo!«

»Aber etwas ganz anderes, was mich seit langem beschäftigt, wüßte ich brennend gern.«

»Das wäre?«

»Haben Sie auf Ihren Reisen auch andere Sterne des Weltalls kennengelernt?

»Gelegentlich schon.«

»Und«, Mintzlaff zögerte, als habe er Angst weiterzufragen, »– sind auch andere Sterne bewohnt?«

Der Baron fragte erstaunt: »Warum denn nicht?«

»Wie schön!« murmelte der junge Kunstgelehrte. Er sah mit einem Male aus wie ein frommer Mönch, trotz der karierten Sportjacke und trotz der Skistiefel. Er schluckte ein paarmal, ehe er zu reden fortfuhr. »Obwohl es Milliarden Sterne gibt und obwohl die Menschen es wissen, glauben die meisten von ihnen nach wie vor, nur unser Planet sei bevölkert. Ich habe das nic einsehen können.«

NEUNTES KAPITEL

»Es ist auch nicht einzusehen.«

»Nicht wahr? Das Feuerwerk der Gestirne durchfunkelt die Unendlichkeit, und nur ein einziges winziges Lichtpünktchen sollte belebt sein?«

»Es ist nicht nötig, daß Sie sich ereifern. Sie haben recht.« Mintzlaffs Gesicht glänzte. Nach einer Weile umwölkte sich seine Stirn. »Und auf allen Sternen, soweit sie belebt sind, herrscht die gleiche halbe Vollkommenheit? Überall gibt es dieselben Zwei- und Vierbeiner? Ist das Weltall ein unendliches Klischee?«

»Wo denken Sie hin!« entgegnete Lamotte aufgebracht. »Daß die unbekannte Macht an Phantasiemangel leide, kann wahrhaftig niemand behaupten!«

»Und es gibt vollkommene Sterne?«

»Soweit ich es beurteilen kann: Nein!«

»Nein?«

»Ich bin freilich nur wenig im Weltall herumgekommen«, sagte der Baron. »Auch die Götter Griechenlands wissen nicht alles. Auch sie sind Geschöpfe. Das dürfen Sie nicht vergessen. Auf dem Olymp, zwischen all unseren Burgen, steht ein einziger Tempel. Seine Inschrift lautet: ›Dem unbekannten Gott.‹ Und die Göttern opfern ihm.«

»Es läßt sich verstehen«, sagte Mintzlaff. »Wenn alle Götter der historischen Religionen selber erst erschaffen worden sind und nun in dem jeweils von ihnen gepriesenen Paradies, auf unsterbliches Ruhegehalt gesetzt, weiterleben, ist es kein Wunder, daß sie nicht alles wissen können.«

»So ist es.«

»Da Sie nun aber doch ein paar Jahrtausende älter und erfahrener sind als wir – was für Gedanken machen Sie und Ihresgleichen sich über das, was sich sogar Ihrer Kenntnis entzieht?«

»Was ich Ihnen darüber erzählen kann, wird Ihrer Neugier nicht viel nützen. Aber meinetwegen! Wir gelangten zu der Auffassung, daß die unbekannte Macht verschiedene Möglichkeiten des Lebens ausprobiert.«

»Als Junge«, sagte Mintzlaff, »schlug ich zuweilen mit nur

einer Peitsche auf zwei Kreisel los und war gespannt, welcher der beiden zuerst umfiele.«

»Es ist zwecklos«, entgegnete Lamotte, »sich mit Vergleichen einer unvorstellbaren Vorstellung nähern zu wollen.«

»Trotzdem bleibe ich dabei: Ihre und unsere unbekannte Macht ...«

»Ihr Erwin ...«

»Wenn er die Welt sich selber überläßt, ist Erwin nichts weiter als ein kleiner kreiselnder Junge! Nur mit dem Unterschied, daß er noch mehr Arme hat als Wischnu und daß er Milliarden Kreisel peitscht! Man könnte, wenn Ihnen das besser gefällt, auch behaupten, er sei ein leichtsinniger Pyrotechniker, der das kostspielige Feuerwerk, ›Welt‹ genannt, abbrennt, nur um zu sehen, was aus den glühenden und erkaltenden Funken wird!«

»Seien Sie nicht so beleidigt! Lassen Sie Ihre Gefühle aus dem Spiel! Es handelt sich um kompliziert angelegte Versuchsreihen. Den Experimentator ...«

»Den Versucher!«

»Den Experimentator interessieren, obgleich auch das nicht gewiß ist, die Resultate. Um den Ablauf der Versuche kümmert er sich wohl nicht. Jedenfalls greift er nicht ein.«

»Und die von ihm erschaffenen Götter? Auch sie, seine Filialdirektoren, greifen nicht ein?«

»Sie kennen zwar die Zukunft, doch sie haben keine Macht, sie abzuwandeln. Glauben Sie im Ernst, die Götter Griechenlands hätten Ödipus blind in sein Schicksal hineinstolpern lassen, wenn sie das Unheil, das sie doch voraussahen, hätten ändern können?«

»Aber Ihre Zauberkunststücke?«

»Sie denken an den Vorfall in der Münchener Teestube? Nun, daß drei Menschen eine Minute lang erkannten, was in jedem von ihnen vorging, wird das Ende, das sie erwartet, nicht abwenden. Und ein Wunder, das keinen Wandel schafft, ist nicht viel mehr als ein Taschenspielertrick.«

Mintzlaff blickte auf die Eisbahn und die unermüdlich dahinjagenden Läufer. »Auch die Götter sind nicht zu beneiden«, murmelte er.

»Weiß Gott!« sagte der Baron. »Das hätten Sie schon früher merken können! ›Götter und Menschen sind desselben Ursprungs‹, steht bei Hesiod.«

»Was soll man wünschen?« fragte der junge Mann. »Der Dichter möchte vielleicht ein Schmetterling sein. Der Buddhist will überhaupt nicht sein. Der Tatmensch möchte ein Held werden, und der fromme Christ ein Engel, eine Art Schmetterling im Honigkuchenhimmel seiner Phantasie. Ich bin kein Buddhist, kein Dichter, kein frommer Christ und kein Held.«

»Werden Sie, was Sie sind!«

»Sie wissen ganz gut, daß ich nichts anderes will. Doch ich bekam bis jetzt nur Vorwürfe zu hören.«

»Nicht des Ziels wegen.«

»Ich weiß, wegen der Mauer aus Glas.«

»Durch Mauern, auch durch gläserne, führt kein Weg, kein richtiger, nicht einmal ein falscher.«

›Zu werden, was man ist‹, dachte Mintzlaff, ›wäre ein wenig leichter, wenn ich wüßte, wer ich bin.‹

»Mit Wissen«, meinte der Baron, »hat das nichts zu tun. Es läßt sich nur erleben.«

»Sie wollen mich seit Tagen zur Planlosigkeit überreden. Ich wiederhole Ihnen, daß ich mir keine Umwege leisten kann. Die Zeit, die mir Ihr Experimentator läßt, ist zu knapp dafür.«

»Es gibt keine Umwege«, erklärte Lamotte.

Unten auf dem Eisplatz stolperte einer der Läufer in einer Kurve, fiel hin und schoß, mit allen vieren strampelnd, weithin über die spiegelglatte Fläche. Endlich blieb er liegen. Andere Läufer eilten ihm hastig zu Hilfe. Sein Trainer kam besorgt über das Eis gerannt, glitt wenige Schritte vor seinem Schützling gleichfalls aus und rutschte nun auf dem Bauch in die Gruppe der ahnungslosen Olympioniken hinein. Es sah aus, als rolle eine Kugel mitten in aufgestellte Kegel, und es wirkte auch so. Die Eisläufer wankten, hielten sich noch eine Weile taumelnd aufrecht, dann fiel einer nach dem anderen langsam, beinahe gemütlich, um.

Sie lagen und saßen völlig verdutzt in einem unentwirrbaren

Knäuel beisammen, und als sich ihre erste Verwunderung gelegt hatte, brachen sie in Gelächter aus.

»Alle neune!« sagte Mintzlaff.

Lamotte erhob sich plötzlich. »Entschuldigen Sie, daß ich mich jetzt verabschiede.«

»Sie wollen schon wieder nach Griechenland zurück?«

»Nein, nein. So war es nicht gemeint. Ich fahre nur bis morgen abend nach St. Moritz hinüber.«

Mintzlaff sah Juana Fernandez auf dem Weg, der die Eisfläche unterteilte, zögernd daherkommen. Jetzt blieb sie stehen und hob die Hand ein wenig, als wolle sie winken. Doch sie schien sich nicht recht zu trauen.

»Da werden Sie meinen Vortrag, den der andere hält, gar nicht hören können?« fragte der junge Mann.

»Wo denken Sie hin!« Der Baron klopfte ihm auf die Schulter. »Diesen Spaß lasse ich mir nicht entgehen! Ich bin pünktlich zurück.«

Nach einem Händedruck lief er mit großen Schritten auf die Argentinierin zu, die lächelnd den lachenden Eisläufern zuschaute.

»Wer ist dieser Mann?« fragte eine Frauenstimme.

Mintzlaff schrak auf und wandte sich um.

Es war Mrs. Gaunt. Jene Engländerin, die der Baron in der Bar des Hotels Victoria zum Weinen gebracht hatte.

»Welcher Mann?« Er stand auf.

Sie richtete ihre kalten wasserfarbenen Augen starr auf ihn und zeigte in die Richtung, in der Lamotte verschwunden war.

»Eine Reisebekanntschaft. Ein Baron Lamotte. Mehr weiß ich auch nicht.«

»Sie sind infam«, sagte sie gelassen. »Sie wissen, wer er ist?«

»Das vernünftigste wäre, Sie fragten ihn selber.«

»Er hat mich gedemütigt. Wissen Sie, warum er es getan hat?«

»Es mag sich um ein Vorurteil gehandelt haben.«

»Um eine Verurteilung. Und ich wüßte gern, wer sich zu meinem Richter aufgeworfen hat.«

»Sollten Sie dem kleinen Vorfall nicht doch zuviel Gewicht beimessen, gnädige Frau?«

»Ich habe Sie nicht um Ihre Meinung, sondern um eine Auskunft ersucht.«

»Es tut mir außerordentlich leid, aber ich bin nicht in der Lage, Ihnen die gewünschte Auskunft zu erteilen.«

»Sie sind kein Kavalier, mein Herr.«

Mintzlaff machte ein zerknirschtes Gesicht. »So ist es im Leben«, sagte er. »Sie baten mich um eine Auskunft, die ich Ihnen nicht geben konnte, und ich erhalte eine Auskunft, um die ich Sie nicht gebeten habe.«

Mrs. Gaunt erwiderte nichts. Sie drehte sich um und schritt davon.

Zehntes Kapitel

Es war Mittwoch abend, und die Stuhlreihen im Theatersaal des Kurhauses reichten, zu Mintzlaffs Verwunderung, kaum aus.

»Kannst du das verstehen?« fragte er Hallo, die neben ihm stand.

»Nein«, erwiderte sie. »Die Ärmsten werden nicht wissen, was sie sonst anfangen sollen.«

»Oder sie denken, daß ich, weil auf dem Plakat von Humor die Rede ist, Militärhumoresken und kitzlige Gedichte vortragen werde.«

»Du? Wieso denn du?«

»Natürlich er.«

»Vielleicht tut er's!«

Sie hatten Plätze in der ersten Reihe, genau vor dem Rednerpult. Der Direktor des Verkehrsvereins schüttelte Mintzlaff im Vorbeigehen die Hand. »Grüß Gott, Herr Doktor! Sie interessieren sich auch für den Humor und ähnlich ausgefallene Gegenstände?«

Neben den zwei Herren versuchte jemand ein Lachen zu unterdrücken. Es war selbstverständlich Hallo.

Als der Direktor gegangen war, flüsterte Mintzlaff: »Willst du dich gleich zusammennehmen?«

Sie schüttelte ablehnend den Kopf. Dann nickte sie grüßend.

Er suchte ihren Blick zu verfolgen. »Ein Bekannter?« fragte er leichthin.

»Nein. Ich grüße grundsätzlich nur Fremde«, antwortete sie. »Bist du eifersüchtig?«

»Möchtest du das?«

»Es wäre wunderbar. Obwohl es freilich nichts bewiese. Denn die Eifersucht, sagt Kaschmirutti, wird doppelt so alt wie die Liebe!«

»Kaschmirutti? Wer ist denn das nun wieder?«

»Kaschmirutti war ein weiser Parse, der eine entzückende

Art hatte, banale Wahrheiten knapp und doch blumig auszudrücken.«

»Aha, wieder eine deiner dreisten Erfindungen!«

»Du sagst es, großer Häuptling. Meine neueste Schöpfung.«

»Kennst du noch andere seiner Aussprüche?«

»Aber Alfons! Ich bin doch die einzige Expertin! Ich besitze sogar einige seiner in parsischer Stenographie geschriebenen Manuskripte! Von ihm stammt auch der fundamentale Satz: Wenn es keine hohen Berge gäbe, gäbe es keine tiefen Täler!«

»Ein offener Kopf, dein Kaschmirutti.«

Hallo nickte seriös. Aber weitere Lebensweisheiten des stenographierenden Parsen konnte sie nicht mehr vorbringen. Denn auf dem Podium erschien der Vorsitzende der Davoser Kunstvereinigung.

Man setzte sich. Stühle wurden gerückt. Man hustete. Ganz allmählich wurde es still.

Mintzlaff blickte bedauernd auf den leeren Stuhl zu seiner Linken.

»Dein Baron wird schon noch kommen«, murmelte Hallo. »Alfons, bist auch du so aufgeregt?«

Zärtlich drückte er ihre Hand.

Und dann begann der Vorsitzende der Kunstvereinigung die Begrüßungsworte abzuwickeln. Der Mann hatte ein barsches Gesicht mit einem buschigen Schnurrbart.

Es sei eine Freude – so behauptete er –, zu sehen, welches Interesse die Veranstaltungen der Kunstvereinigung fänden. Sogar der Vortrag eines im Trubel der heutigen Welt denkbar überflüssigen Menschen, eines Kunsttheoretikers, habe den Saal gefüllt. Das bereite ihm eine besondere Genugtuung. Denn einem internationalen Publikum vom Humor zu sprechen, erscheine ihm, dem Mediziner, keineswegs überflüssig. Die Menschheit habe den Humor, diese vitaminreichste Frucht der Heiterkeit, bitter nötig. Vielleicht seien sogar theoretische Erörterungen brauchbar, den Sinn für Humor bei Anfängern zu wecken und bei Fortgeschrittenen zu pflegen. Er hoffe es jedenfalls von Herzen und erteile nunmehr Herrn Professor Mintzlaff das Wort. Mintzlaff wollte sich, als er seinen Namen hörte, feierlich erheben. Erst als Hallo flüsterte: »Daß du mir sitzen bleibst«, und ihn am Rockärmel festhielt, besann er sich.

Der buschige Chefarzt verbeugte sich kurz, weil die Anwesenden freundlich applaudiert hatten. Dann öffnete er die Tür im Hintergrund. Im Türrahmen erschien der kleine elegante Herr ›Professor‹. Er trug einen Cutaway. Im Knopfloch befand sich eine weiße Nelke und in dem schmalen Vogelgesicht das anscheinend unvermeidliche Einglas.

Es wurde geklatscht.

Der Professor schüttelte dem Chefarzt die Hand. Dann schritt er federnd zum Rednerpult. Dort verbeugte er sich, lächelte eine Sekunde, legte, sich aufstützend, die Fingerspitzen gegeneinander und blickte, da es an der Saaltür laut wurde, mit hochgezogenen Brauen über die Stuhlreihen hinweg. Der Nachzügler war Baron Lamotte. »Sie sehen, ich halte Wort«, sagte er, als er sich neben Mintzlaff niederließ.

Dann wurde es still, und der Redner knüpfte an das abgebrochene Lächeln wieder an. »Meine Damen und Herren«, begann er und klemmte das Monokel fester, »erschrecken Sie, bitte, nicht, wenn ich, statt unmittelbar auf den Humor zu sprechen zu kommen, mit etwas ganz anderem beginne, und zwar mit dem, was man in der optischen Physik und in der Kunst die Perspektive nennt. Es gibt – im Hinblick etwa auf eine mit gleichartigen Bäumen bepflanzte Allee – zwei einander diametral entgegengesetzte Gesichtspunkte, die beide gültig sind. Erstens sind alle Bäume dieser Allee gleich groß. Zweitens sind die dem Betrachter am nächsten stehenden Bäume am größten und die am Ende der Allee am kleinsten. Beide Feststellungen sind richtig. Doch der Künstler muß sich für eine von ihnen entscheiden, sonst ergeht es ihm wie jenem Esel, dem die Wahl zwischen zwei Heubündeln so schwerfiel, daß er aus purer Unentschlossenheit verhungerte.«

Ein paar der Anwesenden, die von dem sagenhaften Esel noch nichts gehört zu haben schienen, lachten gutwillig.

»Keinem von Ihnen«, fuhr der falsche Professor fort, »dürfte es völlig unbekannt sein, daß sich die verschiedenen Malergenerationen zur Perspektive verschieden verhielten. In manchen Kunstepochen wurde die Wirklichkeit so darzustellen versucht, wie sie ist. Das bedeutet, um bei unserer eben erwähnten Allee zu bleiben: alle Bäume waren gleich groß. In anderen Zeiten wurde dagegen die Wirklichkeit so abgebildet, wie sie vom Standpunkt des Betrachters aus erscheint, und das heißt: die Bäume im Vordergrund waren groß, die am Horizont jedoch klein. Nun kann man auch heute noch die Meinung hören, das perspektivische Malen sei ein Zeichen künstlerischen Fortschritts. Demnach wäre die unperspektivische Malweise die Folge einer noch unentwickelten Sehweise. Denn niemand wird mir einreden können, daß ein Maler, der perspektivisch sieht, nicht imstande sei, die Gegenstände des Bildvordergrunds größer darzustellen als die im Hintergrund! Das perspektivische Sehen mag ein in prähistorischen Zeiten langsam errungener Fortschritt des Menschen sein. Und vielleicht teilte der Zeitgenosse der Saurier noch nicht die Auffassung des Alleebaums im Epigramm eines meiner Freunde, das ›Mitleid und Perspektive oder die Ansichten eines Baumes‹ überschrieben ist und folgendermaßen lautet:

Hier, wo ich stehe, sind wir Bäume,
die Straße und die Zwischenräume
so unvergleichlich groß und breit.
Mein Gott, mir tun die kleinen Bäume
am Ende der Allee entsetzlich leid!

Mögen alle unsere Voreltern im Tertiär oder im Diluvium, so weit sie schon Alleen besaßen, der Meinung dieses Alleebaumes gewesen sein oder nicht – die Maler des Mittelalters jedenfalls malten unperspektivisch, obwohl sie perspektivisch sahen. Es war der bedeutsame Entschluß, künstlerisch eher der Wirklichkeit selber als einer physiologisch bedingten Ansicht davon nahezukommen. Es war der bedeutsame Weg vom Anschein zur Anschauung. Und die Triebfeder war der Wille zum bewußt unperspektivischen Sehen!«

Hallo flüsterte: »Vielleicht ist er Augenarzt?«

Mintzlaff beugte sich zu ihr. »Er will unter meinem Namen eine Theorie starten.«

Der Redner blickte mißvergnügt auf das in der ersten Reihe tuschelnde Paar.

Hallo konnte es sich nicht verkneifen, ihm eine Grimasse zu schneiden.

Er verlor für einen Augenblick die Fassung. Dann fuhr er fort: »Wenn Sie mir bis hierher überzeugt folgen konnten – daß nämlich das unperspektivische Sehen eine bewußte Leistung sein kann –, so ist die Grundlage für meine weiteren Ausführungen geschaffen. Für diejenigen unter Ihnen, die meine bislang erschienenen Arbeiten kennen, möchte ich anmerken, daß ich meine neueste Theorie heute zum ersten Male vor der Öffentlichkeit entwickle. Es braucht Sie also nicht wunderzunehmen, daß sich der Vortrag von meinen früheren Deutungsversuchen wesentlich unterscheidet. Arbeitshypothesen sind keine ewigen Werte. Sie dienen der Ordnung, und sobald sich ein geeigneteres Ordnungsprinzip gefunden hat, hat man die wissenschaftliche Pflicht, die überlebten Systeme zum alten Eisen zu werfen. Stillstand heißt auch hier Rückgang.«

Der Baron rutschte unruhig auf seinem Stuhl hin und her. »Geht das nicht ein bißchen weit?« flüsterte er.

Mintzlaff lächelte. »Stören Sie ihn nicht«, bat er. »Wenn er so fortmacht, kann es noch sehr lustig werden.«

»Na meinetwegen!« knurrte der Baron.

Der Redner nahm das Einglas aus dem Auge und ein seidenes Tuch aus dem Jackett. Dann putzte er das Monokel und schwieg, ohne den Blick von den Störenfrieden abzuwenden. Auch als er Tuch und Glas wieder ordnungsgemäß untergebracht hatte, schwieg er noch. Seine Lippen waren vor Ärger ganz schmal geworden.

Plötzlich blitzte es in seinen Augen boshaft auf. »Es wäre möglich«, sagte er, »daß ich, trotz der Bemühung, allgemeinverständlich zu sein, noch nicht von allen verstanden worden bin. Deshalb will ich versuchen, mich dem gesteckten Ziel von einer anderen Seite aus zu nähern. Ich werde diesmal einen ausgesprochen konkreten Weg wählen, der Sie dem Wesen des Humors zuführen soll.«

Seine Stimme hatte sich wieder gesenkt und klang nun niederträchtig salbungsvoll. Er hob sich auf die Zehenspitzen und beugte sich weit vor. »Beispiele für Humor«, sagte er, »sind schwer beizubringen, da sich der Humor, so wie er verstanden sein will, nicht in der Anekdote, der Replik oder der Situation darstellt. Insofern ist der Humor beispiellos. Da ich nun aber genötigt bin, mit Beispielen zu arbeiten, werde ich von anderen Kategorien der Heiterkeit ausgehen. Vielleicht gelingt es mir, Ihnen durch Beispiele, die nichts mit Humor zu tun haben, näherungsweise klarzumachen, inwiefern sie das Komische, das Satirische oder das Witzige exemplarisch vertreten und, von hier aus, wie im Gegensatz dazu der Humor wesentlich beschaffen ist. Doch ich verliere mich schon wieder in für nicht alle Anwesenden verständliche Abstraktionen.«

Hallo fragte leise: »Soll ich ein Pfund faule Äpfel besorgen?«

»Zu spät«, flüsterte Mintzlaff. »Die Geschäfte haben schon geschlossen.«

»Oder soll ich ihm das Monokel aus dem Auge spucken?«

»Sei schön brav!« mahnte Mintzlaff.

»Das erste Beispiel, das ich Ihnen geben will, betrifft das spezifisch Komische«, sagte der falsche Professor. »Stellen Sie sich, bitte, folgendes vor: Morgen früh würde Ihnen, die Sie samt und sonders unterwegs sein werden, um in Sonne und Schnee Sport zu treiben, auf der Straße ein verlegen dreinblickender Herr in Smoking und Lackschuhen begegnen!«

Durch Mintzlaff ging ein Ruck.

»Wenn dieser Herr am hellen Morgen in Smoking und Lackschuhen absichtlich über die sonnenbeschienenen Straßen von Davos spazierte, wäre er vielleicht ein Narr, und somit hätte die Situation gar nichts Komisches an sich.«

Hallo krampfte die Hände ineinander. Ihr frisches, lustiges Gesicht war blaß geworden.

»Doch wenn der Herr in der Nacht vorher, sagen wir, versehentlich in ein falsches Hotel gegangen und dort in einem fremden Zimmer, wiederum aus Versehen, eingeschlafen wäre, wenn er sich am Morgen darauf wohl oder übel entschließen müßte, in sein eigenes Hotel zu spazieren, und zwar in Smoking und Lackschuhen, – dann wären die Voraussetzungen für eine komische Situation gegeben. Denn der Widerspruch zwischen dem Erwartungsgemäßen und dem Unangemessenen ...« Der Sprecher stockte plötzlich, als halte ihm jemand den Mund zu.

Mintzlaff blickte den Baron an. Lamotte hatte sich bequem im Stuhl zurückgelehnt und schlug gelassen ein Bein über das andre.

Der Redner bewegte den Mund, ohne daß ein Ton über seine Lippen kam. Er riß verwundert die Augen auf. Dann preßte er den begonnenen Satz noch einmal hervor. »Dieser Widerspruch zwischen dem Erwartungsgemäßen und dem Unangemessenen ...« stammelte er, und dann war es wieder aus. Er schüttelte, mit sich höchst unzufrieden, den Kopf, legte das Einglas auf das Pult und glotzte geistesabwesend auf die Zuhörer.

Im Saal entstand eine leichte Unruhe.

›O weh‹, dachte Mintzlaff, ›das kann ja heiter werden!‹

Lamottes Mund umspielte ein mokantes Lächeln. »Strafe muß sein«, flüsterte er. Dann richtete er den Blick geduldig auf den sprachlosen Sprecher.

Wieder bewegte dieser die Lippen. Wie ein Fisch im Aquarium. Plötzlich gurgelten Töne aus der gelähmten Kehle. Und schon brüllte er: »Dieser Widerspruch zwischen dem Erwartungsgemäßen und dem Unangemessenen ...« Dann war es von neuem vorbei.

Er zuckte resigniert die Schultern, machte kehrt und wollte gehen. Aber es war, als packe ihn eine große unsichtbare Hand am Kragen und zwinge ihn zum Bleiben. Es zog ihn, so sehr er sich sträubte, zum Pult zurück. »Entschuldigen Sie«, stotterte er. »Ich muß Ihnen ... muß Ihnen ein Geständnis machen.« Doch dann bäumte sich sein Stolz auf, und er schrie: »Nein! Ich denke gar nicht daran! Dieser Widerspruch zwischen dem Unangemessenen ... und ... und dem bewußt Unper ...«

Mitten im Wort blieb ihm der Mund sperrangelweit offen.

Schweiß trat ihm auf die Stirn. Er zitterte heftig. Ganz langsam hob sich der Unterkiefer. Die Lippen schlossen sich schmerzlich. Er senkte die Lider und sagte laut und deutlich: »Ich bin gar nicht Professor Mintzlaff!«

Die Zuhörer sahen einander verblüfft an. Der Abend versprach also doch noch interessant zu werden. Nun, um so besser.

»Ich bin«, begann der Redner, »– nein, ich sag es nicht!« Doch da zuckte er zusammen, fast als habe er hinterrücks einen kräftigen Tritt erhalten. Er drehte sich um. Aber es stand niemand hinter ihm. In seinen Augen tauchte Angst auf. »Also meinetwegen«, sagte er kläglich. »Ich bin ein Schwindler.« Er hatte endlich jeden Widerstand aufgegeben.

»Das ist ja großartig!« zischte die Dame, die neben Hallo saß. Es war eine Frau Splettstößer aus Cannstatt. »Wir sind bis auf die Knochen blamiert! Wir gehen, Gudrun! Komm!«

Das junge Mädchen, das sich in ihrer Begleitung befand, flüsterte: »Ja, Mama!« und schaute betrübt in ihren Schoß aus Crêpe maroquain. Fräulein Gudrun Splettstößer war auf den Herrn hinter dem Rednerpult sehr, sehr böse. Sie hatte ihn bei dem Bemühen, zarte Bande um sie und sich zu weben, in der letzten Woche nach Kräften unterstützt. Mama war auch nicht gerade kleinlich gewesen. Und nun lohnte er ihnen ihr Entgegenkommen so! Er war gar kein Professor! Was, um alles in der Welt, mochte er in Wirklichkeit sein? Womöglich ein Hoteldieb oder ein Straßenbahnschaffner!

»Komm!« zischte die empörte Mutter.

»Verzeihen Sie mir tausendmal!« sagte der Schwindler. »Ich bin nicht Professor Mintzlaff, sondern Prinz Friedrich von Ofterdingen.«

»Haha!« meinten einige der Anwesenden.

»Lügt er schon wieder?« fragte Mintzlaff seinen Nachbarn.

»Nein«, erwiderte der Baron.

Der Redner trocknete sich die Stirn mit dem seidenen Tuch. »Es ist verständlich, daß Sie mir nicht glauben. Aber diesmal sage ich die volle Wahrheit. Ich bin Friedrich XLVII. von Ofterdingen.«

Fräulein Splettstößer wollte aufstehen.

»Willst du gleich sitzen bleiben, du dummes Ding?« zischte die Mutter.

»Das Ganze begann«, erzählte der Prinz müde, »in einem Berliner Café, wo ich mich mit einem Freund getroffen hatte. Am Nebentisch saßen zwei junge Damen. Und die eine, die meines Wissens von der anderen Hedwig genannt wurde, berichtete, daß ihr vor Tagen Mintzlaff wiederbegegnet sei. Eigentlich müsse er übermorgen in Davos einen Vortrag über Humor halten. Nun habe er aber geschrieben, daß er erst in vier Wochen kommen könne.«

Hallo zog ein Gesicht, als habe sie Essig getrunken. Mintzlaff wußte das, ohne sie anzusehen. Warum mußte auch dieser Trottel von einem Prinzen ausgerechnet dabeigewesen sein, als Hedwig einer Freundin, wahrscheinlich Lotte Kirbach, diese Sache erzählte! Und warum mußte der Kerl hier, wo Hallo zuhörte, davon anfangen! Nun würde sie wieder traurig sein und das hinter einem Galgenhumor zu verbergen suchen, der ihm das Herz umdrehte. Und in ein paar Tagen würde sie, ganz nebenbei, fragen, wer denn Hedwig sei. Und dann würde er sie anlügen, um sie nicht noch mehr zu kränken. Und sie würde tun, als ob sie ihm Glauben schenke, nur um ihn nicht völlig zu verlieren. Es war ein schandbarer Zustand!

»Sie wissen schwerlich«, sagte Friedrich XLVII., »wie unangebracht einem Prinzen zumute ist, der mindestens ein Jahrhundert zu spät auf die Welt gekommen ist. So etwa muß sich ein Fleischermeister fühlen, der unter Vegetariern lebt. Man wird skeptisch bestaunt wie eine nicht zu entziffernde etruskische Vaseninschrift und ist überflüssiger als eine Stubenfliege. Kaum daß ich jenes Berliner Café verlassen hatte, beschloß ich, dem Abenteuer, das sich bot, nicht aus dem Wege zu gehen. Es schien alles sehr einfach. Professor Mintzlaff wurde erst in vier Wochen in Davos erwartet. Wissenschaftler sind keine Filmstars. Wer weiß schon, wie ein junger Gelehrter namens Mintzlaff aussieht! Wenn ich also etliche Tage nach dem Brief des wirklichen Professors hier auftauchen und erklären würde, ich sei Mintzlaff und hätte wider Erwarten nun doch früher abkommen können, so war mit ziemlicher Sicherheit anzunehmen, daß keine nennenswerten Schwierigkeiten entstünden. Auch hinsichtlich des Vortrags hatte ich wenig zu befürchten. Ich habe zehn Semester Literatur- und Kunstgeschichte studiert, kenne mich einigermaßen in den alten und neuen Kunsttheorien aus und darf sagen, daß ich mir überdies in mancher Hinsicht eigene Gedanken gemacht und eigene Ansichten gewonnen habe ...«

»Der Widerspruch zwischen dem Erwartungsgemäßen und dem Unangemessenen!« rief jemand aus einer Ecke des Saals, und einige lachten.

Der Prinz tat, als überhöre er den Einwurf. »Ich kam hierher«, fuhr er fort, »wurde mit vorbildlicher Gastfreundschaft aufgenommen und war entschlossen, Ihnen meine Hypothese über den Humor als bewußt unperspektivische Erlebnisweise zu entwickeln. Was man einem dilettierenden Prinzen aus einem mediatisierten Hause niemals abgenommen hätte – einem Professor der Ästhetik hätte man es mühelos geglaubt.«

»Haha!« meinte ein Zweifler.

»Doch, doch«, versicherte der Prinz. »Leider brach ich, aus mir unerfindlichen Gründen, den Vortrag ab, auf den ich mich wie ein Kind gefreut hatte, und demaskierte mich. Nun rettet mich nichts davor, daß Sie mich für einen kleinen Hochstapler halten, dem daran lag, ein paar Wochen kostenlos und gut verpflegt hier herumzulungern. Dieser Gedanke ist mir außerordentlich peinlich. Um einen solchen Verdacht zu beseitigen, werde ich der Kurverwaltung einen angemessenen Betrag für wohltätige Zwecke aushändigen.«

Frau Splettstößer aus Cannstatt klatschte, während sie gnädig nickte, in die Hände.

Der Prinz lächelte resigniert. Dann sagte er: »Ein zweiter Verdacht ist schwerer aus der Welt zu schaffen. Ich meine die naheliegende Vermutung, ich hätte Sie aus Langeweile oder Mißachtung düpieren wollen. Nun, ich wies schon darauf hin, wie sehr ich gewünscht hätte, mich einmal zu bestätigen, und zwar nicht als Nachkomme von sechsundvierzig Vorvätern namens Friedrich, sondern als Fachmann meines Interessengebietes. Der Versuch wurde zu einem Fiasko. Ich hatte vor, Sie gut zu unterhalten ...«

»Das ist Ihnen doch aber gelungen!« rief jemand lachend. Der Prinz zuckte zusammen.

»Lassen Sie ihn doch endlich im Erdboden versinken!« flüsterte Mintzlaff mitleidig.

»Ich denke nicht daran!« meinte der Baron. »Dem Herrn wird nichts geschenkt. Er hat sich schlecht benommen. Jetzt mag er sich gefälligst den Direktor des Verkehrsvereins anhören. Das schadet ihm gar nichts.«

Richtig, der Direktor des Verkehrsvereins erhob sich, verbeugte sich ironisch vor dem erschöpften Prinzen und sagte: »Durchlaucht! Ich bin im Zweifel, ob der unprogrammäßige Verlauf des Abends den Beifall aller Anwesenden findet oder ob nicht doch vielen unter ihnen der von uns eigentlich geplante Vortrag lieber gewesen wäre. Ihre Absicht, Durchlaucht, war, die Versammlung zum Narren zu halten. Plötzlich besannen Sie sich anders und machten, aus unbegreiflichen Gründen, sich selber, wenn ich mir die Bemerkung gestatten darf ...«

»Sie dürfen«, sagte der Prinz mürrisch.

»Danke ergebenst. Also, statt dessen machten Sie sich selber zum Narren.«

»Ich weiß nicht, warum ich es tat«, erklärte der Prinz und starrte unausgesetzt zu Fräulein Gudrun Splettstößer. Sein von Haus aus gescheites Gesicht wirkte jetzt, von ungewohnter Befangenheit erfüllt, namenlos töricht.

»Vielleicht schlug Ihr Gewissen?« erkundigte sich der Direktor freundlich. »Das wäre ein schöner Zug.«

Friedrich XLVII. schüttelte unwillig den Kopf.

»Wie dem auch sei«, fuhr der andere fort, »– ich jedenfalls bin in einen Gewissenskonflikt geraten, der mir sehr zu schaffen macht. Als Direktor des Verkehrsvereins freue ich mich, den Prinzen von Ofterdingen in unserem schönen Davos zu wissen. Das ist meine Pflicht. Als Mann mit Sinn für Späße muß ich sagen, daß ich mich bis jetzt nicht übel unterhalten habe. Das ist meine Privatangelegenheit. Als verantwortlicher

Mitveranstalter dieses Abends endlich wäre ich nicht abgeneigt, den falschen Professor Mintzlaff ohne großes Federlesen der Polizei zu übergeben. Und das ...«

»Bitte nicht!« rief Fräulein Splettstößer und wurde dann rot wie Klatschmohn.

Aller Augen hatten sich auf sie gerichtet.

»Bitte nicht«, wiederholte sie, diesmal freilich nur noch ganz leise.

»Einer so reizenden Fürsprecherin ist schwer zu widerstehen«, meinte der Redner. »Ich hoffe, daß die übrigen Anwesenden, wenn auch nicht mit der gleichen Begeisterung, derselben Ansicht sind wie die junge Dame. Wer unter den Herrschaften anders denkt, möge sich, bitte, von seinem Platz erheben!« Er sah sich abwartend um.

Es erhob sich niemand.

Der Direktor lächelte verbindlich. »Besten Dank. Das beweist nur, in wie vorbildlichem Maße Sie schon mit jenem Humor vertraut sind, über den heute abend ein Berufener sprechen sollte. Nun, aus einer theoretischen Einführung wurde eine praktische Vorführung, und am Ende war das nicht einmal ein schlechter Tausch.« Er sah auf die Armbanduhr. »Was aber beginnen wir mit dem angebrochenen Abend?« Sich wieder an den Prinzen wendend, fragte er: »Wollen Durchlaucht vielleicht in Ihren Ausführungen über das bewußt unperspektivische Sehen fortfahren?«

»Nein!« rief der Prinz voller Entsetzen.

Der Direktor des Verkehrsvereins wandte sich an den Vorsitzenden der Kunstvereinigung. »Was soll geschehen, lieber Doktor? Wissen Sie einen Rat? Wir sind den verehrten Anwesenden noch eine gute Stunde Unterhaltung schuldig.«

Der Chefarzt rupfte an seinem buschigen Schnurrbart. »Ich könnte«, sagte er, »allenfalls über die hiesigen Heilerfolge bei Asthma und chronischer Bronchitis sprechen. Aber das Thema hat, muß ich zugeben, verdammt wenig mit Humor zu tun.«

Ein nett aussehender kleiner älterer Herr erhob sich zögernd. Es war der in Davos ansässige Besitzer eines international bekannten Schlittschuhgeschäftes. »Wenn sich gar nichts Passendes finden sollte«, meinte er bescheiden, »so könnte ich meinen Vortrag über die Entwicklungsgeschichte des Schlittschuhs wiederholen, den ich vorige Woche im Rotaryklub gehalten habe. Ich müßte nur vorher schnell einmal heimspringen und die verschiedenen Schlittschuhmodelle holen. Denn ohne diese Beispiele würde der Vortrag zu unanschaulich.« Er blickte sich fragend um. Die Gäste lächelten verlegen. »Es war natürlich nur ein Vorschlag«, sagte er dann kleinlaut und setzte sich schnell.

Diesen Moment hielt Prinz Friedrich von Ofterdingen für geeignet, um sich aus dem Staube zu machen. Er kletterte hastig vom Podium herunter und schob sich an der ersten Stuhlreihe entlang.

Doch schon hielt ihn der Baron am Ärmel fest. »Sie wollen uns verlassen?« fragte er. »Gerade jetzt, wo ich so eine aparte Überraschung für Sie habe?«

»Um Himmels willen!« murmelte der Prinz erschöpft. »Eine Überraschung?‹

»Ganz recht.« Der Baron steigerte seine Stimme. »Der Höhepunkt des Abends steht Ihnen allen noch bevor!« rief er gutgelaunt. »Sie sind hier zusammengekommen, um Professor Mintzlaff zu hören. Der Herr nun, der seit einiger Zeit unter diesem Namen in Davos weilt, hat uns vorhin gestanden, daß er gar nicht der Professor Mintzlaff sei, sondern ein Prinz. Was würden Sie nun sagen, wenn der Professor trotzdem im Saal anwesend wäre?«

Die Zuhörer rissen die Augen auf.

»Professor Mintzlaff ist im Saal!« rief Lamotte. »Er erfuhr telegrafisch von dem Vortrag, der offensichtlich ohne ihn stattfinden sollte, und kam eigens aus Berlin hierher, um das Schwindelmanöver aus der Nähe zu beobachten! Meine Damen und Herren, neben mir sitzt ein Herr, der sich in der Kurliste als ein Doktor Jennewein aus Leipzig eintrug. Dieser Doktor Jennewein ist der wirkliche Professor Mintzlaff!«

Das Publikum sprang von den Stühlen auf, um Mintzlaff zu sehen.

»So eine Niedertracht«, knurrte der Prinz wütend.

Der Baron musterte ihn kalt. Dann sagte er befehlend: »So, jetzt können Sie gehen!«

»Was fällt Ihnen denn ein?« fragte der Prinz. »Ich lasse mir von Ihnen keine Vorschriften machen. Ich bleibe!« Doch da lief er schon, so sehr er sich auch sträuben mochte, mit hastigen Schritten auf die Saaltür zu! Es gelang ihm eben noch, den Kopf zurückzuwenden und Lamotte entgeistert anzustarren. Dabei fiel ihm das Einglas aus dem Auge. Und dann war er aus der Tür!

BRIEFE AN MICH SELBER

Der erste Brief

Berlin, 12. Januar 1940
nachts, in einer Bar

Sehr geehrter Herr Dr. Kästner!
Hoffentlich werden Sie mir nicht zürnen, wenn Sie diese Zeilen morgen früh in Ihrem Briefkasten vorfinden. Daß ich Ihnen – obwohl ich weiß, daß es nicht nur ungewöhnlich, sondern, rundheraus, unschicklich ist, sich selber zu schreiben – einen Brief schicke, mag Ihnen beweisen, wie sehr ich wünsche, zu Ihnen vorzudringen.

Werden Sie, bitte, nicht ärgerlich! Werfen Sie den Brief nicht in den Papierkorb, oder doch erst, nachdem Sie ihn zu Ende gelesen haben! Gewährt es Ihnen nicht eine gewisse Genugtuung, daß ich Sie, unbeschadet unserer gemeinsam genossenen und erduldeten Vergangenheit, mit dem höflichen, Abstand haltenden »Sie« anrede statt mit dem freundschaftlichen Du, das mir zustünde?

Ich kenne Ihren Stolz, der Zutrauen für Vertraulichkeit hält. Ich weiß um Ihr empfindsames Gemüt, das Sie, in jahrzehntelangem Fleiß, mit einer Haut aus Härte und Kälte überzogen haben, und ich bin bereit, darauf Rücksicht zu nehmen. Zurückhaltung bewirkt verdientermaßen Haltung. Wir, sehr geehrter Herr Doktor, wissen das, denn wir erfuhren es zur Genüge. Nun finde ich aber, während ich, von lärmenden und lachenden Menschen umgeben, Ihrer bei einer Flasche Feist gedenke: daß man die Einsamkeit nicht übertreiben soll.

Ich verstehe und würdige Ihre Beweggründe. Sie lieben das Leben mehr als die Menschen. Gegen diese Gemütsverfassung läßt sich ehrlicherweise nichts einwenden, was stichhaltig wäre. Und auch das ist wahr, daß man nirgendwo so allein sein darf wie in den zitternden Häusern der großen Städte.

Wer Sie flüchtig kennt, wird nicht vermuten, daß Sie einsam sind; denn er wird Sie oft genug mit Frauen und Freunden sehen. Diese Freunde und Frauen freilich wissen es schon besser, da sie immer wieder empfinden, wie fremd Sie ihnen trotz allem bleiben. Doch nur Sie selber ermessen völlig, wie einsam Sie sich fühlen und welcher Zauber, aus Glück und Wehmut gewoben, Sie von den Menschen fernhält. Sie sind deshalb bemitleidet und auch schon beneidet worden. Sie haben gelächelt. Man hat Sie sogar gehaßt. Das hat Sie geschmerzt, aber nicht verwandelt.

Kein Händedruck, kein Hieb und kein Kuß werden Sie aus der Einsiedelei Ihres Herzens vertreiben können. Wer das nicht glaubt, weiß überhaupt nicht, worum es geht. Er denkt vielleicht an den tränenverhangenen Weltschmerz der Jünglinge, die sich vor drohenden Erfahrungen verstecken wie scheue Kinder vor bösen Stiefvätern. Doch Sie, mein Herr, sind kein Jüngling mehr. Sie trauern nicht über Ihren Erinnerungen, und Sie fürchten sich vor keiner Zukunft. Sie haben Freunde und Feinde in Fülle und sind, dessen ungeachtet, allein wie der erste Mensch! Sie gehen, gleich ihm, zwischen Löwen, Pfauen, Hyänen, gurrenden Tauben und genügsamen Eseln einher. Und obgleich Sie vom Apfelbaum der Erkenntnis aßen, wurden Sie aus diesem späten Paradies nicht vertrieben.

Trotzdem: Es ist nicht gut, daß der Mensch allein sei! Und wenn Sie schon anderen verwehren, bis zu Ihnen vorzudringen, sollten Sie wenigstens mir gestatten, Ihnen gelegentlich näherzukommen. Ich wähle, da ich uns kenne, den Weg über die Post. Zerreißen Sie den Brief, wenn Sie wollen, aber ich wünschte, Sie täten es nicht!

Mit den besten Empfehlungen
Ihr sehr ergebener
Erich Kästner

NB. Eine Antwort ist nicht nötig.

Anmerkung nach Empfang des ersten Briefs

Berlin, 13. Januar 1940
zu Hause

Vorhin klingelte der Postbote und brachte den Brief. Und nun, nachdem ich, ein bißchen verlegen, gelesen habe, was ich mir gestern nacht schrieb, muß ich mir recht geben. Ich sollte wirklich mehr Umgang haben, mindestens mit mir, und wenigstens schriftlich!

Es tut wohl, von jemandem, dem man nahesteht, Briefe zu erhalten. Und, zum Donnerwetter, ich stehe mir doch nahe? Oder bin sogar ich mir selber fremd geworden? Mitunter habe ich dieses Gefühl. Dann wird mir unheimlich zumute, und es hilft nichts, daß ich vor den Spiegel draußen im Flur hintrete und mir eine kleine Verbeugung mache. »Gestatten, Kästner«, sagt der Spiegelmensch. Mein rechtes Auge lächelt aus seiner linken Augenhöhle. Es ist zuweilen nicht ganz einfach, gute Miene zu bewahren.

Ich werde mich wieder mit mir befreunden müssen. Wenn es nicht anders geht, meinetwegen auf brieflichem Wege. Schlimmstenfalls erhöhe ich bloß den Markenumsatz der Reichspost. Ich will nicht vergessen, stets einen Briefumschlag mit getippter Anschrift bei mir zu tragen. Es wäre doch recht fatal, wenn die Sekretärin dahinterkäme, daß ich mir selber schreibe.

Es läßt sich zwar kaum vermeiden, daß Schriftsteller etwas verrückt sind. Aber die meisten sind noch stolz darauf und tragen ihren Spleen im Knopfloch. Diese Leute sind mir zuwider. Man hat die verdammte Pflicht, sich nicht gehen zu lassen. Kollegen, denen die Schöpfung einen sogenannten Künstlerkopf beschert hat, tun mir leid, weil sie ihn nicht umtauschen können; und ich wundere mich immer wieder, daß sie, statt sich ihrer auffälligen Gesichter insgeheim zu schämen, sie eitel zur Schau tragen, wie Barfrauen ein gewagtes Dekolleté.

Der zweite Brief

Berlin, den 19. Januar 1940
in einem Café am Kurfürstendamm

Mein lieber Kästner!
Früher schriebst Du Bücher, damit andere Menschen, Kinder und auch solche Leute, die nicht mehr wachsen, läsen, was Du gut oder schlecht, schön oder abscheulich, zum Lachen oder Weinen fandest. Du glaubtest, Dich nützlich zu machen. Es war ein Irrtum, über den Du heute, ohne daß uns das Herz wehtut, nachsichtig lächelst.

Deine Hoffnungen waren das Lehrgeld, das noch jeder hat zahlen müssen, der vermeinte, die Menschen sehnten sich vorwärts, um weiterzukommen. In Wirklichkeit wollen sie nur nicht stillstehen, weil sie Angst vor der Stille haben, nicht etwa vorm Stillstand! Ihr Weg ist der Kreis, und ihr Ziel, seine Peripherie immer schneller und möglichst oft zurückzulegen. Die Söhne überrunden die Väter. Das Ziel des Ringelspiels ist der Rekord. Und wer den gehetzt blickenden Karussellfahrern mitleidig zuruft, ihre Reise im Kreise sei ohne Sinn, der gilt ihnen mit Recht als Spielverderber.

Nun Du weißt, daß Du im Irrtum warst, als Du bessern wolltest. Du glichst einem Manne, der die Fische im Fluß überreden möchte, doch endlich ans Ufer zu kommen, laufen zu lernen und sich den Vorzügen des Landlebens hinzugeben, und der sie, was noch ärger ist, für tückisch und töricht hält, wenn sie seine Beschwörungen und schließlich seine Verwünschungen mißachten und, weil sie nun einmal Fische sind, im Wasser bleiben.

Wie unsinnig es wäre, Löwen, Leoparden und Adlern die Pflanzenkost predigen zu wollen, begreift das kleinste Kind. Aber an den Wahn, aus den Menschen, wie sie sind und immer waren, eine andere, höhere Gattung von Lebewesen entwickeln zu können, hängen die Weisen und die Heiligen ihr einfältiges Herz.

Sei es drum! Mögen sie weiterhin versuchen, aus Fischen rüstige Spaziergänger, aus Raubtieren überzeugte Vegetarier und aus dem Homo Sapiens einen homo sapiens zu machen! Du jedoch ziehe Deinen bescheidenen geistigen Anteil, den Du an diesem rührenden Unternehmen hattest, mit dem heutigen Tage aus dem Geschäft! Du bist vierzig Jahre alt, und Dich jammert die Zeit, die Du, um zu nützen und zu helfen, hilflos und nutzlos vertatest! Mache kehrt, und wende Dich Dir selber zu!

Der Teufel muß Dich geritten haben, daß Du Deine kostbare Zeit damit vergeudetest, der Mitwelt zu erzählen, Kriege seien verwerflich, das Leben habe einen höheren Sinn als etwa den, einander zu ärgern, zu betrügen und den Kragen umzudrehen, und es müsse unsere Aufgabe sein, den kommenden Geschlechtern eine bessere, schönere, vernünftigere und glücklichere Erde zu überantworten! Wie konntest Du nur so dumm und anmaßend sein! Warst Du denn nur deshalb nicht Volksschullehrer geblieben, um es später erst recht zu werden?

Es ist eine Anmaßung, die Welt, und eine Zumutung, die Menschen veredeln zu wollen. Das Quadrat will kein Kreis werden; auch dann nicht, wenn man es davon überzeugen könnte, daß der Kreis die vollkommenere Figur sei. Die Menschen lehnen es seit Jahrtausenden mit Nachdruck ab, sich von uneigennützigen Schwärmern zu Engeln umschulen zu lassen. Sie verwahren sich mit allen Mitteln dagegen. Sie nehmen diesen Engelmachern die Habe, die Freiheit und schließlich das Leben. Nun, das Leben hat man Dir gelassen.

Sokrates, Campanella, Morus und andere ihresgleichen waren gewaltige Dickköpfe. Sie rannten, im Namen der Vernunft, mit dem Kopf gegen die Wand und gingen, dank komplizierten Schädelbrüchen, in die Lehrbücher der Geschichte ein. Die Wände, gegen die angerannt wurde, stehen unverrückt am alten Fleck, und nach wie vor verbergen sie den grenzenlosen Horizont. Deshalb riet Immanuel Kant, zum Himmel empor und ins eigene Herz zu blicken. Doch auch davor scheuen die Menschen zurück, denn sie brauchen Schranken; und wer sie beschränkt nennt, sollte das gelassen tun, und nicht im Zorn.

»Wer die Menschen ändern will, beginne bei sich selbst!«

lautet ein altes Wort, das aber nur den Anfang einer Wahrheit mitteilt. Wer die Menschen ändern will, der beginne nicht nur bei sich, sondern er höre auch bei sich selber damit auf!

Mehr wäre hierüber im Augenblick nicht zu schreiben. Der Rest verdient, gelebt zu werden. Versuch es, und sei gewiß, daß Dich meine besten Wünsche begleiten!

Dein unzertrennlicher Freund
Erich Kästner

PS. Vergiß nicht, der Sekretärin aufzutragen, daß sie ein paar Blumen besorgt und auf Deinen Schreibtisch stellt! Ich weiß, wie sehr Du es liebst, über Flieder oder Tulpen hinweg auf die verschneiten Dächer zu blicken.

Ja, und an dem braunen Jackett fehlt ein Knopf. Du hast ihn in die rechte Außentasche gesteckt. Die Aufwartung soll ihn sofort annähen.

Übrigens: daß eine Aufwartefrau auch eine »Aufwartung« genannt wird, ist recht bezeichnend. Das Verbalsubstantiv, das die im Zeitwort enthaltene Handlung ausdrückt, genügt offensichtlich, da man eine solche Angestellte, unbeschadet ihrer weiblichen Eigenschaften, zwar als eine personifizierte Tätigkeit, dagegen als Frau eigentlich gar nicht zur Kenntnis nimmt.

Gute Nacht, mein Junge!

KURZE GESCHICHTEN
UND KURZGESCHICHTEN

Es gibt noch Don Juans

Das, was ich erzählen will, erlebte ich vor zwei Jahren während eines Winteraufenthaltes in einem großen Gebirgshotel. Seitdem ist viel Neuschnee über die Sache gewachsen. Ich traue mich langsam mit der Sprache heraus.

Ich begegnete dort einem Mann – er mochte Anfang der Vierzig sein –, von dem die jungen Mädchen und die jungen Frauen behaupteten, sie seien ihm »verfallen«. Sie hatten die verschiedensten Charaktere, Haarfarben, Erfahrungen und Figuren, und sie waren verschieden klug, verschieden alt, verschieden gebildet. Aber darin stimmten sie überein: sie seien ihm, wenn er nur wolle, ausgeliefert. Und es war deutlich zu sehen, daß er meistens wollte. Er hatte Sinn für Vollständigkeit, und wenn er durch die Hotelhalle ging, glaubte man, alle Frauenherzen schlagen zu hören.

Die Männer waren, soweit sie ihren Aufenthalt mit kleinen Abenteuern auszuschmücken suchten, in bedauerlicher Lage. Es befand sich, das fühlten sie schnell heraus, einer in ihrer Mitte, der ihnen, noch dazu auf geheimnisvolle Art, überlegen war. Was da vor sich ging, grenzte an unlauteren Wettbewerb. Und es gab keine Instanz, vor der sie hätten Beschwerde führen dürfen. Die Situation war eigentlich zu unheimlich, um komisch genannt zu werden. Und doch war es für den neutralen Beobachter erheiternd, zu sehen, wie Angst und Erwartung wuchsen, sobald der Mann auftauchte, und wie sich Angst und Erwartung mit ihm durch den Saal bewegten.

Man darf mir glauben, daß ich nicht ohne weiteres gesonnen war, den Zauber, von dem die Frauen und Mädchen benommen flüsterten, als erwiesen hinzunehmen. Ich wagte denen gegenüber, die mich ein wenig zu ihrem Vertrauten gemacht hatten, Zweifel zu äußern. Es ist ja ausreichend bekannt, daß die Besucherinnen winterlicher Sporthotels nicht eigentlich mit ausgesprochen klösterlichen Plänen ins Gebirge geraten. Und ich ließ mir, nahezu über die Grenzen der Höflichkeit hinaus, anmerken, daß ich in dieser Richtung Verdacht hegte.

Auch daß man meine Vermutung lebhaft bestritt, vermochte mich nicht zu überzeugen. Ich war eher geneigt, an das Libertinertum sämtlicher Frauen als an geheimnisvolle Einflüsse jenes Mannes zu glauben.

Als ich aber sah, wie eines der jungen Mädchen umfangreiche Angstzustände bekam und, wenn auch leise, mit den Zähnen klapperte, so oft er sich ihr näherte, und daß sie, obwohl es den Spielregeln des Hotelbetriebs widersprach, seine Tanzaufforderungen ausschlug, und als ich ferner feststellte, daß sich Frauen, deren Ehemänner dabeisaßen, zu recht unbedachtem Verhalten hinreißen ließen, wurde ich allmählich immer neugieriger und verbrachte die Abende damit, daß ich den gefürchteten Mann nicht mehr aus den Augen ließ.

Eines Tages war eine der mir bekannten Damen sehr vergnügt. Sie erzählte, eine ihrer Freundinnen werde am Nachmittag eintreffen, und zwar handle es sich um eine ungewöhnlich selbstsichere und schlagfertige Person. Daß auch sie dem Don Juan unterliegen werde, sei wohl ausgeschlossen. Die ungewöhnliche Person erschien. Der Mann – er war auf alle Neuerscheinungen abonniert – bat sie sofort um einen Tanz. Sie lächelte uns, ehe sie sich erhob, listig zu. »Jetzt werde ich euch alle rächen«, besagte der Blick. Sie tanzte mit ihm. Er betrachtete sie aufmerksam, unterhielt sie und sich und brachte sie an unseren Tisch zurück.

Sie war blaß, lehnte sich tief in den Sessel und sagte: »Das hätte ich nie für möglich gehalten!« Dann berichtete sie etwas ausführlicher. Er habe sie forschend angesehen. Er habe, ohne daß sie Anlaß gegeben hätte, Reden geführt, wie sie beim ersten Tanze nicht erlaubt sind. Sie sei außerstande gewesen, ihn in die Schranken zu weisen. Sie habe es nicht einmal vermocht, Empfindungen in sich zu unterdrücken, die sie bisher in ihrer Gewalt geglaubt hatte. Ja, sie erklärte, und diese Offenherzigkeit machte der an ihr gerühmten Klugheit Ehre: »Wenn er mich aufgefordert hätte, sofort den Saal zu verlassen und ihm, wohin auch immer, zu folgen, hätte ich's getan.« Dann schüttelte sie sich vor nachträglichem Schreck und meinte: »Entsetzlich, daß es so etwas gibt. So wenig ist man seiner selbst sicher.«

Am gleichen Abend gab es eine weitere kleine Sensation. Der Mann tanzte mit einer Aristokratin, die ihm, wie ich erfuhr, bis jetzt ausgewichen und unnahbar begegnet war. Als sie das dritte Mal an unserem Tisch vorüberkamen, schloß die Dame die Augen, taumelte, wäre fast hingesunken, brach den Tanz, sich entschuldigend, ab und begab sich, mit Schritten, als sei sie lange krank gewesen, auf ihr Zimmer.

Ich vergaß bis jetzt, das Äußere des Mannes zu beschreiben. Ich wartete, genauer, damit, weil diese Beschreibung den Lesern keinerlei Aufschluß bieten wird. Er war mittelgroß, untersetzt gebaut, hatte ziemlich brutale Gesichtszüge, dunkle Augen, ein vorzügliches Gebiß – diese Angaben werden keinen Eindruck machen. Aber ich kann ihn zum Glück anschaulicher vorstellen. Denn er kam, anläßlich eines Maskenballs, als Douglas Fairbanks und sah diesem Schauspieler allerdings ungewöhnlich ähnlich. Er wirkte wie ein stämmigerer, unfeinerer Bruder des Amerikaners. Den Männern im Hotel war nicht klar, wieso man bei solch einem Aussehen ein Don Juan sein könne, den Frauen auch nicht.

Da weder das Äußere des Mannes noch die Eindrücke der Frauen als Erklärung dienten und ich doch auf nichts neugieriger war als auf einen Erklärungsversuch, tat ich das Letzte, was mir helfen konnte: Ich ging auf den Mann zu und sagte ihm, wie sehr er mich, im Hinblick auf seine merkwürdige Wirkung, interessiere. Er nickte. Dann bummelten wir in die Bar, tranken etwas und unterhielten uns über ihn. Er dachte wahrscheinlich, ich wolle seine Abenteuer kennenlernen, und erzählte mir eine haarsträubende Geschichte nach der anderen. (Diese Geschichten sind es wert, verschwiegen zu werden.) Ihm lag keineswegs daran, sich in Szene zu setzen. Er übertrieb bestimmt nicht. Er berichtete nur und war selbst verwundert, daß ihm solche Affären hatten zustoßen können. »Ich weiß auch nicht, woran es liegt«, meinte er, »aber die Frauen rennen mir die Bude ein. Und je älter ich werde, um so jünger werden die Jahrgänge.« Auf das, was mir am Herzen lag, wußte er keine Antwort. Er gab zu, daß er ziemlich brutal auftrete und daß sein Blick bestimmte Wirkungen hervorzurufen scheine. Oft gegen seinen Willen. Denn ich könne verstehen, daß ihm sein Talent oft genug lästig und ungesund vorkomme.

Dann geriet er wieder ins Erzählen. Stoff genug hatte er ja. Es war Morgen, als wir uns trennten und zu Bett gingen. Ich wußte nicht mehr als vorher. Der einzige Trost war jetzt, daß der Mann selber auch nichts wußte.

Wenige Tage danach reiste er ab. Er fuhr nach Davos, und anschließend wollte er nach Afrika, um Löwen und andere wilde Tiere totzuschießen. Die Abenteuer in Europa waren ihm zu gefährlich. Und außerdem lebte er als jüngerer Sohn und Miterbe von beachtlichen Einkünften einer Fabrik im Rheinland.

Die Frauen atmeten hörbar auf. Mehrere Ehen renkten sich wieder ein. Ein paar junge Mädchen bekamen wieder rote Backen. Und alle gestanden sie: Sie hätten vor dem Mann Angst gehabt, unbeschadet aller sonstiger Begleitgefühle. Sie hatten Angst gehabt, bevor er sich ihnen näherte. Sie hatten Angst gehabt, wenn er sich mit ihnen beschäftigte. Sie hatten noch Angst gehabt, wenn er sie schon wieder ignorierte.

Jetzt war er fort, und ich habe nur noch von einem kleinen Nachspiel zu berichten, an dem er, wenn auch unfreiwillig, nicht schuldlos war. Eine Kaufmannsgattin, die ohne den dazugehörigen Kaufmann im Gebirge war, kam zum Hoteldirektor und teilte empört mit, daß man ihr die erlesensten Stücke ihrer Leibwäsche entwendet habe. Es war von Dessous aus Paris, von Nachthemden aus Brüsseler Spitzen und von anderen hauchdünnen Dingen die Rede. Und es lag nahe und war in diesem Falle wohl auch richtig, das Hotelpersonal zu verdächtigen.

Der Direktor zitierte den Chef d'Etage, die Gouvernante, die Stubenmädchen und Hausburschen, suchte anschließend die Bestohlene auf und erklärte rundheraus, er könne, obwohl der Verdacht fortbestehe, nichts unternehmen. Die Dame war entrüstet, sagte, was in solchen Fällen gesagt wird, und drohte, sie werde die Ortspolizei verständigen. »Das möchte ich der gnädigen Frau nicht unbedingt empfehlen«, antwortete der Direktor behutsam, »denn die Polizei würde das Etagenpersonal verhören müssen, und eine der ersten Routinefragen wäre, ob man einmal oder auch öfter jemanden in Ihr Zimmer hineingehen oder aus dem Zimmer herauskommen sah, der, eh, sich in der Zimmernummer geirrt haben könnte. Irren ist menschlich, gnädige Frau, doch das Personal meint, mindestens viermal und jedesmal etwa zwei Stunden lang pflege man Zimmernummern nicht zu verwechseln. Auch daß ein solcher Irrtum so oft und lange der gleichen falschen Nummer gegolten habe, meint eines der Stubenmädchen, sei einigermaßen seltsam. Gerade dieses Mädchen dürfte die Diebin sein, und ich werde sie entlassen, sobald ich kann. Im vorliegenden Falle bin ich im Zweifel, was ich tun soll. Wünschen Sie, daß ich die Polizei anrufe?«

Die Kaufmannsgattin wünschte es nicht. Sie zog auch nicht aus. Sie wagte es nicht. Denn der zu ihr gehörige Kaufmann wurde in ein paar Tagen erwartet. Das Zimmer neben jenem, das zu einigen Verwechslungen und zu einem Wäschediebstahl Anlaß gegeben hatte, war für ihn seit langem vorbestellt und vorgesehen. Er traf pünktlich ein, erwies sich als umgänglicher Hotelgast und besorgter Gatte, konnte nicht ahnen, was alle anderen wußten, und spielte seine fatale Rolle zur allgemeinen Zufriedenheit. Bis er einen anonymen Brief erhielt, zum nächsten Kostümfest – verblüffenderweise und sogar zur Überraschung seiner Frau – als Douglas Fairbanks erschien und um Mitternacht im Großen Saal …

Doch das ist eine ganz andere Geschichte. Sie gehört nicht hierher. Vielleicht erzähl ich sie ein andermal. Vielleicht aber auch nicht.

Die Kinderkaserne

In jener Nacht, in der Rolf Klarus, ein dreizehnjähriger Gymnasiast, den Oberprimaner Windisch erwürgte, starb drüben in der Altstadt Frau Hedwig Klarus, die Mutter des Knaben.

Das Zusammentreffen der beiden Todesfälle, deren einer den anderen zu rächen schien, veranlaßte manchen zu der Bemerkung: Es gebe eben doch so etwas wie eine verborgene Gerechtigkeit. Und besonders rechnerische Naturen mühten sich lebhaft darum, den Zeitpunkt der zwei Ereignisse aufs genaueste zu ermitteln und zu vergleichen. Frau Klarus war gegen neun Uhr des Abends gestorben; und kurz nach Mitternacht hatten die Schüler, die im Schlafsaal A des Schulgebäudes untergebracht waren, jenen mißtönenden Aufschrei gehört, der sie zitternd aus den Betten zu stürzen und Windisch beizuspringen zwang, auf dessen Lager der kleine Klarus im langen Nachthemd hockte und unbeteiligt in die weitgeöffneten Augen des Primaners blickte.

Die Schwierigkeit, eine Art höherer Ordnung in diese Unglücksfolge zu legen, wirkte sich in der nachdrücklichen Strenge aus, mit der fast alle den kleinen Mordgesellen beurteilten. Daran vermochte auch des Arztes Befund nichts zu ändern: daß Windisch vermutlich an einem durch den Schreck verursachten Herzschlag gestorben sei, daß also ein bloßer Mordversuch mit allerdings tödlichem Ausgang vorliege. Man erwiderte allgemein auf solcherlei Einwände: Mit einem regelrechten Morde habe der Vorgang immerhin die Absicht des Täters und den Tod des Überfallenen gemeinsam. In dieser Sache zugunsten des Knaben mit Spitzfindigkeiten zu argumentieren, sei nicht angebracht.

Soviel stellte sich bald heraus: Rolf Klarus hatte sich vor dem Abendessen aus der Schule entfernt, war nicht im Arbeitszimmer und nicht zur Abendandacht erschienen und bestätigte schließlich, als man ihn fragte, durch ein kleines Kopfnicken, daß er während dieser Zeit zu Hause gewesen sei. Der Tertianer Gruhl erzählte, er habe die beiden zusammen den Schlafsaal betreten sehen, und es müsse spät gewesen sein; die Bettnachbarn hätten jedenfalls fest geschlafen.

Da Windisch gerade Wocheninspektion gehabt hatte, und da die Schüler erklärten, er habe den Knaben nicht nur sehr oft, sondern wohl auch sehr gern bestraft, war die äußere Situation mit einiger Sicherheit zu erraten: Er hatte auf seinen dienstlichen Rundgängen den von dem unerlaubten Ausflug zurückkehrenden Klarus ertappt, zur Rede gestellt und mit der Ankündigung einer der üblichen Strafen geängstigt. Aber alles andere blieb unaufgehellt. Mußte Klarus dem Primaner nicht davon gesprochen haben, daß er vom Totenbett der Mutter komme? Und wenn das nicht zutreffen sollte: Hätte Windisch den Schmerz des Knaben nicht bemerken müssen?

Windisch war tot. Und Rolf Klarus schwieg. Auch als er bald schwer krank wurde und im Fieber lag, schwieg er. Und später, als die Ärzte meinten, eigentlich sei er wieder gesund, und ihn trotzdem in eine Anstalt bringen ließen – später schwieg er noch immer. Doch da vermochte man auch auf seine Mitteilungen zu verzichten. Denn in der Zwischenzeit hatte man sein Pult geöffnet, seine Bücher, Löschblätter und Notizblöcke peinlich durchforscht und auf etlichen Zetteln und in einem Oktavheft, das eine Art primitiven Tagebuchs zu sein schien, manches gelesen, was den Fall aufzuklären geeignet war.

Die Verhandlungen endeten damit, daß Rolf Klarus, wie schon gesagt, bis auf weiteres in einer Heilanstalt untergebracht wurde. Ein glaubwürdiges Gerücht meldet, daß er dort starb; ein weniger wahrscheinliches, daß er noch immer dort lebt. Welche der Behauptungen richtig ist, bleibt im Grunde gleichgültig. Denn in jener Nacht starben drei Menschen, auch wenn der dritte zu atmen fortfuhr.

Es ist nicht bloß einfacher, es ist auch richtiger, statt einer sorgfältigen seelischen Interpretation des Falles etliche der vorgefundenen Aufzeichnungen folgen zu lassen, die der kleine Klarus in den letzten Wochen vor der Tat niederschrieb. Was ihn damals erschütterte und trieb, zeigen jene fleckigen Zettel am lautersten, auf denen er mit seinen Schmerzen und mit seinem Feinde versteckte Zwiesprache hielt.

»Ich werde den Aufschwung niemals lernen. Aber bis Mittwoch muß ich ihn können, hat der Turnlehrer befohlen. Und in den Freistunden soll ich ihn immer üben. Da haben alle gelacht. Die Kniewelle ist noch viel schwerer. Bertold kann auch die Kniewelle. Mit dem linken Knie, mit dem rechten Knie, zwischen den Händen und seitlich davon. Dann hat Bertold dem W. von dem Aufschwung erzählt. W. hat gesagt, er wollte nachsehen, ob ich übte.

Am Mittwoch mußte ich nachsitzen. Von W. aus. Er ließ mich altes Zeitungspapier in kleine Rechtecke zerschneiden. Fürs Klo. Er ist dabeigestanden und hat gelacht. Muttchen wird auf mich gewartet haben. Und ich wollte ihr mein Aufsatzbuch mit der Eins zeigen.«

»Er hat mich schon wieder nachsitzen lassen. Ich wischte im Klavierzimmer 9 den Staub nicht gut genug weg. Er suchte natürlich den Schmutz, wo ich nicht hinlangen kann. Ich soll auf einen Stuhl steigen. Ich sagte, ich bin kein Dienstmädchen. Das will er dem Rektor melden. Doch er sagt das nur, damit ich ihm wieder mein Taschengeld gebe. Er nennt das: Borgen.

Muttchen habe ich einen Brief geschrieben, ich machte einen Ausflug, damit sie nicht merkt, wie oft ich nachsitzen muß. Sie wird denken, ich besuche sie nicht gern. Dabei ist nur W. daran schuld.«

»Am Sonnabend nachmittag war ich endlich wieder einmal zu Hause. Aber Muttchen ist krank und liegt deshalb zu Bett. Vielleicht weil sie denkt, ich mache Ausflüge. Ich wollte erzählen, daß W. daran schuld ist. Doch jetzt darf ich es ihr erst recht nicht sagen. Man soll Kranke nicht aufregen.

Im Französisch bin ich in dem Gedichte von Béranger steckengeblieben. Kandidat Hoffmann hat geschimpft, und ich habe eine Strafarbeit gekriegt.

Ob sie sehr krank ist und an mich denkt? W. hat gesagt, er bäte sich aus, daß man in seinem Zimmer fröhlich wäre. Mucker wie ich wären schlechte Menschen. Und ich sollte auf

der Stelle lachen. Dabei hat er eins, zwei, drei gezählt. Aber es ging nicht. Das ist offene Meuterei, hat er gebrüllt.
Den Aufschwung kann ich noch immer nicht.«

»Samstag hat er mich wieder nachsitzen lassen. Aber abends nach dem Essen bin ich nach Hause gerannt. Straßenbahn konnte ich nicht fahren. Weil er mein Taschengeld hat. Es strengt sehr an. Muttchen machte erst gar nicht auf. Ich habe vor Angst gegen die Tür geschlagen. Da ist sie, auf einen Stuhl gestützt, herausgekommen und hat gefragt, wer da ist. Ich, hab ich ganz laut gerufen.
Sie hatte Angst, aber ich sagte, der Hauslehrer hätte mich zwei Stunden beurlaubt. In der Kaserne hat niemand gemerkt, daß ich weg war.
Jeden Mittwoch verliest man mich zur Gartenarbeit. Ich muß mit einem langen Spieß das Papier aufstechen und einen Wagen ziehen. W. hat mit dem Gartenwart gesprochen, damit ich jeden Mittag drankomme. Warum er mich so haßt?«

»Montag abend bin ich wieder fortgelaufen. Auf dem Rückweg konnte ich nicht mehr vor Herzklopfen. Muttchen kam gleich beim Klingeln heraus. Aber sie ist, glaube ich, sehr krank. Und von unseren Verwandten läßt sich niemand blicken. Da ist sie so allein. W. hat mich vorm Tor abgefangen, als ich wiederkam, und sagte, ich brauche nicht so zu rennen, zum Nachsitzen käme ich noch zurecht. Ich sagte, meine Mutter ist krank. Er hat gelacht. Das kenne er schon. Und dabei hat mir Muttchen eine ganz zittrige Karte geschickt, sie freue sich so, daß ich Mittwoch wiederkäme.
Ich muß morgen abend fortrennen, auch wenn er mich von neuem erwischt. Ich kann ihr doch nicht wieder sagen, ich würde mit Lambert einen Ausflug in die Heide machen! Wo sie doch die Karte geschrieben hat!
In vier Wochen sind die Prüfungen. In der lateinischen Klassenarbeit habe ich die Vier. Koch hat gefragt, was mit mir los ist. Wenn ich doch zu Hause bleiben könnte und für Muttchen

einkaufen, und vorlesen und kochen. Aber es geht nicht. Es ist alles verboten.«

»Dienstag wieder zu Hause. Ich habe gesagt, ich müßte nächstens viel für die Prüfungen arbeiten. Muttchen sieht ganz weiß und mager aus. Sie sagt mir nicht, was ihr fehlt.

W. hat mich wieder erwischt. Ich sollte ihn nicht so mit der kranken Mutter öden. Frei bekäme man nur bei Begräbnissen. Der Schuft! Wenn meinem guten Muttchen etwas passiert, dann ist nur er schuld. Ich bin selber wie krank. Und dabei sind Prüfungen. Ich renne heute abend wieder fort. 1. Karte von Italien zeichnen. Mit den Städten über 200 000 Einwohner. Die Gebirge braun schraffieren. 2. Punische Kriege repetieren. 3. E-Konjugation. 4. La cigale et la fourmi lernen. 5. Kniewelle links neben den Händen.«

»Er fing mich ab, als ich gerade fort wollte, und ließ mich nicht weg. Er würde jetzt jeden Abend mit mir in den Garten gehen und aufpassen, daß ich bliebe, und beantragen, daß mir für einen ganzen Monat der Ausgang entzogen würde. Ich wüßte nicht, was Pflichtgefühl sei. Ob ich ihm was borgen könnte. Aber ich hatte wirklich nichts. Bei allem, was er sagt, sieht er mir ins Gesicht, als warte er, daß ich weine.

Er will Muttchen einen Brief schreiben, das darf er nicht tun! Lieber soll er mich schlagen oder anderes. Aber das nicht. Sie soll ihn mit ihrer Unterschrift wieder zurückschicken. Ich habe nicht einschlafen können.

Ich muß nach Hause. Morgen abend lauf ich wieder fort. Ich habe solche Angst um sie. Wenn er mich einsperrt, springe ich einfach aus dem Fenster.«

An jenem Abend, an dem der kleine Klarus lieber aus dem Fenster springen wollte als in der Schule bleiben, stahl er sich trotz des Primaners fort, rannte wie so oft durch die dunklen Straßen der Vorstadt, über einsame Plätze und Brücken, an jenem Abend sah er seine Mutter sterben, an jenem Abend zerrte man ihn von dem Bette Windischs, als es für beide bereits zu spät war.

Verkehrt hier ein Herr Stobrawa?

Das Café ist, am zeitigen Nachmittag, noch recht leer. Ein paar Zeitungsleser sitzen herum. Der Boy gießt heißes Wasser aus einem Kännchen auf die Ränder des Teppichläufers, weil sie sich gerollt haben. Die Garderobenfrau steht hinter ihrer Theke und sortiert kleine Münzen. Neben ihr lehnt der Kellner und liest, möglichst unauffällig, die Rennberichte. Schlechte Geschäfte. Ein gewisser Herr Dubschek wird am Telefon verlangt. Nein, nicht hier. Da betritt eine kleine alte Dame das Lokal. Unter ihrem komischen Husarenhütchen steckt ein Gesicht, das dem Alten Fritz nachgemacht ist. Blaß, großnasig und zerknittert sitzt es auf der dünnen, kurzen Figur, die in dem Plüschmantel viel zuviel Raum hat. Die Frau bleibt vor dem Kellner stehen und sieht ihn abwartend an, bis er, ungern gestört, den Kopf hebt. Da lächelt sie ein bißchen und sagt mit lauter, angerosteter Stimme: »Entschuldigen Sie, verkehrt hier ein Herr Stobrawa?«

»Was soll er denn?« fragt der Kellner. Er hat gegen Leute, die nichts verzehren, von vornherein begründetes Mißtrauen.

»Man hat mir gesagt, er spiele hier jeden Tag Billard.«

»Jetzt sind die Spielzimmer noch geschlossen.«

»Verzeihen Sie, bringt Herr Stobrawa immer seine Geliebte mit hierher?«

Die Gäste werden aufmerksam. Die Garderobenfrau verzählt sich. Der Boy kriegt rote Ohren. »Ich dachte«, bettelt die kleine, alte Dame, »Sie könnten mir vielleicht Genaueres sagen. Früher verkehrten sie in einem anderen Café. In der Stralauer Straße. Nun ist sie aber umgezogen. Sie muß ganz in der Nähe wohnen. Und abends säße sie gewöhnlich hier. Ich habe ihre Spur verloren ... Verzeihen Sie ... Und da ... ja, so ist das.«

Wahrscheinlich hat die Geliebte des fraglichen Herrn Stobrawa früher bei ihr gewohnt und ist Geld schuldig geblieben. Man kennt das. Aber ob es nötig ist, deswegen vor fremden Menschen die Geheimnisse der Familie Stobrawa auszugraben?

»Ich bin nämlich seine Frau«, sagt da die kleine, alte Dame, als bäte sie um Entschuldigung. Sogar zu lächeln versuchte sie.

»Ich will Ihnen selbstverständlich keine Ungelegenheiten machen.«

»Bei uns verkehren zwei Stobrawas«, konstatierte der Kellner.

»Der Name ist gar nicht so selten, wie man denken könnte.«

»Ich habe sein Bild mit.« Sie holte aus ihrer Handtasche eine Fotografie heraus. Es ist ein Gruppenbild. Von irgendeinem fröhlichen Ausflug, den man früher einmal machte. Verwandte waren dabei. An einer Waldlichtung zog ein junger Mann den Hut und fragte, ob sich die Herrschaften nicht fotografieren lassen möchten. Herr Stobrawa war gerade guter Laune und ließ es sich was kosten.

»Hier vorn der dicke Herr, das ist Herr Stobrawa.« Sie spricht von ihrem Mann, als wäre sie seine Haushälterin.

Der Kellner betrachtet das Bild lange Zeit. »Der eine von unseren Stobrawas ist dicker als der hier. Und der andere ist größer.«

»Der dickere könnte es schon sein. Die Aufnahme ist ja über ein Jahr alt!«

Die Garderobenfrau blickt dem Kellner über die Schulter, sagt nichts und sieht nur die kleine, alte Dame zuweilen von der Seite an.

»Ja«, sagte der Kellner, »da müssen Sie schon mal woanders fragen, gnä' Frau. Unsere Stobrawas sind das nicht. Sie kommen auch fast nie in Damenbegleitung!«

Sie packt das Bild sehr behutsam wieder ein. »Entschuldigen Sie vielmals«, sagt die kleine, alte Dame und wendet sich zum Gehen. Sie lächelt schon wieder und tut, als habe sie sich bloß zum Spaß erkundigt. »Guten Tag.«

»Guten Tag, gnä' Frau«, sagt der Kellner.

»Guten Tag«, sagt die Garderobenfrau.

Der Boy springt auf und hebt den Vorhang an der Tür zur Seite. Sie nickt und will hinaus. Da schlägt die Tür von draußen. Man hört Gelächter. Ein junges Mädchen kommt herein.

Ihr folgt ganz dicht ein dicker Herr. Sie lacht. Frische, kalte Luft weht ins Lokal.

Die kleine, alte Dame ist zurückgewichen und starrt den Herrn an. Er sieht sie, wird rot, will grüßen, unterläßt es, hustet. Das junge Mädchen blickt sich ungeduldig um. »Komm!« ruft sie. Er wendet den Kopf unsicher von Frau Stobrawa fort.

Die kleine, alte Dame geht langsam durch die Tür. Wer durch die Scheiben blickt, kann sie noch sehen. Jetzt steht sie am Straßenbord und achtet besorgt auf die Autos, als sei ihr Leben äußerst kostbar. Der Kellner stöhnt komisch auf. Der Boy hält noch immer den Türvorhang in der Hand. Die Gäste lesen Zeitung. Dann geht der Kellner zum Büfett und sagt zur Mamsell: »Zweimal Kaffee, doppelt Milch und einen Mohnstrudel für Herrn Stobrawa.«

Der kleine Herr Stapf

Plötzlich entsann ich mich seiner wieder, als ich im Café eine Provinzzeitung absichtslos durchblätterte. Mit seinem Namen, den ich las, wurde vieles, was endgültig vergessen schien, aufgerufen und forderte nachdenkliches Erinnern.

Brant, der an eine Seelenwanderung glaubte, hatte sicher recht gehabt: der kleine Herr Stapf war früher einmal ein Zwergrattler gewesen. Auf dem beängstigend dünnen Körperchen saß ein großer, schwerer, runder Kopf, dessen Rückseite an einen Schulglobus herausfordernd erinnerte: das spärliche weiche Haar, unter dem die Kopfhaut verschiedentlich deutlich hervorschimmerte, ließ an Golfströme und Schiffahrtslinien, an Passatwinde und Meridiane denken. Das Gesicht bestand fast nur aus einer zwergenhaft verwitterten Stirn, unter der sich Augen, Nase und Mund winzig und listig zusammendrängten.

Aus gänzlich unbekannten Gründen war er zu der Ansicht gelangt, daß er außergewöhnlich klug sei, obwohl wir damals – ein Kreis spottlustiger Studenten – nichts unversucht ließen, ihn von der Berechtigung der entgegengesetzten Meinung zu überzeugen. Er besaß die Gabe, jeder Art Ironie und Gelächter mit solch metaphysischer Nachsicht zu begegnen, daß es allmählich zu einem aufreibenden Sport für uns wurde, ihn aus seinem erstaunlich törichten Gleichgewicht zu bringen. Es war ein hoffnungsloses Unterfangen. Denn je mehr er belacht wurde, um so inniger fühlte er sich geschmeichelt. Da somit unsere vergnügliche Absicht zu einer ernsthaften Leistung wurde, begannen wir den kleinen Herrn Stapf zu vernachlässigen. Es zeigte sich bald, wie sehr es ihn schmerzte, nicht länger Gegenstand unserer spöttischen Anteilnahme zu sein. Er begann schon, die drollige Korrektheit seines Anzuges zu ignorieren. Unausdenkbar traurig hockte er zwischen uns. Und nur solange wir ihn einem mitunter grausamen oder zumindest geschmacklosen Hohn aussetzten, leuchtete sein altes Gesicht glücklich auf.

Eigentlich mehr um ihm das erhebende Bewußtsein seiner hanswursthaften Existenz zu erhalten als uns selber zu beschäftigen, begannen wir, ihn zum Helden anekdotischer Abenteuer zu machen. Und es läßt sich kaum veranschaulichen, wie begeistert er darüber war.

Ein Fall – es mag der erste gewesen sein – ist mir besonders wach im Gedächtnis. Wir hatten die erste Parkettreihe des Theaters aufgekauft. Man gab »Bohème«. Wir hielten die erste Reihe des Hauses besetzt, waren nicht allzu aufmerksam, sondern beugten uns meist über die Brüstung und amüsierten uns über die so süße Musik erzeugenden, lebhaft bewegten Arme und Finger der Orchestermitglieder. Unmittelbar hinter dem Dirigenten, in der Mitte der Reihe, thronte der kleine Stapf, hielt den Kopf schiefgeneigt und rückte manchmal auf seinem Plüschsessel unruhig hin und her.

Während der ersten Akte ging alles gut. Bis die vorgeschriebenen Schneeflocken aus den Soffitten heruntersanken: Das versammelte Haus war ergriffen, die Sänger waren in vollem Schwung, das Orchester blühte, der Kapellmeister gestikulierte in dionysischer Seligkeit – da erhob sich plötzlich der kleine Herr Stapf, griff hastig über die Brüstung hinweg nach dem Taktstock des Dirigenten, bekam ihn zu fassen, drängte sich an uns, die wir bereitwillig Platz machten, vorbei und verschwand hinter der Portiere!

Einige Sekunden war es, als solle das Theater der Schlag treffen: Der bestohlene Herr im Frack wedelte mit den Armen, als habe man ihm die Flügel ausgerissen. Die Musiker lächelten und gönnten ihm die Verwirrung. Die Sänger hielten tonlos den Mund offen. Die Damen in den Logen vergaßen, Pralinen zu essen und mit Papier zu knistern. Hoch oben, vermutlich im letzten Rang, lachte jemand vorlaut – nach diesen Sekunden peinlicher Bestürzung gewannen alle die Fassung zurück, und nach etlichen Takten voller Mißakkorde und Pausen begannen die Musik und auch die Stimmung wieder an Puccini zu erinnern.

Nachdem Mimi ihren heißersehnten Muff erhalten hatte und gestorben war, applaudierten wir herzlich und schritten dann feierlich und geschlossenen Zuges die große Freitreppe hinab. An einer vorher bestimmten Straßenecke stand der kleine Stapf, hatte sich in seinen schwarzen Überzieher verkrochen und lächelte. Wir schüttelten ihm die Hand, nannten ihn einen tüchtigen Kerl, klopften ihm auf die Schulter und gestatteten ihm, uns ins Kaffeehaus zu begleiten, wo er den Taktstock zeigen durfte.

Sein Rausch hielt, wie der eines Morphinisten, nicht lange an. Es bedurfte neuer stimulierender Abenteuer. Wir nahmen ihn in unsere Mitte und durchzogen die gegen Mittag äußerst belebte Hauptstraße der Stadt. In dem dunklen Menschenstrom tauchten zuweilen Züge buntbemützter Studenten auf, die ihren vorgeschriebenen Bummel absolvierten. Endlich nahte sich das angesehenste der Korps – sein Name ist mir entfallen; nennen wir es »Barbaria« – stolz und erhebend. Der kleine Herr Stapf warf uns noch einen Blick zu, um sich Mut zu machen, dann trennte er sich von uns und eilte den »Barbaren« entgegen. Dicht vor deren Anführer blieb er stehen und zog höflich seinen Hut. Die »Barbaren« sahen sich gezwungen, stehenzubleiben. Wir traten hinzu, Ladnerinnen und junge Damen und andere Neugierige versammelten sich. Eine Hochspannung aus Neugier und Erzürnung begann sich zu bilden. Der kleine Stapf – noch immer mit dem Hut in der Hand – machte eine vollendete Verbeugung und fragte den Anführer laut und weithin verständlich: »Pardon, junger Herr, ich bin hier fremd – können Sie mir sagen, welchem Gymnasium Sie angehören? Ich kenne solche Schülermützen noch nicht.«

Der befragte Herr erbleichte. Die gesamte »Barbaria« erbleichte. Vor stummer Wut. Würden sie den kleinen Stapf zertrümmern? Klein und freundlich stand er vor dem farbigen Studenten, lächelte sanft nach oben und wartete vergeblich auf Antwort. Dann trat er kopfschüttelnd beiseite und sagte zu den Umstehenden: »Sonderbar. So große Menschen wissen nicht einmal, in welche Schule sie gehen!«

Die Zuschauer lachten lauthals. Die »Barbaren« entfernten sich unter vollem Verzicht auf Würde und Anmut, so schnell es irgend ging. Der kleine Stapf verkroch sich hinter uns und schien verwundert, ohne Prügel davongekommen zu sein.

Bald war es mit ihm nicht mehr auszuhalten. Er hatte begriffen, wie man Unfug organisiert. Wo er eines Zuschauers habhaft werden konnte, setzte er sich in Szene, so sehr wir ihn daran zu hindern suchten.

Er blieb auf dem Marktplatz stehen und zwang jedes daherfahrende Auto, wenn es ihn nicht überrennen wollte, anzuhalten. Er trat in den Cafés an entfernte Tische und verwickelte fremde Damen in sinnlose, stockende Gespräche. Er unterbrach Kabarettvorträge dadurch, daß er laut und ununterbrochen nach dem Kellner rief. Er erließ Zeitungsinserate, in deren Verfolg er sich mit einem Dutzend junger Damen gleichzeitig traf, die wie er eine rote Nelke im Knopfloch trugen.

Er schien krank. Seine Wirtin beschwerte sich schließlich beim Vater, daß sein Sohn die Wandbilder an den Fußboden nagele und die Kleider an die frei gewordenen Wandnägel, statt in den Schrank hänge; daß er sich in den Schrank setze und über die mangelhafte Beleuchtung lebhaft Klage führe.

Eines Tages kam der alte Herr Stapf und holte seinen seltsamen Sohn nach Hause. Dort begnügte er sich damit, viele Bücher zu lesen und sie nach beendeter Lektüre feierlich im Garten zu begraben. Das Dienstmädchen zwang er, die Grabreden anzuhören. In Briefen, die er uns oft schrieb, teilte er seine neuesten Torheiten mit. Dann hörten wir lange Zeit nichts mehr von ihm. Bis eine Heiratsanzeige eintraf. Der Vater hatte ihm eine Frau besorgt.

Wie zu Anfang schon angedeutet wurde: Ich mußte dieser Tage an ihn denken, als ich in der Zeitung seiner Heimtstadt las, der Stadtverordnete Herr Kaufmann Stapf jun. habe sich äußerst warm dafür eingesetzt, daß die Hausnummern – der Übersicht halber – regelmäßig an der rechten Seite der Haustür anzubringen seien.

Nie hätte ich früher erwartet, daß der kleine Herr Stapf noch einmal ein solch nützliches Glied der Gesellschaft werden würde.

Sebastian ohne Pointe

Sebastian Stock war ein glänzender Gesellschafter; er konnte geradezu für ein Genie der Konversation gelten – solange er allein war.

Er litt am Dialog. Das ist eine Manie, die als Berufskrankheit der dramatischen Schriftsteller gilt; so wie die Leinenweber und die Säurenarbeiter, die Diamantenschleifer und die Grubenpferde, die Bierbrauer und die Opernsänger die ihre haben. Und sie besteht einfach darin, daß man in Dialogen denken muß. Freilich, harmlos klingt diese knappe Beschreibung nur dem, der jenen Jammer nie erfuhr. In Wirklichkeit handelt es sich um eine Spielart des Verfolgungswahnes, der hier zwar an keine gegenständlichen Komplexe, dafür aber an eine ganz bestimmte Ausdrucksform (eben an den Dialog) gebunden ist.

Der Kranke hat, beispielsweise, die Schneiderrechnung empfangen. Er liest eine ungewöhnlich hohe Summe, schüttelt den Kopf, beginnt im Zimmer zu wandern und unterhält sich mit dem Schneider, der – wohlgemerkt – gar nicht anwesend ist. Er macht ihm lebhafte Vorwürfe, läßt ihn (dessen Stimme er, laut oder im Geiste, nachzuahmen sucht) besorgt oder frech antworten, sinnt auf neue, treffendere Einwände, der Schneider erbost sich, der Kunde kann sich nicht länger beherrschen – der Streit ist vollkommen.

Sebastian Stock litt schmerzlicher als die meisten seiner Leidensgefährten. Denn er war erstens kein Dramatiker, und zweitens besaß er den Ehrgeiz, aus seinem geheimen Leiden ein gesellschaftlich legitimes Talent machen zu wollen. Solange er insgeheim beide Rollen – die eigene und die des Gegenübers – zugleich spielte, so lange war er Meister. Sobald der andere aber zu existieren begann, seine Stimme tatsächlich erhob und, boshafterweise, ganz anders antwortete, als er, Stock, es ihm stumm diktierte, wurde der Mißerfolg bis zur Unerträglichkeit deutlich.

Materielle Schäden erwuchsen ihm aus seiner Untugend

nicht. Er war der Erbe eines gut angelegten Vermögens. Nur in jenen Jahren, als das Sicherste am meisten trog, rächte sich sein Gebrechen auch einmal in dieser Weise. Man hatte ihn einem Bankdirektor empfohlen, der in der Lage war, ihm einen Posten zu verschaffen, wo er nichts verderben und einiges gewinnen konnte. Nun, diese Finanzgröße – namens Frank – lud ihn zum Abendessen ein. Beim Mokka wäre dann wohl die Petition zur Sprache gekommen ... Aber Sebastian Stock ging während des Essens wieder.

Lange bevor er der Einladung Folge leisten durfte, hatte er sich das Programm seines Auftretens zurechtgelegt. Zu Frau Frank wollte er sagen (da er mit ihr bereits telefoniert hatte): »Gnädige Frau sind mir bisher leider nur akustisch begegnet« und zu ihm, falls dieser ihm das Brot reichen würde (für den Fall wollte Sebastian schon sorgen): »Besten Dank, verehrter Brotgeber.«

Auf diese spielerischen Glossen war er stolz und erhoffte viel von ihnen. Selbstverständlich hatte er sich die dazu erforderlichen Mienen überlegt und am Spiegel geübt. Das Bonmot, das ihr galt, wollte er mit weltmännisch lässigem Lächeln würzen; und die dem Direktor zugedachte Bemerkung hoffte er durch ein Zwinkern von beziehungsreicher Dauer besonders wirksam zu gestalten.

Es kam anders. Als er die Franksche Wohnung betreten hatte, kam ihm eine stattlich gekleidete, würdige Dame entgegen. Er machte eine untadelige Verbeugung und sagte – mit dem geplanten weltmännisch lässigem Lächeln, das ihm freilich ein wenig einfror: »Gnädige Frau sind mir leider bisher nur akustisch begegnet.« Die Dame sah ihm skeptisch ins Auge und erklärte, die Herrschaften ließen sich für einen Moment entschuldigen, und er möge sie doch im Arbeitszimmer des Herrn Direktor erwarten.

Sebastian nickte automatisch und tastete sich wie ein Blinder hinter der Hausdame her. Dann stand er fünf Minuten am Fenster eines Zimmers, das nach Leder roch, und überlegte krampfhaft: ob er den Versuch bei der rechtmäßigen Frau Frank wiederholen solle oder nicht. Er konnte sich nicht entscheiden. Aber als das Ehepaar erschien, verbiß er seine Redensart und benahm sich ungeschickt, da er nicht bei der Sache war. Man setzte sich zu Tisch. Und Sebastian bereitete den zweiten Coup vor, der ihm – das schwor er sich zu – nicht mißlingen sollte. Es ist begreiflich, daß er wenig sprach, noch weniger aß und statt dessen den silbernen Brotkorb so fest anstarrte, daß es Herrn Frank auffiel.

Plötzlich schob sich also der silberne Brotkorb in Sebastians Gesichtsfeld, rückte näher und näher. Und wie aus dunkler Tiefe klang es an sein Ohr: »Lieber Herr Stock, darf ich mich, vorläufig auf diese Weise, als Brotgeber demonstrieren?«

Das war nicht eigentlich taktvoll gesprochen. Aber vielleicht trug nur Sebastians Blick die Schuld? Jedenfalls: ihn schien der Blitz getroffen zu haben. Er wurde tiefrot, hustete und vergaß vor Empörung darüber, daß er beraubt worden war, Brot zu nehmen. Frank blickte erstaunt und hielt den Korb mit engelsgleicher Geduld über den Tisch. Dann ärgerte er sich seinerseits und bemerkte doppelsinnig: »Sie lehnen ab, Herr Stock?«

Frank und Frau aßen eifriger, als es ihr Appetit guthieß – nur um ihren wunderlichen Gast nicht länger betrachten zu müssen. Sebastian begann sich selber lästig zu fallen. Er hatte Fieber und spürte, wie in ihm eine blindwütige Verlegenheit heranwuchs, der nichts und niemand standhalten würde.

Etwas mußte geschehen. Seine Stimme zitterte, als spreche er ein Sterbegebet: »Gnädige Frau sind mir bisher leider nur akustisch begegnet.« Frank und Frau blickten sich an und lachten zirka drei Minuten. Sie schrie fast vor Wonne und Nervosität; und ihre Miene bat nur zuweilen und höchst unzulänglich um Entschuldigung. Ruckartig brachte sie hervor: »Ja ... unsere Hausdame ... erzählte schon davon ... es ist ... zu drollig!« Dann kreischte sie gemäßigt weiter, während sich der Gatte auf die Schenkel schlug und rief: »Menschenskind ... Aber bester Herr Stock! ... Wo haben Sie bloß den Blödsinn her?«

Sebastian erhob sich steif, murmelte irgend etwas und verließ zunächst das Speisezimmer. Dann das Haus.

Schließlich ging er auf Reisen, um die Wirkung dieses letzten Rezepts zu versuchen. Und als ihm seine rhetorische Absicht endlich einmal glückte, wurde sein ärgstes Mißgeschick daraus.

Er war in einem großen Gebirgshotel abgestiegen, machte tagsüber Spaziergänge, saß abends, nach dem Diner, an einem der kleinen Hallentische und schaute den andern zu, als ob ihn ein Gitter von ihnen trenne. Er sah, wie sie tranken und tanzten, wie sie Flirts erledigten oder gar Leidenschaft mühevoll großzogen. So verging eine Woche. Und das Alleinsein fing an, ihn zu bedrängen.

Eines Abends erblickte er einen gewissen Herrn Urban, den er aus der Vaterstadt flüchtig kannte, unter den Gästen. Urban setzte sich mit seiner Tochter an einen entfernten Tisch und verlor sich hinter einer Zeitung. Sebastian schlug das Herz. Seine Sehnsucht nach Geselligkeit wurde unbezwingbar, und in seinem Kopf begannen die Redensarten zu wirbeln. Endlich wurde sein Gesicht glücklicher. Das erlösende, das außergewöhnliche Wort schien gefunden.

Als die Kapelle einen Tanz intonierte, erhob er sich und ging in jene Ecke, in der sich Urban und Tochter langweilten. Er verbeugte sich. Sie waren erfreut. Und noch ehe sie etwas hätten äußern können, blendete er sie durch ein schelmisches Lächeln, das kein Ende nahm; dann verbeugte er sich nochmals vor dem Vater und sagte mit schönem Nachdruck: »Verehrter Herr Urban, darf ich Sie um die Hand Ihres Fräulein Tochter bitten?« Er meinte nichts weiter als: Darf ich mit ihr eine Tour tanzen?

Niemand wird das bezweifeln wollen. Aber Urban – heuchelte er Unkenntnis, oder wußte er wirklich nichts über Sebastians Manie? – Holzhändler Urban stand auf, klopfte ihm kernig auf die Schulter und rief: »Bravo, bravo! Ich schwärme für angenehme Überraschungen. Bitte nehmen Sie Platz, Sie eiliger Schwiegersohn! Haha! Nun, Lenchen, was sagst du zu dieser dringenden Nachfrage?«

Lenchen Urban ordnete ihre Frisur und erklärte, ihr sei es schon recht.

Jeder vernünftige Mensch hätte das Mißverständnis energisch aufgeklärt. Aber Sebastian Stock gehörte nicht zu ihnen. Und so wurde er mit einem Fräulein verheiratet, mit dem er nur hatte tanzen wollen. Seitdem geht er noch häufiger als ehedem in seinem Arbeitszimmer auf und ab. Und wenn seine Frau, Lenchen Stock, das Ohr an die Tür legt – sie tut es kaum noch –, hört sie eilige Schritte und erregtes Murmeln und greift sich an den Kopf.

Duell bei Dresden

Am 28. Oktober 1927 sollte in der Dresdner Heide, nahe der Ullersdorfer Mühle und der großen den Wald schneidenden Chaussee, ein Pistolenduell stattfinden. Die Gegner waren ein Assessor am Landgericht – Kinne mit Namen, vierzigjährig, baumlang – und ein junger Chemiker, namens Graff. Man hatte Freunde mitgebracht und einen Assistenten des Altstädter Krankenhauses, mit dem Graff bekannt war.

An der Kreuzung der Radeberger Chaussee und der Ullersdorfer Landstraße warteten drei Autodroschken. Die Chauffeure spielten Skat und waren angewiesen, neugierige Fragen ausweichend zu beantworten. Es kam aber niemand vorüber, der sie hätte fragen können; kein Forstgehilfe, kein Milchwagen, kein Ausflügler. Die Chauffeure hatten sich Flaschenbier mitgenommen. Finken hüpften über die Autodächer, flogen fort und kamen wieder. Der Himmel wurde langsam ganz hell und glasblau.

Da brachten vier der Herren die Leiche des Chemikers Graff aus dem Walde. Der Arzt begleitete den Trupp. Assessor Kinne, der den Zug beschloß, trug den Waffenkasten und rauchte eine Zigarre. Die Chauffeure sprangen an ihre Wagen. Und wenige Minuten später sausten die Autos stadtwärts ...

Das Duell hatte gar nicht stattgefunden. Graff war, noch während jemand die Distanz abschritt, zusammengebrochen und am Herzschlag gestorben. Der Assessor hatte, als ihm der Arzt den Befund mitteilte, die Hände gerieben, als wasche er sich, und geäußert: Ob so oder so, – Herr Graff habe nun also seinen Willen.

Graff gehörte zu den heimlichen Kriegsopfern, die man mitzuzählen vergaß. Daß er zehn Jahre nach dem Kriege starb, ist kein Einwand. Er wurde damals eingezogen, als die alten Feldsoldaten, wenn man sie zum viertenmal ins Feld schickte, miteinander wetteten, ob sie schon in acht oder erst in vierzehn Tagen wieder zurückwären. Sie verloren unterwegs, gewöhnlich in Brüssel, den Transportführer – irgendeinen kleinen hilflosen Offiziersanwärter, verkauften die Feldmontur, besuchten armeebekannte Lokale und Mädchen, tauchten schließlich, achselzuckend, wieder im heimatlichen Reservedepot auf und hatten gegen ein paar Wochen Arrest nicht das geringste einzuwenden.

Damals beschloß die Oberste Heeresleitung den Kinderkreuzzug und holte Graff mit seinen Altersgenossen zum Militär. In langen Kolonnen marschierten sie nach den leeren Kasernen. Ein bißchen Musik war dabei. Und die Mütter blickten aus den Fenstern auf die Schlachtparade hinunter. – Am Nachmittag stülpte man den Jungens verschwitzte Helme über, verpaßte ihnen schlotterndes Uniformzeug, und am nächsten Tage begann der Drill. Sie lernten grüßen, stillstehen, Parademarsch, Kniebeugen, und was sonst zum Sterben nötig war.

Graff geriet in ein Fußartillerie-Reserveregiment, und mit ihm so viele Schüler und Banklehrlinge, daß eine Einjährigenkompanie formiert werden mußte. Die Wahl der Ausbildungsmannschaft besorgte der Kompanieführer, Oberleutnant d. R. Kinne (EK 1). Er wählte vorzüglich. Kein Sergeant war ihm roh genug. Es schien, als hasse er die Kindergesichter und als habe er vor, wie ein Engelmacher dazwischenzufahren. Wenn er, im grünen Friedensrock, die Reihen abschritt, zitterte sein kaiserlich hochgewichster Schnurrbart genießerisch, und wenn die Unteroffiziere nicht gemein genug fluchten, half er, kenntnisreich, nach.

Nachdem er einen Gefreiten (im Zivilberuf Lehrer) hatte an die Front schicken lassen, weil der mit den Erziehungsmaßnahmen in der Kompanie nicht einverstanden gewesen war, kannten die übrigen Gefreiten und Unteroffiziere kein Halten mehr. Sie quälten ihre Konfirmanden wie die Teufel, sie überboten sich im Erfinden von Gemeinheiten und Strafen. Es kam oft genug vor, daß jemand beim Exerzieren oder beim Granatenschleppen zusammenbrach. Nach jeder Typhus- und Choleraimpfung ließ Kinne die Einjährigen zweihundertfünfzig

Kniebeugen machen und sah persönlich darauf, daß sie tief und exakt ausgeführt wurden. Einer, der sich beim Hauptmann zum Rapport hatte melden lassen, mußte, unter einem Vorwand, drei Stunden lang über den Exerzierplatz rennen und kriechen. Er bekam den Sonnenstich und wurde ins Lazarett eingeliefert.

Wer nicht, in den hohen schweren Stiefeln, vom Querbaum herab, über ihn hinweg, die Hocke wagte – diesen riskanten Sprung durch die Luft, mit hochgerissenen Knien –, wurde offiziell für einen Scheißkerl erklärt. Beim Stalldienst war es streng verboten, anders als mit bloßen Händen auszumisten. Graff hatte, für die Dauer des Reitunterrichts, ein Pferd, das böse war und wie verrückt um sich schlug und biß. Täglich zerfetzte es ihm das Hemd und die Haut, und täglich schleuderte es ihn, mit rasenden Hufschlägen, in die Stallgasse. Einmal traf es ihn so unglücklich, daß er eine halbe Stunde lang wimmernd liegenblieb. Die Unteroffiziere versammelten sich um ihn und rissen Witze. Er bat vergeblich um ein anderes Pferd.

Oberleutnant Kinnes rechte Hand hieß Aurich. Dieser Kerl war, wegen tollkühner Frontleistungen, schon Offizierstellvertreter gewesen, aber wegen unerhörter Roheitsdelikte degradiert worden. Jetzt war er Sergeant. Abends ließ er sich von den Reichen einladen, nahm Geldgeschenke an, vergalt aber derartige Bestechungen mit doppelter Quälerei.

Graff wurde herzkrank. Beim Strafexerzieren brach er zusammen. Sergeant Aurich befahl dem Gefreiten vom Dienst, den Einjährigen Graff in Arrest zu bringen. Wegen Subordination. Da kroch Graff auf die Knie, zog sich am Karabiner hoch und schleppte sich hinter der Schwarmkolonne her.

Auf dem Heimmarsch, als zu singen befohlen war, und Graff, der in der Reihe taumelte, nicht sang, kam Aurich, lächelte lauernd und rief: »Na Graff, wenn du vorhin einen Revolver hattest, – hättest du mich übern Haufen geknallt?« Graff riß den Kopf hoch und brüllte, daß die Kameraden erschraken: »Jawohl, Herr Sergeant!«

Am Abend, als er eine Stunde zu Hause war, bekam der Jun-

ge einen Weinkrampf. Er warf sich auf dem Bett herum, fuchtelte mit den Armen und schrie fortwährend: »Ich erschieß den Hund! Ich erschieß den Hund! Ich erschieß den Hund!«
Die Mutter stand neben ihm.
Am nächsten Tag brachte sie dem Sergeanten, heimlich, eine Kiste Zigarren und bat, er möge ihren Jungen schonen. Aurich nahm die Zigarren und lachte.
Graff konnte keine Treppe mehr steigen, ohne Herzkrämpfe und Atemnot zu haben. Er meldete sich vergeblich krank und beantragte, als der Stabsarzt wieder nichts fand, seine Untersuchung durch die Generaluntersuchungskommission. Die Generalärzte schickten ihn vier Wochen auf den Weißen Hirsch ins Lazarett. Als er zur Kompanie zurückkam, war Sergeant Aurich eben ins Feld gerückt. Der Oberleutnant übernahm seine Funktion und brachte es fertig, daß Graff, nach wenigen Tagen, kränker war als je zuvor. Dem war jetzt alles gleich; er hatte jede Furcht vor Bestrafung verloren, war renitent, zeigte seinen Haß ganz offen, und der Oberleutnant war bestrebt, sein Zerstörungswerk trotzdem ungehindert fortzusetzen.
Graff meldete sich erneut zur Generaluntersuchung und wurde zu einem überplanmäßigen Bataillon abgeschoben, wo die Halbtoten der sächsischen Armee aufbewahrt und mit Kartoffelschälen unterhalten wurden.
Bevor Graff die Einjährigenkompanie verließ, hatte er mit dem Oberleutnant ein längeres Gespräch. Er sagte unter anderem: »Sie haben mich wissentlich und mit Vergnügen zugrunde gerichtet. Sie haben uns behandelt, als wären wir Viehzeug. Ich hoffe, Sie nach dem Kriege wiederzusehen.«

Schließlich ging der Krieg zu Ende. Graff kehrte, schwer krank, ins Gymnasium zurück, erledigte die fällige Prüfung, studierte an verschiedenen Hochschulen, erledigte wiederum mehrere Prüfungen, fand eine bescheidene Anstellung bei einem Nahrungsmittelchemiker und war weder in der Lage, seinen Posten, der Gesundheit brauchte, so wie er es gewünscht hätte auszufüllen, noch durch einen längeren Urlaub die erforderliche Gesundheit zurückzuerlangen. Mit fünfundzwanzig Jahren war er ein Todeskandidat von der langwierigen Sorte und wußte das. Seine Mutter, mit der er zusammenwohnte, suchte er über die Herzanfälle und die bittere Melancholie lächelnd zu täuschen. Er rauchte nicht und trank keinen Alkohol. Er enthielt sich der Frauen und gab vor, er entbehre sie nicht. Nur wenn er allein war, ließ er sich von seinen Wünschen abwürgen. Dann saß er am Fenster und blickte auf die Straße hinunter und in die fremden Häuser hinüber, als hocke er jenseits der Welt.

Nur zu einer Leidenschaft hatte er noch den Mut, zum Haß! Er übte sich jahrelang im Pistolenschießen – im Garten eines Freundes – und brachte es zu ungewöhnlicher Fertigkeit. Die Schießscheibe, die er sich selber gemalt hatte, einen Offizier im grünen Rock und mit gewichstem Schnurrbart, traf er, auf jede gangbare Distanz, mitten ins Herz. Der Freund, ein Referendar, unterrichtete ihn regelmäßig über Aufenthalt und Lebensführung des Assessors Kinne, den er vom Gericht her kannte. Graff wartete auf die Gelegenheit.

Sie kam. Nach einem der Spaziergänge, die er mit der Mutter durch den Großen Garten zu machen pflegte, stiegen sie – es war an einem der letzten Septembertage – auf eine Straßenbahn. Der Wagen war besetzt, und sie blieben auf der hinteren Plattform stehen. Plötzlich sagte jemand zu ihm: »Wir kennen uns doch?«

Graff zuckte zusammen und blickte den Sprecher an, der, ohne ersichtlichen Grund, an Gesichtsfarbe verlor. Frau Graff faßte ihren Sohn am Arm. Er riß sich los und sagte zitternd: »Mutter, das ist er!« Und ehe die Umgebung eingreifen konnte, schlug er zu. Assessor Kinne stand regungslos, als habe das Schicksal »Stillgestanden!« kommandiert, und ließ sich ohrfeigen. Und Graff schlug mit beiden Fäusten, lautlos und ernst, als ob er eine dringliche, bestellte Arbeit verrichtete. Seine Mutter zerrte an ihm. Andre griffen ein. Der Schaffner brüllte, brachte den Wagen zum Stehen und stieß Graff auf die Straße. Die Mutter folgte ihm.

Etliche Fahrgäste forderten eifrig die Feststellung der nötigen Personalien Aber Kinne wischte sich das Blut vom Mund

und sagte ärgerlich: »Mischen Sie sich nicht in diese Angelegenheit!«

Vier Wochen später fand das Duell statt. Graff hatte die Verzögerung gewünscht, damit seine Mutter keinen Verdacht schöpfe. – Der Ausgang der Affäre ist bekannt. Das Leben des jungen Chemikers reichte zum Vollzug der Rache nicht aus. Doch vielleicht bewahrte ihn das Geschick nur davor, von seinem Peiniger »zu guter Letzt« auch noch erschossen zu werden?

Kurzgeschichte in fünf Akten

1. Akt

Er mißfiel mir von Herzen. Vielleicht lag es daran, daß das junge Mädchen an seiner Seite dunkelbraunes Haar und blaue Augen hatte. Sie war viel zu hübsch, ihre Wimpern waren viel zu schattig, und ihre schmalen Hände waren viel zu behutsam für so einen Burschen. Außerdem schien er sich zu ärgern, daß ich sie betrachtete, als sei sie ein berühmtes Bild. Er mißfiel mir, wie gesagt, rechtschaffen, und auch ich war wohl nicht ganz sein Typ.

Die zwei saßen am Nebentisch, tranken Kaffee, siezten einander noch und redeten infolgedessen nur über Kunst, Theater und Literatur. Nicht daß die Unterhaltung sonderlich hörenswert gewesen wäre – aber plötzlich nannte sie den Titel eines meiner Bücher, und das machte meine Ohren neugierig. Nachdem er ihr über meine schriftstellerischen Erzeugnisse ein paar Löffel einschlägiger Bemerkungen verabreicht hatte, fragte sie: »Kennen Sie Kästner persönlich?« Da sagte er in aller Gemütsruhe: »Und ob ich ihn kenne! Ich und Erich sind oft zusammen!«

»Wie sieht er denn aus?« Er kniff die Augen klein. »Ganz nett soweit«, meinte er schließlich, »aber das ist auch alles.« Sie nickte verständig.

Ich musterte meinen guten alten Bekannten, den ich noch nie im Leben gesehen hatte, ziemlich düster und überlegte, ob ich ihn ein bißchen in die Tinte reiten sollte. Ich hatte jedoch einen edlen Tag. Die Sonne schien. Das Gute siegte. Ich schwieg.

2. Akt

Etwas später verließ sie vorübergehend den Tisch, um eine Freundin anzurufen. Ich blickte hinterdrein und freute mich, wie leichtfüßig sie das Lokal durchquerte. Als ich mich umwandte, begegnete ich seinen Augen, die damit beschäftigt waren, pfeilspitze, vergiftete Blicke auf mich abzuschießen.

»Nun, alter Junge«, sagte ich unverdrossen, »wie lange kennen wir uns eigentlich schon?«

»Ich verbitte mir Ihre plumpen Vertraulichkeiten!« bellte er.

»Aber, aber!« meinte ich freundlich. »Wie sprichst du denn mit mir, mein Bester? Ich bin doch dein guter alter Erich! Mit dem Zunamen Kästner! Etwas mehr Herzlichkeit hätte ich wirklich von dir erwartet!«

Er machte ein beispielhaft törichtes Gesicht und vergaß vorübergehend, ein- und auszuatmen. Dann holte er tief Luft, schüttelte den Kopf wie ein leicht angeschlagener Boxer und murmelte: »Scheußlich!« Nach einer Pause fügte er hinzu: »Da hätten Sie mich ja schön hineinlegen können … Sind Sie mir sehr böse?« Da ich verzeihend lächelte, zwinkerte er mir, schon wieder ein wenig unverschämt, zu und sagte trocken: »Es gibt nämlich Mädchen, bei denen solche Sachen wirken.« Diese Bemerkung garnierte er mit einem leichten Achselzucken.

»Sie gehören offensichtlich zu den ganz Geriebenen«, erwiderte ich. Da er geschmeichelt schien, griff ich zu einer Zeitung. Mit Ironie war ihm nicht beizukommen. Er stak in seiner Eitelkeit wie in einer Rüstung.

3. Akt

Dann kam das junge Mädchen zurück, und das Gespräch der beiden nahm seinen Fortgang. Sie tauschten ihre Ansichten über Alfred Döblin aus. Den kannte mein Freund vom Nebentisch übrigens nicht persönlich. Er wollte mich wohl nicht reizen. Ich stellte fest, daß er des öfteren zu mir herüberschielte. Ihm war nicht geheuer, und er bemühte sich redlich, aus den Gefilden der Literatur in freundlichere Bezirke zu entwischen. Er suchte unter anderem das Thema »Sport« zu erreichen, und gestand in schöner Offenheit, daß er den Linksaußen einer Ligamannschaft duze und selbigem erst vorgestern erklärt habe, die am Sonntag in der zweiten Halbzeit verpaßte Torgelegenheit sei museumsreif gewesen. Das junge Mädchen aber wollte von Fußbällen nicht das geringste wissen, sondern verbiß sich im Schöngeistigen. Da half kein Sträuben.

Als der Kellner auf meinen Tisch zusteuerte, ankerten die zwei gerade bei Kurt Tucholsky. Der Kellner trat zu mir und sagte erschreckend laut und deutlich: »Herr Kästner, Sie werden am Telefon verlangt. Die Redaktion will Sie sprechen.«

Das junge Mädchen sah mich überrascht an, wurde rot, musterte ihren Begleiter, als sei er mit einem Male aus Dachpappe, wurde blaß, nahm ihre Handtasche und ging, erhobenen Hauptes, auf und davon.

4. Akt

Als ich vom Telefon wiederkehrte, saß mein Don Juan verbiestert in der Ecke und haderte sichtbar mit dem Zufall und dem Schicksal. »Pech, alter Freund!« murmelte ich. »Künstlerpech!« Meine Kondolation schien ihn nicht sonderlich zu trösten. Ich hatte eher den Eindruck, daß er mir am liebsten die Zunge herausgestreckt hätte. Dann tat er's aber doch nicht, sondern stand abrupt auf, nahm Hut und Mantel und verließ die ungastliche Gaststätte.

Der Kellner bemerkte es zu spät. »Er hat nicht bezahlt!« jammerte er aufgeregt, »Ich erledige das schon«, sagte ich. »Es ist ein guter alter Bekannter von mir.«

5. Akt

Auf dem Nachhauseweg lief mir, in der Ludwigstraße, ein junges Mädchen in die Arme. Das war meine Schuld. Ich hatte nicht aufgepaßt, weil ich, statt dessen, an einem Epigramm bastelte. »Entschuldigung«, murmelte ich. Doch dann sah ich, daß sie es war, die Leichtfüßige mit dem nußbraunen Haar und den blauen Augen, und so war's weiter kein Wunder, daß wir uns nicht sofort wieder trennten. Von ihrer Wißbegier in literarischen Angelegenheiten war ja schon die Rede.

Erst gestern nachmittag, als wir auf dem Balkon saßen, fragte sie leise: »Kannst du mir erklären ...« Doch das ist der Anfang einer neuen Kurzgeschichte. Oder einer längeren Geschichte? Das läßt sich schwer vorhersagen.

Ein Herr fällt vom Stuhl

Es ist bekannt, daß Menschen, die im Sitzen einschlafen, vornüber sinken. Immer tiefer und tiefer. Wenn die Körpernerven, die trotz des Schlafens munter bleiben, spüren, daß sich das Schwergewicht allzusehr vom Stuhl entfernt, geben sie dem Kopf einen Ruck. Er fliegt nach rückwärts, und das sogenannte Einnicken kann wieder von vorne beginnen. Wenn die Nerven aber den richtigen Augenblick versäumen, purzelt der Schläfer vom Stuhl.

Alfredo Torres, einem braven Bürger von Buenos Aires, erging es so. Er schlief ein und fiel vom Stuhl. Wäre ihm das zu Hause passiert, hätte es niemand weiter erfahren, und die Öffentlichkeit wüßte heute noch kein Wort über den Fall. Nun passierte die Sache aber leider Herrn Torres nicht zu Hause, sondern im Theater. Die Stuhlreihen waren schmal.

Und nun interessiert sich eine ganze Stadt für die Angelegenheit. Herr Torres hat nämlich die Rechnung, die der Arzt sandte, keineswegs bezahlt, sondern dem Dramatiker geschickt, der an dem Malheur die Schuld trägt. Denn – argumentiert der Rechtsanwalt des Verletzten – wäre das Theaterstück amüsanter gewesen, wäre Herr Torres nicht eingeschlafen. Wäre er nicht eingeschlafen, wäre er nicht vom Stühlchen gefallen. Wäre er nicht vom Stühlchen gefallen, hätte er sich nicht wehgetan. Also: er verletzte sich, weil das Stück schlecht war.

Der Fall liegt eigentlich klar. Aber nur für Herrn Torres und seinen Rechtsanwalt. Der Stückeschreiber und dessen Rechtsanwalt sind natürlich ganz anderer Ansicht. Da während der Aufführung – wenn sie auch schlecht war – von zweitausend Besuchern nur ein einziger vom Stuhl fiel, scheint dieser Fall doch wohl mehr auf Kosten dieses Besuchers, als auf die des Stückes gesetzt werden zu dürfen.

Immerhin ist der Prozeß noch im Gange. Wir wollen hoffen, daß Herr Torres mit seiner Klage abgewiesen wird. Denn wo kämen wir hin, wenn es den Autoren so erschwert würde, langweilige Dramen aufführen zu lassen?

ANHANG

Nachwort

Fabian oder Der hellsichtige Melancholiker

I

In Erich Kästners *Fabian* gibt es nichts zu lachen. Der lyrische Humorist hat dem satirischen Moralisten das Wort übergeben. Der schlägt zornig-verzweifelt seiner Zeit die verdunkelten Fenster ein, damit der ganze verrückte Aberwitz des Jahrzehnts sichtbar werde. Gleichwohl weiß der Erzähler, daß seine Mahnungen und Warnungen an die Zeitgenossen vor dem heraufziehenden nazistischen Unheil vergeblich sind. Kästner schreibt als ein Mann auf verlorenem Posten; ein Romancier zwischen zwei extremen Epochen, zwischen altem und drohendem neuen Weltkrieg. Da bleibt ihm der Humor in der Kehle stecken. Aber lieber möchte er eines späteren und hoffentlich schönen Tages als Schwarzseher getadelt denn als Hellseher gelobt werden. Tatsächlich aber ist Kästner im *Fabian* als Schwarzseher hellsichtig. Er sieht, daß seine Zeitgenossen, »störrisch wie die Esel, rückwärts laufen, einem klaffenden Abgrund entgegen, in dem Platz für sämtliche Völker Europas ist. Und so ruft er [...]: Achtung! Beim Absturz linke Hand am linken Griff.« *(III, 201)* Das ist schon das Äußerste, was sich der Weltverbesserer eingreifend gestattet.

Die verworrenen Zeitverhältnisse begreift er als eine Reise im verkehrten Zug ans falsche Ziel. Und wie nur wenige Schriftsteller seiner Zeit erkennt er, daß die Vernunft der Mehrheit gegen Ende der Weimarer Republik für mehr als ein Jahrzehnt Urlaub nehmen sollte. Der Einzelgänger Kästner begnügt sich mit der Rolle des Beobachters und Zeitdiagnostikers angesichts einer Epoche, die vor die Hunde geht. »Die große Arbeitslosigkeit, die der wirtschaftlichen folgende seelische Depression, die Sucht, sich zu betäuben, die Aktivität bedenkenloser Parteien, das waren Sturmzeichen der nahenden Krise. Und auch die unheimliche Stille vor dem Sturm fehlte nicht – die einer epidemischen Lähmung gleichende Trägheit der Herzen. Es trieb manche, sich dem Sturm und der Stille entgegenzustellen. Sie wurden beiseite geschoben [...]. Man lief den Rattenfängern nach, hinein in den Abgrund« *(III, 440)*, erinnert sich Kästner fast 20 Jahre nach Erscheinen seines Romans.

II

Es passiert nicht viel im Buch, außer daß ein junger Mann sich erschießt, ein anderer junger Mann sich verliebt und ihm die Liebe wieder abhanden kommt und er wenig später ertrinkt. Das ist beinahe schon die ganze Handlung, kurz gefaßt. »Beide Herren kommen gewissermaßen aus Versehen ums Leben«, ihr Tod ist ein grotesker, tragischer Witz. Das macht ihren Tod nicht leichter, sondern gibt ihm das unerträgliche Gewicht eines absurden Zufalls, eines Sterbens ohne Sinn. Der Autor schwindelt nicht, die Zeit ist schwarz, und er macht seinen Lesern nichts weis. Er glaubt nicht an Helden, weder im Leben noch in der Fiktion; deshalb kreiert er mit seiner Titelfigur Fabian einen prototypischen Antihelden; einen jungen Mann, 31, aus dem Kleinbürgertum, der sich stolz zu seiner Herkunft bekennt, nach verschiedenen Tätigkeiten als Reklamefachmann arbeitet – bis er seine Arbeit verliert –, sich im fiebrigen Berlin Ende der zwanziger Jahre herumtreibt, hellhörig und hellwach, und mit gemischten Gefühlen das besinnungslose Treiben in seiner Umgebung beobachtet. Fabian ist Reflektor der zeitgeschichtlichen Zustände. Er hat das Empfinden, wie schon einmal in einem großen Wartesaal zu sitzen, und der heißt Europa. Wieder weiß er nicht, was geschehen wird (»Wann gab es wieder Krieg? Wann würde es wieder soweit sein?« *III, 55*) Er lebt provisorisch und verzweifelt schließlich als »Fachmann der Planlosigkeit« ratenweise.

Dieser Jakob Fabian ist kein anderer als Erich Kästner, wie er sich mit Anfang dreißig sah und als gebürtiger Dresdner und Wahlberliner die Metropole erlebte. Die Großstadt liefert dem Romancier die Sujets frei Haus: Milieu, Atmosphäre und die

Grundfarben des Geschehens. Mehr als zwei Dutzend Personen treten auf und verschwinden wieder – Redakteure, Arbeitslose, Huren, Verrückte, Gebildete –, ohne daß sie zusammengeführt oder ihre Schicksale verbunden würden. Sie bleiben in ihrer Existenz so fragmentarisch wie die Epoche, die zugrunde geht. Das ist Kästners literarisches Konstruktionsprinzip, in Analogie zum Großstadtdschungel. Nach Ende des Zweiten Weltkrieges, bei seiner ersten Wiederbegegnung mit Berlin im September 1946, schreibt Kästner: »Diese Stadt ist zwar nicht meine Heimat. Doch ich habe die schönsten und schlimmsten Jahre darin verbracht. Sie ist sozusagen meine Busenfreundin. Ich will den etwas heiklen Vergleich nicht tothetzen, sondern nur bemerken, daß man sich mit solchen Freundinnen manchmal besser versteht als mit der eigenen Frau.« (Vgl. VI, 567) Dieses Berlin erfährt der Großstadtseismograph Fabian als ein Panoptikum der Illusionen und Neurosen. Es taumelt zwischen Not, Arbeitslosigkeit, Krawallen, zwischen den zwei großen Massenbewegungen von rechts und links, zwischen sadistischen Vergnügungen und sexuellen Perversionen hin und her. Anstand und Vernunft sind mehrheitlich im Ruhestand oder Exil. *Sodom und Gomorrha* (von Kästner als Romantitel erwogen, nachdem *Der Gang vor die Hunde* vom Verlag abgelehnt worden war) halten ihren Platz besetzt. Hinsichtlich seiner Bewohner gleicht Berlin »längst einem Irrenhaus. Im Osten residiert das Verbrechen, im Zentrum die Gaunerei, im Norden das Elend, im Westen die Unzucht, und in allen Himmelsrichtungen wohnt der Untergang.« *(III, 85)* Ein Tanz auf dem Vulkan von Dummheit, Sadismus und Bewußtlosigkeit spielt sich vor aller Augen ab, ohne daß dies von den Beteiligten bemerkt würde. Dem Zaungast Fabian schwindelt es. Er gleicht einem Chirurgen, der die verruchte Seele der Stadt aufschneidet und ihr krankes Gewebe seziert. »Wer ein Optimist ist, soll verzweifeln. Ich bin ein Melancholiker, mir kann nicht viel passieren. […] Ich sehe zu und warte. Ich warte auf den Sieg der Anständigkeit, dann könnte ich mich zur Verfügung stellen. Aber ich warte darauf wie ein Ungläubiger auf Wunder.« *(III, 85)*

Der Agnostiker Fabian wartet also zu, wohl wissend, daß seine Hoffnung, die Menschen könnten sich bessern, kein Fundament in der Realität hat. Genau das zeigt die Gespaltenheit des bürgerlichen Moralisten Fabian. Seine ethischen Prinzipien der Vernunft, Aufklärung und Gerechtigkeit schweben im Raum, ohne Bodenhaftung; sie existieren nur in seiner Vorstellung und werden tagtäglich durch die historischen Witterungsverhältnisse, die politisch und ökonomisch auf die Katastrophe zusteuern, widerlegt. »Wollte er die Besserung der Zustände? Er wollte die Besserung der Menschen. […] Wollte man ihm etwa weismachen, der Mensch würde gut, wenn es ihm gut ginge? […]. War das Elysium, mit zwanzigtausend Mark Durchschnittseinkommen pro Barbaren, ein menschenwürdiger Abschluß?« *(III, 177)* Ist die Moral, grübelt der skeptische Moralist Fabian, also in erster Linie eine Frage der Ökonomie? Und damit auch »die Frage der Weltordnung nichts weiter als eine Frage der Geschäftsordnung?« *(III, 177)*

Bertolt Brecht sowie Fabians Freund und intellektueller Gegenspieler Labude hätten dem bedenkenlos zugestimmt. Der Lessing-Experte Labude ist davon überzeugt, daß man erst das System vernünftig gestalten müsse, dann würden sich die Menschen schon entsprechend anpassen. Sein revolutionäres humanistisches Programm setzt auf eine Verbindung von wirtschaftlicher Macht und kultureller Moral in den Händen einer jugendlichen Elite als politischer Führerschaft, und zwar quer durch alle sozialen Klassen. Individualismus und Sozialismus sind für Labude versöhnbare Gegensätze. Zur Rettung der Menschheit setzt er sie auf die Tagesordnung. Raus aus der sozialen Misere und rein ins sozialistische Paradies, heißt sein politisches Einmaleins.

III

Hier wie in anderen Episoden zeigt sich die prophetische Kraft des Romans. Fabian, der notorisch hellsichtige Schwarzseher, ist den Entwicklungen seiner Zeit voraus. Das verbindet Kästner-Fabian mit einigen wenigen zeitgenössischen Intellektuellen, mit Tucholsky, Feuchtwanger, Kesten und Ossietzky etwa. Er wittert die bevorstehenden Totalitarismen von rechts und von links. Auf Labudes utopischen Geschichtsentwurf eines sozialistischen Paradieses reagiert Fabian mit höhnischem Sarkasmus: »Ich sage dir: Noch in deinem Paradies werden sie sich die Fresse vollhauen! Davon abgesehen, daß es nie zustande kommen wird ...« *(III, 46)* Und den Faschisten, die sich mit den Kommunisten heftige Straßenschlachten liefern, hält Fabian entgegen: »Ihre Partei [...] weiß nur, wogegen sie kämpft, und auch das weiß sie nicht genau.« *(III, 56)* Der melancholische Außenseiter Fabian dagegen besitzt als einzige Gewißheit, daß es mit Deutschland so nicht weitergehen kann, weil man versucht, »mit Hilfe der kalten Diktatur unhaltbare Zustände zu verewigen.« *(III, 56)*

Diese Einsichten aus den Jahren 1930/31 zeugen von verblüffender historischer Weitsicht. Als zeitkritische Bestandsaufnahme ist Kästners *Fabian* eine *chronique scandaleuse* der auf ihren Untergang zusteuernden Weimarer Republik. Der Kapitalismus kulminiert durch sein eigenes System in der Weltwirtschaftskrise. Er leitet damit seinen Zusammenbruch ein und liefert die Bevölkerung mehrheitlich dem ökonomischen und psychischen Ruin aus. Totalitäre Heils- und Erlösungsideologien haben als Folge zwangsläufig Konjunktur. Ihre Schrecken und Grausamkeiten antizipiert Kästner in einem visionären Traum Fabians *(III, 123–130)*; eine prophetische Apokalypse, die auf die kommende Barbarei beklemmend vorausweist. Kästners Reflexion, »Dichter merken manches früher, weil sie, im Gegensatz zu uns, um die Ecke sehen können« *(VI, 541)*, ist hier erzählerisch beglaubigt. »Eine Maschine, groß wie der Kölner Dom, türmte sich vor ihnen auf. Halbnackte Arbeiter standen davor, mit Schaufeln bewaffnet, und schippten Hunderttausende von kleinen Kindern in einen riesigen Kessel, in dem ein rotes Feuer brannte. [...] Fabian fuhr auf dem laufenden Band zurück [...]. ›Es ist ein Unglück passiert!‹, schrie er einem der halbnackten Arbeiter zu. Da purzelte ein Kind aus dem Kessel. [...] Der Arbeiter nahm den

Säugling auf die Schaufel und schleuderte ihn in den glühenden Kessel zurück.« *(III, 124–125)*

Nahezu das gesamte epische Personal ist in Fabians monströsem Alptraum, der Überwältigungs- und Untergangsängste eindringlich beschwört, versammelt: Lesben und Schwule, dicke, geile Männer, junge Transvestiten, die von fetten Weibern begehrt werden. Auch Fabians Geliebte und sein Freund Labude tauchen in diesem Szenario aus Gewalttätigkeit und Endzeitwahn wieder auf. Im Angesicht der taumelnden Massen verkündet der Menschenfreund Labude: »Die Vernunft wird siegen, auch wenn ich untergehe.« *(III, 128)*

Sein humanistischer Fortschrittsglaube wird in einem Kugelhagel aus Maschinengewehren beerdigt. »Man hörte den Aufschlag der hohlen Schädel. Flugzeuge schwirrten unter der Saaldecke und warfen Brandfackeln auf die Häuser. Die Dächer begannen zu brennen.« *(III, 129)*

Der Todestrieb der bürgerlichen Gesellschaft in ihren Ohnmachts- und Selbstauslöschungsphantasien wird von Kästner in drastischen Bildern gebannt, die an Breughels Höllenpanoramen erinnern. Das alte Europa zeigt sich nur noch in pervertierter Form, mit rasender Geschwindigkeit bewegt es sich auf seinen Umsturz zu. Und versinkt in geistig-moralischer Umnachtung.

IV

Mit karikaturistischer Schärfe, mit satirischen Mitteln der Übertreibung und Vereinfachung legt Kästner den Kern der realen wie irrationalen Zustände bloß. Die Methode grotesker Verzerrung bleibt nicht an den Zuständen kleben, sondern kehrt deren Wahrheit hervor. Wer vernünftig handelt wie der Maschinenerfinder, der sich von den Wundern der Technik verabschiedet, weil durch sie Hunderttausende arbeitslos wurden, gilt als verrückt und wird in eine Heilanstalt verfrachtet. Und wer, wie Paul Müller aus Tolkewitz, die öffentliche Todesfahrt auf der Bühne vorträgt, gilt als ein Wahnsinniger. Sein Todestanz geht im sadistischen Gebrüll der Zuschauer unter.

Die zeithistorische Wirklichkeit sowie Kästners Kritik an ihr verzehnfachen sich hier durch die Genauigkeit der Übertreibung. Kästner hält seiner Epoche einen Zerrspiegel vor. »Die Karikatur«, schreibt er in seinem Vorwort, »ist das Äußerste, was der Moralist vermag. Wenn auch das nichts hilft, dann hilft überhaupt nichts mehr. Daß überhaupt nichts hilft, ist – damals wie heute – keine Seltenheit.« (Vgl. *III, 440*)

Die Weimarer Verhältnisse werden heraufbeschworen, ohne daß sie geschildert würden. Und gewaltig ertönt die Anklage, gerade weil sie nicht erhoben wird. *Fabian* ist Kästners bester Roman, sowohl was seine zeithistorische Luzidität betrifft, als auch seine erzählerische Stimmigkeit. Kästners Stil ist elegant, von höchster Einfachheit und atmosphärischer Dichte. Vergleichbares hat der Romancier nicht mehr zustande gebracht, weder in seinen Romanen und Erzählungen der dreißiger Jahre noch in seiner Nachkriegsprosa.

Kästner, dessen Bücher am 10. Mai 1933 verbrannt wurden und der während der Hitlerdiktatur als »unerwünschter und politisch unzuverlässiger Schriftsteller« verboten war, emigrierte indessen nicht. Der Antifaschist sah es als seine Berufspflicht an, in schlimmen Jahren Augenzeuge zu bleiben, um später darüber berichten zu können. Obwohl ihn die Nazis mit inländischem Publikationsverbot belegt hatten, konnten Kästners Werke dennoch in der Schweiz und – bis 1938 – in Österreich erscheinen. Daneben überwinterte er mit Hilfe von Pseudonymen, als Autor der Unterhaltungsindustrie, und schrieb u. a. Filmdrehbücher für die Ufa, und zwar mit einer Sondergenehmigung der Reichsfilmkammer, die 1942 auf Betreiben des Führerhauptquartiers zurückgezogen wurde (vgl. *Notabene 45, VI, 441*).

Daß er der NS-Diktatur nicht explizit die Stirn bot, sondern die geballte Faust in der Tasche hielt, hat sich der Moralist und Menschenerzieher möglicherweise als Versagen angekreidet. Vielleicht konnte er über »die Ratlosigkeit des Gewissens«, die Kästner 1945 als »furchtbarsten [...] unheimlichsten Fluch jener zwölf Jahre« (vgl. *VI, 515*) empfand, nicht hinwegkommen. Vielleicht schrieb er deshalb den geplanten Roman über das verbrecherische Regime nicht mehr. Vielleicht siegte deshalb im Nachkriegsdeutschland der Melancholiker endgültig über den satirischen Schriftsteller.

V

Die großen humanistischen Ideale von einst krepieren im *Fabian* konsequent an der ökonomischen Misere. Selbst die Liebe wird von wirtschaftlicher Not verschlungen. Fabian, der für einen kurzen Moment das Glück erfährt, der jungen Cornelia Battenberg zu begegnen, die er festhalten möchte, scheitert auch hier; freilich nicht an seiner seelischen Indolenz, sondern an den realen Antinomien der Epoche. »Der Zufall hatte ihm einen Menschen in die Arme geführt, für den er endlich handeln durfte, und dieser Mensch stieß ihn in die ungewollte, verfluchte Freiheit zurück. Beiden war geholfen gewesen, und nun war beiden nicht zu helfen. In dem Augenblick, wo die Arbeit Sinn erhielt, weil er Cornelia fand, verlor er die Arbeit. Und weil er die Arbeit verlor, verlor er Cornelia.« *(III, 139)*

Wie Labude ist auch Fabian zuletzt ein in den Fächern Beruf und Liebe durchgefallener Menschheitskandidat. Die Zeit ist zwar für sexuelle Vergnügungen geschaffen (von denen der Roman ausgiebig berichtet), aber die Liebe liegt im Sterben. Ebenso die Familie. Wer liebt, übernimmt Verantwortung für die Existenz und Zukunft des anderen. Wie aber soll jemand Verantwortung übernehmen, wenn er von Beruf arbeitslos ist? Fabian, den es in der Begegnung mit der Geliebten wenigstens einmal von seinem Beobachterposten weg und zum Handeln treibt, sieht sich zur Erwerbslosigkeit verurteilt. Sein vorhandenes Talent reicht gerade zum Verhungern. Cornelia dagegen will nicht zugrunde gehen. Anders als der Moralist Fabian, der sein Gewissen nicht durch politisch oder persönlich korrumpierende Tätigkeit, um des nackten Überlebens willen, betäuben mag, schlägt Cornelia den krummen Weg ein. Sie »erschlief sich […] eine Karriere oder eine Verzweiflung oder beides« *(III, 139)* mit einem alten verfetteten Filmproduzenten.

Sie handelt nach der pragmatischen Devise: »Man kommt nur aus dem Dreck heraus, wenn man sich dreckig macht.« *(III, 137)* Sie verkörpert die Haltung von Mitläufern, Opportunisten, Zynikern, die um jeden Preis mit dem Leben davonkommen wollen, selbst um den Preis psychischen Bankrotts. Ihr Charakter ist ihrem Verstand nicht gewachsen, was sie sehr wohl weiß. Dennoch gibt es einen aufblitzenden elysischen Augenblick, bevor sich das Dunkel wieder um die Liebenden schließt und sie voneinander trennt. Am Grab ihrer entschwundenen Hoffnung bleiben als Hinterbliebene: Trauer, Verzweiflung, Vergeblichkeit. Kästner hat in lakonischen Episoden eine der schönsten zeitgenössischen Liebesgeschichten geschrieben.

VI

Fabians Tragödie ist in Grundzügen die Tragödie seines Autors Kästner. An ihm wird stellvertretend das Desaster der bürgerlichen Intellektuellen seiner Zeit kenntlich. Die Stärke jener Aufklärer und Humanisten ist paradoxerweise auch ihre Schwäche. Sie besteht im Festhalten an der Idee eines konsequenten historischen und moralischen Fortschritts der Menschheit, selbst in Zeiten, in denen ihr teleologisches Weltbild durch die politischen Verhältnisse in zynischer Weise widerlegt wird. Statt entschieden gegen totalitäre Entwicklungen anzukämpfen, beharren jene Intellektuellen auf ihrer realitätsfernen eschatologischen Maxime, daß die schlechte Wirklichkeit nur ein historisches Übergangsstadium sei, das im dialektischen Prozeß aus sich selber überwunden werde, um danach an die vollkommene Idee heranzureichen. Im historischen Ernstfall verwandelt sich ihr Menschen- und Gesellschaftsideal in eine höhere Instanz; es erhält die Autorität des Glaubens. Der Glaube aber entlastet von der Notwendigkeit eingreifenden Handelns. Zwischen Überzeugung und Tat klafft ein unüberbrückbarer Graben. Das ist die Ursache für das politische Versagen der bürgerlichen Intelligenz.

Kästner-Fabian ist das Muster dieses Intellektuellentyps in Krisenzeiten oder auch in totalitären Regimen. Im Besitz der höheren Wahrheit, fern aller politischen Niederungen, glaubt er entschlossen an den letztendlichen Sieg der Vernunft und Anständigkeit im Menschen. Sein unbeirrbarer Fortschrittsglaube macht ihn wehrlos, passiv, handlungsunfähig, zum erschrockenen und verzweifelten Beobachter des katastrophalen Epochenbruchs. Wer von Beruf Aufklärer und Erzieher des Menschengeschlechts ist, für den sind Macht und Moral, Politik und Ethik unversöhnbar; der denkt nicht dialektisch, sondern in Gegensätzen. Und hält es vorzugsweise mit Goethe: daß der politisch Handelnde immer gewissenlos sei, und Gewissen nur der reine Betrachter und Außenstehende besitze.

Walter Benjamin hat diese Geisteshaltung der Kästner, Mehring, Tucholsky 1931 in seinem Essay *Linke Melancholie* scharf, aber pauschal kritisiert, mit dem Argument, daß »ihr überhaupt keine politische Aktion mehr entspricht.« (Walter Benjamin: *Angelus Novus. Ausgewählte Schriften 2*, Frankfurt/M. 1966, S. 457–461) Er meint, die Schwermut des Lyrikers Kästner stamme aus Routine; er habe »die Gabe, sich zu ekeln, preisgegeben.« Seine Verse dienten nur noch dem Amüsement und Konsum. »Sicher hat das Kollern in diesen Versen mehr von Blähungen als vom Umsturz. Von jeher gingen Hartleibigkeit und Schwermut zusammen«, urteilt Benjamin verächtlich.

Sein Grundirrtum: Er mißt den Lyriker Kästner mit der Elle revolutionärer Geschichtsdialektik à la Brecht, mit der Kästner indes gar nichts zu tun hat. So mißversteht Benjamin ihn gründlich: als linksradikalen Intellektuellen (der Kästner nicht war, sondern allenfalls ein Linksliberaler), der zum Konjunkturritter literarischer Moden mutiert sei und in der Folge zum Fatalisten und Nihilisten.

Tatsächlich aber ist Kästner wegen seiner idealistischen Überzeugungen kein Tatmensch, sondern ein Zweifelnder. Sein moralischer Kompaß droht an den Zeitverhältnissen, an der »Dreistigkeit, [...] sechzig Millionen Menschen den Untergang zuzumuten« *(III, 189)* zu Bruch zu gehen. Wie alle hamletischen Naturen ist er in seiner düsteren Melancholie überaus hellsichtig. Geschichte als Sinngebung des Sinnlosen, für die Theodor Lessing eintrat, hat für den Intellektuellen idealistischen Zuschnitts ausgespielt. Er kann es nicht ertragen, daß das Böse mitten in der Welt existiert, also muß er an die Vernunft glauben. Hier klafft der Riß zwischen Erkenntnis und Vision, Kritik und Utopie, den er nicht wahrhaben will. Er scheitert an dem Wunsch, beide zu versöhnen. Das heißt, er scheitert beispielhaft am emanzipatorischen Gedanken der Aufklärung; was der Satiriker Kästner übrigens am Gedankenrebell Labude verdeutlicht, der die Menschen liebt, aber kein Verhältnis zum Leben hat. Der Aufklärer Lessing, das unerreichbare Ideal, ist deshalb die groteske Ursache für Labudes Selbstmord. Der realitätsblinde Fortschrittsglaube, diese Trotz- und Ersatzreligion des Intellektuellen, begeht im Roman Freitod; aus der skeptischen Einsicht, daß die Dummheiten wechseln, aber die Dummheit bleibt.

VII

Kästners *Fabian* ist eine zeitgeschichtliche und sozialpathologische Fallstudie, die Nationalsozialismus und Faschismus blitzlichtartig vorausbeleuchtet. Das Panorama der zivilen Gesellschaft pervertiert hier zu einem gegenaufklärerischen Panoptikum. Fabian, alias Kästner, stellt seiner Zeit die Diagnose. Eine Therapie weiß er nicht. Deshalb bleibt er untätig, wenn auch nicht teilnahmslos. Er verharrt im Wartestand. Die eigentliche Frage, die an die Titelfigur zu stellen ist, lautet: Was passiert dem Moralisten, wenn mit ihm nichts passiert? Bis zum 23. Kapitel heißt die Antwort: Er kam zur Welt und lebte trotzdem weiter. Als er sich schließlich, einmal nur, zur eingreifenden Aktion entschließt, bewirkt dies seinen Untergang. Denn zum Handeln ist Hamlet-Fabian nicht bestimmt. Der Tod des Nichtschwimmers Fabian, der einen kleinen Jungen retten will, hat fast mathematische Konsequenz. Fabians Ertrinken folgt schlüssig aus der Abwendung von seinem Lebensprinzip. Metaphysische Deutungen – in Parallele zu Büchners *Danton*, der sich

»zernichtet fühlt unter dem gräßlichen Fatalismus der Geschichte« –, die in der *Fabian*-Forschung überwiegen, sind daher abwegig.

Auch wissen wir, daß Bücher von Moralisten in der Regel keine moralischen Bücher sind. Wie auch? Moralisten sind keine Illusionisten oder Schönfärber, sie nehmen gewöhnlich kein Blatt vor den Mund. Im *Fabian* wird ausschweifend Unzucht getrieben, Sado-Maso-Sex ist auf dem Vormarsch, ein Männerbordell, von Damen der besseren Gesellschaft frequentiert, wird zum florierenden neuen Wirtschaftszweig. Die Sittlichkeit hat Urlaub genommen. Und da der Moralist alles andere als ein Sittenwächter oder gar Sittenrichter ist, zeigt er, was der Fall ist, mehr nicht. Die einzigen Antitoxine, mit denen er operiert, heißen Satire und Elegie, Zorn und Gelächter, Verzweiflung und Melancholie. Es sind Antitoxine, die man nicht zur Therapie des Einzelnen oder der Gesellschaft in Flaschen abfüllen kann. Dem Moralisten genügen Erkenntnis und Kritik der Epochenkrankheit.

Beim *Fabian* haben wir es mit einem sonderbaren Phänomen zu tun: mit dem politischen Roman eines unpolitischen Intellektuellen. Nicht nur hat Kästner sich zeitlebens jeder politischen Praxis enthalten; er war auch prinzipiell mißtrauisch gegenüber jeder politischen Machtausübung. Weil er Macht nur in Schablonen zu denken vermochte, d. h. in Kategorien der Korruption. »Die Macht liebt den, der sie entehrt«, heißt es programmatisch in einem Gedicht (vgl. *I, 224*).

Vor allem aber ist *Fabian* der Roman eines Satirikers, der weiß, daß der gefährlichste Feind des Menschen der Mensch ist. Und der dennoch, im verstecktesten Winkel seines Herzens, »die törichte, unsinnige Hoffnung« kultiviert, »daß die Menschen vielleicht doch ein wenig, ein ganz klein wenig besser werden könnten, wenn man sie oft genug beschimpft, bittet, beleidigt [...].« *(Gesammelte Schriften für Erwachsene [GSE] VIII, 200)*. Da Satiriker meistens auch Idealisten sind, gibt es bei ihnen nichts zu lachen.

VIII

Die diversen *Fabian*-Ausgaben seit der Erstausgabe (Deutsche Verlags-Anstalt, Stuttgart, 1931) sind identisch, abgesehen von geringfügigen Unterschieden in Orthographie und Interpunktion. Der Vergleich allerdings mit dem Romantyposkript (Kopie, Erich-Kästner-Archiv) zeigt, daß Kästner dem Druck der Verlagsleitung nachgab und ganze Textpassagen sowie einzelne Kapitel umschrieb, wobei er seine Zeit- und Gesellschaftskritik entschärfte. Der Kommentar dokumentiert im einzelnen die Abweichungen zwischen Typoskript und Druckfassung des Romans.

Das Kapitel *Ein ehemaliger Blinddarm erregt Aufsehen* (Kopie, Erich-Kästner-Archiv) fiel der Verlagszensur vollständig zum Opfer. Kästner übernahm es später in die Gesamtausgabe (Gesammelte Schriften *[GS]*, Band 2, Zürich, Berlin, Köln 1959) als vom *Fabian* getrennte Erzählung mit dem Titel *Der Herr ohne Blinddarm (III; 205–210)*. Auch die zwei glänzend ironischen Selbstkommentare Kästners *Fabian und die Sittenrichter* sowie *Fabian und die Kunstrichter* durften 1931 nicht erscheinen. Der letztgenannte Aufsatz, der bislang als verloren galt, wird in dieser Ausgabe erstmals gedruckt *(III, 202–203)*. Das Typoskript fand sich im Erich-Kästner-Archiv, das inzwischen von München ins Deutsche Literaturarchiv Marbach verlegt wurde.

Daneben versammelt der Band Kästners Romanfragmente *Die Doppelgänger* (1932) und *Der Zauberlehrling* (1936); dieses größere unvollendete Werk ist ein Kassiber des verbotenen Autors, der seine Kritik am Nazi-Deutschland und seine existentielle Heimatlosigkeit (»Nur der Fremdling ist einsam und fröhlich in einem«) in einer parabolischen Erzählung verschlüsselt. Ferner enthält der Band die zwei nicht-fiktiven *Briefe an mich selber* – erschreckende Zeugnisse der vollkommenen Einsamkeit des Vierzigjährigen, der ungeachtet seiner »Freunde und Feinde in Fülle« allein ist »wie der erste Mensch« und das Gefühl hat, sich selber fremd geworden zu sein – sowie acht *Kurze Geschichten und Kurzgeschichten*. Es handelt sich um literarische Gelegenheitsarbeiten unterschiedlicher Qualität, die jedoch teilweise autobiographisch interessant sind; etwa *Die Kinderkaserne* und *Duell bei Dresden*, in denen der Antimilitarist Kästner mit sadistischer Erziehungsfolter und menschenverächtlichem Drill abrechnet. Hier wie auch in den übrigen Erzählungen zeigen sich thematische Querverbindungen mit den beiden Prosabänden dieser Ausgabe.

Bei der Suche nach entlegenen Zeitschriften- und Zeitungsartikeln Kästners sowie zeitgenössischen Rezensionen seiner Werke war die Kölner Universitätsbibliothek behilflich; vor allem aber Jutta Bendt vom Deutschen Literaturarchiv in Marbach.

Das Erich-Kästner-Archiv (Dr. Ulrich Constantin) stellte wichtige Texte aus dem Nachlaß zur Verfügung, und Lena Kurzke unterstützte mich tatkräftig bei der Recherche, die Typoskriptfassungen der Romane und Erzählungen zutage förderte. Allen Genannten danke ich.

Köln, im Juli 1996   *Beate Pinkerneil*

Kommentar

Der Kommentar informiert über Entstehungszeit, historische und biographische Hintergründe des Romans Fabian, *der Romanfragmente* Die Doppelgänger *und* Der Zauberlehrling, *der zwei Briefe* an mich selber *und der Erzählprosa* Kurze Geschichten *und* Kurzgeschichten. *Dabei werden die Abweichungen zwischen Manuskripten, Typoskripten und Erstausgaben (bzw. Erstdrucken) dokumentiert, soweit dies der erst teilweise erschlossene Nachlaß Erich Kästners zuließ.*

I. Fabian

Erstausgabe: Deutsche Verlags-Anstalt, Stuttgart 1931.

Hinweise auf die Entstehung des *Fabian*, Kästners erstem Roman für Erwachsene, finden sich in den *Muttchen*-Briefen. Am 11. November 1930 schreibt er: »Mit dem Roman geht's langsam weiter. Ich steck jetzt im 5. Kapitel und hab heute die erste Hälfte vom 1. Kapitel diktiert. Nun muß ich erst mal wieder paar Gedichte schreiben. Dann geht's weiter im Text.« (Erich Kästner: *Mein liebes, gutes Muttchen, Du! Dein oller Junge. Briefe und Postkarten aus 30 Jahren.* Ausgewählt und eingeleitet von Luiselotte Enderle. Hamburg 1981). Neben diversen Tätigkeiten – wöchentlich ein Gedicht für die Berliner Tageszeitung *Montag Morgen*, ferner Theater- und Buchkritiken sowie Feuilletons für die *Neue Leipziger Zeitung*, *Die Weltbühne*, *Berliner Tageblatt* u. a., Revision des Drehbuchs *Emil und die Detektive* – geht das Schreiben zügig voran. Teile des Romans verfaßt Kästner in seinem Berliner Stammlokal, dem Café Leon am Kurfürstendamm. Am 27. Juli 1931 schickt er das vollendete Manuskript mit dem Titel *Sodom und Gomorrha* an die Deutsche Verlags-Anstalt (DVA), Stuttgart. »Gestern ist der Roman fort nach Stuttgart, und ich hoffe, daß ich nun damit Ruhe habe. Noch einmal zurück möchte ich ihn nicht haben.« (*Muttchen*-Brief, 28. 7. 1931)

Der Verlag, dem Kästner offenbar sukzessiv die jeweils fertiggestellten Romankapitel zur Einsicht vorgelegt hatte, erhebt indes Einwände. Die Bedenken des früher selbständigen Verlegers Curt Weller, der Kästners erste Gedichtbände veröffentlicht hatte und danach als Cheflektor zur DVA wechselte, sind in einem internen

Verlagsgutachten vom 10. (!) Juli 1931 formuliert (Typoskript im Erich-Kästner-Archiv, das sich in Marbach befindet). Die von den *Muttchen*-Briefen abweichende Zeitangabe läßt darauf schließen, daß Kästner dem Verlag eine erste Fassung des Romans bereits früher eingereicht hatte. Wellers Kritik trifft nicht nur den Romantitel, sondern insbesondere die ersten neun Kapitel, in denen dem Leser »mitunter abstoßende und erschreckende Situationen« zugemutet würden (vgl. *III, 437*). Auch die beiden Nachworte, in denen der Moralist Kästner die erotische Freizügigkeit einzelner Szenen gegen rigorose Sittenwächter verteidigt – »Er trägt nicht einmal Bedenken, abnorme Spielarten des Geschlechtslebens zu erwähnen.« *(Fabian und die Sittenrichter, III, 200)*, beanstandet Weller zurückhaltend, in der Sache aber entschieden.

Fazit der langwierigen Auseinandersetzungen (über die erst die noch nicht edierten *Muttchen*-Briefe im einzelnen Auskunft geben können):

1. Kästners weitere Titelvorschläge *Saustall, Saustall ohne Herkules, Jugend im Vakuum, Der Gang vor die Hunde* werden als »buchhändlerisch nicht möglich« abgelehnt. Kästner, der auf eine schnelle Veröffentlichung seines zeitkritischen Romans drängt, da Hermann Kesten (1900-1996) und Ernst Glaeser (1902-1963) an ähnlichen Stoffen arbeiten, akzeptiert schließlich den vom Verlag aufoktroyierten Titel *Fabian. Die Geschichte eines Moralisten*.
2. Auf Diktat des Verlags revidiert Kästner grundlegend die Kapitel drei und vier. Er eliminiert vollständig die Episode *Ein ehemaliger Blinddarm erregt Aufsehen* (Typoskript, 3. Kapitel, S. 4-28), in der die kolossale Borniertheit von Fabians Vorgesetztem, Direktor Breitkopf, in ihrer Mischung aus menschenverachtendem Zynismus und politischer Indolenz zynisch entlarvt wird. Ein Fall von ideologischer Zensur, für den Kästner sich nach Erscheinen des amputierten Romankapitels revanchierte. Ein Jahr später erschien der gestrichene Text erstmals als eigenständige Erzählung mit dem Titel *Der Herr ohne Blinddarm* in einer repräsentativen Anthologie deutscher Prosaautoren, die Wieland Herzfelde (1896–1988) herausgab (*Dreißig neue Erzähler des neuen Deutschland*, Berlin 1932, S. 441–451), und in der Kästner neben angesehenen Autoren wie Oskar Maria Graf (1894 bis 1967), Theodor Plievier (1892–1955), Friedrich Wolf (1888 bis 1953), Franz Carl Weiskopf (1900–1955) u. a. vertreten war (vgl.

Helga Bemmann: *Erich Kästner. Leben und Werk*. Berlin 1994, S. 238f.). In die spätere Gesamtausgabe (*Gesammelte Schriften*. Bd. 2. Zürich 1959, S. 193–198) fügte Kästner die Episode als vom *Fabian* getrennte Erzählung ebenfalls ein (vgl. *III, 205* bis *210*). Alle übrigen Abweichungen zwischen Typoskript und Erstausgabe werden kapitelweise dokumentiert.
3. Ebenfalls verzichtet Kästner – durch die Verlagsattacken offenbar zermürbt – auf den Druck der beiden inkriminierten Nachworte *Fabian und die Sittenrichter* und *Fabian und die Kunstrichter*. Es sind Herzstücke des Romans, in denen der Verfasser Idee, Absichten und episches Verfahren seines Werks erläutert. Außerdem polemisiert er gegen die bigotte zeitgenössische Literaturkritik, die er durch ein satirisches Selbstporträt aus den Angeln hebt.

Die mit dem Typoskript identische Fassung *Fabian und die Sittenrichter* erschien als Erstdruck in: *Die Weltbühne*, 43, 27.10.1931, S. 642–643; später auch in der Gesamtausgabe von 1959 (vgl. *III, 200*). Das zweite Nachwort *Fabian und die Kunstrichter*, das bislang als verschollen galt, fand sich im Erich-Kästner-Archiv. Es wird in dieser Ausgabe erstmals gedruckt (vgl. *III, 202*).

Die zeitkritisch wie politisch entschärfte Erstausgabe des Romans erschien Ende Oktober 1931. *Fabian* wurde überraschend zum Publikumserfolg. Binnen vier Wochen waren drei Auflagen (15000 Exemplare) verkauft, und im März 1932 erreichte der Roman in der 5. Auflage das 25000 Ts. (*Muttchen*-Brief, 21.3.1932). Auch das Interesse an Übersetzungsrechten war beträchtlich. Innerhalb von eineinhalb Jahren lag das Buch in neun Ländern vor: in England, Frankreich, Italien, den Niederlanden, den USA, der Sowjetunion, Polen, Ungarn und der Tschechoslowakei (vgl. Helga Bemmann: *Erich Kästner*, a.a.O., S. 223).

Abgesehen von polemischen Angriffen der rechtsgerichteten Presse, die dem Verfasser eine pessimistische und nihilistische Weltsicht vorwarf, reagierte die zeitgenössische Kritik überwiegend positiv. Monty Jacobs (*Vossische Zeitung*, 20.10.1931) bescheinigte Kästner, das geistig-moralische Klima der Zeit exakt getroffen zu haben. »Es ist nicht die Stimmung eines Einzelgängers, sondern der gewaltigen Marschkolonne einer ganzen Generation. Daß sein Roman einmal den Wert eines Dokuments haben wird, […] ist Erich Kästners Lohn.« Hermann Hesse (1877–1962) rühmte im Rahmen einer kontroversen Zeitschriften-Debatte (*Der Bücherwurm* 2, Februar 1932) Herz, Verstand und Menschlichkeit der Titelfigur: »Das Zeitgemäße konnte nicht zeitloser gesagt werden als hier, es ist von Hölle und Irrenhaus die Rede, aber es klingt wie Musik, es ist durch den Filter der Kunst gegangen und voll Anmut geworden.« Die erzählerische Form, in der der Lyriker Kästner zu spüren ist, bemerkt als erster Kurt Pinthus: »Alle Personen sprechen nicht berlinisch, nicht individuell, sondern alle sprechen wie Fabian, und Fabian spricht wie der Dichter Kästner, der die blutende Wunde seines zerrissenen [...] Herzens mit dem Heftpflaster der kühlen Ironie zuklebt.« (*Acht-Uhr-Abendblatt*, Berlin, 22.12.1931) Und Heinrich Mann (1871–1950) teilt Kästner in einem persönlichen Schreiben mit, wie sehr ihn der Roman berührt habe (unveröffentlichter Brief vom 22.11.1931, Kopie im Erich-Kästner-Archiv; vgl. *III, 439*). Die luzideste Kritik stammt von Hermann Kesten (*Abrechnung mit der Moral*, in: *Das Tage-Buch*, 47, 21.11.1931, S. 1833–1834). Er arbeitet nicht nur die Ambivalenz der Titelfigur heraus (»bei allem Pessimismus ist dieser schwache Held ein starker Moralist«), sondern er zeigt, wie an einem Einzelschicksal die Tragödie einer ganzen Epoche und Generation versinnlicht wird. Darin besteht für ihn Kästners eminente literarische Leistung.

Unentschieden in ihren Urteilen – bei allem Respekt vor der Genauigkeit und Tiefenschärfe der Darstellung – sind Rudolf Arnheim (*Die Weltbühne*, 47, 24.11.1931, S. 787–791), Alfred Kantorowicz (*Der Querschnitt*, Dezember 1931, S. 866) und Hans Natonek (*Neue Leipziger Zeitung*, 15.11.1931). Ihr Hauptvorwurf zielt auf den mangelnden epischen und historischen Zusammenhang einzelner Szenen sowie die fragmentarischen Beobachtungen der Hauptfigur. Die Fabel sei nicht die Stärke des Romans (Natonek), der Held werde nicht recht Fleisch, sondern diene nur dazu, Teilgeschichten mittels seiner Person zu verknüpfen (Arnheim), die einzelnen Kapitel hätten lediglich die Qualität wohlangelegter Entwürfe von Dramenszenen (Kantorowicz). Zwischen den Zeilen macht sich bei allen drei Kritikern ein prinzipielles Unbehagen an Fabians skeptischer Moralität bemerkbar, deren Wurzeln mit Zynismus, Charakterschwäche und sentimentaler Resignation umschrieben werden. »Ein Moralist, der Pessimismus mit Moral verwechselt«, lautet stellvertretend Natoneks Verdikt.

Kästner ist von der Rezension des Feuilleton-Chefs der *Neuen Leipziger Zeitung* nicht eben begeistert: »Natonek hat den *Fabian* halbklapperig besprochen. Immer gelobt und dann wieder gebremst, er kann nun mal nicht aus seiner Haut heraus.« (*Muttchen*-Brief, 15.11.1931)

Fast dreißig Jahre nach Erscheinen wurde *Fabian* unter der Regie von Wolf Gremm verfilmt. Das Drehbuch stammt von Hans Borgelt und Wolf Gremm. Die Hauptdarsteller waren Hans-Peter Hallwachs (Fabian), Hermann Lause (Labude), Silvia Janisch (Cornelia) und Mijanou van Baarzel (Irene Moll). Die Verfilmung war künstlerisch ziemlich grobschlächtig, sie wurde dem Stil, Tempo und Geist des Romans in keiner Weise gerecht. Dabei gebraucht Kästner über weite Strecken filmästhetische Erzähltechniken wie Montage, Wechsel von Nahaufnahmen und Totalen, schnelle Schnitte etc. Der Berlin-Roman, heute auf die Leinwand gebracht, wäre von frappierender politischer Brisanz.

Die zwei Kästner-Ausgaben (*Gesammelte Schriften*. 7 Bände. Berlin, Köln 1959 und *Gesammelte Schriften für Erwachsene*. 8 Bände. München 1969) enthalten ein Vorwort des Verfassers vom Mai 1950, in dem er sich engagiert mit der Rezeptionsgeschichte des *Fabian* auseinandersetzt. (Vgl. *III, 440*)

Erstes Kapitel

9 *erfolglose Ministerpräsidentenwahl:* Gemeint ist die schwierige Regierungsbildung in Sachsen nach der Landtagswahl vom 22. Juni 1930. Das Besondere dieser Wahl waren die enormen Stimmengewinne der NSDAP, die sich von 5 Prozent (1929) auf 14,4 Prozent steigern konnte. Alle anderen Parteien bis auf die KPD (13,6 Prozent statt 12,8 Prozent) mußten Stimmenverluste hinnehmen. Die Wahl sollte sich als Vorbote der Reichstagswahl vom 14. September 1930 erweisen mit erdrutschartigen Gewinnen der NSDAP (107 Sitze) und beachtlichen Zuwächsen der KPD (76 Sitze), bei Verlusten fast aller anderen Parteien. Im Sommer 1930 kam es in Sachsen zu wiederholten Versuchen, einen neuen Ministerpräsidenten zu wählen. Als am 22. Juli die Wahl des früheren Finanzministers Weber von der Wirtschaftspartei scheiterte, weil sich der Partner NSDAP im letzten Augenblick verweigerte, titelte die *Frankfurter Zeitung* am 23. Juli auf Seite 2 des zweiten Morgenblattes: »Die verworrene Lage in Sachsen. Wiederum ergebnislose Ministerpräsidentenwahl«.

Ruhrkohleabsatz: Ein Alarmsignal der wachsenden Wirtschaftskrise war die seit August 1930 täglich sinkende Kohleförderung im Ruhrbergbau. Wegen der erforderlichen Feierschichten drohten Massenunruhen.

9 *Clara Bow:* Die Amerikanerin Clara Bow (1905–1965) war in den 20er Jahren ein Star des Stummfilmkinos und eine typische Vertreterin der libertären jungen Generation der Nachkriegszeit, die durch ihren exzessiven und unkonventionellen Lebenswandel auffiel. Auf dem Höhepunkt ihrer Karriere Ende der 20er Jahre spielte sie in bis zu 14 Filmen in einem Jahr. 1930/31 kam es durch Enthüllungen ihrer früheren Sekretärin Daisy De Voe zu einem Skandal um die Schauspielerin. Popularitätsverlust und ein Nervenzusammenbruch waren die Folgen. Nach ihrer Heirat im Jahre 1931 versuchte sie ein Comeback, das jedoch fehlschlug. 1932 zog sie sich aus dem Filmgeschäft zurück.

Streik: Am 15. Oktober 1930 streikten 126 000 Metallarbeiter gegen die beabsichtigte Herabsetzung der Mindesttariflöhne. Reichskanzler Heinrich Brüning (1885–1970) hatte kurz zuvor, unterstützt von Finanzminister Hermann Dietrich (1879 bis 1954) und Arbeitsminister Adam Stegerwald (1874–1945) das neue Sanierungsprogramm seiner Regierung verkündet. Nach wochenlangen Verhandlungen unter Einbeziehung eines Schiedsgerichts für die Berliner Metallindustrie kam es zu einer Einigung. Die Gewerkschaft stimmte erstmals in ihrer Geschichte einer Lohnsenkung von acht bzw. sechs Prozent zum Januar 1931 zu.

Starhembergjäger: Eine von Fürst Ernst Rüdiger Starhemberg (1899–1956) Ende der 20er Jahre in Wien gegründete austrofaschistische Kampforganisation, die aus den österreichischen Heimwehren hervorging und für einen autoritären Ständestaat eintrat. Starhemberg hatte 1923 am Hitlerputsch in München teilgenommen. 1934 wurde er nach der Ermordung von Bundeskanzler Engelbert Dollfuß (1892–1934) Führer der Vaterländischen Front, die sich mit dem sogenannten Anschluß an Deutschland 1938 auflöste.

10 *Friedrich der Große:* (1712–1786); preußischer König seit 1740, der Preußens Großmachtstellung im 18. Jahrhundert begründete. Er war ein Freund der Künste und der französischen Philosophie und korrespondierte jahrzehntelang mit Voltaire, der ihn in Potsdam besuchte. Kästner beschäftigte sich während seines Studiums mit der preußischen Geschichte, insbesondere mit der von aufklärerischen Ideen bestimmten Politik Fried-

richs II. 1925 promovierte Kästner in Leipzig zum Dr. phil. mit der Arbeit *Die Erwiderung auf Friedrich des Großen Schrift ›De la littérature allemande‹.* Untertitel: *Ein Beitrag zur Charakteristik der deutschen Geistigkeit um 1780.*

10 *Die Stadt glich einem Rummelplatz:* Über die Berliner Vergnügungs- und Unterhaltungsindustrie sowie seine Beobachtungen in einschlägigen Etablissements und auf Jahrmärkten und Hippodromen berichtete Kästner regelmäßig für die *Neue Leipziger Zeitung.* Diese journalistischen Arbeiten dienten Kästner als Material für seine Romanepisoden aus der Berliner Subkultur.

Märchen: Anspielung auf das Märchen Die Sterntaler der Brüder Jacob und Wilhelm Grimm, in der ein kleines Mädchen das Wenige, was es besitzt, Bettlern und Armen schenkt. »Und wie es so stand und gar nichts mehr hatte, fielen auf einmal die Sterne vom Himmel und waren lauter harte blanke Taler: Und ob es gleich sein Hemdlein weggegeben hatte, so hatte es ein neues an [...]. Da sammelte es sich die Taler hinein und war reich für sein Lebtag.« (In: *Die Kinder- und Hausmärchen der Brüder Grimm.* Hrsg. v. F. Panzer. Wiesbaden o. J. [Fassung von 1812]).

11 *Fabian, Jakob:* Die Angaben zur Person Fabians stimmen im wesentlichen mit denen des Autors überein. Kästner schrieb den Roman mit 32, er war seit seiner Übersiedlung nach Berlin 1927 freier Mitarbeiter für Zeitungen und Zeitschriften und Berliner Korrespondent der *Neuen Leipziger Zeitung.* Nach seiner Einberufung zum Militär 1917 zog er sich ein lebenslanges Herzleiden zu (vgl. Kästners Gedicht *Sergeant Waurich*: »Der Mann hat mir das Herz versaut / das wird ihm nie verziehn«, *I, 65*).

15 *Telegramm:* Die Idee, daß Fabian ein Telegramm an sich selber schickt, wird Kästner 1940 in variierter Form aufgreifen: in den nicht-fiktiven *Briefen an mich selber (III, 325–332).*

Zweites Kapitel

16 *Megäre:* In der griechischen Mythologie ist Megäre, die Neidische, eine der drei Erinnyen, der göttlichen Rächerinnen von Freveln und Bluttaten. Alltagssprachlich: ein böses Weib.

19 *»von deren Inhalt Sie [...] sich [...] keine Vorstellung machen können«:* Die folgende Äußerung des Rechtsanwalts Moll

»Mir wuchs der Unterleib meiner Frau sozusagen über den Kopf« (Typoskript, S. 16) wurde von Kästner in der Erstausgabe und allen späteren Druckfassungen eliminiert. Die Streichung geht vermutlich auf die verlegerische Intervention in Sachen Anstößigkeit zurück.

20 *Gegen die Leistung:* Abweichend im Typoskript: »Gegen die Fähigkeit«. (S. 17)
23 *Wen suchen Sie denn?:* Der so beginnende Absatz bis zum Ende des zweiten Kapitels ist im Typoskript nicht enthalten, dagegen in allen *Fabian*-Ausgaben. Kästner fügte die erste Begegnung Fabians mit dem politischen Redakteur Münzer hier ein, um so die Neufassung des dritten Kapitels vorzubereiten.

Drittes Kapitel

Dieses Kapitel schrieb Kästner (wohl auf Druck des Verlags) für die Erstausgabe vollkommen neu. Da das Manuskript im Erich-Kästner-Archiv nicht vorliegt, bleibt ungeklärt, ob es sich um die Originalversion handelt, oder ob Kästner auch hier zu Änderungen veranlaßt wurde. Nur geringe Teile des Typoskripts vom dritten Kapitel konnte Kästner aufgrund der neuen Komposition ins vierte Kapitel der Erstausgabe hinüberretten.

Abweichend von der Erstausgabe lauten die handschriftlichen Unterkapitel im Typoskript: »Vorgesetzte sind streng, aber gerecht / Ein ehemaliger Blinddarm erregt Aufsehen / Gibt der Klügere nach?« (3. Kapitel, S. 21). Insgesamt fielen zwei Drittel der Typoskriptfassung dieses Kapitels den erforderlichen Streichungen zum Opfer, wobei die für den Druck verweigerte *Blinddarm*-Episode den größten Anteil ausmacht (vgl. *III, 205–210*). Die nicht veröffentlichten Kapitelabschnitte werden nachfolgend zitiert. So beginnt das 3. Kapitel. (S. 22–23):

> Natürlich kam Fabian zu spät ins Büro. Direktor Breitkopf stand, wie immer, und als wäre er nie krank gewesen, im Korridor. Er zog, als er des Propagandisten ansichtig wurde, die goldne Uhr aus der Weste und sagte: »Ihre Uhr geht vermutlich falsch?«
> »Das wollen wir nicht hoffen, Herr Direktor«, gab Fabian zur Antwort, beugte sich interessiert über die Uhr des Chefs, holte die eigne aus der Tasche, verglich gewissenhaft die Zeiten und erklärte: »Ihr Vorwurf trifft mich zu Unrecht. Meine Uhr geht richtig!«

»Ich wollte Ihnen nur einen plausiblen Entschuldigungsgrund in die Hand geben.« Breitkopfs Stimme vibrierte.
»Das geht entschieden zu weit«, meinte Fabian höflich, aber bestimmt. »Wohin soll das führen, wenn Sie jedem Angestellten, der zu spät kommt, Entschuldigungen soufflieren, Herr Direktor?« Er schüttelte bekümmert den Kopf.
»Ich fürchte, Sie werden unverschämt!« rief der Direktor.
»Wer wird denn gleich ans Äußerste denken, Herr Direktor«, sagte Fabian, ließ den dicken Mann stehen und ging den Korridor entlang, an vielen Türen vorbei, in sein Zimmer.
Fischer, der alberne Kollege, war schon beim zweiten Frühstück.
»Vom Alten geschnappt worden?« fragte er neugierig.
»So ziemlich.«
»Woran liegt das bloß, daß Sie nie pünktlich sind?«
»Die Menschheit zerfällt«, dozierte Fabian, »in zwei Kategorien.«
»In Männer und Frauen.«
»Ihre unsittliche Unterscheidung ist, an meiner Einteilung gemessen, nebensächlich. Die Menschheit zerfällt in Frühaufsteher und Langschläfer. Ich gehöre zu der zweiten Sorte. Guten Morgen, Herr Fischer!«
»Guten Morgen.«
»Ein moderner Kinderphysiologe hat sich meine Ansicht, ohne sie zu kennen, zu eigen gemacht und fordert deshalb die Verlegung des Schulbeginns auf neun Uhr. Die Langschläfer sind, trotz Fleiß und Ehrgeiz, in den zeitigen Morgenstunden arbeitsunfähig. Testprüfungen haben es bestätigt.«

Den anschließenden Dialog zwischen Fabian und seinem Redaktionskollegen Fischer integrierte Kästner, wie erwähnt, ins vierte Kapitel der Erstausgabe (vgl. *III, 35*), wobei er allerdings folgenden Abschnitt eliminierte (Typoskript, 3. Kapitel, S. 24):

Da erschien Direktor Breitkopf im Türrahmen, nickte milde und sagte zu Fabian, der unermüdlich den Kölner Dom fixierte: »Wozu wollen wir uns streiten, mein Lieber?«
»An mir hat es nicht gelegen, Herr Direktor.«
»Schwamm drüber! Ihr Prospekt für Detailhändler hat außerordentlich gefallen. Ich weiß es von mehreren Direktionsmitgliedern. Sie haben Phantasie und Geschmack, wird behauptet. Ihre Fähigkeit, durch Text Interesse zu wecken, sei beträchtlich.«

Das Wegfallen der höhnischen Pointe am Schluß der *Blinddarm*-Episode geht offenbar aufs Konto der verlegerischen Eingriffe. Dieser Passus ist in keiner *Fabian*-Ausgabe enthalten und lautet (3. Kapitel, S. 28):

> Der Direktor nickte, wurde noch röter, schob den Riegel zurück, riß die Tür auf, trat hinaus und warf sie zu.
> »Da wackelt die Wand«, bemerkte Fabian und widmete sich erneut der Betrachtung des Kölner Doms und der daneben errichteten Zigarette.
> Fischer schlug, nachträglich, die Hände überm Kopf zusammen und rief: »Mensch, das grenzt ja an Majestätsbeleidigung. Dafür wurde man früher eingesperrt.«
> »Dafür wird man heute ausgesperrt«, sagte Fabian.
> »Na, Sie haben ja vorgebeugt. Er hat sicher eine Heidenangst, Sie könnten, wenn er Sie rausschmeißt, weitererzählen, daß er die Mädchen vom Büro langlegt. Ich dachte, ihn trifft der Schlag. Sie sind ein freches Luder! Aber was machen Sie, wenn er Ihnen trotzdem kündigt?«

Hierauf folgt im Typoskript der weitere Dialog zwischen Fabian und seinem Kollegen Fischer, der im vierten Kapitel der Erstausgabe enthalten ist (vgl. *III, 36–37*).

24 *Rede des Reichskanzlers:* Heinrich Brüning wurde nach dem Rücktritt des Kabinetts der Großen Koalition unter Hermann Müller (1876–1931) am 28. März 1930 Reichskanzler eines Kabinetts der bürgerlichen Mitte ohne parlamentarische Mehrheit. Gemeint ist seine Wahlkampfrede vom 9. September 1930 auf einer Großkundgebung der Zentrumspartei im Berliner Sportpalast. Sie steht nicht nur in zeitlicher Nähe zu der im Roman angesprochenen Genfer Konferenz (vgl. *III, 28*), sondern ist auch die einzige aufsehenerregende Rede, die Brüning vor seiner Regierungserklärung im Oktober gehalten hat. Er legte hier ein klares Bekenntnis zur Demokratie ab und sah deren größte Gefährdung in der schlechten wirtschaftlichen Lage. Nachdrücklich wehrte sich Brüning gegen den Vorwurf, er wolle eine Diktatur errichten.

27 *Die Regierung:* Hintergrund des Dialoges zwischen Fabian und dem Redakteur Münzer ist: Die Regierung Brüning war als erstes Reichskabinett der Weimarer Republik an keine Regierungskoalition gebunden. Brüning regierte mit Hilfe von

Präsidialkabinetten und setzte entscheidende Maßnahmen zur Behebung finanzieller, wirtschaftlicher und sozialer Notstände mit Hilfe von Notverordnungen in Kraft, die Reichspräsident Paul von Hindenburg (1847–1934) erließ.

28 *deutschen Minderheit in Polen:* Gemeint ist die Genfer Konferenz des Völkerbundes vom September/Oktober 1930. Dort kam es auf Antrag der deutschen Delegation zu einer heftigen Aussprache über die polnischen Übergriffe auf die deutsche Minderheit in Oberschlesien. Anschließend folgte ein Rededuell zwischen dem deutschen Außenminister Julius Curtius (1877–1948) und seinem polnischen Amtskollegen August Zaleski (1883–1972), der indes die deutschen Anträge ablehnte. Erst nach einer Intervention Brünings beim Völkerbund im Januar 1931 erreichte er eine Verurteilung Polens durch das internationale Gremium.

ostelbischen Großgrundbesitzern Zollerhöhungen in Aussicht gestellt: Reichsernährungsminister Martin Schiele (1870 bis 1939) war ein Interessenvertreter der Landwirtschaft. Er betrieb im Rahmen seines besonders auf den Osten gerichteten Agrarprogramms eine Stützungspolitik der Getreidepreise. Nachdem der gezielte Aufkauf den Preisverfall nicht verhindern konnte, erhöhte die Regierung im Herbst 1930 verschiedene Getreidezölle, die zum Teil ein Vielfaches des Weltmarktpreises betrugen.

30 *kurzfristige Anleihen:* Die Ausweitung der Anleihen war eine Folge der Deflationspolitik Brünings. Die Regierung verband mit der drastischen Reduzierung der Staatsausgaben die Aufforderung an die Betroffenen, sich das fehlende Geld am Kapitalmarkt zu verschaffen.

Der Staat unterstützt den unrentablen Großbesitz. Der Staat unterstützt die Schwerindustrie: Anspielung auf die gängigen Schlagworte, mit denen die politische Linke die Regierung zu kritisieren pflegte.

Schwund der Massenkaufkraft durch Steuern: Neben der Senkung der Staatsausgaben war die Erhöhung von Steuern und Abgaben die zweite Säule der Deflationspolitik Brünings. Sein Versuch, im Juli 1930 eine allgemeine Bürgersteuer (6 Mark jährlich für jedermann) einzuführen, stieß auf Ablehnung einer Mehrheit im Parlament unter Führung der Sozialdemokraten. Folge war der Erlaß einer Notverordnung des Reichspräsidenten Paul von Hindenburg (1847–1934) zur Durchsetzung dieser Maßnahme, die das Parlament jedoch ablehnte. Nach der Abstimmungsniederlage gab Brüning die Auflösung des Reichstags durch Hindenburg und einen Termin für Neuwahlen bekannt. Der Übergang von der »verdeckten« zur »offenen« Präsidialregierung war damit vollzogen.

30 *Hat der Wahnsinn etwa keine Methode?:* Anspielung auf Shakespeares Hamlet (II, 2): »Though this be madness, yet there is method in't«; »ist dies schon Tollheit, hat es doch Methode«.

31 *einige Zeitgenossen besonders niederträchtig:* In der Erstausgabe ist das Urteil schärfer formuliert: »Wir werden nicht daran zugrundegehen, daß einige Zeitgenossen besonders niederträchtig sind und nicht daran, daß andere besondere dämlich sind.« (S. 44) Der Zusatz fehlt in allen sonstigen Werkausgaben. Kästner greift hier stellvertretend die Dummheit seiner Zeitgenossen im Zusammenhang mit ihrer Amoralität an.

32 *Es ist der Geist, der sich den Körper baut:* Anspielung auf Friedrich Schillers Trauerspiel *Wallensteins Tod* (1799). In Wallensteins Monolog heißt es: »Noch fühl ich mich denselben, der ich war! / Es ist der Geist, der sich den Körper baut« (III, 13).

33 *Montecuccoli:* Italienisch-österreichisches Adelsgeschlecht aus Modena. Bekannt ist Graf Raimund von Montecuccoli (1609 bis 1680), der 1625 in den österreichischen Kriegsdienst trat und neben dem französischen Marschall Henri de Turenne (1611–1675) als der bedeutendste Militärschriftsteller des 17. Jahrhunderts gilt. Nur im Brockhaus von 1932 findet sich außerdem der Sproß einer Nebenlinie, Graf Rudolf von Montecuccoli degli Erri (geb. 1843). Er befehligte u. a. die österreichische Flotte in Ostasien während des Boxeraufstandes (1899–1901). »Schweinereien« beider Herren konnten nicht ermittelt werden.

34 *Daumier:* Honoré Daumier (1808-1879), französischer Karikaturist und Maler. Den Ruhm des überzeugten Republikaners begründeten seine politischen Karikaturen und gesellschaftskritischen Darstellungen, zu denen die Zeichnung *Der Fortschritt* zählt.

Viertes Kapitel

Abweichend von der Erstausgabe fehlt im Typoskript das erste Unterkapitel. Statt dessen heißt das dritte handschriftliche Unterkapitel, das schwer zu entziffern ist, vermutlich *Der verirrte Autobus*.

35 Den Anfang des vierten Kapitels verfaßte Kästner im Zuge der revidierten bzw. gekürzten Textpassagen neu. Ein Typoskript existiert nicht.
Fischer rutschte unruhig: Die Unterredung zwischen Fischer und Fabian stammt aus dem dritten Kapitel des Typoskripts, S. 23/24.
Er tat seine Pflicht, obwohl er nicht einsah, wozu: Die knappe Schilderung von Fabians Distanz gegenüber seinem politisch indifferenten und angepaßten Kollegen fügte Kästner hier neu ein. Der im Typoskript nicht enthaltene Zusatz reicht bis zur Frage Fischers: »Wenn man Sie hier vor die Tür setzt?« *(III, 36)* Anschließend übernimmt Kästner aus der Typoskriptfassung Fabians zynische Attacken auf den Kollegen Fischer *(III, 27–29)*. Sie enden in der Erstausgabe mit Fabians Bemerkung: »Sie merken alles« *(III, 37)*.

36 *Inflation:* Im Sommer und Herbst 1923 erreichte die Inflation – Folge der astronomischen Verschuldung des Deutschen Reichs mit 154 Milliarden Mark, u. a. durch Kriegsanleihen, Reparationszahlungen an die Siegermächte und durch den Ruhrkampf – groteske Höhepunkte. Anfang Oktober kostete ein Liter Milch 5,4 Millionen Mark, im November bereits 360 Milliarden Mark. Die Geldentwertung galoppierte derart voran, daß jeder versuchte, ohne Bargeld auszukommen und Güter nur noch gegen Güter zu tauschen (vgl. Hagen Schulze: *Weimar. Deutschland 1917–1933.* Berlin 1982, S. 38). Mitte November 1923 endete die Inflation durch Ausgabe der Rentenmark.
Börsenpapiere verwaltet: Während seiner Leipziger Studienzeit arbeitete Kästner im Nebenjob als Buchhalter bei einer Städtischen Baugesellschaft, wo er den täglich wechselnden Wert der Firmenaktien ausrechnen mußte. Darüber schrieb er eine satirische Glosse *Max und sein Frack*, die das *Leipziger Tageblatt* (es ging 1926 in den Besitz der *Neuen Leipziger Zeitung* über) veröffentlichte. Richard Katz, Verlagsdirektor, engagierte den journalistisch begabten Studenten auf der Stelle. Dank der Inflation wurde Kästner 1923 im Nebenberuf Zeitungsredakteur mit einem Anfangsgehalt von 200 Mark (vgl. *Muttchen*-Brief, 4. 2. 1923).
Heinrich von Kleist: (1777–1811), Dramatiker, Erzähler und Lyriker zwischen Klassik und Romantik. *Der zerbrochne Krug* ist eine der wenigen gelungenen deutschen Komödien. – Wie Fabian spottet auch der Lyriker Kästner im Gedicht *Die*

Entstehung der Menschheit über die Dummheit seiner Zeitgenossen: »Und sie stellen durch Stiluntersuchungen fest, / daß Cäsar Plattfüße hatte« (vgl. *I, 175*).

36 *beim Messeamt Adressenschreiber:* Hier greift Kästner auf eigene Erfahrungen zurück. Während der Leipziger Messe verdiente der Student sich 1922/23 als Adressenschreiber beim Messeamt etwas Geld.

37 *Fabian [...] Direktor Breitkopf:* Die knappe Unterredung zwischen Fabian und Direktor Breitkopf ist im Typoskript nicht enthalten; ausgenommen der stilistisch etwas veränderte Satz: »Ihr Prospekt für Detailhändler hat außerordentlich gefallen.« (3. Kapitel, S. 24)

Als er sein Zimmer [...] betrat: Damit beginnt das vierte Kapitel im Typoskript. Bevor Fabian den Brief der Mutter liest, entnimmt er den Zeitungsberichten Meldungen über Überfälle und Morde jugendlicher Banden. Diese Beschreibung mußte in der Erstausgabe und allen sonstigen Druckfassungen entfallen. Sie lautet im Typoskript (4. Kapitel, S. 32–33):

er überflog die Zeitung: Ein sechzehnjähriges Mädchen war verhaftet worden. Sie hatte eine Bande junger Burschen organisiert, zum Stehlen angehalten, mit allen zehn Jungen geschlafen und alle zehn angesteckt. Ein Uhrmacher aus dem Norden war vor einer Woche von zwei Mitgliedern der Bande im Bett erstickt worden. Olga, die Sechzehnjährige, hatte nackt daneben gelegen und ein Küchenbeil, für alle Fälle, bereitgehalten. Der Mann war fünfzig Jahre alt gewesen, viele Mädchen der Gegend hatten ihn gekannt. Er hatte sie alle im Bett gehabt und nackt photographiert. Die Photos waren beschlagnahmt und ein Schrank voller Seidenwäsche, Strumpfbänder und Strümpfe war gefunden worden.

Olga hatte die Freunde am Abend, eine Stunde vor dem Mord, eingelassen. Diese Stunde hatte man gebraucht, ehe der Uhrmacher, mit dem Gesicht in die Kopfkissen gedrückt, erstickt war. Dann hatten sie sein Geld und die von ihm sorgfältig an mehreren Stellen der Wohnung versteckten Schmucksachen geraubt.

Übrigens sei, teilte das Polizeipräsidium mit, das Mädchen schwanger, im fünften Monat. Gestanden hätten sie. Bereut hätte niemand.

Fabian warf die Zeitung in den Papierkorb.

38 *nahm den Brief seiner Mutter:* Die folgenden Schilderungen bis zum Ende des vierten Kapitels der Erstausgabe (S. 44) stimmen wörtlich mit dem Typoskript überein (4. Kapitel, S. 33–39; vgl. *III, 38–43*). Entfallen ist lediglich in der Typoskriptfassung der Schlußsatz des 4. Kapitels *(III, 43)*.
Wenn Du mir [...] Geld in den Brief steckst: Wie die Titelfigur schrieb ihr Verfasser fast täglich Briefe und Karten an seine Mutter. Und oft fügte er Ida Kästner Geldscheine bei (vgl. *Muttchen*-Briefe, 22.7.1931, 21.3.1932, 6.6.1935).

39 *wenn wir den Rucksack nahmen:* Der fiktive Brief der Mutter beruht in allen Details auf realen Begebenheiten, die Kästner in seiner Autobiographie *Als ich ein kleiner Junge war* (1957) festgehalten hat. So bezieht sich etwa die Erinnerung an gemeinsame Wanderungen auf eine wunderbare Kindheitsepisode, die ausführlich beschrieben ist (vgl. *VII, 133–142*).
zusehen und ratenweise verzweifeln: In Kästners Autobiographie heißt es: »Meine Laufbahn als Zuschauer begann sehr früh [...]. Als Zuschauer bin ich nicht zu übertreffen.« *(VII, 77)* Zur Übereinstimmung zwischen der Titelfigur und ihrem Autor vgl. *III, 379–381*.

41 *Descartes:* René Descartes (1596–1650), französischer Philosoph und Mathematiker; Begründer der neuzeitlichen Philosophie, die das Subjekt zum Fundament jeder Erkenntnis erklärt. »Cogito, ergo sum«, »Ich denke, also bin ich« ist die erste Gewißheit der Metaphysik, auf der alle übrigen Gewißheiten ruhen. Descartes erörtert sie in seiner Schrift *Discours de la méthode* (1637), *Abhandlung über die Methode.* – Descartes' *Betrachtungen über die Grundlagen der Philosophie* (1641) setzen seinen *Discours* fort. Kästner-Fabian zitiert daraus Reflexionen über den »methodischen Zweifel«. (In: *Meditationen über die Grundlagen der Philosophie.* Hrsg. v. Lüder-Gäbe u. a. Stuttgart 1976.)
Driesch: Hans Driesch (1867–1941), Biologe und Professor der Philosophie in Leipzig, bei dem Kästner im Wintersemester 1923/24 die Vorlesung »Geschichte der Philosophie von Descartes bis Leibniz« hörte. Als Gegner des mechanistischen Weltbilds vertrat Driesch eine vitalistische Lehre, wonach das Entstehen von Leben durch Chemie und Physik nicht hinreichend erklärbar sei.
Dreißigjährigen Krieg: (1618–1648); er begann als Religionskrieg in Deutschland und weitete sich durch politische Macht-

interessen zu einem europäischen Krieg aus, der mit dem Westfälischen Frieden 1648 beendet wurde. – Descartes hatte 1618 in den Niederlanden eine militärische Ausbildung absolviert, sich aber nicht, wie Fabian-Kästner meint, am Krieg beteiligt.

42 *Revolution in der Einsamkeit. In Holland:* Hinweis auf Descartes' Emigration nach Holland im Herbst 1628 aus Furcht vor Schwierigkeiten mit Theologen, denen seine Theorien suspekt waren. In ländlicher Einsamkeit, »Tulpenbeete vorm Haus«, verbrachte Descartes dort die nächsten 20 Jahre.

dem Reisenden mit starkem Frauenverbrauch: Grundzug des Fabian ist, daß dem Romancier immer wieder der Lyriker Erich Kästner in die Quere kommt. Ein Porträt des fiktiven Handelsreisenden Tröger findet sich etwa im Gedicht *Möblierte Melancholie* (vgl. *I, 112*).Teile des Romans lesen sich wie Verse in Prosa. Formulierungen wie »Das Schicksal hatte Ausgang« *(III, 14)*, »Sogar die Bäume hatten Sorgen« *(III, 93)*, »Der Globus hat die Krätze« *(III, 103)*, »Die Telegrafenstangen machten Kniebeugen« *(III, 179)* u.s.f. stammen aus der Feder des Lyrikers.

Lessing: Gotthold Ephraim Lessing (1729–1781), Dramatiker, Kunsttheoretiker, literarischer Repräsentant der deutschen Aufklärung. Kästner hatte ursprünglich über Lessings *Hamburgische Dramaturgie* (1767–1769) promovieren wollen. Der Dichter »mit der streitbaren Feder« wurde Vorbild des Lyrikers und Essayisten Kästner. Vgl. sein Gedicht *Lessing:* »Er schlug den Feind mit Worten nieder, / und keinen gab's, den er nicht zwang« *(I, 232)*. Über sich selber bekennt Kästner in Anspielung auf Lessing: »Er ist ein Moralist. Er ist ein Rationalist. Er ist ein Urenkel der deutschen Aufklärung.« *(II, 326)* Und 1958 nennt er den »alten Sachsen« einen »Mann mit dem Herzen im Kopf«, er komme aus dem »Nicht mehr« und marschiere ins »Noch nicht«; wie Lessing sieht Kästner sich als Schriftsteller »zwischen zwei extremen Epochen«.

43 *zur Autobushaltestelle:* Hier folgt im Typoskript Fabians Busfahrt mit Labude durch Berlin. Sie bildet dort das Ende des vierten Kapitels und blieb bislang unveröffentlicht. Zu mutmaßen ist, daß der Verlag die Verhöhnung der Berliner Kulturdenkmäler zurückwies. Der Abschnitt lautet (4. Kapitel, S. 39–42):

Der Wagen war voll. Sie mußten stehen. Plötzlich fragte Labude sehr laut: »Was ist das für ein Gebäude, Jonathan?« und zeigte auf den Dom. Fabian blickte ihn erstaunt an. Der Freund kniff ein Auge zu. Aha, er wollte wieder einmal, wie früher, Unfug stiften. Sein Galgenhumor kam ins Rollen.
Fabian zeigte auf den Dom: »Das da? Das ist die Hauptfeuerwache.«
»Was ist das?« fragte der Andere und hielt die Hand ans Ohr. Er stellte sich auch noch schwerhörig.
»Die Hauptfeuerwache!« schrie Fabian.
Labude nickte lächelnd und meinte: »So, so. Freilich. Ich hätte es mir denken können.«
Die Insassen des Wagens sahen zum Fenster hinaus, schauten sich betroffen an und musterten die beiden jungen Männer bedenklich. Der Wagen hielt. Der Wagen fuhr weiter. »Und das da?« Labude zeigte auf die Universität.
»Das ist eine Anstalt für schwachsinnige Kinder!«
Der Andere nickte freundlich dankend und sagte: »Schön haben sie's hier, die kleinen Idioten.« Humanes Lächeln vergoldete seine Züge. Die Fahrgäste wurden unruhig. »Ist ja ein Riesengebäude, Jonathan«, fügte er nachdenklich hinzu.
»Ja, der Schwachsinn ist hier sehr verbreitet. Da kommt übrigens das Rathaus.« Fabian zeigte auf die Staatsbibliothek.
»Das Rathaus? Liegt so still, nicht?«
»Die Herren vom Magistrat sind viel unterwegs. Ein paar erholen sich in der Schweiz, ein paar lassen sich operieren, und die Mehrzahl hat Gerichtsferien.« Ein Fahrgast lacht durch die Nase. Die Übrigen scheinen tief gekränkt.
»Wir stören die Herrschaften. Du mußt leiser sprechen«, brüllte Labude.
»Jawohl Vereingetorix …!« rief Fabian, »ich fürchte nur, du verstehst mich dann nicht.«
Der blonde Freund lächelt gewinnend. »Ganz wie du wünschst. Du kennst die Stadt ja wie deine Westentasche. Findest du nicht auch, daß sich mein Gehör verbessert hat?«
»Ganz bedeutend gebessert«, sagte Fabian.
»Ja. Fleischessen bekommt mir nicht. Der Arzt riet davon ab. Es erzeuge Rheumatismus.«
Die Fahrgäste hockten versteinert. Man hatte den Eindruck, sie versäumten vor Empörung ihre Haltestellen. Der Autobus fuhr durchs Brandenburger Tor.

»Wer wohnt denn hier?« fragte Labude und zeigte auf die verwitterten Säulen.
»Das ist ein Verkehrsturm!«
»Und die Pferdchen obendrauf?«
»Ein Denkmal für die letzten Droschken.«
»Interessant, der Kutscher hat fast nichts an.«
»Das ist symbolisch zu verstehen«, brüllte Fabian. »Wegen der Steuern.«
Ein ernster würdiger Herr mit Kneifer hustete und wurde blau. Eine dicke Dame rutschte auf ihrem Sitz hin und her, als werde sie geröstet, und sagte aufklärend zu Labude: »Das Brandenburger Tor.«
Er lächelte ihr zu und rief: »Verzeihung, gnädige Frau. Hat es sehr weh getan?«
»Das Brandenburger Tor!« schrie die dicke Dame, und Tränen füllten ihre Augen.
»Mein Gott, muß ich sie getreten haben«, sagte Labude zu Fabian. Dieser hatte große Lust auszusteigen und antwortete: »Wir sind gleich da.«
»Was stellt das dar?« fragte Labude und zeigte auf den Tiergarten.
In dem Moment erhob sich jemand, fuchtelte Fabian mit dem Schirm vor der Nase herum und brüllte: »Wenn Sie ihm jetzt erzählen, das sei die Nationalgalerie, dann haue ich Ihnen Eins hinter die Ohren, daß Sie taubstumm werden. Verstanden?«
»Danke schön!« Labude verbeugte sich freundlich und wohlerzogen vor dem schäumenden Herrn.
»Aber beruhigen Sie sich doch«, sagte Fabian, »ich werde doch noch wissen, daß dies das Tempelhofer Feld ist.«
Plötzlich waren alle Sitzplätze frei, sämtliche Fahrgäste waren aufgesprungen und schrien wütend durcheinander. Labude setzte sich und lächelte.
»Bei dem Dom ging dieses Affentheater los!« kreischte ein blasses Fräulein.
»Und die Universität wäre eine Anstalt für schwachsinnige Kinder!«
»Und die Staatsbibliothek wäre das Rathaus!«
»Und das Brandenburger Tor wäre ein Verkehrsturm!« brüllte die dicke Dame und trocknete gerührt ihre Tränen.
Fabian trat auf die Plattform. »Herr Ober«, sagte er zu dem

Schaffner, »wollen Sie, bitte, die Herrschaften im Wagen zur Ordnung rufen«, und sprang ab.

An der nächsten Haltestelle wartete Labude schon. »War sehr nett«, erklärte er. »Welch ein Temperament! Ein prächtiges Volk! Aber sie wissen alles besser.« Sie gingen die Budapester Straße entlang. An der Voßstraße trat Labude an ein wartendes Auto und fragte die darin sitzende, von kleinen schneeweißen Pekinghündchen umgebene Dame: »Können Sie mir, bitte, sagen, wie spät es ist?«

»Ich habe keine Uhr bei mir«, antwortete sie streng.

»Schade«, sagte Labude und blieb neben ihr stehen.

Da trat Fabian vor ihn hin, zog den Hut und fragte: »Können Sie mir, bitte, sagen, wie spät es ist?«

»Einen Augenblick!« Labude holte seine Uhr aus der Tasche und sagte: »Sieben vor Acht, mein Herr!«

»Danke schön«, antwortete Fabian, hakte bei dem Freund unter und beide gingen langsam zum Potsdamer Platz.

»Das war Frau Generaldirektor Roth«, sagte Labude. »Morgen früh weiß es meine Mutter. Nein, ich glaube, sie ist verreist.«

Fünftes Kapitel

46 *das Kapital kontrollieren und das Proletariat einbürgern:* Zur Kontroverse Fabian-Labude, vgl. *III, 374.*
Arbeitslose: Im Dezember 1930 stieg die Zahl der Arbeitslosen in Deutschland auf knapp vier Millionen. Im Februar 1931 wurden bereits 4,9 Millionen Erwerbslose gemeldet. – In der Anmerkung zum Gedicht *Das Riesenspielzeug* spricht Kästner von mehr als einer Million jugendlicher Erwerbsloser vor 1933 (vgl. *I, 189*).
Blücher: Gebhard Leberecht Blücher (1742–1819), seit 1813 preußischer Generalfeldmarschall, nachdem er als Oberkommandeur der Schlesischen Armee zusammen mit Generalstabschef August Wilhelm von Gneisenau (1760–1831) in der Völkerschlacht bei Leipzig 1813 Napoleon I. besiegt hatte. 1813/14 überquerte er mit seinen Truppen bei Kaub den Rhein und trieb die Napoleonische Armee nach Paris zurück. In der Schlacht bei Waterloo 1815 warf er Napoleon endgültig nieder.

49 *Potiphar:* Ägyptischer Hofbeamter des Pharao, dessen Frau

Josef, den Urenkel Abrahams, zu verführen suchte. »Weil Josef sehr schön war, zog er die Blicke von Potiphars Frau auf sich. Eines Tages forderte sie ihn auf: ›Komm, schlaf mit mir!‹ Josef wies sie ab.« (1 Mos 39)

Sechstes Kapitel

51 *Schulze-Delitzsch:* Hermann Schulze-Delitzsch (1808–1883), Sozialpolitiker, Begründer des deutschen Genossenschaftswesens, der maßgeblich an der Genossenschaftsgesetzgebung beteiligt war.
Ein kleines schwarzes Boot [...] trieb den Fluß entlang: Im Typoskript steht der Zusatz: »der noch schwärzer war als das schwarze Boot auf ihm. Niemand schien zu steuern.« (S. 55)

52 *ich warte wieder, wie damals im Krieg:* Zu Fabians Kriegserlebnissen vgl. Kästners Gedichte *Jahrgang 1899* und *Kurzgefaßter Lebenslauf* (vgl. *I, 9, 136*).
die Krise nimmt kein Ende: Im Typoskript steht statt dessen: »die Inflation nimmt kein Ende« (S. 56).

54 *Ein krankes Herz dabei erwischt:* Zu Kästners Herzleiden infolge seines Militärdienstes: vgl. Anmerkung zu *III, 11*.

57 *politische Schießereien:* Nach den Reichstagswahlen vom 14. September 1930, die einem politischen Erdrutsch glichen, kam es, nicht nur in Berlin, zu vermehrten Straßenschlachten zwischen Nationalsozialisten und Kommunisten. Furcht vor wirtschaftlicher Verelendung und Untergangsstimmung machten sich breit. »Die Demokratie verschwindet tief unten; der Aufstieg in die Stratosphäre beginnt«, schrieb Carl von Ossietzky (1889–1938) im selben Jahr in der *Weltbühne*.
Kabarett der Anonymen: Im Artikel *Das Kabarett der ›Unmöglichen‹* (*Neue Leipziger Zeitung*, 30. 6. 1928) schildert Kästner das zwielichtige Milieu der Schauspieler und Sänger in der Berliner Katakombe »Toppkeller«: »Die Wände sind mit quatschigen und unanständigen Inschriften beschmiert, die man hier nicht wiedergeben kann [...]. Hier sollen nur Bluff und Geld gemacht werden [...]. Was geboten wird, taugt nicht das mindeste. Aber es ist frech und vorlaut« (vgl. *VI, 143*). Kästners Beschreibungen im *Fabian* (*III, 58 ff.*) beruhen zum Teil auf diesem Artikel.

Siebentes Kapitel

61 *Den letzten Zweifel:* Statt dessen im Typoskript: »den leisesten Zweifel« (S. 68).
62 *Caligula:* Römischer Kaiser (12-41 n.Chr.); Caligula hieß eigentlich Iulius Cäsar Germanicus, als Caligula (deutsch: Soldatenstiefel) ging er in die Geschichte ein. Nach dem Tod von Kaiser Tiberius errichtete er in Rom eine Schreckensherrschaft, seine Gegner ließ er foltern und auf grausame Weise öffentlich hinrichten.
64 *geteiltes Leid:* »Geteiltes Leid ist halbes Leid«, seit Mitte des 18. Jahrhunderts gebrauchtes Sprichwort, das ursprünglich hieß: »Geteilte Freud' ist doppelte Freude, / Geteilter Schmerz ist halber Schmerz.«

Achtes Kapitel

67 *der Große Kurfürst:* Friedrich Wilhelm I. (1620–1688), Kurfürst von Brandenburg (seit 1640). Seinen Ruhm als Feldherr begründete die erste allein von Brandenburg ausgetragene Feldschlacht gegen die Schweden. In der Schlacht von Fehrbellin 1675 gelang es der Brandenburgischen Reiterei (mit 5700 Mann) unter Führung des Kurfürsten und seines Generalfeldmarschalls Georg von Derfflinger (1606–1695) die Schweden (ca. 11 000 Mann) niederzureiten und die Mark von schwedischen Truppen zu befreien.
Rußlandreise: Im April 1930 reiste Kästner mit seinem Freund, dem satirischen Zeichner Erich Ohser (1903–1944) (unter dem Künstlernamen e.o. plauen bekannt, vor allem durch seine Serie *Vater und Sohn*) zum ersten Mal nach Rußland. »Man muß ja mal anfangen, es kennenzulernen. Ist ja heute das interessanteste Land«, schrieb Kästner im März 1930 (*Muttchen*-Brief, 22. 3. 1930).
68 *radikalisieren:* Labudes revolutionäres Programm (vgl. *III, 374*) hat Kästner im wesentlichen dem Roman *Die Welt des William Clissold* (1928) von H. G. Wells (1866–1946) entnommen. In seiner enthusiastischen Buchkritik zitiert er Wells: »Die neue Epoche der Zivilisation wird das Werk einer intelligenten Minderheit sein. [...] Ihre Revolution wird Erfolg haben, weil sie die Macht haben.« *(VI, 123)*. Auch Labudes Hoffnung auf eine Verbindung zwischen dem bürgerlich-individuellen und dem sozialistischen Lager ist bei Wells vor-

gezeichnet. Die Lektüre des Buchs war für Kästner, wie er bekennt, von unerhörter Bedeutung. Die Romanfigur Labude beweist dies. Zur gefährlichen Politikferne solcher utopischen Entwürfe vgl. *III, 379–381*.

70 *Die Liebe krepiert an der Geographie:* Labudes Erzählung des Scheiterns seiner Beziehung zur Geliebten Leda stimmt teils wörtlich mit Kästners Gedicht *Die Ballade vom Mißtrauen* überein (vgl. *I, 176*).

72 *unzweideutige Situation:* Im Typoskript statt dessen: »eindeutige Situation« (S. 82).

73 *Sie liebt mich nicht:* Kästners zahlreiche unglückliche Liebesaffären, die er in seinen Gedichten verarbeitet hat, sind auch der Stoff für seine beiden Romanprotagonisten. Das zeigen fast wörtliche Übereinstimmungen zwischen Kästners Briefen und den Erfahrungen der beiden fiktiven Hauptfiguren; dort heißt es: »Zwischen Ilse und Erich ist's aus. Ich sagte: Du hast mich nie liebgehabt […]. Und seit 6 Jahren weißt Du, daß Du mich nicht liebst und nie geliebt hast. Ich habe 8 Jahre verloren.« (*Muttchen*-Brief, 14.11.1926) Gemeint ist hier Ilse Julius, mit der Kästner während seiner Dresdner und Leipziger Jahre eng befreundet war. Auch sein Gedicht *Sachliche Romanze* bezieht sich diskret auf das Ende der Affäre mit Ilse Julius. »Als sie einander acht Jahre kannten / (und man darf sagen, sie kannten sich gut), / kam ihre Liebe plötzlich abhanden. / Wie anderen Leuten ein Stock oder Hut.« (Vgl. *I, 65*)

Neuntes Kapitel

78 *Bezahlung ist billiger:* Im Typoskript statt dessen: »Barzahlung ist billiger« (S. 89).

80 *Die ›Cousine‹ war ein Klublokal:* Im Gedicht *Ragout fin du siècle* beschreibt der Lyriker Kästner in Anlehnung an den Romancier Clubs, wo Homosexuelle, Lesben, Transvestiten etc. verkehren (vgl. *I, 127*).
Budiker: Berliner Ausdruck für den Wirt einer kleinen Kneipe; vom französischen »boutique« = Laden.

82 *Korpsstudent:* Angehöriger einer schlagenden Verbindung.

Zehntes Kapitel

84 *Sodom und Gomorrha:* Zwei biblische Städte (Genesis 19) am Toten Meer, die von Gott wegen des sündigen Lebens ihrer Bewohner durch Schwefel- und Feuerregen vernichtet wurden; umgangssprachlich: chaotische Zustände. *Sodom und Gomorrha* war einer der abgelehnten Titelvorschläge des Autors für den *Fabian*; (vgl. *III, 385–386*).

88 *daß ich dich liebhabe, [...] es geht dich nichts an:* Anspielung auf Philines Worte in Goethes Roman *Wilhelm Meisters Lehrjahre* (1795/96): »wenn ich dich lieb habe, was geht's dich an!« (4. Buch, 9. Kapitel)

89 *klemmte sich Lektüre unter den Arm:* Im Typoskript ergänzend: »unter den rechten Arm« (S. 103).

am Ohr zupfen werde: Zusätzlich im Typoskript Fabians Bemerkung: »Werden sich die Leute freuen, wenn ich mit dem Glockenschlag ins Büro trete, sagte er begeistert.« (S. 104)

Elftes Kapitel

90 *Am andern Morgen [...] erwartete:* Der Anfang des Kapitels wurde für die Erstausgabe gestrafft. Im Typoskript (S. 106) heißt es:

Punkt acht Uhr durchquerte Fabian, stolz wie ein Marathonsieger im Ziel, die Toreinfahrt, nickte dem Portier vergnügt zu und rief: »Der Direktor schon da?« Der Portier legte den Finger an die Schirmmütze und schüttelte schläfrig den Kopf. Fabian strahlte vor Selbstbewußtsein. Er sprang die Treppe hoch, rannte durch die leeren Korridore und segelte ins Reklamebüro. Fischer, der seinen Begabungsmangel durch Pünktlichkeit zu ersetzen pflegte, war auch noch nicht da. Die Tatsache glich einem Rekord.
Fabian nahm an seinem Schreibtisch Platz. Er wollte der Direktion ein Preisausschreiben vorschlagen und überflog die Notizen dazu.

Preisausschreiben: Die *Neue Leipziger Zeitung*, bei der Kästner als freier Mitarbeiter engagiert war, veranstaltete häufig Preisausschreiben für ihre Leser, die Kästner zu bearbeiten hatte, was er als lästig empfand: »Die Prüfungen der Einsendungen zum Preisausschreiben hab ich auch auf dem Hals.« (*Muttchen*-Brief, 22.6. und 29.6.1927)

90 *Fischer zog das graue Lüsterjackett an, das er im Büro trug:* Abweichend von der Erstausgabe folgt hier im Typoskript der kurze Dialog: »Wie wollen Sie das machen? – Ich habe seit gestern einen neuen schönen Wecker, meinte Fabian. – Teuer? – Nein. – Keinen Garantieschein gekriegt? – Auch nicht. – Das ist bedenklich! Fischer wiegte den Kopf.« (S. 107)
91 *Kündigung:* Kästner rekurriert hier auf eigene Erfahrungen. Die Veröffentlichung seines erotischen Gedichts *Nachtgesang des Kammervirtuosen* in der *Plauener Volkszeitung*, von Erich Ohser illustriert, löste einen Skandal aus. Die Verse, anläßlich von Beethovens 100. Todestag 1927 verfaßt (vgl. *I, 33*), wurden als obszöne Parodie auf Beethovens 9. Sinfonie verstanden. Die Konkurrenzzeitung der *Neuen Leipziger Zeitung*, die *Leipziger Neuesten Nachrichten*, empörte sich gegen den Verfasser. Daraufhin entließ der Verlagsdirektor und Chefredakteur der *Neuen Leipziger Zeitung*, Georg Marguth, seinen Mitarbeiter Kästner fristlos. Die Kündigung sollte sich für ihn als Glück erweisen. Im Sommer 1927 zog Kästner nach Berlin, wo er schon bald zu schriftstellerischem Ruhm und Erfolg gelangte. Nach seiner Übersiedlung wurde er Berliner Korrespondent der *Neuen Leipziger Zeitung*.
Er war grün im Gesicht: Ergänzend im Typoskript: »Das hat Ihnen Breitkopf eingebrockt. So ein Ignorant. – Intrigant, meinen Sie, verbesserte Fabian.« (11. Kapitel, S. 108)
zweitens haben Sie keine Frau auf dem Hals: Zusätzlich im Typoskript: »Aber Ihren neuen Wecker können Sie nun nicht brauchen. – Das bedauere ich am meisten, sagte Fabian und setzte den Hut auf.« (S. 108)
92 *Inflationswinter:* Vgl. Anmerkung zu *III, 36*.
Schillers moralästhetisches System: Friedrich Schiller (1759 bis 1805), Dramatiker, Lyriker, Erzähler, Essayist. In Auseinandersetzung mit Immanuel Kants (1724–1804) *Kritik der Urteilskraft* (1790) und seinen moralisch-philosophischen Schriften entwickelte Schiller in *Über Anmut und Würde* (1793) und *Über die ästhetische Erziehung des Menschen* (1793–1795) eine ästhetische Theorie, in der Kants Dualismus von Sinnlichkeit und Vernunft überwunden wurde. Im »Reich des schönen Scheins«, der Kunst, sei der Gegensatz von Natur und Vernunft aufgehoben, schrieb Schiller.
93 *Pellerine:* Vom französischen: »pélerin«, Pilger; ursprünglich: Schulterkragen des Pilgers, später: ärmelloser, weiter Umhang.

95 »*Ich erfand friedliche Maschinen und merkte nicht, daß es Kanonen waren*«: Kästner beschreibt hier das grundsätzliche Problem der individuellen moralischen Verantwortung im Zusammenhang mit der Anwendung naturwissenschaftlicher Forschungen. Eine heute aktuelle Frage, z. B. in der Gentechnologie. Friedrich Dürrenmatts (1921–1990) *Die Physiker* (1962) und Heinar Kipphardts (1922–1982) *In der Sache J. Robert Oppenheimer* (1964) zeigen die fatalen Konsequenzen naturwissenschaftlicher Entdeckungen für die Menschheit.
98 *Charité:* Bekanntes Klinikum der Berliner Humboldt-Universität.

Zwölftes Kapitel

103 *Weil ich an ihn [den Tod] denke, liebe ich das Leben:* Vgl. hierzu Kästners Epigramm *Die zwei Gebote*: »Liebe das Leben, und denk an den Tod« (vgl. *I, 295*).
104 *Verboten, politische Debatten hervorzurufen:* Anspielung auf eine der zahlreichen Notverordnungen der Regierung Brüning, die dem wachsenden politischen Extremismus von rechts und links Einhalt geboten. Das Versammlungsrecht und die Pressefreiheit wurden Anfang 1931 erheblich eingeschränkt.
105 *chronischen Freizeit:* Statt dessen steht im Typoskript (S. 127): »reichlichen Freizeit«.
Ich habe ein Jahr im Gefängnis gesessen: Ergänzend im Typoskript: »Ich habe wegen literarischen Hochverrats ein Jahr gesessen.« (S. 127) – Mit Ausnahme der Erstausgabe fehlt der Zusatz in allen späteren *Fabian*-Editionen.
107 *Tante Martha läßt grüßen:* In seiner Autobiographie *Als ich ein kleiner Junge war* (1957) erzählt Kästner ausgiebig von den Lebensgeschichten seiner Verwandten, darunter auch von Tante Martha, der Schwester seiner Mutter Ida Kästner.
108 »*Du hast viel durchgemacht mit Deiner Mutter*«: Fabian ist auch hier das alter ego seines Verfassers. In seiner Autobiographie berichtet er von den häufigen Nervenkrisen der Mutter, die bis zur vollkommenen Erschöpfung für ihren Sohn arbeitete und manches Mal verzweifelte. Dann fand der kleine Junge Erich Zettel auf dem Küchentisch vor: »Ich kann nicht mehr! [...] Leb wohl, mein lieber Junge. [...] Und die Woh-

nung war leer und tot.« *(VII, 103)* Kästner war in seiner Kindheit Retter der Mutter, er fand sie jedesmal wieder, bewahrte sie vor dem Freitod.

Dreizehntes Kapitel

113 *Schopenhauer:* Arthur Schopenhauer (1788–1860), Philosoph, der trotz (oder gerade wegen) der großen Verbreitung seiner Werke in der akademischen Philosophie ein Außenseiter blieb. Sein Hauptwerk *Die Welt als Wille und Vorstellung* (1819) verwirft die Idee einer subjektunabhängigen Welt. »Die Welt ist meine Vorstellung«, mit dieser erkenntnistheoretischen Maxime entmachtet Schopenhauer die rationalistische Philosophie. Der Mensch ist für ihn einem irrationalen, blinden Willen unterworfen, aus dem sogar die Vernunft hervorgeht.

114 *Platon:* Griechischer Philosoph (428–384 v. Chr.), Schüler des Sokrates, neben Aristoteles der bedeutendste Philosoph der Antike. Seine Werke sind überwiegend in Dialogen überliefert. In Kästners Zitat aus *Die Welt als Wille und Vorstellung* bezieht Schopenhauer sich auf Platons *Symposion* (203 b). Nicht die glückseligen Götter philosophierten, heißt es dort, vielmehr entstünden alle Fragen nach Grund und Zweck der Welt aus menschlichen Erfahrungen des Mangels und Leidens, der Furcht und Sorge.

eukolos: Griechisch »εὔκολος« = heiterer, sorgloser Mensch.

dyskolos: Griechisch »δύσκολος« = finsterer, ängstlicher Mensch.

120 *»Meister muß sich immer plagen«:* Zitat aus Friedrich Schillers Gedicht *Das Lied von der Glocke* (1800); die entsprechende Strophe lautet: »Bis die Glocke sich verkühlet, / Laßt die strenge Arbeit ruhn, / Wie im Laub der Vogel spielet, / Mag sich jeder gütlich tun. / Winkt der Sterne Licht, / Ledig aller Pflicht, / Hört der Pursch die Vesper schlagen, / Meister muß sich immer plagen.«

Vierzehntes Kapitel

124 *Bessemerbirnen:* Technisches Verfahren zur Herstellung von schweißbarem Stahl, wobei in einem mit Roheisen beschickten Konverter (horizontal drehbarer Industrieofen), der Bessemerbirne, eine schwefelfreie Schmelze entsteht. Der engli-

sche Ingenieur Sir Henry Bessemer (1813–1898) erfand das Verfahren 1855.
125 *Seelenwanderung:* Idee der Reinkarnation, Metempsychose, Palingenese. Bei vielen Naturvölkern, in den indischen Religionen, bei den Pythagoräern, Orphikern, bei Platon, den Stoikern und in neueren theosophischen Richtungen herrschende Vorstellung, daß die Seele nach dem Tod in anderer Gestalt (auch in Tieren oder Pflanzen) wiedergeboren wird. – Der Ausdruck »mechanische Seelenwanderung« führt diese Idee ad absurdum.
126 *Napolitains:* Nach der italienischen Stadt Napoli (Neapel) benannte Schokoladentäfelchen.
127 *das Glas zwischen dir und den anderen:* Statt dessen steht im Typoskript: »die Glasscheibe […]« (S. 155).
129 *Ich verkaufe die Restbestände:* Statt dessen steht im Typoskript und in der Erstausgabe:: »ich kaufe […]« (S. 158).

Fünfzehntes Kapitel

132 *H. G. Wells:* Englischer Schriftsteller (1866–1946), Verfasser sozialkritischer und utopischer Romane (vgl. Anmerkung *III, 68*). Wells' Idee zur Ethik der Reklame sieht Kästner als Anwendungsfall der politischen Überzeugungen des Romanhelden William Clissold. In seinem Artikel *Reklame und Weltrevolution* (*Gebrauchsgraphik* 3, März 1930) setzt Kästner sich mit den moralischen Geboten der Propaganda auseinander: »Der Begriff der Propaganda gehört […] zu den großen und größten Ideen der Menschheit. Ohne Propaganda kann gar nichts mehr verbreitet werden, keine Philosophie und keine Seife. Propaganda ist das Medium aller Werte geworden.« Kästner verteidigt die Propaganda als pädagogisch-aufklärerisches Instrument einer zivilisierten Gesellschaft, wobei er die Gefahren ideologischer, die Massen manipulierender Propaganda außer acht läßt. Hier zeigt sich ein sonderbarer Widerspruch zwischen dem Essayisten und dem Romancier und Lyriker Kästner. In seinen Essays erweist sich Kästner überwiegend als Idealist, Träumer und Utopist, in seinen Romanen und Gedichten dagegen als nüchterner Skeptiker, der an der Erziehbarkeit der Gattung Mensch grundsätzlich zweifelt; nur wenigen Vernünftigen sei Vernunft beizubringen. Vgl. die Gedichte *Ansprache an Millionäre*: »Der Mensch ist schlecht.

Er bleibt es künftig.« (vgl. *I, 133*) und *Genesis der Niedertracht*: »Doch die Bosheit ist unheilbar, / und die Güte stirbt als Kind.« (vgl. *I, 166*)

135 *begleitete den Besucher betont bis zur Treppe:* Ergänzend im Typoskript und in der Erstausgabe: »betont verträglich bis zur Treppe.« (S. 164)

Sechzehntes Kapitel

140 *Onkel Pelles Nordpark:* In seiner Reportage *Hauptgewiñ 5 Pfund prima Weitzenmehl! (VI, 107)* beschreibt Kästner seine Beobachtungen im »Berliner Nordpark – Zum Onkel Pelle«. Die Romanepisode stimmt teils wörtlich mit dem Feuilletonartikel überein.

143 *sie gingen ins »Theater« [...], eine elende Bretterbaracke:* Was sich nachfolgend in der Szene mit der alten Hofsängerin abspielt, die dasselbe Duett singt, hat Kästner wiederum seinen publizistischen Arbeiten entnommen; auch hier in teils wörtlichen Übernahmen aus dem genannten Artikel (vgl. Anmerkung zu *III, 140*).

144 *Couplet:* Aus dem Französischen: amüsantes, oft satirisches Lied mit Refrain.

Siebzehntes Kapitel

149 *Hohenzollern:* Schwäbisches Adelsgeschlecht (1601 erstmals erwähnt), das seit 1192 die Burggrafschaft Nürnberg besaß. Diese fränkische Linie erhielt 1417 die Brandenburgische Kurwürde und war bis 1918 preußische Herrscherdynastie.
Begas: Karl Begas (1794–1854), Maler, der vor allem religiöse und historische Motive, auch Genrebilder und Porträts im romantischen Stil der Düsseldorfer Schule gestaltete.

150 *»Wer haben will, muß hingeben, was er hat«:* Abweichend im Typoskript und in der Erstausgabe: »Wer haben will, muß hingeben, was ist.« (S. 184)

151 *Sie gingen schweigend und taten sich und einander leid:* Eine ähnliche Situation schleichender, unwiderrufbarer Entfremdung hält Kästner im autobiographischen Gedicht *Ein Mann gibt Auskunft* (1930) fest (vgl. *I, 131*).

Achtzehntes Kapitel

155 *Labude hatte ein Loch in der Schläfe:* Wie bei Kästners Lebensgefährtin Luiselotte Enderle (1908–1991) zu lesen ist, greift Kästner in der Schilderung von Labudes tragischem Selbstmord auf Selbsterlebtes zurück. Während seines Leipziger Studiums war er mit dem begabten Medizinstudenten Ralph Zucker befreundet, der sich, weil er einen grotesken Scherz mißverstand, erschoß. Dem Freund Ralph Zucker habe Kästner im *Fabian* ein literarisches Denkmal gesetzt, schreibt Luiselotte Enderle (Luiselotte Enderle: *Erich Kästner. Mit Selbstzeugnissen und Bilddokumenten.* Reinbek bei Hamburg 1966 (= rowohlts Monographien 120), 14. Auflage 1993, S. 35).

158 *nur die Kinder sind für Ideale reif:* In seiner Rede *Kästner über Kästner* (1948) vor dem PEN-Club in Zürich bekennt der Pädagoge über sich: »Kinder, das glaube und wisse er, seien dem Guten noch nahe wie Stubennachbarn. Man müsse sie nur lehren, die Tür behutsam aufzuklinken.« *(II, 326)*

160 *miteinander im Autobus gefahren:* Ergänzend im Typoskript: »Labude hatte sich fremd und schwerhörig gestellt. Fabian hatte gebrüllt, die Universität sei eine Anstalt für schwachsinnige Kinder, Labude hatte gesagt: Schön haben sie's hier, die kleinen Idioten.« (S. 198) – Die Eliminierung dieses Abschnitts aus der Erstausgabe steht im Zusammenhang mit der Fahrt beider Freunde durch Berlin, die ebenfalls entfallen mußte (vgl. Anmerkung zu *III, 43*).

Neunzehntes Kapitel

162 *Gotthold Ephraim Lessing:* Vgl. Anmerkung zu *III, 42*.
als er vom Schicksal Frau und Kind verlangte: Anspielung auf Lessings unglückselige Lebensgeschichte. Er heiratete 1776 mit 47 Jahren Eva König, die zwei Jahre später im Kindbett starb. Lessing starb kurz darauf im Alter von 52 Jahren.
Titanen: In der griechischen Mythologie die sechs Söhne und sechs Töchter des Himmelsgottes Uranos und der Erdgöttin Gaia, die von Zeus in einem gewaltigen Kampf, der Titanomachie, besiegt wurden.

166 *Rathenau:* Walther Rathenau (1867–1922), Industrieller, Politiker und Publizist. Er war Präsident des Aufsichtsrates der AEG, trat 1918 der Deutschen Demokratischen Partei (DDP) bei und wurde 1922 Außenminister im zweiten Kabinett Jo-

seph Wirth (1879–1956). Als Architekt des Vertrages von Rapallo (April 1922) wurde er von der politischen Rechten als »Komplize des Bolschewismus« gebrandmarkt und als Jude diskriminiert. Er fiel einem Attentat von Mitgliedern der rechtsextremen »Organisation Consul« zum Opfer.

166 »*Er mußte sterben*«: Der NS-Schriftsteller, von dem das rassistische Urteil über Rathenau stammt, konnte nicht ermittelt werden.

Zwanzigstes Kapitel

171 *Der Justizrat ballte die Hand [...] zur Faust:* Abweichend im Typoskript und in der Erstausgabe: »faltete die Hand [...] zur Faust.« (S. 214)

Einundzwanzigstes Kapitel

177 *Fabian [...] durchflog die Blätter:* Ergänzend im Typoskript (S. 222) ein Absatz, in dem Kästner auf den Hoover-Plan eingeht. – Der US-amerikanische Präsident Herbert Clark Hoover (1874–1964) schlug im Juli 1931 ein einjähriges Moratorium für die Rückzahlung interalliierter Kriegsschulden und Reparationen vor. Er reagierte damit auf die schlechte Finanzlage des Deutschen Reichs, die eine Erfüllung der Forderungen des Young-Plans (1929) unmöglich machte. Nach harten Verhandlungen mit Frankreich trat der Hoover-Plan 1931 in Kraft. Interessant ist, daß Kästner die aktuelle zeitgeschichtliche Diskussion in der Erstausgabe strich (was übrigens deutlich macht, daß der Autor Anfang Juli 1931 kurz vor Abschluß seines Romans stand), und statt dessen auf eine zurückliegende internationale Tagung einging. – Der Passus lautet im Typoskript (S. 222):

Der Präsident der Vereinigten Staaten schlug Europa ein Reparationsfeierjahr vor. Amerika entdeckte, daß man mit einem Volk, dem man die Kehle zudrückt, keine Geschäfte machen kann. Amerika war geneigt, den Griff vorübergehend ein wenig zu lockern. Deutschland sollte Luft schöpfen, ehe man es weiter würgte. Noch sträubte sich Frankreich gegen den Plan. Es befürchtete, man werde es hindern, im Geld zu ersticken. Trotzdem, sagte die Zeitung, bestehe Hoffnung, daß das Projekt zustandekomme.

177 *Ziel der Moralisten, wie Fabian einer war:* Abweichend in der Erstausgabe und im Typoskript: »Ziel der Moralisten, wenn Fabian einer war.« (S. 223)
Ihn hätte so etwas begeistert: Statt dessen im Typoskript: »Ihn hätte die Botschaft des amerikanischen Präsidenten begeistert. In seine Pläne hätte sie sich eingefügt.« (S. 223)
Er wollte die Besserung der Menschen: Fabians Ziele treffen mit denen des skeptischen Lyrikers überein: »War dein Plan nicht: irgendwie / alle Menschen gut zu machen? / Morgen wirst du drüber lachen. / Aber bessern kann man sie.« *(Warnung vor Selbstschüssen, I, 83)*
der Mensch würde gut, wenn es ihm gut ginge: Distanzierung Kästners von Bertolt Brechts materialistischen Überzeugungen, die der Essayist Erich Kästner in der Formel »Erst kommt das Fressen, dann kommt die Moral« zusammengefaßt sieht (vgl. *VI, 546; III, 380*).
179 *Als er sich nicht rührte, winkte sie:* Ergänzend im Typoskript: »Ein Fohlen hüpfte den Zaun entlang und schwenkte den Kopf.« (S. 225)
181 *Er blieb stehen:* Im Typoskript: »Er stand still.« (S. 227)

Zweiundzwanzigstes Kapitel

183 *Fußartilleriekaserne:* In seinen autobiographischen Gedichten kommt der Pazifist Kästner oft auf seinen Militärdienst und sein Kriegstrauma zurück: »Dann gab es Weltkrieg, statt der großen Ferien. / Ich trieb es mit der Fußartillerie. / Dem Globus lief das Blut aus den Arterien. / Ich lebte weiter. Fragen Sie nicht, wie.« *(Kurzgefaßter Lebenslauf, I, 136)*; oder: »Der Rektor dankte Gott pro Sieg. / Die Lehrer trieben Latein. / Wir hatten Angst vor diesem Krieg. / Und dann zog man uns ein.« *(Primaner in Uniform, I, 139)*
Lafettenschwanz: Fahrbare Untergestelle von Geschützen; sie dienen dem Ausrichten und Transport von Waffen.
184 *Kaisers Geburtstag:* Gemeint ist Wilhelm II. (1859–1941), deutscher Kaiser und König von Preußen. Sein Geburtstag am 27. Januar war ein nationaler Feiertag.
Sedanfeier: Bei Sedan, einer französischen Stadt an der Maas, siegten am 2. September 1870 zwei deutsche Armeen über die französische Armee Mac-Mahons durch Einkreisung. Napoleon III. (1808–1873) geriet in Gefangenschaft.

184 *Schlacht bei Tannenberg:* In der Schlacht von Tannenberg 1410 schlug das Heer der Polen und Litauer unter König Jagiello (1351–1434) das Aufgebot des Deutschen Ritterordens. Der Sieg leitete die Herrschaft Polens über das deutsche Ordensland ein (Thorner Frieden, 1466).
Einigkeit und Recht und Freiheit: Anfang der dritten Strophe des von Hoffmann von Fallersleben 1841 gedichteten *Lieds der Deutschen* zur Melodie der österreichischen Kaiserhymne von Joseph Haydn. Von 1922 bis 1945 war es die Nationalhymne der Weimarer Republik. Seit 1952 gilt nur die dritte Strophe als offizielle Hymne der Bundesrepublik Deutschland. Sie heißt vollständig: »Einigkeit und Recht und Freiheit / Für das deutsche Vaterland! / Danach laßt uns alle streben / Brüderlich mit Herz und Hand! / Einigkeit und Recht und Freiheit / Sind des Glückes Unterpfand – / Blüh im Glanze dieses Glückes, / Blühe, deutsches Vaterland!«

186 *»Die Gerechten müssen viel leiden«:* Anspielung auf die Psalmen im Alten Testament, wo es heißt: »Der Gerechte muß viel leiden.« (Psalm 34, 20)

Dreiundzwanzigstes Kapitel

189 *Stahlhelm:* Antirepublikanischer Bund ehemaliger Frontsoldaten, 1918 von Franz Seldte (1882–1947) gegründet. Anfangs ein Interessenverband, der den Wiedereintritt der Frontkämpfer ins Berufsleben erleichtern sollte, wurde er bald zu einer politischen paramilitärischen Organisation, die gegen das Diktat von Versailles, gegen Marxismus und Pazifismus, gegen Demokratie und Parlamentarismus kämpfte. Der erbitterte Widerstand gegen den Young-Plan (vgl. Anmerkung zu *III, 177*) führte den Stahlhelm-Führer Seldte 1929 mit dem Weimarer Pressezar Alfred Hugenberg (1865–1951) und Hitler zusammen. Gemeinsam bildeten sie 1931 die »Harzburger Front«. 1933 wurde der Stahlhelm in die SA eingegliedert.
Dreistigkeit, [...], sechzig Millionen Menschen den Untergang zuzumuten: Den militaristischen Brüllgeist der Nazi-Anhänger nimmt Kästner im Gedicht *Marschliedchen* aufs Korn: »Ihr und die Dummheit zieht in Viererreihen / in die Kasernen der Vergangenheit. / Glaubt nicht, daß wir uns wundern, wenn ihr schreit. / Denn was ihr denkt und tut, das ist zum Schreien. / [...] // Wie ihr's euch träumt, wird Deutschland nicht er-

wachen. / Denn ihr seid dumm, und seid nicht auserwählt. / Die Zeit wird kommen, da man sich erzählt: / Mit diesen Leuten war kein Staat zu machen!« (Vgl. *I, 220*)

191 »*zieht euch aus!*«*:* Abweichend im Typoskript (S. 241–242), wo die Bordellszene drastischer und ausführlicher geschildert wird:

> »Zieh dich aus!« sagte Wenzkat zu der Dritten, die zurückgeblieben war. Sie stand auf, ging aus dem Zimmer, kam, eine Minute später, nackt zurück und setzte sich zwischen die Gäste. Sie war groß, hatte überall blonde Haare und schlug die Beine übereinander. Wenzkat ergriff ihre Brüste, kniff hinein und trank ihr zu. »Prost!« sagte sie, trank auch. Und dehnte sich. Da erschien Lotte. Sie trug Männerkleidung und behauptete kichernd: »Ich komme von einer langen Reise. Wo ist denn meine Frau?« Dann kam ihre Kollegin, in einen Spitzenschal gehüllt, durch die Tür und rief: »Endlich, geliebter Gatte! Ich bin vor Sehnsucht zerflossen.«
> Und nun wurden sie handgemein, wie sich das für Eheleute, die einander endlich wiedersehen, schickt. Es fielen harte Worte, die gesamte erotische Terminologie wurde abgewickelt, Lotte zog die Männerhose aus, man sah, sie hatte sich ein Gummiglied umgebunden. Wenzkat lachte und schlug sich und der nackten Nachbarin auf die Schenkel. Die zwei Frauen exekutierten dies und jenes, allmählich wurde aus dem albernen Spiel Ernst.

192 *Nun erschien auch Lotte:* Zusätzlich im Typoskript: »Sie war nackt und hielt mit beiden Händen ihre Sitzfläche«. (S. 243)

Vierundzwanzigstes Kapitel

196 *Schwielen im Gehirn, Schwielen am Gesäß:* Teils wörtliche Übereinstimmungen mit Kästners Gedicht *Zeitgenossen, haufenweise* (1929): »Sie haben am Gehirn enorme Schwielen, / fast als benutzten sie es als Gesäß. / Sie werden rot, wenn sie mit Kindern spielen. / Die Liebe treiben sie programmgemäß.« (Vgl. *I, 70*)

197 *die Auflageziffer:* Abweichend im Typoskript: »Die Auflagenhöhe des Blattes.« (S. 249)

II. Fabian und die Sittenrichter

Erstdruck: *Die Weltbühne*, 43, 27. 10. 1931, S. 642–643.
  In der Erstausgabe von 1931 ist Kästners Nachwort nicht enthalten. Es wurde erst in die Ausgaben seiner Schriften von 1959 und 1969 aufgenommen. Im Typoskript ist es überschrieben mit *Nachwort für die Sittenrichter*. – Der Erstdruck in der *Weltbühne* ist mit einer Vorbemerkung versehen: »Die folgenden Ausführungen waren ursprünglich als Nachwort zu dem soeben in der Deutschen Verlags-Anstalt, Stuttgart, erschienenen Roman von Erich Kästner ›*Fabian. Die Geschichte eines Moralisten*‹ gedacht. Bei der Drucklegung des Buches mußte dieses Nachwort und ebenso ein zweites ›An die Kunstrichter‹ wegfallen.« (*Die Weltbühne*, 27. 10. 1931, S. 642).

III. Fabian und die Kunstrichter

Das Typoskript im Erich-Kästner-Archiv trägt die Überschrift *Nachwort für die Kunstrichter*. Es wird in dieser Ausgabe erstmals abgedruckt (vgl. *III, 202–203*).

IV. Der Herr ohne Blinddarm

Erstdruck: *Dreißig neue Erzähler des neuen Deutschland*. Hrsg. v. Wieland Herzfelde. Berlin 1932, S. 441–451.
  Zur Publikationsgeschichte des Textes: vgl. *III, 386–387*.
  Neben dem Erstdruck erschien die Erzählung 1933 in der liberal-demokratischen Berliner Tageszeitung *Acht-Uhr-Abendblatt*, 16. 12. 1932, unter der Überschrift *Der Herr ohne Blinddarm*. Allerdings verwischte Kästner alle Spuren zum *Fabian*: Die Titelfigur heißt dort Anton, der Kollege Fischer hat den Namen Körner, und Direktor Breitkopf firmiert als Direktor Brausewetter. Ansonsten ist der Text mit der Typoskriptfassung (bis auf geringfügige Abweichungen) identisch.

208 *Joséphine Beauharnais*: (1763–1814), Kaiserin der Franzosen. Sie heiratete 1796 Napoleon Bonaparte, von dem sie 1804 zur Kaiserin gekrönt wurde. Die Ehe blieb kinderlos und wurde 1809 geschieden.
  Napoleon I: eigentlich: Napoleone Buonaparte (1769–1821),

französischer Politiker und Feldherr. Krönte sich 1804 zum Kaiser der Franzosen. Bei seinem letzten Feldzug gegen Rußland scheiterte Napoleon mit seiner 600000 Mann starken »Grande Armée«. 1813 wurde er von der russisch-preußisch-österreichischen Koalition in der Völkerschlacht bei Leipzig geschlagen.
208 *Hintern:* Abweichend im Typoskript: »Podex«. (S. 26)
210 *des Blinddarms wegen:* Im Typoskript endet die Erzählung mit einem sarkastischen Passus (vgl. *III, 394*).

V. Die Doppelgänger

Erstdruck: *Merkur. Deutsche Zeitschrift für europäisches Denken*, Heft 9, September 1958, S. 861–870.
Kästners Angaben zur Entstehungszeit des Romanfragments sind widersprüchlich. In seiner *Vorbemerkung* zur Ausgabe seiner Gesammelten Schriften von 1959 heißt es, er habe mit der Arbeit 1932 begonnen und sie ein Jahr später aufgegeben. In einem unveröffentlichten Typoskript aus dem Erich-Kästner-Archiv dagegen nennt er das Jahr 1935 als Zäsur; damals habe er sich entschlossen, das Romanprojekt endgültig ad acta zu legen, da die Nazis ihn mit Publikationsverbot belegt hätten und eine Veröffentlichung im Ausland mit Gefahren für seine Person verbunden gewesen wäre.
Kästners Vorbemerkung zur Ausgabe von 1959 lautet:

»Es handelt sich um die ersten Kapitel eines Romans, den der Autor nach dem *Fabian* niederzuschreiben begann und dann, nach 1933, beiseitelegte. Ob es schicklich sei, Fragmente selber zu veröffentlichen, statt sie eines Tages veröffentlichen zu lassen, mag eine strittige Frage sein. Der Autor hält, im vorliegenden Fall und in einigen weiteren Fällen, den Vorgriff für statthaft.«

Etwa im Jahr 1947 beschäftigt sich Kästner noch einmal mit den politischen Zeitverhältnissen, die ihn 1933, beziehungsweise 1935 zur Aufgabe des Romanprojekts veranlaßt hatten. Seine späte Rechtfertigung, überschrieben »Vorbemerkung zu Die Doppelgänger« (Typoskript Erich-Kästner-Archiv), wird hier erstmals gedruckt.

Erich Kästner: Vorbemerkung zu »Die Doppelgänger«
Das bisher unveröffentlichte Romanfragment entstand 1932. Und es blieb bei dem Bruchstück. Die Gründe hierfür hatten

und waren Ursachen. Als einem »unzuverlässigen und politisch unerwünschten« Schriftsteller, der nicht emigrieren wollte, wurde es mir 1933 untersagt, in Deutschland zu publizieren. Und die »Auslandserlaubnis«, die jederzeit rückgängig gemacht werden konnte (und 1943, als es in Europa kein Ausland mehr gab, rückgängig gemacht wurde), bedeutete Kontrolle und, im Ernstfalle, Gegenmaßnahmen. Der Roman »Die Doppelgänger«, wie er geplant war, hätte, zu Ende geführt und im Ausland veröffentlicht, einen Ernstfall geschaffen. Um für die Schublade zu schreiben, fehlte es mir an Lust, Muße und Geld.

Als sich, nach 1945, die Gelegenheit geboten hätte, die 1932 begonnene Arbeit abzuschließen, zeigte sich, bei der »Nachhol-Lektüre«, daß mittlerweile Engel und andere Zauberwesen in Mode gekommen waren. Nun hatte ich zwar die »Erlaubnis fürs In- und Ausland«, sogar etwas Zeit und Geld, aber zum Weiterschreiben keine Lust mehr. Was etwa 1935 (wieder einmal) originell gewesen wäre, hätte etwa 1947 als Nachahmung wirken müssen. Diese Vorstellung war mir fatal, und so ist es beim Bruchstück geblieben. Auch ungeschriebene Bücher haben, wie man sieht, ihre Schicksale.

Kästner pflegte Ideen für literarische Projekte in sogenannten Stoffmappen zu sammeln; sie bestanden aus Zeitungsartikeln oder -meldungen, Entwürfen und Skizzen. In Kästners *Stoffmappe* 1934 (Erich-Kästner-Archiv) fand sich folgende aufschlußreiche »Roman-Notiz« zu den geplanten *Doppelgängern*:

»Astrologische Zwillinge«: In der gleichen Sekunde und in der gleichen Gegend geborene Menschen. Z. B. hatte Eduard VII. einen solchen Zwilling, der ihm auch äußerlich bis an Komik grenzend ähnlich war. War übrigens auch, im Rahmen seiner Umgebung, ein Dandy etc. Anwendbar auf »Die Doppelgänger«.

Aus einer Stoffmappe ohne Jahresangabe stammt folgender Artikel aus dem *Berliner Tageblatt* vom 18. 7. 1936:

Liverpool

Menschen, die sich selbst Briefe schreiben, gibt es wenig. Meist sind es Einsame, die sich auf diese Weise eine rege Korrespondenz vortäuschen möchten. Zu diesen Bedauernswerten gehört aber Herr George Pratt aus der englischen Stadt Amersham keineswegs, trotzdem er sich täglich Briefe schreiben muß und sie prompt und höflich beantwortet. Herr Pratt hat nämlich zwei bedeutende Posten inne: den des Stadtsekretärs und den des Sekretärs der Baptistenkirche.

Nun geschieht es häufig, daß die Stadtverwaltung mit den Maßnahmen der Baptistenkirche und die Baptistenkirche mit den Maßnahmen der Stadtverwaltung nicht einig ist; da muß denn Herr Pratt, der Stadtsekretär, an Herrn Pratt, den Baptistensekretär, schreiben, bitten, fordern, wünschen oder erklären, beschwichtigen, gestatten oder auch verweigern. Letzter Tage kam die Stadtverwaltung überein, die Tennisplätze des Schloßparks auch Sonntags offenzuhalten. Darauf erfolgte ein Protest der Baptistenkirche, die um die geheiligte Sonntagsruhe besorgt war. Herr George Pratt richtete also als Sekretär der Kirche einen Brief an sich selbst, den Stadtsekretär, und gab seinen Einspruch zu erkennen. Am nächsten Tage erhielt er von seiner Hand eine höfliche Antwort, in der er sich mitteilte, daß sein Protest dem Stadtrate zur wohlwollenden Erwägung vorgelegt werden würde.

Die Typoskriptfassung des Romanfragments ist mit der Erstausgabe von 1959 identisch.

Erstes Kapitel: Das vegetarische Attentat

Zweites Kapitel: Die dreifältige Nase

218 *kolloiden Lösung:* Abgeleitet von Kollodium; eine zähflüssige Lösung von Nitrozellulose in Alkohol und Äther. Ein Kolloid ist ein Stoff, der sich in mikroskopisch nicht mehr erkennbarer Verteilung in einer Flüssigkeit befindet.
Ein Selbstmord hatte sich in ein Attentat auf eine Topfpflanze verwandelt: Kästner gibt hier der Figur des Selbstmörders, die in seinen Gedichten oft auftaucht, einen doppelten Boden: Ein Mann ist tot und lebt weiter. Möglicherweise handelt es sich um ein camoufliertes Selbstporträt, d. h. um die Beschreibung eines von den Nazis ausgelöschten Schriftstellers, der dennoch weiter existiert. – Zum Motiv des Selbstmörders in Kästners Gedichten: vgl. *Warnung vor Selbstschüssen*, *Selbstmörder halten Asternbuketts*, *Kurt Schmidt, statt einer Ballade*, *Saldo mortale (I, 83, 115, 119, 154).*

219 *Robinson:* Anspielung auf Robinson Crusoe, Titelfigur im gleichnamigen Abenteuerroman (1719/1720) von Daniel Defoe (1660–1731). Er erzählt von einem Schiffbrüchigen, der

fast 30 Jahre auf einer unbewohnten Insel lebt und dort seinen Frieden mit Gott und der Natur findet.
219 *Nemo:* Lateinisch für »niemand«.
proponiert: vom lateinischen proponere: vorschlagen, beantragen.
221 *Propädeutik:* Aus dem Griechischen abgeleitet: Vorbereitende Einführung in ein Fachgebiet; auch: Vorübung, Einleitung.

Drittes Kapitel: Rote Schlagsahne

223 *Tannhäuser-Marsch:* Anspielung auf Richard Wagners (1813 bis 1883) Oper *Tannhäuser* (1845), in der die historische Tannhäuser-Sage mit dem ebenfalls sagenhaften Sängerkrieg auf der Wartburg verbunden wird.
224 *junonisches Haupt:* Abgeleitet von Juno, der römischen Göttin der Ehe und Geburt; Juno Regina war Gemahlin des Jupiter.

VI. Der Zauberlehrling

Erstausgabe: *Gesammelte Schriften.* 7 Bände. Zürich, Berlin, Köln 1959, Band 2, S. 227-320.

Die genannte Ausgabe enthält lediglich die ersten vier Kapitel des Romans, die Kästner 1936 verfaßte. Wann er die Arbeit am Roman wieder aufnahm, ließ sich nicht ermitteln. Die Entstehungszeit der restlichen sechs Kapitel bleibt ungeklärt. Nur soviel steht fest: Kästner entdeckte sie wohl eher zufällig in den sechziger Jahren. So wurden die Kapitel fünf bis zehn erstmals publiziert in den *Gesammelten Schriften für Erwachsene.* 8 Bände. München, Zürich 1969.

Im Erich-Kästner-Archiv fand sich das Typoskript dieser zehn Kapitel, die mit der Druckfassung übereinstimmen. Ferner war dort ein interessantes Dokument zu entdecken: ein zweiseitiges Manuskript mit zahlreichen handschriftlichen Korrekturen und Ergänzungen Kästners, überschrieben *Der Zauberlehrling*. Es ist der Versuch Kästners, sich bei der späten Wiederentdeckung seines epischen Fragments Klarheit über Anlage und Ziel seines unvollendeten Romans zu verschaffen. Ein Ansatz zur Selbstinterpretation, der offenbar als Vorwort zur Ausgabe von 1969 geplant war, indes (soweit zu ermitteln war) unveröffentlicht blieb. Er wird hier erstmals gedruckt:

Der Zauberlehrling (hs.: Von Erich Kästner, ohne Jahresangabe)
Das in den Gesammelten Schriften von 1959 abgedruckte Romanfragment (Kapitel 1-4) aus dem Jahr 1936 entläßt den Leser
ebenso verwirrt wie seinen Helden: den Kunstgelehrten Dr. Alfons Mintzlaff, der, wenig mehr als dreißig Jahre alt, Professur
und Privatleben aufgegeben hat, um sich ganz der Theorie der
Künste zu widmen. Als er, in München, eine Vortragsreise nach
Davos unterbricht, setzt sich im Café ein merkwürdiger Mann
zu ihm und erklärt ungefragt, daß er Baron Lamotte heiße und
Gedanken lesen könne. Wenigstens das zweite ist wahr. Der Baron, wie wir ihn jetzt noch nennen müssen, gibt Proben seiner
Kunst, indem er nicht nur auf Mintzlaffs Gedanken antwortet,
noch ehe der ein Wort gesagt hat, sondern indem er auch eine
höchst peinliche Szene am Nachbartisch dadurch provoziert,
daß jeder der drei Leute dort auf einmal »sehen« kann, was die
beiden anderen planen und von ihm denken. Zu früh ist Mintzlaff beruhigt, das unheimliche Gegenüber wieder los zu sein. Am
nächsten Tag, als sein Zug Zürich passiert hat, tritt der Baron ins
Abteil und kann das Zaubern auch diesmal nicht lassen: Die
Coupétür, durch die Mintzlaff entfliehen will, öffnet sich nicht,
und ein riesiger Baum, auf den der Baron den Doktor Mintzlaff
aufmerksam macht, wird aus heiterem Himmel von einem Blitz
gefällt. Lamotte, stellt sich heraus, ist kein Baron und heißt nicht
Lamotte; er ist überhaupt kein Mensch. Aber wer oder was ist er
dann? Dreimal darf Mintzlaff raten und errät es nicht. – Noch
geheimnisvoller wird alles bei der Ankunft in Davos. Mintzlaff
findet dort seinen Vortrag auf einem Plakat angekündigt, – aber
zu einem anderen Termin und über ein anderes Thema, als ausgemacht war. Bei der Kurverwaltung erfährt er, Professor Mintzlaff sei schon seit einer Woche in Davos und amüsiere sich hier
aufs beste. Der Baron bringt den echten Mintzlaff – der sich jetzt
Jennewein nennt, da der Ort an einem Mintzlaff genug haben
mag – in einem kleinen vornehmen Hotel unter, und auch bei
dieser Gelegenheit stiftet er durch Zauberei Verwirrung. Auf einem nachdenklichen Spaziergang durch das nächtliche Davos
hält er dem Professor vor, wie falsch es sei, das Herz der Vernunft
unterordnen zu wollen. – Damit schließt das Fragment, im Leser den Verdacht zurücklassend: zu diesem Anfang konnte der
Autor wohl das Ende selber nicht mehr finden; da hängen mehr
Fäden offenbar beziehungslos herum, als sich je wieder aufnehmen und in ein Muster knüpfen lassen. – Als ich erfuhr, daß der

Roman zwar noch immer kein Ende, aber doch eine bisher ungedruckte Mitte (Kapitel 5–10) habe, schien es mir allein schon die Befriedigung von mancherlei Neugier zu rechtfertigen, daß diese bisher unveröffentlichten Kapitel hier gedruckt werden. Ich habe sie mit Vergnügen gelesen und meine Neugier befriedigt gefunden.

Erstes Kapitel

229 *Indolenz:* Aus dem Lateinischen für: Unempfindlichkeit gegen Sinneseindrücke; Trägheit, Lässigkeit, Gleichgültigkeit.
apollinische Haltung: Apollon ist in der griechischen Mythologie der Gott der Sühne, der Heilkunde und der Weissagungen, des Lichts und der musischen Künste. Gemeint ist hier ein von Form und Ordnung bestimmtes künstlerisches Schaffen. – Das Apollinische und Dionysische sind ästhetische Begriffe, die Friedrich Nietzsche (1844–1900) in seiner Schrift: *Die Geburt der Tragödie aus dem Geist der Musik* (1872) definiert hat. Mit Nietzsche setzte sich der Essayist Kästner mehrfach auseinander.

230 *Linné:* Carl von Linné (1707–1778), schwedischer Naturforscher, der in seinem Hauptwerk *Systema naturae* (1735) eine umfassende Systematik des Pflanzen- und Tierreichs entwickelte.

Zweites Kapitel

239 *Bergsons Untersuchung über »Das Lachen«:* Henri Bergson (1859–1941), französischer Philosoph, der eine spiritualistische Lebensphilosophie begründete: eine Metaphysik aus dem Geist der Psychologie. Sein Buch *Le rire* (1900, *Das Lachen*) enthält eine philosophische Definition des Komischen: »Komisch ist jede Verkettung von Handlungen und Ereignissen, die uns die Illusion des Lebens und das deutliche Gefühl eines mechanischen Arrangements zugleich verschafft.« (*Das Lachen*. Zürich 1972, S. 41)

247 *Übermensch:* Ein zentraler Gedanke in der Philosophie Friedrich Nietzsches (1844–1900) ist die Lehre vom Übermenschen, entwickelt in seinem Hauptwerk *Also sprach Zarathustra* (4 Bände, 1883–1885). Der Übermensch ist der Mensch, der sich nicht mehr als logisches Wesen definiert, sondern sich als offenen »Versuch« bejaht. Kästner spielt hier versteckt auf

die NS-Ideologie an, die den Begriff von Nietzsche übernahm. In seinem Tagebuch *Notabene 45* schreibt Kästner: »Daß Nietzsche krank war, ist sein Verhängnis. Uns wurde zum Verhängnis, daß Bücher anstecken können.« (Vgl. *VI, 365*)

Drittes Kapitel

249 *Kavalkade:* Zug geschmückter Reiter; auch: Pferdeschau.
255 *Sumatra:* zweitgrößte der Sundainseln in Indonesien.

Viertes Kapitel

257 *Victoria:* Britische Königin (1819–1901) und Kaiserin von Indien. Sie wurde durch ihre lange Amtszeit, in der sie ihr Mann Prinz Albert von Sachsen-Coburg-Gotha (1819–1861) beriet, zu einer epochalen Figur der britischen Geschichte (Viktorianisches Zeitalter).
Robert Louis Stevenson: Schottischer Schriftsteller (1850 bis 1894), bekannt durch seine exotischen und phantastischen Romane, u. a. *Die Schatzinsel* (1883) und *Dr. Jekyll und Mr. Hyde* (1886).
259 *Jason:* Held der griechischen Sage, Anführer der Argonauten. Mithilfe seiner Gemahlin Medea entwendete er das Goldene Vlies.
Theseus: Held der griechischen Sage. Er erschlug im Labyrinth von Kreta den Minotaurus, um seine Vaterstadt Athen von den auferlegten Tributen des Königs Minos (Kreta) zu befreien; mit Hilfe von Ariadnes langem Faden konnte er dem Labyrinth entkommen.
Amazone: In der griechischen Mythologie sind die Amazonen ein kriegerisches Frauenvolk in Kleinasien, das Nachbarvölker zur Zeugung aufsucht, nur Mädchen als Kämpferinnen großzieht und ihnen die beim Bogenschießen hinderliche rechte Brust entfernt. Heinrich von Kleist hat diesen Stoff in seinem Drama *Penthesilea* aufgegriffen.
260 *Lots Weib:* Lot, Figur des Alten Testaments, Neffe Abrahams. Als Gerechter wurde er bei der Vernichtung von Sodom und Gomorrha verschont, während seine Frau sich gegen die Weisung bei der Flucht umdrehte und daraufhin zur Salzsäule erstarrte. Vgl. Gen 19.
261 *Mauer aus […] Glas:* Das Motiv der Glaswand taucht auch in Fabians visionärem Traum auf (vgl. *III, 124* f.), ebenso das

Doppelgänger-Thema *(III, 125)*; im Spiegel begegnet Fabian sich in drei Abbildern seiner selbst.

Fünftes Kapitel

264 *Maurice Chevalier:* französischer Schauspieler und Chansonnier (1888–1972).

268 *Wer nicht lacht, [...] ist nur ein halber Mensch:* 1958 schreibt Kästner einen poetologischen Essay mit dem Titel *Gedanken über das Lachen*. Darin beklagt er die Einäugigkeit der deutschen Literatur. Ihr fehle »das lachende Auge«, die deutschen Dichter nähmen nur den Ernst ernst. »Am rarsten jedoch ist der Humor in der deutschen Literatur«, heißt es dort. Der einzige humoristische Dichter und Denker, auf den sich Kästner als seinen Lehrmeister bezieht, ist Jean Paul. (Vgl. GSE VIII, 291–300)

Sechstes Kapitel

277 *invitieren:* Einladen.

282 *Zenon:* Griechischer Philosoph (ca. 490–430 v. Chr.), vertrat die Lehre von der Einheit und Unveränderlichkeit des Seins.

283 *Zeus:* Göttervater in der griechischen Mythologie (römisch: Jupiter); ursprünglich war er Himmels- und Berggott, dann Gott des Donners und der Blitze, Hüter des Rechts und der Familie. Er ist Vater zahlreicher Götter.

Siebentes Kapitel

284 *Loggia:* Säulenhalle, von Pfeilern oder Säulen getragene offene Bogenhalle; auch: nach einer Seite hin offener Gang oder Raum in einem Haus.
Kentaur: Fabelwesen in der griechischen Mythologie mit menschlichem Oberkörper und Pferdeleib.
Olymp: in der griechischen Mythologie der Sitz der Götter.

285 *Hephaistos:* Griechischer Gott des Erdfeuers, Schutzgott der Schmiedekunst; er wird mit Hammer oder Zange dargestellt.
Akropolis: Oberstadt, hochgelegener Tempelbezirk. Bekannt ist die klassische Akropolis in Athen, auf der zahlreiche Tempel erhalten sind.
Hermen: Griechisches Kultmal; ein vierkantiger Pfeiler, der

vom bärtigen Kopf des Gottes Hermes gekrönt wird und der einen Phallus und Armansätze trägt.

285 *Hermes:* Griechischer Gott des Handels und Verkehrs, auch der Diebe. Er wurde als Götterbote mit Flügelhelm, Flügelschuhen und Heroldstab dargestellt.

286 *Hera:* Griechische Erd- und Muttergöttin, Schutzgöttin von Ehe und Geburt; als eine der zwölf Olympier von den Griechen als Himmelskönigin verehrt.

287 *Apollon:* Vgl. Anmerkung zu *III, 229*.

Leto: Griechische Muttergöttin, Tochter des Titanenpaares Koios und Phoibe und Mutter der Zwillinge Apollon und Artemis.

Herakles: Sohn des Zeus und der Alkmene. Durch zwölf heroische Taten erlangte er die Aufnahme unter die Götter. Er verkörpert Kraft, Mut, Tapferkeit.

Cagliostro: Alessandro Graf von Cagliostro (1743–1795), italienischer Abenteurer, der als Wunderheiler und Geisterbeschwörer durch ganz Europa reiste und mit seinen Scharlatanerien höchste Gesellschaftskreise beeindruckte. 1785 war er in die französische »Halsbandaffäre« verwickelt und starb schließlich im Kerker.

288 *Hebe:* Griechische Göttin der Jugend, Tochter des Zeus und der Hera, Gemahlin des Herakles.

289 *Alkmene:* In der griechischen Mythologie Ehefrau des Amphitryon und Mutter des Herakles, den Zeus, als Amphitryon verkleidet, mit ihr zeugte. Heinrich von Kleist verarbeitete den Stoff in seiner Komödie *Amphitryon* (1807).

Achtes Kapitel

295 *beschloß er, [...] ein Engel zu werden:* Kästner nimmt hier das Hauptmotiv aus den *Doppelgängern* wieder auf, wo ein Engel einen jungen Mann vor dem Selbstmord rettet (vgl. *III, 213 bis 216*).

Fortuna: Römische Glücksgöttin, meist mit Glücksrad oder Füllhorn dargestellt; sie symbolisiert die Wechselhaftigkeit des Schicksals.

Peloponnesischen Krieg: Konflikt zwischen Athen und Sparta um die Hegemonie in Griechenland (431–404 v. Chr.). Die Vernichtung der attischen Flotte in der Schlacht bei Aigospotamoi (405) führte zur Niederlage und schließlich zur Kapitulation Athens. Folge war der Zusammenbruch des demokratischen Systems und vorübergehend die Errichtung einer Oligarchie, der sogenannten Regierung der 30 Tyrannen. Sparta war bis 371 griechische Hegemonialmacht.

296 ›*Nun bin ich also endlich tot*‹, *dachte der junge Mann:* Auch hier greift Kästner auf *Die Doppelgänger* zurück. Dort heißt es: »Er war tot und lebte weiter.« (Vgl. *III, 218*)

300 *Albions:* Poetischer Name für England, wahrscheinlich keltischen Ursprungs; vom lateinischen albus (weiß) abgeleitet, mit Bezug auf die Kreidefelsen von Dover, die Besucher des Landes, die den Kanal überqueren, als erstes erblicken.

Neuntes Kapitel

304 *Leda:* Griechische Muttergöttin; Zeus, als Schwan verkleidet, soll mit ihr zwei Eier gezeugt haben: Aus einem entstand Helene, aus dem anderen gingen die Dioskuren hervor.
Antiope: Geliebte des Zeus, der sie in Gestalt eines Satyrs schwängerte.
Alkmene: Vgl. Anmerkung zu *III, 289*.
Danae: Tochter des Königs Akrisios und seiner Gemahlin Eurydike. Zeus schwängerte sie in Gestalt eines Goldregens, und sie gebar den Perseus.
Demeter: Griechische Göttin der Erdfruchtbarkeit und des vegetativen Lebens. Sie gehört zu den zwölf Olympiern und ist eine Hauptgestalt in den Eleusinischen Mysterien.
Semele: Griechische Erdgöttin. Zeus zeugte mit ihr Dionysos, den Gott des Weines und des Rausches sowie der dramatischen Spiele.
Kallisto: Griechische Bärengöttin, später Nymphe im Jagdtroß der Artemis.
Leto: Vgl. Anmerkung zu *III, 287*.
Metis: Griechische Göttin der Klugheit und Weisheit; erste Gemahlin des Zeus, der die von ihm Schwangere aus Furcht vor einem mächtigen Sohn verschlang. Das Kind Athene entsprang nach neun Monaten aus dem Haupt des Zeus.
Maia: Griechische Göttin des Wachstums, später eine Nymphe. Zeus zeugte mit ihr Hermes (vgl. Anmerkung zu *III, 285*).
Persephone: Griechische Göttin der Unterwelt, später Göttin der Fruchtbarkeit und des vegetativen Lebens. Tochter des Zeus und der Demeter (vgl. Anmerkung zu *III, 304*).

304 *Themis:* Griechische Göttin der Gerechtigkeit, des Rechts und der Sittlichkeit, über deren Einhaltung bei Göttern und Menschen sie wachte.
Mnemosyne: Griechische Göttin, die Gedächtnis und Erinnerung verkörpert. Durch Zeus gebar sie die neun Musen.

307 *Wischnu:* Eine der Hauptgottheiten des Hinduismus; er verkörpert das Prinzip der Welterhaltung.
Ödipus: Sohn des griechischen Königs Laios und der Jokaste; er wuchs bei Pflegeeltern auf und heiratete später als König von Theben die Witwe seines Vorgängers, den er ermordet hatte, nicht wissend, daß dieser sein Vater und jene seine Mutter war. Als Ödipus dies später erkannte, blendete er sich.

308 *Hesiod:* Griechischer Schriftsteller aus dem 8. Jahrhundert v. Chr. Er begründete die lehrhafte epische Dichtung mit seiner *Theogonie*, in der er in 1022 Versen die Entstehung der Welt und die Genealogie der Götter beschrieb.

Zehntes Kapitel

311 *weiser Parse:* Anhänger der persischen Lehre des Zarathustra, die besonders in der Sassanidenzeit (224–642) vorherrschte. Grundzug des Parsismus ist der Dualismus zwischen bösen und guten Geistern. Mit Hilfe des »Heiligen Buchs«, der Awesta, soll der Mensch den Weg zum Guten finden. Nach der islamischen Eroberung Persiens wanderten die meisten Parsen nach Indien aus, wo heute noch etwa 120000 Anhänger der Lehre leben.

313 *jenem Esel:* Gemeint ist der Esel Buridan, der sich zwischen zwei Heuhaufen nicht entscheiden kann und verhungert. Diese gleichnishafte Geschichte wird dem Scholastiker Jean Buridan (1300–1358) zugeschrieben.

314 ›*Mitleid und Perspektive oder die Ansichten eines Baumes*‹: Beim von Mintzlaff zitierten Epigramm eines seiner Freunde spielt Kästner selbstironisch auf ein Gedicht aus seiner Sammlung *Kurz und bündig* (1950) an (vgl. *I, 276*)

318 *Friedrich von Ofterdingen:* Die Schwindeleien des angeblichen Professor Mintzlaff steigert Kästner hier zu einem grotesken Scherz: mit der Anspielung auf den Roman *Heinrich von Ofterdingen* (1802) und seinen Verfasser Novalis (1772–1801), der eigentlich Friedrich Freiherr von Harden-

berg hieß. Womit Kästner die Romantiker und die romantische Poesie spöttisch aufs Korn nimmt.

320 »*Widerspruch zwischen dem Erwartungsgemäßen und dem Unangemessenen*«: Anspielung auf Henri Bergsons Definition des Komischen in *Le rire*; vgl. Anmerkung zu *III*, 239.

VII. Briefe an mich selber

Erstausgabe: *Gesammelte Schriften*. 7 Bände. Zürich, Berlin, Köln 1959, Band 2, S. 247–254.

Die Titelseite enthält einen knappen Vermerk Kästners, in dem er sich als vereinsamten Schriftsteller schildert, der nach innen emigriert ist und ins Selbstgespräch flüchtet. Die Anmerkung lautet: »Es handelt sich um keine literarische Fiktion. Der Autor versuchte im Jahre 1940 tatsächlich, mit sich selber zu korrespondieren.« Kästners handschriftliche Fassung der *Briefe an mich selber*, die teilweise von der Druckfassung abweicht und zahlreiche Korrekturen und Veränderungen des Autors enthält, fand sich im Erich-Kästner-Archiv. Zu diesen Briefen hat Kästner sich offenbar von einem Zeitungsartikel aus dem *Berliner Tageblatt* vom 18. Juli 1936 anregen lassen, der in der sogenannten Stoffmappe enthalten ist. Er heißt *Der Doppelgänger* und wird hier getrennt abgedruckt (vgl. *III*, 420).

Die Abweichungen zwischen dem Manuskript und der Erstausgabe der beiden *Briefe an mich selber* werden nachfolgend dokumentiert.

Der erste Brief

327 *was stichhaltig wäre:* Ergänzend im Manuskript: »was völlig stichhaltig wäre.«

nicht vermuten, daß Sie einsam sind: Fremdheit und Einsamkeit sind ein zentrales Thema im *Fabian* und in Kästners Gedichten; vgl. *Apropos Einsamkeit, Repetition des Gefühls, Sozusagen in der Fremde, Herbst auf der ganzen Linie* (*I*, 48, 92, 180, 251).

328 *Kein Händedruck, kein Hieb:* Abweichend im Manuskript: »kein Peitschenhieb.«

Es ist nicht gut, daß der Mensch allein sei: Anspielung auf das Alte Testament, 1. Buch Mose, wo es heißt: »Gott dachte: ›Es ist nicht gut, wenn der Mensch allein ist. Ich will ihm einen Gefährten geben, der zu ihm paßt.«‹ (Gen 2, 18)

Anmerkung nach Empfang des ersten Briefes

329 *Diese Leute sind mir zuwider:* Abweichend im Manuskript: »sind mir widerlich.«

Der zweite Brief

330 *Du glaubtest, Dich nützlich zu machen. Es war ein Irrtum:* Kästner blickt hier melancholisch auf seine früheren Ideale als Gebrauchslyriker zurück. 1929 schrieb er in seiner *Prosaischen Zwischenbemerkung*: »Die Lyriker haben wieder einen Zweck. Ihre Beschäftigung ist wieder ein Beruf. Sie sind wahrscheinlich nicht so notwendig wie die Bäcker und die Zahnärzte. […] Trotzdem dürften die Gebrauchspoeten ein bißchen froh sein: sie rangieren unmittelbar nach den Handwerkern.« (vgl. *I, 87*). Und noch 1936 hielt er seine Gedichte für Medikamente: »Es war seit jeher mein Bestreben, seelisch verwendbare Strophen zu schreiben. […] Der vorliegende Band ist der Therapie des Privatlebens gewidmet. Er richtet sich […] gegen die kleinen und großen Schwierigkeiten der Existenz.« (Vorwort zu *Doktor Erich Kästners Lyrische Hausapotheke*, *I, 365*). 1940 hat er von solch hochfliegenden Hoffnungen Abschied genommen.
Ihr Weg ist der Kreis: Kästner greift hier auf ein Gleichnis im *Fabian* zurück, dargestellt in Daumiers Zeichnung *Der Fortschritt*, wo Schnecken, die im Kreis kriechen, das Tempo der menschlichen Entwicklung symbolisieren; vgl. Anmerkung zu *III, 34*.
Nun Du weißt, daß Du im Irrtum warst, als Du bessern wolltest: Ergänzend im Manuskript: »als Du bessern wolltest, mußt Du lächeln.«
wenn sie seine Beschwörungen und schließlich seine Verwünschungen mißachten: Abweichend im Manuskript: »wenn sie sowohl seine Beschwörungen, als schließlich seine Verwünschungen mißachten.«
Aber an den Wahn, aus den Menschen […] eine andere, höhere Gattung von Lebewesen entwickeln zu können: Der hier formulierte Skeptizismus wird für den Autor lebensbestimmend bleiben. 1956 schreibt der Menschenerzieher a. D.: »Er

glaubt heute sehr viel weniger als damals. Aber er weiß ein bißchen mehr. [...] Er weiß nun, daß Dummheit unbelehrbar und Bosheit unbekehrbar ist. [...] Man rennt nicht ungestraft ein Leben lang mit demselben Kopf gegen dieselben Wände.« (Vgl. *GSE* VIII, 246 f.)

331 *Kriege seien verwerflich:* Der Krieg ist ein Hauptthema des pazifistischen Poeten: vgl. *Jahrgang 1899, Kennst Du das Land, wo die Kanonen blühn?, Sergeant Waurich, Primaner in Uniform, Verdun, viele Jahre später, Marschliedchen (I, 9, 26, 65, 139, 217, 220).*
Sokrates: Griechischer Philosoph (ca. 470–399 v.Chr.); seine Lehren sind nur in den Schriften seiner Schüler, vor allem Platons, überliefert. Er wurde wegen seines vermeintlich verderblichen Einflusses auf die Jugend von der Obrigkeit zum Tode verurteilt. Seiner öffentlichen Hinrichtung entging er durch Trinken eines Giftbechers.
Campanella: Tommaso Campanella (1568–1639), italienischer Philosoph. In seinem Hauptwerk *Der Sonnenstaat* (1602) entwarf er die Utopie eines theokratischen und sozialen Idealstaates. Er verbrachte wegen Widerstands gegen die spanische Herrschaft in Süditalien 27 Jahre im Kerker.
Morus: Sir Thomas More, latinisiert Morus (1478–1535), englischer Humanist und Politiker; er verfaßte die satirisch-staatsphilosophische Schrift *Utopia* (1516). Kästner nennt die Utopie seit Thomas Morus eine »Form der Gesinnungsliteratur« (*Menschen, Göttern gleich*, *Neue Leipziger Zeitung*, 27.9.1927; vgl. *Gemischte Gefühle*, a. a. O., Bd. 1, S. 106).
Immanuel Kant: Philosoph der Aufklärung (1724–1804); er formulierte den kategorischen Imperativ als Grundsatz der Ethik: »Handle so, daß die Maxime deines Willens jederzeit zugleich als Prinzip einer allgemeinen Gesetzgebung gelten könne.« Kästner bezieht sich hier auf Kants Grundlage der Moral: »Zwei Dinge erfüllen das Gemüt mit immer neuer und zunehmender Bewunderung und Ehrfurcht, je öfter und anhaltender sich das Nachdenken damit beschäftigt: der bestirnte Himmel über mir und das moralische Gesetz in mir.« (*Kants Werke*. Akademietextausgabe. Berlin 1968, Band V, S. 161)

VIII. Kurze Geschichten und Kurzgeschichten

Erstausgabe: *Gesammelte Schriften*. 7 Bände. Zürich, Berlin, Köln 1959, Band 2 (8 Erzählungen)
und *Gesammelte Schriften für Erwachsene*. 8 Bände. München, Zürich, 1969, Band. 4 (11 Erzählungen).
Von den elf publizierten Erzählungen werden in diesem Band acht gedruckt. Die übrigen drei finden sich aus systematischen Gründen hier in *VIII 341, 347, 385*, da es sich (zumindest vorrangig) um Geschichten für Kinder handelt.
Kästners Kurzgeschichten sind von unterschiedlicher Qualität, er schrieb sie für diverse Tageszeitungen, manche sind offenbar zum schnellen Verzehr bestimmt. Von schulischen Erziehungstraumata und militärisch-sadistischem Drill handeln die durch eigene Erfahrungen gestützten und literarisch geglückten Erzählungen *Die Kinderkaserne* und *Duell bei Dresden*. Aus allen Geschichten aber ragt eine in ihrer sprachlichen und epischen Verknappung, Dichte und Lakonie heraus: *Verkehrt hier ein Herr Stobrawa?* Es ist die Schilderung einer ganz alltäglichen Begebenheit; eine kleine, alte Dame wird von ihrem deftigen, lärmend-lebenslustigen Ehemann mit einer jungen Geliebten betrogen. Eines Tages versichert sie sich dessen, was sie ohnehin weiß. Sie bewahrt ihre Würde vor aller Öffentlichkeit, und nicht gedemütigt verläßt sie schweigend den Ort der Tat, wo sie zur Augenzeugin des Betrugs wurde.

Es gibt noch Don Juans

Erstdruck: *Berliner Tageblatt*, 21. 2. 1930, Abend-Ausgabe, S. 2–3; Nachdruck: *Prager Tagblatt*, 25. 2. 1930, S. 2. und Nachdruck: *Neue Leipziger Zeitung*, 25. 3. 1930, S. 2.

336 *Libertinertum:* vom französischen Begriff »libertin«, Freigeist; abwertend: ein leichtfertiger, zügelloser Mensch oder auch Wüstling. Gebräuchlicher ist die Bezeichnung »Libertinage« für Ausschweifungen oder moralische Bedenkenlosigkeit.
Don Juan: Figur der spanischen Volkssage, Archetyp des skrupellosen Verführers. Er lädt am Ende die Statue eines von ihm Getöteten zum Festmahl ein. Der »steinerne Gast« erscheint und fährt mit ihm zur Hölle. Die Figur des Don Juan wurde in der Literatur, Musik und Philosophie zur Weltfigur: Bei Tirso de Molina (1584–1648), Molière (1622–1673), E. T. A. Hoffmann (1776–1822), Christian Dietrich Grabbe (1801 bis

1836), Max Frisch (1911–1991) u. a.; in Mozarts Oper *Don Giovanni* und von Sören Kierkegaard philosophisch interpretiert (*Entweder – Oder*, 1843). Kästner widmet der Figur im Nachkriegskabarett *Die kleine Freiheit* das Gedicht *Don Juans letzter Traum (II, 253)*.

337 Douglas Fairbanks: Amerikanischer Filmschauspieler (1883 bis 1939) und Stummfilmidol; er verkörperte Abenteuer- und Liebhaberrollen, u. a. in *Die drei Musketiere* (1921), *Robin Hood* (1922) und *Der Dieb von Bagdad* (1924).

Die Kinderkaserne

Erstdruck: *Neue Leipziger Zeitung*, 18.10.1925, S. 29; Nachdruck: *Beyers für Alle*, Kinderzeitung, Jahrgang 2, Heft 23, 8. März 1928, S. 4–5 und Nachdruck: *Junge deutsche Dichtung*. Hrsg. v. Kurt Firneberg und Helmut Hurst. Berlin 1930, S. 199–203.

342 *Béranger:* Pierre Jean de Béranger (1780–1857), französischer Schriftsteller. Er rühmte in seinen populären Gedichten Napoleon I.

344 *Punische Kriege:* Die Kriege zwischen Rom und Karthago fanden 264–241, 218–201 und 149–146 v. Chr. statt. Nach zeitweiligen Erfolgen, vor allem durch Hannibal (247–183 v. Chr.), endeten sie mit der Niederlage der Punier, und Rom konnte seine Herrschaft über den westlichen Mittelmeerraum sichern.

La cigale et la fourmi: Die Grille und die Ameise; bekannte Fabel des französischen Dichters Jean de La Fontaine (1621 bis 1695), der mit seinen rund 240 lehrhaft-vergnüglichen Fabeln die in der Antike von Äsop begründete Gattung wiederbelebte.

Verkehrt hier ein Herr Stobrawa?

Entstanden zwischen 1924 und 1927, von Kästner 1959 überarbeitet; weder ein Typoskript noch ein Erstdruck konnten ausfindig gemacht werden.

345 *Alter Fritz:* Gemeint ist Friedrich II., seit 1740 preußischer König; vgl. Anmerkung zu *III, 10*.

Der Kleine Herr Stapf

Erstdruck: *Neue Leipziger Zeitung*, 12.5.1925, S. 2.

349 *Bohème:* Gemeint ist die Oper *La Bohème* (1896) des italienischen Komponisten Giacomo Puccini (1858–1924).

349 *Soffitten:* Vom Schnürboden herabhängendes Dekorationsstück, das eine Bühne nach oben abschließt.
dionysische Seligkeit: Vom griechischen Gott Dionysos (vgl. Anmerkung zu *III, 229*) abgeleitete Bezeichnung für rauschhafte Zustände.
Puccini: Giacomo Puccini (1858–1924), italienischer Komponist, der vor allem spätromantische Opern schuf.
Mimi: Gemeint ist die weibliche Hauptfigur in Puccinis Oper *La Bohème*.
350 *Korps:* Hier: studentische Verbindung.
Ladnerin: Veraltete Bezeichnung für Verkäuferin.

Sebastian ohne Pointe
Erstdruck: *Neue Leipziger Zeitung*, 19. 5. 1926, S. 2; Nachdruck: *Jugend*, 9, 23. 2. 1929, S. 145–150.

Duell bei Dresden
Erstdruck: *Vierundzwanzig neue deutsche Erzähler*. Hrsg. v. Hermann Kesten. Berlin 1929, S. 136–142.
358 *EK 1:* Abkürzung für Eisernes Kreuz 1. Klasse; von König Friedrich Wilhelm III. 1813 für die Dauer des Krieges gegen Napoleon gestiftete preußische Kriegsauszeichnung. Das EK wurde 1817 und 1914 in Preußen und 1939 von Hitler wieder eingeführt. Heute ist das Tragen des EK laut Gesetz vom 26. Juli 1957 nur ohne Hakenkreuz erlaubt.

Kurzgeschichte in fünf Akten
Erstdruck: *Die Neue Zeitung*, 28. 4. 1947, Beilage.
Kästner greift hier stillschweigend auf sein Berliner Feuilleton zurück, das er am 28. Juni 1932 in der *Neuen Leipziger Zeitung* veröffentlichte unter dem ironischen Titel *Der alte gute Bekannte* (vgl. *Gemischte Gefühle*, a. a. O., Bd. 1, S. 305–306). Erzählt wird exakt dieselbe Begebenheit, nur etwas knapper, in vier statt fünf Abschnitten (bzw. Akten) und in größtenteils identischen Formulierungen. Der Nachkriegsautor Kästner rechnete wohl damit, daß seine Zeitungsgeschichte von 1947 unbekannt, beziehungsweise vergessen war. Der Schlußakt, den er hier hinzufügt, ist überflüssig; er offenbart die Verlegenheit des Verfassers und verwässert die treffende Pointe im vierten Akt durch einen neuen, beliebigen Schluß.
364 *Alfred Döblin:* Schriftsteller und Arzt (1878–1957); sein bester Roman ist *Berlin Alexanderplatz* (1929), ein in seiner

sprachlichen Gestaltung der Großstadt revolutionäres Werk. In seinem Artikel *Berliner Buchzauber* (*Neue Leipziger Zeitung*, 24. März 1929) vermerkt Kästner, daß Alfred Döblin bei einem Treffen von Verlegern, Sortimentern, Schriftstellern und Journalisten unter dem Motto »Tag des Buchs« auf die »Diktatur des Snobs« geschimpft habe (vgl. *Gemischte Gefühle*, a.a.O., Band 1, S. 282).

365 *Kurt Tucholsky:* Schriftsteller (1890–1935); Mitarbeiter der *Schaubühne* und *Weltbühne*, nach dem Tod des Herausgebers Siegfried Jacobsohn (1926) kurzzeitig mit Carl von Ossietzky Herausgeber des Blattes. Er schrieb scharfe politische und gesellschaftskritische Satiren und Essays, Gedichte und auch zwei heiter-melancholische Romane, beziehungsweise Erzählungen, *Rheinsberg* (1912) und *Schloß Gripsholm* (1931). Der von den Nazis verbotene Autor, dessen Schriften 1933 verbrannt wurden, emigrierte nach Schweden, wo er 1935 Selbstmord beging. – Er war ein Freund Kästners, der ihm 1946 ein liebevolles Porträt widmete, *Begegnung mit Tucho* (VI, 597), wo es heißt: »ein kleiner dicker Berliner wollte mit der Schreibmaschine eine Katastrophe aufhalten«.

Ein Herr fällt vom Stuhl
Erstdruck: *Neue Leipziger Zeitung*, 11.4.1929 (*Gemischte Gefühle*, a.a.O., Band 2, S. 172–173).

Die Entstehungsgeschichte des *Fabian* in Dokumenten

1 Verlagsgutachten Curt Weller, Deutsche Verlags-Anstalt, vom 10. Juli 1931 (Typoskript, Erich-Kästner-Archiv).

Erlebnisse und Beobachtungen – kein Roman im Sinne des Gattungsbegriffes (s. Nachwort für den Kunstrichter). Dem Verfasser kommt es darauf an, einen Querschnitt durch die Zeit zu geben und seine Menschentypen – Träger und Nutznießer dieser Zeit in ihrer passiven Aktivität vorübergehend oder in markanten Situationen wiederkehrend – schlaglichtartig zu beleuchten, wobei ihm außerordentlich daran lag, »die Proportionen des Lebens zu wahren« (s. Nachwort für den Sittenrichter). Es sind die Themen seiner Lyrik.

Zwei Freunde (Jakob Fabian und Labude), deren gegenseitiges

inneres Verhältnis, obwohl kein Wort darüber gesprochen wird, jedem Leser nahe geht, streifen durch das »Leben dieser Zeit«. Das Milieu gibt Berlin und Dresden. In ihren Köpfen wird die Not dieser Zeit bewußt, in ihren Herzen ringt sie mit Sehnsucht und Hoffnung (s. hierzu den prächtigen Schluß des fünfzehnten Kapitels und Abschiedsbrief Labudes). Auch diese Freundschaft kann keine positiven Ergebnisse zeitigen. Beide Freunde sterben – gewissermaßen aus Versehen.

Daß der grundehrliche Charakter Kästners dem Leser mitunter abstoßende und erschreckende Situationen zumutet, ist nicht Schuld des Verfassers, sondern Schuld der Zeit. Kästner will bessern, indem er die Wahrheit aufdeckt. Darauf basiert sein ganzes Schaffen und dessen Notwendigkeit. In des Verfassers Ehrlichkeit liegt die Ehrlichkeit des Buches und seine Absicht begründet. Sie wird deutlich, wenn dieser keusche Jakob Fabian seinem guten Herzen die Freiheit gibt, sich zu zeigen. So wird das Buch zu einer Anklage größten Stils – zu einem Menetekel.

Das Buch will nicht Dichtung sein – es will wahr sein. Man wird an der Phantasie des Verfassers keinen Trost suchen können. Es sind Beobachtungen und Erlebnisse – auch der Selbstmord Labudes und seine Ursache sind erlebt (aber genügend kaschiert). Ob die Komposition oder gewisse Einzelheiten der ersten neun Kapitel nicht gemildert werden können, darüber wäre wohl noch mit Kästner zu korrespondieren – aber vielleicht ist es notwendig, das Folgende so vorzubereiten.

Der Titel ist noch eine ernsthafte Sorge. Kästner bezeichnete ursprünglich das Buch »Saustall«, aber dieser Titel trifft zu höchstens für die ersten neun Kapitel. (Und Kästner weiß, daß dieser Titel buchhändlerisch nicht möglich ist.) Ein anderer Gedanke von ihm: »Saustall ohne Herkules« ist treffender, denn es ist ein Bestandteil des Buches, aufzuzeigen, daß die Kraft und Fähigkeit, den Saustall zu säubern, noch fehlt. Aber auch dieser Titel ist noch nicht umfassend (s. Fabian mit der Mutter, Fabian mit dem Erfinder, Fabian mit dem Kind im Warenhaus, Fabian mit Cornelia).

Wieder ein Gedanke Kästners ist der Titel »Jugend im Vacuum«. Er ist zweifellos treffend, aber Kästner glaubt, daß er nicht gut genug klinge und aussehe.

Den besten Titel hat Stefan Zweig vorweggenommen. »Verwirrung der Gefühle« wäre treffend. Schlachthaus des Herzens, in das Europa geraten ist, Wartesaal, Provisorium ... aber auch das sind noch keine Titel.

Im Ganzen genommen ist es ein unendlich trauriges Buch, es ist ein Buch, das eine heftige Diskussion erwecken wird, einen Streit um Für und Wider. Aber es wird bei der Resonanz, die Kästner bereits gefunden hat – trotz allem oder weil die Zeit seiner bedarf – ein Erfolg.

Mit ähnlichen Stoffen für ihre diesjährigen Bücher beschäftigen sich auch Kesten und Glaeser. Kästner würde deshalb Wert darauf legen, mit seinem Roman bald, d. h. als erster unter den drei, zu erscheinen.

2 Brief von Curt Weller an Erich Kästner vom 10. Juli 1931 (Typoskript, Erich-Kästner-Archiv).

Lieber Herr Kästner,

das Manuskript ist gelesen. Ich beglückwünsche Sie aufrichtig und von ganzem Herzen zu dieser ersten größeren epischen Arbeit. Wer nicht an dem Geschehen hängen bleibt, muß erschüttert sein. Und daraus erwächst mein Vertrauen zu diesem Buch.

Ich sende Ihnen anliegend die erste Formulierung meines Eindrucks, die natürlich noch nicht umfassend ist. Sie werden daraus ersehen, daß ich einige Bedenken gegen die ersten neun Kapitel habe. Ich gestehe ein, daß ich direkt aufgeatmet habe, als im zehnten Kapitel Menschlichkeit (wenigstens was man darunter verstehen möchte) in Erscheinung tritt. Diese nüchternen Schilderungen der Erlebnisse in den ersten neun Kapiteln wirken geradezu erkältend. Vielleicht war es aber Ihre Absicht und ich wäre Ihnen dankbar, wenn Sie mir dazu Einiges schreiben wollten.

Die Nachworte halte ich für sehr angebracht. Aber sind sie in dieser Form endgültig?

Die Titelfrage ist in der Tat schwer zu lösen, aber ich werde mich weiter damit beschäftigen. Schade, daß Stefan Zweig den besten Titel vorweggenommen hat. Herr Lang, der eben mit der Lektüre Ihres Romans beschäftigt ist, weil er nächste Woche in Urlaub geht, nannte auch einen Titel »Herz unter Null«. Aber ich weiß nicht, ob Sie nach »Herz auf Taille« dazu den Mut hätten, und er trifft auch nicht ganz. Ich zweifle aber nicht, daß gemeinsame Bemühungen doch noch zu einem Titel führen werden.

Herrn Dr. Kilpper werde ich morgen das Manuskript geben. Sie wissen ja, daß die Annahme von ihm abhängen wird.

Ich zweifle nicht an dem Erfolg des Buches und würde mich

freuen, für Ihr neues Werk mich ganz besonders einsetzen zu können. Freilich, es wird heftig angegriffen werden, aber dagegen steht Ihre leidenschaftliche Ehrlichkeit, die durch Ihre Lyrik bekannt genug geworden ist (– und wie der Vortrag zeigte, selbst in Stuttgart Verständnis fand).

Wenn Ihr Buch allen so viel gibt wie mir, so hat es seinen Zweck erfüllt. Und außerdem bin ich vergnügt darüber, Kästner noch besser kennen gelernt zu haben.

Grüßen Sie Ihre gute und so echte Mutter vielmals von mir. Was wird sie zu diesem Buche sagen?

Im übrigen geben Sie mir bald Ihre nächste Adresse und seien Sie herzlich gegrüßt von

Ihrem dankbaren
Curt Weller

3 Brief von Heinrich Mann an Erich Kästner vom 24. November 1931 (Kopie, Erich-Kästner-Archiv).

Sehr verehrter Herr Kästner,
Ihr »Fabian« hat mir wirkliche Theilnahme abgewonnen. Man wird sentimental, ohne daß Sie es sind, beim Lesen eines so armen Lebens – nur arm, weil es diese Zeit erlebt. Aber wie munter und unmittelbar trotz allem seine Eindrücke, seine Wanderungen durch die unwirthliche Umwelt! Das ergibt Vergnügen für den Leser inmitten seiner Ergriffenheit. Nehmen Sie für beides meinen aufrichtigen Dank!

Ihnen ergeben
Heinrich Mann

4 Vorwort des Verfassers

Über dieses nunmehr bald fünfundzwanzig Jahre alte Buch kursierten im Laufe der Zeit recht verschiedene Urteile, und es wurde noch von manchen, die es lobten, mißverstanden. Wird man's heute besser verstehen? Gewiß nicht! Wie denn auch? Daß im Dritten Reich die Geschmacksurteile verstaatlicht, in Phrasen geliefert und millionenfach geschluckt wurden, hat Geschmack und Urteil breiter Kreise bis in unsere Tage verdorben. Und heute sind, noch ehe sie sich regenrieren konnten, bereits neue, genauer, sehr alte Mächte fanatisch dabei, wiederum standardisierte Meinungen – gar nicht so verschieden von den vorherigen – durch Massenimpfung zu verbreiten. Noch wissen viele nicht, viele nicht mehr, daß man sich Urteile selber bilden kann und sollte. Soweit sie sich drum bemühen, wissen sie nicht, wie man's anfängt. Und schon sind, angeblich zum Schutze der Jugend, Kuratelgesetze gegen moderne Kunst und Literatur in Vorbereitung. Das Wort »zersetzend« steht im Vokabular der Rückschrittler längst wieder an erster Stelle. Verunglimpfung ist eines jener Mittel, die den Zweck nicht nur heiligen, sondern ihn, nur zu oft, auch erreichen.

So wird heute weniger als damals begriffen werden, daß der *Fabian* keineswegs ein »unmoralisches«, sondern ein ausgesprochen moralisches Buch ist. Der ursprüngliche Titel, den, samt einigen krassen Kapiteln, der Erstverleger nicht zuließ, lautete *Der Gang vor die Hunde*. Damit sollte, schon auf dem Buchumschlag deutlich werden, daß der Roman ein bestimmtes Ziel verfolge: Er wollte warnen. Er wollte vor dem Abgrund warnen, dem sich Deutschland und damit Europa näherten! Er wollte mit angemessenen, und das konnte in diesem Falle nur bedeuten, mit allen Mitteln in letzter Minute Gehör und Besinnung erzwingen.

Die große Arbeitslosigkeit, die der wirtschaftlichen folgende seelische Depression, die Sucht sich zu betäuben, die Aktivität bedenkenloser Parteien, das waren Sturmzeichen der nahenden Krise. Und auch die unheimliche Stille vor dem Sturm fehlte nicht – die einer epidemischen Lähmung gleichende Trägheit der Herzen. Es trieb manche, sich dem Sturm und der Stille entgegenzustellen. Sie wurden beiseite geschoben. Lieber hörte man den Jahrmarktschreiern und Trommlern zu, die ihre Senfpflaster und giftigen Patentlösungen anpriesen. Man lief den Rattenfängern nach, hinein in den Abgrund, in dem wir nun, mehr tot als lebendig, angekommen sind und uns einzurichten versuchen, als sei nichts geschehen.

Das vorliegende Buch, das großstädtische Zustände von damals schildert, ist kein Poesie- und Fotografiealbum, sondern eine Satire. Es beschreibt nicht, was war, sondern es übertreibt. Der Moralist pflegt seiner Epoche keinen Spiegel, sondern einen Zerrspiegel vorzuhalten. Die Karikatur, ein legitimes Kunstmittel, ist das Äußerste, was er vermag. Wenn auch das nicht hilft, dann hilft überhaupt nichts mehr. Daß überhaupt nichts hilft, ist – damals wie heute – keine Seltenheit. Eine Seltenheit wäre es allerdings, wenn das den

Moralisten entmutigte. Sein angestammter Platz ist und bleibt der verlorene Posten. Ihn füllt er, so gut er kann, aus. Sein Wahlspruch hieß immer und heißt auch jetzt: Dennoch!

München, Mai 1950 *Erich Kästner*

Inhaltsverzeichnis

7 Fabian

9 Erstes Kapitel
16 Zweites Kapitel
24 Drittes Kapitel
35 Viertes Kapitel
44 Fünftes Kapitel
51 Sechstes Kapitel
58 Siebentes Kapitel
66 Achtes Kapitel
75 Neuntes Kapitel
83 Zehntes Kapitel
90 Elftes Kapitel
101 Zwölftes Kapitel
112 Dreizehntes Kapitel
123 Vierzehntes Kapitel
131 Fünfzehntes Kapitel
138 Sechzehntes Kapitel
146 Siebzehntes Kapitel
154 Achtzehntes Kapitel
161 Neunzehntes Kapitel
168 Zwanzigstes Kapitel
175 Einundzwanzigstes Kapitel
182 Zweiundzwanzigstes Kapitel
189 Dreiundzwanzigstes Kapitel
195 Vierundzwanzigstes Kapitel

200 Fabian und die Sittenrichter

202 Fabian und die Kunstrichter

205 Der Herr ohne Blinddarm

211 Die Doppelgänger

213 Das vegetarische Attentat
217 Die dreifältige Nase
223 Rote Schlagsahne

227 Der Zauberlehrling

229 Erstes Kapitel
238 Zweites Kapitel
249 Drittes Kapitel
257 Viertes Kapitel
264 Fünftes Kapitel
272 Sechstes Kapitel
284 Siebentes Kapitel
291 Achtes Kapitel
302 Neuntes Kapitel
311 Zehntes Kapitel

325 Briefe an mich selber

327 Der erste Brief
330 Der zweite Brief

333 Kurze Geschichten und Kurzgeschichten

335 Es gibt noch Don Juans
340 Die Kinderkaserne
345 Verkehrt hier Herr Stobrawa?
348 Der kleine Herr Stapf
352 Sebastian ohne Pointe
357 Duell bei Dresden
363 Kurzgeschichte in fünf Akten
367 Ein Herr fällt vom Stuhl

369 Anhang

371 Nachwort
385 Kommentar
436 Die Entstehungsgeschichte des
Fabian in Dokumenten